贵州傩文化研究

Research on Nuo Culture in Guizhou

李寿旭 著

图书在版编目(CIP)数据

贵州傩文化研究/李寿旭著. —合肥:安徽大学出版社,2023.6
ISBN 978-7-5664-2620-8

Ⅰ.①贵… Ⅱ.①李… Ⅲ.①傩文化－文化研究－贵州
Ⅳ.①K892.24

中国国家版本馆 CIP 数据核字(2023)第 070309 号

贵州傩文化研究
Guizhou Nuowenhua Yanjiu

李寿旭 著

出版发行:	北京师范大学出版集团 安 徽 大 学 出 版 社 (安徽省合肥市肥西路 3 号 邮编 230039) www.bnupg.com www.ahupress.com.cn
印　　刷:	合肥远东印务有限责任公司
经　　销:	全国新华书店
开　　本:	710 mm×1010 mm　1/16
印　　张:	21
字　　数:	352 千字
版　　次:	2023 年 6 月第 1 版
印　　次:	2023 年 6 月第 1 次印刷
定　　价:	65.00 元

ISBN 978-7-5664-2620-8

策划编辑:李加凯		装帧设计:李　军	
责任编辑:李加凯　龚婧瑶		美术编辑:李　军	
责任校对:宋执勇		责任印制:陈　如　孟献辉	

版权所有　侵权必究

反盗版、侵权举报电话:0551－65106311
外埠邮购电话:0551－65107716
本书如有印装质量问题,请与印制管理部联系调换。
印制管理部电话:0551－65106311

国家社科基金后期资助项目
出版说明

　　后期资助项目是国家社科基金设立的一类重要项目,旨在鼓励广大社科研究者潜心治学,支持基础研究多出优秀成果。它是经过严格评审,从接近完成的科研成果中遴选立项的。为扩大后期资助项目的影响,更好地推动学术发展,促进成果转化,全国哲学社会科学工作办公室按照"统一设计、统一标识、统一版式、形成系列"的总体要求,组织出版国家社科基金后期资助项目成果。

全国哲学社会科学工作办公室

序

李寿旭的《贵州傩文化研究》一书即将出版,他请我写篇序。我从没给别人写过序,因此惴惴不安。但是寿旭的书要出版了,是一件喜事,我就不便推辞,热心向读者推介此书。

李寿旭是我所带的第一个博士生,入学之前,我与他从未谋面,但从短信联系中早已被他的求学精神所感动,他的人生理想是考上博士,其间愈挫愈奋。入学之后,他学习非常用功,一直在学校读书写作,基本上把所有的假期都用在学习上,真像苦行僧一样。因他考博之前在贵州湄潭中学任教,对贵州地方文化有着浓厚的兴趣,入学之后我们师生交流,我建议他以"明清时期贵州傩文化研究"为博士论文选题。经查阅大量的正史、地方志、文集等文献,在借鉴已有研究成果的基础上,他按期完成了毕业论文,顺利通过盲审和答辩。

他毕业以后到江西宜春学院工作,勤勤恳恳教学,业余时间孜孜不倦地钻研学问,2021年以博士论文申报国家社科基金后期资助项目,获得立项批准。其后,他多次到贵州进行田野调查,弥补原来的田野工作之不足,对博士论文进行了认真修改。

寿旭的这本书是目前系统研究贵州傩文化的著作之一,追溯了贵州傩文化的悠久历史,深入研究了贵州傩文化的地戏和傩坛戏,辩证地分析了端公在傩活动中的作用,探讨了面具的造型、颜色和巫术功能,突出了鸡在贵州傩文化中的特殊作用,探索了傩活动的组织方式、民俗功能和生态功能,还研究了贵州傩文化与湖南傩文化、云南关索戏之间的联系。本书的最后,寿旭对贵州傩文化遗产的保护和传承提出了自己的看法和建设性意见。虽然其中个别问题的探讨还有待深入,个别观点也有待完善,但瑕不掩瑜,愿这本书的出版能够促进贵州傩文化的研究。

希望寿旭同志今后在贵州傩文化领域继续耕耘,取得更多的科研成果,为贵州傩文化研究做出自己的贡献。

黄尚明
2022 年 6 月 18 日于华中师范大学楚学研究所

目 录

绪 论 ·· 1
 一、傩文化在我国的悠久历史 ·· 1
 二、选题的由来和意义 ··· 5
 二、研究现状 ·· 6
 四、本研究的重点与难点 ··· 14
 五、研究目标、研究方法和创新点 ··· 15

第一章 贵州傩文化的孕育 ··· 18
 第一节 贵州的自然地理环境 ·· 18
 第二节 泛神情结下贵州傩文化的产生 ·· 19
 第三节 青铜饕餮图纹与夜郎文化 ··· 21
 第四节 牂牁、夜郎二国与楚国经济文化联系的加强 ····················· 23

第二章 贵州地戏 ··· 27
 第一节 地戏的形成 ··· 27
 第二节 明清、民国时期贵州地戏的盛行 ···································· 43
 第三节 地戏中对三国人物的崇拜 ··· 50

第三章 "冲傩还愿"下的贵州傩坛活动 ···································· 54
 第一节 傩坛戏的分布 ··· 54
 第二节 "冲傩还愿"习俗的来历与仪式 ···································· 57
 第三节 傩宇宙观的调适与通融 ·· 60

第四章 傩文化下的贵州端公 ·· 95
 第一节 贵州端公活动的由来 ·· 96
 第二节 从端公的为害评傩活动的历史价值 ······························· 103

第五章　贵州傩文化中的傩面具 …………………………… 113

第一节　自然形态对傩面具造型和色调的影响 …………… 113
第二节　贵州傩面具中的宗教性与艺术性 ………………… 121
第三节　傩面具在贵州傩活动中长期传承的原因 ………… 125

第六章　贵州傩文化中的鸡民俗 …………………………… 129

第一节　鸡在贵州傩文化中的功能 ………………………… 130
第二节　鸡在贵州民俗中扮演重要角色的原因 …………… 144

第七章　贵州傩活动的组织与功能 ………………………… 151

第一节　贵州傩活动的组织方式 …………………………… 151
第二节　贵州傩的民俗功能 ………………………………… 155
第三节　贵州傩的生态功能 ………………………………… 165
第四节　巫术的心身康复机制及对现代医学的启示 ……… 257

第八章　贵州傩文化的交流与互动 ………………………… 275

第一节　汉族傩文化对布依族等贵州少数民族文化的影响 …… 275
第二节　贵州与湖南傩文化的民间交流 …………………… 280
第三节　贵州地戏对云南关索戏的影响 …………………… 284

第九章　贵州傩文化遗产的保护与传承 …………………… 291

第一节　贵州傩文化遗产的保护 …………………………… 291
第二节　贵州傩文化遗产的传承 …………………………… 301

结　语 ………………………………………………………… 318

参考文献 ……………………………………………………… 322

后　记 ………………………………………………………… 330

绪　论

贵州位于云贵高原东部,境内谷深峰险,灰石裸露,喀斯特地貌显著,交通极为不便,民族众多。神奇的自然环境和独特的民族构成,使贵州成为造就丰富多彩傩文化的天然艺术舞台。贵州傩文化孕育、发展和成长的过程,是人、自然和族群诸要素之间不断磨合与升华的过程。在此过程中,人类的思维能力得到提升,人际以及族群关系得以协调,人们以相对稳定的群体或村落为组织形式一起生产生活,增强了在自然中的生存能力。傩文化在很大程度上启迪了贵州古人的科学与人文思维,使他们从原始的蛮荒时代快速步入先进的文明时代。

一、傩文化在我国的悠久历史

傩文化是我国最古老的传统文化类别之一,傩在中国文化史和文化学研究中,属于巫文化范畴。巫文化是一个宽泛的概念,它包括一切巫术活动及与之相关的诸多文化事象。从民俗学的角度来界定,傩祭、傩舞、傩戏等民间靠口头和行为方式传承的民俗事象都属于巫文化。在漫长的古代社会,巫文化曾长期作为中国文化发展的先导,历经悠长的历史积累与传承,得到不断充实和完善,一直延续至今。传承至今的傩文化通常以人们的两种行为方式体现出来,分别是傩仪和傩戏。这两种行为方式虽然同属傩文化体系,但具有明显的区别。

表 1　傩仪和傩戏的区别①

	傩　仪	傩　戏
动机	驱鬼逐疫、祈福纳吉	观赏、研究、猎奇
功能	娱神	娱人
内容	以规范的仪式动作为主	以表演娱人为主
时空约定	约定性	约定性

---

① 曾澜:《地方记忆与身份呈现——江西傩艺人身份问题的艺术人类学考察》,复旦大学2012年博士学位论文,第117页。

续表

	傩 仪	傩 戏
行为主体	仪式执行者、村民参与者	表演者、观众
互动意识	承担、参与	模仿—想象、观—演
行为规则的制定者	祖宗	主办方或邀请方
创作模式	集体性、传统性,鲜有改变	个体化、随意性,允许改变
体验特征	真实的想象	想象的真实

据文献记载,早在商周时期,傩活动就已在中原地区广为盛行,且以固定的模式代代相传。东汉许慎在《说文解字》中对"傩"的解释为:"傩,行有节也。从人,难声。"段玉裁注曰:"行有节度。按此字之本义也。其驱疫字本作难,自假傩为驱疫字,而傩之本义废矣。"①由此可知,"傩"的本义为"行有节",即行为有节奏、节度。傩文化的最初表现形态为傩祭,人们惯于在傩事活动中驱鬼逐疫,傩祭是古代傩俗的主题。古代的傩祭仪式按照举办的主体分为国傩和乡傩两种形式。《礼记·月令》载:"(季冬之月)天子居玄堂右个,乘玄路,驾铁骊,载玄旂,衣黑衣,服玄玉,食黍与彘。其器闳以奄。命有司大难,旁磔,出土牛以送寒气。"②孔颖达疏:"言大者,以季春唯国家之难,仲秋唯天子之难,此则下及庶人,故云大难。"③这说明在古代社会,傩祭活动盛行于上至君王下至百姓的各个阶层,不仅活动规模较大,场面亦很隆重。傩祭仪式在每年的季春、仲秋和季冬时节分三次举行,前两次为统治者所专属,称为"国傩",庶人只能参加冬季的乡傩。傩祭的主题是驱鬼逐疫、辟邪纳吉,通常与人们的预兆和信仰习俗联系紧密。《周礼·春官·占梦》载:"占梦:掌其岁时,观天地之会,辨阴阳之气。以日月星辰占六梦之吉凶,一曰正梦,二曰噩梦,三曰思梦,四曰寤梦,五曰喜梦,六曰惧梦。季冬聘王梦,献吉梦于王,王拜而受之。乃舍萌于四方,以赠恶梦,遂令始难驱疫。"④从中可以看出,日月星辰变换的时间和位置是古人占卜梦之吉凶的重要参照。每当冬季来临,一年行将结束之时,占卜师会将一年中已应验的吉梦集合编成册籍,供君王查阅。君王则分别于不同方向行祭礼,以去除不祥之梦,并令方相氏行傩仪,以驱除疫疾恶鬼。

---

① 许慎:《说文解字注》,段玉裁注,上海:上海古籍出版社,1988 年版,第 368 页。
② 钱玄译注:《礼记》,长沙:岳麓书社,2001 年版,第 246 页。
③ 刘宝楠:《论语正义》,高流水点校,北京:中华书局,1990 年版,第 420 页。
④ 刘宝楠:《论语正义》,高流水点校,北京:中华书局,1990 年版,第 417 页。

方相氏是古代傩仪中的核心人物,在傩祭仪式中他的特殊地位与身份以与众不同的装束体现出来。《周礼·夏官·方相氏》载:"方相氏掌蒙熊皮,黄金四目,玄衣朱裳,执戈扬盾,帅百隶而时难,以索室驱疫。"①如今在许多原始部落中仍可见到这种蒙熊皮、佩戴假面具的驱鬼巫术。

从商周至隋唐,方相氏率百隶驱鬼逐疫的傩事活动不乏宏大的场面,这在历代的文献中都有详细的记载。《后汉书·礼仪志》云:"先腊一日,大傩,谓之逐疫。其仪:选中黄门子弟年十岁以上,十二以下,百二十人为侲子。皆赤帻皂制,执大鼗。方相氏黄金四目,蒙熊皮,玄衣朱裳,执戈扬盾。十二兽有衣毛角。中黄门行之,冗从仆射将之,以逐恶鬼于禁中。夜漏上水,朝臣会,侍中、尚书、御史、谒者、虎贲、羽林郎将执事,皆赤帻陛卫。乘舆御前殿。黄门令奏曰:'侲子备,请逐疫。'于是中黄门倡,侲子和,曰:'甲作食殃,胇胃食虎,雄伯食魅,腾简食不详,揽诸食咎,伯奇食梦,强梁、祖明共食磔死寄生,委随食观,错断食巨,穷奇、腾根共食蛊。凡使十二神追恶凶,赫女躯,拉女干,节解女肉,抽女肺肠。女不急去,后者为粮!'因作方相与十二兽儛。欢呼,周遍前后省三过,持炬火,送疫出端门;门外驺骑传炬出宫,司马阙门门外五营骑士传火弃雒水中。百官官府各以木面兽能为傩人师讫,设桃梗、郁櫑、苇茭毕,执事陛者罢。苇戟、桃杖以赐公、卿、将军、特侯、诸侯云。"②

《隋书》记载了北朝齐的傩之旧制,《隋书·礼仪志》载:"齐制,季冬晦,选乐人子弟十岁以上,十二岁以下为侲子,合二百四十人。一百二十人,赤帻,皂褠衣,执鼗。一百二十人,赤布裤褶,执鞞角。方相氏黄金四目,熊皮蒙首,玄衣朱裳,执戈扬盾。又作穷奇、祖明之类,凡十二兽,皆有毛角。鼓吹令率之,中黄门行之,冗从仆射将之,以逐恶鬼于禁中。其日戌夜三唱,开诸里门,傩者各集,被服器仗以待事。戌夜四唱,开诸城门,二卫皆严。上水一刻,皇帝常服,即御座。王公执事官第一品已下、从六品已上,陪列预观。傩者鼓噪,入殿西门,遍于禁内。分出二上阁,作方相与十二兽儛戏,喧呼周遍,前后鼓噪。出殿南门,分为六道,出于郭外。"③隋代的傩制对齐制有继承有变化。

唐代的大傩之礼中保留了方相氏角色,但其原有的仪式职权已分散到

---

① 刘宝楠:《论语正义》,高流水点校,北京:中华书局,1990年版,第420页。
② 范晔:《后汉书》,北京:中华书局,1973年版,第4134页。
③ 魏征:《隋书》,北京:中华书局,2011年版,第168~169页。

整个傩祭队伍中,风光大不如前。到了宋代,方相氏、十二兽、侲子等傩祭初始时期的主要角色已经基本消失,在傩祭基础上发展起来的偏重娱乐性的傩戏却在这一时期大为兴盛。皇城亲事官、诸班直、教坊伶人等各阶层人士通常以举行热闹的傩事表演活动的方式度过一年之中最重要的日子——除夕之夜。《东京梦华录》卷十二载:"至除日,禁中呈大傩仪,并用皇城亲事官、诸班直戴假面,绣画色衣,执金枪龙旗。教坊使孟景初身品魁伟,贯全副金镀铜甲装将军。用镇殿将军二人,亦介胄,装门神。教坊南河炭丑恶魁肥装判官。又装钟馗小妹、土地、灶神之类,共千余人,自禁中驱祟,出南薰门外转龙弯,谓之'埋祟'而罢。是夜禁中爆竹山呼,声闻于外。士庶之家,围炉团坐,达旦不寐,谓之'守岁'。"①

随着中原地区文明的发展,规模宏大的傩仪,逐渐从上至宫廷下至乡野民间的各个阶层中悄然消失。如今在春节活动中仍可窥见一斑,如燃放爆竹、贴春联、守岁等习俗,无不起源于古时的傩祭仪式。宋代以后,傩仪中常出现钟馗之类的角色,其将传统驱妖降魔、凶神恶煞的角色塑造成笑容可掬、充满娱乐性的形象特色,是傩仪风格的一大变革。至此,可以总结出:"傩的形式演变轨迹经历了由傩祭—傩舞—傩戏的发展。傩的主题演变轨迹经历了由驱鬼—娱神—娱人的发展。"②傩是自古迄今持续传承的文化综合体,从现存古籍中记载的大量傩的状况可以得知,自商周至隋唐,傩便以相对稳定的模式代代相传,后来随着社会的不断发展,添入了诸多新颖内容,傩的传承模式得到不断充盈和完善。傩的外在表现形态自宋代开始日趋丰富,呈现出原始宗教与道教逐渐融为一体的趋势,由此开启了傩的现代传承模式。

傩作为一种历史悠久的古老巫术活动,总是和民众风调雨顺、农业丰收、六畜兴旺的淳朴祈求密切相关。古代的傩祭,尤其除夕举行的大傩祭是遍及达官贵人和平民庶人,全民广泛参与的祭祀活动。古老的傩仪在中原地区几经变异甚至消失,但在一些偏远闭塞地区,却借巫术和农业祭祀活动相对完好地保存至今,如古今傩仪的举行时间大多在冬季,傩祭皆由一人主持,古代为方相氏,现在为端公;演员皆头戴面具,作傩的主要目的都是驱邪纳吉,保佑人丁兴旺,康乐延年,不同的是古代的傩仪活动更为严肃庄重,充满玄秘的巫术气息。随着社会的发展和文明的进步,与傩的巫

---

① 孟元老:《东京梦华录注》,邓之诚注,北京:中华书局,1982年版,第253页。
② 孙文辉:《戏剧哲学——人类的群体艺术》,长沙:湖南大学出版社,1998年版,第165页。

术和宗教氛围越来越淡化相对应的是娱乐因素在不断增强。例如,现在贵州德江土家族的傩坛戏演出基本上由风格迥异的两种元素构成。开坛部分主要为传统的巫术仪式,戏剧表演部分则充斥着现代世俗化的内容。傩仪活动的面具亦着眼于新时代人们的审美需求,呈千姿百态、光怪陆离之状,既饱含历史韵味,又反映了现实生活。

二、选题的由来和意义

(一)选题的由来

傩文化是贵州自明清以来流传的民间文化瑰宝。贵州交通阻塞,科学文化相对落后、生产力水平低下,形成了一种封闭性的社会环境。这种环境像一个巨大的冷藏柜,使贵州傩戏几百年来很少变化,基本上以"活化石"的原始形态保留至今。作为贵州傩文化重要组成部分的傩戏则由来自四川的端公戏、江苏和安徽的傩戏以及当地各民族的旧有剧目杂糅而成,形式丰富古朴,具有重要的民俗和艺术价值,至今仍在该地区广为盛行。

傩民俗是民间靠口头和行为传承下来的一种集体活动方式,是当地民众参与社会生活的一种重要途径,其依附于原始古老的傩祭仪式,并与之一起筑成一个具有多元复合形态的文化空间。从古到今,它在善男信女的许愿还愿活动中,在人们的节令仪式中,吻合、适应着广大民众的民俗和宗教心态,它的仪式通常是在特定的乡土农村环境中进行的。不同地域民众的生活方式、宗教信仰和习俗文化都深刻地贯穿于整场仪式活动的始终,传承至今的傩民俗仪式,仍然通过宗教和民俗符号代表、象征着当地的传统文化观念。

因仪式的神圣性和参与者对信仰的保守性,长期以来傩民俗的外在表现形态很少变化,但也不是一成不变的。这种古老的艺术奇葩在漫长的社会变迁中,也曾因为种种原因,几近传承断代的边缘,一度被人们视为没落的文明而遭冷遇,但由于傩文化原始的生命内动力的驱使,贵州的傩民俗一直在艰难地延续变异,顽强地适应着不断变化的自然和社会环境,涵养着人类孤寂的心灵。现今仍在流传的傩民俗通过一系列宗教和民俗象征符号传承的传统社会文化习俗和观念,是古老的傩文化留给后人最宝贵的一笔精神财富。

本书通过对明清、民国等不同历史时期贵州傩俗的研究,旨在深入发掘贵州傩信仰区民众的生活方式、风俗习惯和宗教信仰的文化内涵,从而使读者更深刻地认识和理解贵州傩文化自身的价值,尤其是它对当时的社会秩序建构和不同文化的整合融通的积极作用和意义。

(二)选题的意义

1. 理论意义

本书主要从历史学和民俗学、文化人类学的角度,探讨了贵州傩文化的传承实态及方式。对其在传承过程中所发挥的积极作用和承受的危机,进行了全面总结和深刻分析,以期在新时期对其他非物质文化遗产的保护与传承提供重要的借鉴。

2. 现实意义

中国是世界上拥有最多种类、最完善、最古朴傩文化的国家。贵州由于其闭塞的地理环境,相比于其他省份,更完整地保留了中国古代傩俗的原貌。可以说,世界傩文化看中国,中国傩文化看贵州。对这种面临传承危机的传统文化现象进行研究,可以帮助现代人正确理解和看待古老的非物质文化遗产,使这种灿烂的古老文化适应现代社会的发展,得到更好的传承和保护。

三、研究现状

傩文化作为我国最为古老的宗教性文化形态之一,从其产生之时就不仅仅是宫廷里驱鬼逐疫的祭祀活动,更是广大民众借以祈福消灾的重要手段,是民众日常生活不可分割的一部分。我国傩文化发展到明清时,已经基本脱离了宫廷环境,它不再属于上层社会的贵族和文人,而是扎根到偏远的西南地区,在热爱它、哺育它的普通大众那里显现出更加顽强的生命力。时至今日,傩戏、傩舞、傩仪等傩文化形态已经成为我国众多民族不可或缺的祭祀仪式、艺术表演活动和集体民俗活动,成为人们世代沿袭与传承的习惯性行为模式。在普通民众的生活中,傩文化不仅是宗教性的思想形态,更是普遍的民间习俗风尚[①]。从见诸文献记载的先秦时期算起,上下数千年,至今绵延不衰。坚固且悠久的文化传统,其学术价值是无可置疑的。但囿于各种历史原因,它一直没有得到应有的重视。甚至在某个时期,还被视为封建糟粕而严遭禁锢,从事傩活动的巫师则被称为"牛鬼蛇神",被挂上黑牌子游街示众,甚至被抓进监狱,道具被没收、焚毁。因此在

---

① 李海平:《中国傩面具及其文化内涵》,兰州大学 2008 年博士学位论文,第 52 页。

中国二十世纪六七十年代之前,很少有以傩文化为主要研究对象的学术专著和系统的研究资料。

王兆乾作为我国当代傩文化研究的开拓者,于二十世纪五十年代,就开始了对安徽贵池傩戏的考察。他于1953年在上海7月号《文艺月报》上发表的论文《谈傩戏》,被认为是中华人民共和国成立以来公开发表的有关傩戏的第一篇文章。王兆乾在文中提出的一些观点,直至现在还在指引着傩文化的研究:傩活动的功利目的为驱邪纳吉、禳灾祈福;根据傩的历史渊源、参与对象和活动场所,傩活动分为宫廷傩、军傩、寺院傩和乡傩四大类型。

直到党的十一届三中全会之后,傩文化才得到相对全面的调查与研究。在贵州省先步入这一领域的,有从地戏方面入手的高伦、沈福馨、帅学剑、和平、谢振东等,有从傩仪方面入手的邓光华、李子和、皇甫重庆、顾朴光、罗受伯、庹修明等。随后,不少学者陆续加入研究队伍。

二十世纪八十年代以来,以曲六乙和庹修明为代表的傩戏研究者,开始广泛、全面地深入傩戏的研究领域。这时期很多关于傩戏解读的专著如雨后春笋般冒出,以庹修明的论文集《傩戏·傩文化——原始文化的活化石》为代表。庹修明的这本论文集所选录的文章都是对傩戏的研究,大都比较偏重于资料方面。他认为傩戏是傩文化的重要载体,傩文化的历史积淀和覆盖面是很惊人的,在人类社会历史文化大系统中容量很大而又具有相当稳定的因素,因而具有多学科的研究价值[①]。此书虽然是以资料分析为主,理论探讨不多,但无疑对研究傩戏的后继者起到了启蒙和开导作用。由贵州民族学院民族研究所等编的《傩戏论文选》,集中了二十世纪八十年代傩文化研究者对傩戏的研究成果。在这部书的《序》中,曲六乙对傩戏作出了自己的界定。他认为傩戏是从傩祭中蜕变或脱胎出来的戏剧,是宗教文化与戏剧文化相结合的孪生物,它的一些剧目作为傩祭活动的组成部分,着重宣传宗教教旨和迷信思想;还有些别的剧目演出,是在民间自由发展的,并不为宗教教旨和迷信思想服务[②]。曲六乙关于傩戏的这一界定对后人的研究具有重要的参考价值。

---

① 庹修明:《傩戏·傩文化——原始文化的活化石》,北京:中国华侨出版社,1990年版,第125页。
② 德江县民族事务委员会、贵州民族学院民族研究所编:《傩戏论文选》,贵阳:贵州民族出版社,1987年版,第235页。

但是这些学者对贵州傩文化的研究大多是对当前具体状况的探讨,对明清、民国时期的研究少之又少,这固然与那些时期的相关史料较少有关,但是也与学者的重视不够有很大关系,这就使得读者很难对贵州傩文化有上下贯通的全面了解。这种研究状况与贵州傩文化在中国文化史上的地位是极不相称的。傩文化研究的权威学者庹修明在《贵州傩文化》一文中就有理有据地指出了贵州傩文化自古至今在中国文化中所占有的重要地位。他认为贵州闭塞的地理位置,加之原有民族众多,又有历代全国不同地区的外来移民,得天独厚的自然和人文条件,使贵州要比全国其他地区更易于保留历代以来全国各地区各民族传入贵州的原汁原味的古老文化。"贵州各民族傩戏、傩文化,被学术界、艺术界誉为'中国原始文化的活化石''中国古文化的活化石''中国戏剧文化的活化石',并以其丰富的文化内涵和多学科的学术与审美价值,为中外学者所关注。"①鉴于贵州傩文化在中国文化史中的重要地位,加之当前收集的历史材料所限,本书所选取的主要历史时间段为明清和民国时期。经过梳理发现,目前虽然成体系的专题研究不多,但是分散的、零散的研究还是有不少成果的,这为本书的研究提供了很好的范例和素材。关于该段时期的贵州傩文化研究主要有以下成果:

(一)关于贵州地戏的研究

贵州地戏研究肇始于1983年,至今已有四十年的历史。这期间,地戏研究成果斐然,相关著作十多部,论文三百多篇,并且还在不断增多。二十世纪八九十年代出版的代表性著作有高伦的《贵州地戏简史》(1985年),沈福馨的《安顺地戏》(1989年)、《安顺地戏论文集》(1990年)、《贵州安顺地戏调查报告集》(1994年)等。新世纪以来出版的著作主要有帅学剑的《安顺地戏》(2012年)。这期间比较有影响的研究论文有何平的《贵州安顺地戏》(《戏剧艺术》,1983年第3期)、徐新建的《安顺"地戏"与傩文化研究》(《贵州社会科学》,1989年第8期)、傅利民的《弋阳腔之活化石——贵州安顺"地戏"音乐考察》(《音乐探索》,2005年第3期)、庹修明的《屯堡地戏的文化变迁与保护开发》(《文化遗产》,2009年第1期)、刘怀堂的《贵州地戏不是"军傩"》(《四川戏剧》,2012年第3期)。在相当长一段时期内,学者们对地戏的关注点主要集中在其是"傩"非"傩"的问题上。多数学者

---

① 庹修明:《贵州傩文化》,载中国历史文献研究会、贵州历史文献研究会编:《学者笔下的贵州文化——贵州文化国际学术研讨会论文集》,贵阳:贵州人民出版社,1998年版,第286~287页。

认为,地戏是傩戏的一种。庹修明认为安顺地戏是傩的流变①。沈福馨亦称它是一种以驱邪酬神为目的的原始傩戏②。同时,很多学者认为地戏不仅是傩,而且属军傩之列。庹修明认为,贵州地戏是在"诸军傩"的基础上发展形成的,属于傩戏系统里的一个分支系统——军傩系统③。薛若琳则说得更为具体:"安顺地戏属于军傩,源自明初朱元璋用兵云南,军队到了贵州,把军傩带到那里。"④沈福馨却认为,安顺地戏被称为"军傩"不是上述原因,而是因为它确确实实沿袭了许多自汉以来由军队参与傩仪的特点⑤。其他如高伦、皇甫重庆、顾朴光、吴秋林等在相关论文论著中都提及贵州地戏是军傩的一种形式。无论是从地戏在屯堡人故土的演变,还是从地戏中三国等历史时期的诸多武斗元素来看,地戏都具有明显的傩甚至军傩的性质。地戏演出不只是体现了屯军及屯民自娱自乐的社会功利需求,更多的是承载了他们在陌生且险恶的环境中的寄托与哀思。人们在无所适从时,自然会想到将先祖或英雄人物神化之后的"天神诸将",认为任何环境或现象都是神的恩赐或惩罚,从而在当地安心地定居生活。这样,地戏便有了神秘且神圣的色彩,因此当有灾难降临或即将降临时,地戏便充当了人们祈求神祇保佑的活动方式。

(二)关于贵州傩坛活动的研究

傩堂戏又称"傩坛戏",是傩坛活动的重要体现形式,在贵州傩戏的庞大阵营中,傩坛戏是仅次于地戏的大剧种。自二十世纪八十年代以来,贵州傩学界已经整理、积累了大量相关资料,并采用多学科交叉的方法对其进行研究,取得了丰硕的学术成果。庹修明在《土家族傩坛戏探源》中对傩坛戏的渊源与传承、表演、剧目、面具、服饰做了非常全面的阐释。他提出要对土家族地区的傩坛戏进行多层次、多角度、多学科的研究,傩坛戏研究还有待进一步深入⑥。夏国康、田永红在《中国戏剧史上的活化石——傩堂戏》中对傩坛戏的诞生与传承、内容与表演特点、艺术价值及在戏剧史上

---

① 庹修明:《论军傩地戏兼谈关羽信仰》,载沈福馨等编:《安顺地戏论文集》,北京:文化艺术出版社,1990年版,第111页。
② 沈福馨:《贵州安顺地戏调查报告集》,台北:施合郑民俗文化基金会1994年版,第7页。
③ 庹修明:《论军傩地戏兼谈关羽信仰》,载沈福馨等编:《安顺地戏论文集》,北京:文化艺术出版社,1990年版,第113页。
④ 薛若琳:《序》,载沈福馨等编:《安顺地戏论文集》,北京:文化艺术出版社,1990年版,第2页。
⑤ 沈福馨:《安顺地戏应属傩戏》,《贵州社会科学》,1989年第8期,第31页。
⑥ 庹修明:《土家族傩坛戏探源》,《贵州文史丛刊》,1986年第4期,第108页。

的地位做了论述,认为傩坛戏是一种祭祀仪式与戏剧表演相结合的艺术形式。傩坛戏的演出,包括表演形式、表演动作、面具、服饰、道具及舞台布景等要素方面①。罗受伯在《黔东土家族傩堂戏与楚文化关系之管见》中就傩坛戏在历史上与楚文化的关系做了详细的探讨。他认为:傩坛戏是我国已发现的最古老的民族、民间剧种之一,颇有楚风特色。由于地理位置和文化传播的关系,它在贵州各民族,尤其是黔东土家族中广为流传,故能保存至今②。他指出《九歌》所写的与黔东的傩坛戏具有四个方面的相似之处:第一,社会土壤相同;第二,宗教意识相同;第三,文化渊源相同;第四,祭祀过程和表演形式相同③。张建建在《冲傩还愿——贵州傩仪的结构类型意义》一书中主要分析了冲傩还愿的种种仪式,揭示出这些仪式最主要的文化功能是象征地实现人的神圣生活,从而实现人的精神状态的根本性转变。总的来说,当前对傩坛活动的研究偏重于其近现代时期的状况,由于史料欠缺,学者对历史上尤其是明清时期傩坛活动的研究明显不足。笔者在本书中对傩坛的探析主要立足于明清时期的史料,结合民间传说和已有的研究成果,解读古老的傩坛活动,总结出新的文化人类学意义与作用,为今所用。

(三)对端公的研究

谈及贵州的傩仪,不得不提及其主持者端公。学术界对端公的关注始于二十世纪八十年代,关注的地区集中在陕南汉中、云南昭通和镇雄、湖北襄阳等地,研究的方向主要体现在历史沿革、文化类别、民间艺术、非遗保护等方面。贵州关于端公方面的研究成果相对较少。在贵州研究端公的学者中,贵州民族大学西南傩文化研究院的龚德全成果颇多。他在《"端公"称谓小考》中以确切的史材证知,从宋代开始,端公就成为人们对巫师的一种称谓,至明清之时,人们将职业巫师称为"端公"的做法已经相当普遍,从而厘清了"端公"概念所指。在《从抽象到具象:西南端公崇奉神祇的文化表现形态》一文中,龚德全提出端公所崇奉的神灵系统虽然庞杂烦冗,但总的来说呈现为四种文化形态:神案形态、偶像形态、面具形态、话语形

---

① 夏国康、田永红:《中国戏剧史上的活化石——傩堂戏》,《湖北民族学院学报(哲学社会科学版)》,1988年第2期,第73页。
② 罗受伯:《黔东土家族傩堂戏与楚文化关系之管见》,《贵州民族研究》,1987年第2期,第142页。
③ 罗受伯:《黔东土家族傩堂戏与楚文化关系之管见》,《贵州民族研究》,1987年第2期,第142~143页。

态。这些具象化的文化形态使端公所敬拜的神祇具有了形象化的可感性,有力地增强了仪式的效力和民众的信仰度。他还认为端公崇奉神祇的四种文化形态在西南各地具有共通性,充分表现了西南傩文化作为一个系统存在的文化事实。端公在不同地区施巫作法以及组织大型的傩俗活动,大大促进了各地傩文化的交流。在《论西南地区傩戏形态的演变与生成》一文中,龚德全探讨了端公在促使傩戏形态变迁过程中的重要作用。他认为傩戏形态跃迁体现为从古傩结构中的"驱鬼＋傩舞"嬗变为"驱鬼＋许愿还愿＋傩戏"模式。在这一发展脉络中,端公与傩的结合,以及端公借用西南土著巫文化系统中由来已久的"许愿还愿"习俗,是发生傩戏形态跃迁的根本原因①。端公主持的"许愿还愿"仪式具有较强的世俗化和实用性特征,使人们能够顺畅地化解现实生活中的困难和疑惑,正常地生产生活而不陷于迷途。龚德全充分肯定了端公在传承发展傩文化中的正面形象和积极作用。事实上端公主持的傩俗活动在明清很长一段历史时期为政府所不容,被厉行打压。傩俗活动的积极作用不只局限于为人们提供娱乐和心灵支持,当执政者的统治严重影响到民众的利益时,傩俗活动又演变为集结民众力量反抗政府的有力工具。端公主持的傩俗活动最大的优势在于其伸缩自如的灵活性和展现出的顽强的生命力,以其特有的方式支撑着人们从容面对不同的自然和社会环境,这是现有的研究成果所忽略而本书要补充的重要之处。

(四)关于贵州傩面具的研究

面具是傩戏区别于其他戏剧的重要因素,离开了面具,傩戏也就不成其为傩戏了。当前贵州的傩面具虽然在局部做了一些设计细节的改变,但在总体上仍沿袭民国时期的设计风格。在一些偏僻的乡村,明清时期的面具也被完好地保留下来。当前的研究学者主要从面具的着色、花纹等美学方面探讨其艺术价值,例如蒋晓昀、张安建在《浅议贵州傩面具造型艺术》中指出,傩面具艺术造型是民间艺术家高度统一了人和神,高度结合了民间和非民间,高度融合了写实和抽象,"美"与"丑"审美观的综合体。他们在文章中对贵州傩面具艺术造型的传承、交融和变异、审美内蕴等美学特征进行了论述②。乔臻在《试析贵州傩面具的审美意蕴》中认为,贵州傩戏有三种类型,即变人戏、傩坛戏、安顺地戏。对应的三种类型的傩面具分别

---

① 龚德全:《论西南地区傩戏形态的演变与生成》,《戏剧文学》,2016年第3期,第116页。
② 蒋晓昀、张安建:《浅议贵州傩面具造型艺术》,《大众文艺》,2011年第17期,第164页。

为变人面具、傩坛戏面具和地戏脸子,这三种面具同中有异,各具特色。该文从审美特性、造型、色彩、材质与工艺等方面对傩面具进行了分析①。总的来说,当前对贵州傩面具的研究更多着眼于其表象,对面具表情的本质与内涵探究不够;傩面具复杂的制作工艺能够跨越漫长的时空传承至今必有其深刻的原因,但已有的研究成果对此鲜有涉猎。这都是本书研究所要补充的重要内容。

(五)关于鸡在傩俗中功用的研究

目前还没有专门关于鸡在贵州傩俗中功用的论文或专著,但是长期以来,鸡在贵州傩俗中一直扮演着重要的角色,并且对贵州民俗产生了较大影响,这在历代贵州的方志记载中以及现存贵州民间的傩俗仪式中都有明确的体现。前人缺乏对此部分的研究,这使本书相关章节的写作存在不小难度。但是其他相关研究成果为本书相关章节的写作提供了有益的启示。朱恒夫在《鸡在行傩活动中的作用与文化意义》一文中指出,行傩活动在中国可谓无时不有,无所不在,不仅渗透在上古生活的各个方面和人们的信仰中,即使在今日之城乡,仍或显或隐地顽强存在着。而这一活动,又多数与鸡发生着联系,鸡的首、血、卵、毛、骨等都成了行傩的重要工具。鸡在傩活动中的作用,主要体现在祭祀、驱除鬼蜮、安定魂魄、以卜吉凶、使偶像神变成真神、镇压瘟神鬼祟、代表艺人等方面。在巫师看来,没有鸡,行傩的迎神驱祟的作用一定是达不到的②。朱恒夫并不只是从表面泛泛而谈鸡在行傩活动中的功用表现,还在文末探讨了鸡在行傩活动中起重要作用的原因:其一,鸡在原始居民的野性思维中具有创新创世的神奇魔力。其二,鸡在先民看来,是避邪的神鸟,是黑暗和鬼魅的克星③。何正廷在《鸡卜信仰的缘起、形成、发展与流传》一文中指出,壮族的鸡卜信仰起源于古代先民的日鸟崇拜习俗,鸡卜体系的初步形成则是在汉代以前。至汉武帝时,鸡卜曾一度被西汉王朝推崇为"国卜"。唐宋时代,随着壮、汉民族之间文化交流的日益频繁,道家思想融入原有的鸡卜体系,使之更加完善,并产生了古壮文书写的《鸡卜经》。明清时期乃至民国年间,鸡卜信仰及其演绎的《鸡卜经》仍在广西西南和云南东南部地区广为流传,作为独具生命情态的

---

① 乔臻:《试析贵州傩面具的审美意蕴》,《艺术生活》,2009年第3期,第22~24页。
② 朱恒夫:《鸡在行傩活动中的作用与文化意义》,《同济大学学报(社会科学版)》,2005年第6期,第88~91页。
③ 朱恒夫:《鸡在行傩活动中的作用与文化意义》,《同济大学学报(社会科学版)》,2005年第6期,第92~93页。

民族文化遗产,显得弥足珍贵①。何正廷还在《鸡卜的社会功能及〈鸡卜经〉的科研价值》一文中指出,壮族鸡卜及其演绎的《鸡卜经》,具有其所参与的一切宗教活动和社会活动所具有的影响,主要体现在以下方面:提高人的自信心,增强族群凝聚力;规范社会行为,匡正伦理道德;引人拒恶向善,维系社会安定;探求物候变化规律,适应生产发展;术埋紧密结合,强化宗教信仰;妨碍思想解放,影响科学发展。其对于壮族社会历史、古代哲学思想、伦理道德观念、科学文化等来说具有重要的科研价值②。

以上是目前学界关于贵州傩文化的研究状况概述。由于主客观条件及搜索条件所限,目前还没有见到以"贵州傩文化"命题的学位论文和专题著作。总体而言,学者们的研究领域和视角虽然在逐渐放宽,但还是有较大的可挖掘空间:

第一,学科间的合作研究还不够。就目前而言,对贵州傩文化史的研究,缺乏文化人类学、历史学以及民俗学方面的专家和学者的协作,大多各自为政,深入合作的研究成果较少。

第二,在贵州傩文化史的研究中,学者们关注的焦点多集中在傩文化的主要组成部分——傩戏上,而对傩文化的微观要素,例如鸡、面具等的关注度还不够,这就造成了在具体的研究中出现了"宏观有余,微观不够"、论证单薄的状况。

第三,在相关研究中,过分地依赖有限的文献史料,并没有从多方面收集相关资料,例如历史遗物、碑记铭文、出土文物等发掘难度较大的史料之搜集运用还较为欠缺。

总之,对于贵州傩文化的研究目前已经有了一些尝试,也得出了一些很有启发的结论。然而这些研究仍然缺乏科学、系统的理论体系和研究方法指导,呈现出较为分散的状况。此外,目前对傩文化的研究多从傩戏着手,而对傩文化的其他组成要素严重缺乏关注,这使贵州傩文化的研究缺乏整体性和宏观性。

---

① 何正廷:《鸡卜信仰的缘起、形成、发展与流传》,《文山学院学报》,2011年第4期,第19页。
② 何正廷:《鸡卜的社会功能及〈鸡卜经〉的科研价值》,《文山学院学报》,2013年第2期,第25页。

四、本研究的重点与难点

（一）重点

1. 从总体上把握贵州傩文化的发展脉络，总结其传承演化规律，更好地古为今用，为今天贵州傩文化的研究与保护提供借鉴。

2. 对贵州傩文化的构成要素，例如傩戏、傩仪、端公、面具、鸡等进行逐一探析，总结其内在联系，便于读者从细节方面更准确地认识贵州傩文化的本质。

3. 文化的活力在于交流与传承，本书的研究范围并不局限于贵州这一特定地域，而是注重不同时空范围下傩文化的融会贯通，着眼于贵州与周边省份乃至中原、江南地区傩文化的互动关系，便于读者从更宏观的角度全面了解贵州的傩文化。

（二）难点

1. 相关史志记载的缺乏。明清方志中缺乏对傩文化的记载是有原因的。端公主持的傩俗活动被明清政府以法律条文的形式明令禁止："凡师巫假降邪神、书符咒水、扶鸾祷圣，自号端公、太保、师婆，及妄称弥勒佛、白莲社、明尊教、白云宗等会，一应左道异端之术，或隐藏图像、烧香集众、夜聚晓散、佯修善事、煽惑人民，为首者绞；为从者，各杖一百，流三千里。若军民装扮神象鸣锣击鼓，迎神赛会者，杖一百，罪坐为首之人。"① 由于贵州地处边疆地区，远离政治中心，有着"山高皇帝远"的优势，只要端公不是过于张扬，政府一般不对傩活动严加干涉，甚至一些政府官员也以观看端公主持的傩戏充实自己的业余生活，因此傩文化这种古老的民俗在贵州被相对完整地保留下来。文献史料的缺乏决定了现在所从事的明清民国时期的贵州傩俗研究，需要综合利用史志、民间传说、历史遗物等多种形式的资料。

2. 民俗文化的研究唯有通过多种学科交叉进行的方式，才能显得内容充盈，论据充分，否则极易陷入就事论事、泛泛而谈的局面、同时，完成民俗文化的课题不能为写作而写作，必须投入自己的感情，深入其内核，去感悟、理解那种只可意会不可言传的意境。历史上贵州傩戏承载的傩文化具有敬神、祭祖、娱人的民间泛宗教文化意义和传承性、家族性、原生性、边缘

---

① 杨一凡、田涛：《中国珍稀法律典籍续编》第五册，哈尔滨：黑龙江人民出版社，2002年版，第249页。

性的特点。虽然被看作历史遗产、中国戏曲的"活化石",但贵州傩文化并非一成不变,从其艺术属性、形式到表演方式,以及民间对傩文化的认同观念,都在发生着悄无声息的变化。随着傩文化下的时空不断转换,广大民众对傩文化认同的新的平衡点也在不断建立,正是这种动态平衡才使傩文化在贵州被相对完整地保留下来。发掘和建立贵州傩文化各种要素之间的平衡点,对于研究其他文化的历史沿革以及指导其传承发展具有重要的意义。平衡点的发掘和建立需要综合运用历史学、文化人类学、文化心理学等多学科知识,其交叉运用的过程在本书的撰写中亦是一个较大的难点。

五、研究目标、研究方法和创新点

(一)研究目标

本书通过文化心理学、文化人类学与历史学多学科交叉的方式对明清、民国等不同时期的贵州傩文化进行全方位、多角度的深层次解读,从而总结出在特定的自然与人文环境下,族群心理和思维在传统民俗文化传承演化进程中的作用机制,为当前民俗和传统技艺等非物质文化遗产的保护提供一定的借鉴。由于以傩文化为研究对象,本书不可避免要在引文或论述中涉及巫、鬼、神等,绝对不是宣传封建迷信思想。

(二)研究方法

1. 多学科交叉法

贵州傩文化是一个庞大的综合体系,对其进行研究不是单凭某一学科的知识和方法所能完成的,需要在多学科交叉的学术视野下,借助于历史学、文化人类学、文化心理学等多学科知识。本书在综合运用这些学科知识的基础上,着重从文化学和心理学角度解读和分析贵州傩文化在历史上的呈现形式。

2. 历史文献考证法

文字资料查证主要包括,对贵州历代方志以及傩戏世家的家谱、碑记等有关资料的查证。很多家谱、碑记由于尚未面世,因而其价值要远超面世的文献资料,但对其进行发掘和整理工作的难度要比单纯查证文献大得多。在文献查证的过程中,注重比较贵州傩文化在明清、民国等历史时期的不同表现形式,从而总结出自然和社会环境对傩文化发展的影响以及傩文化在适应不同环境的过程中实现传承发展的方式和途径。这对当前傩文化如何适应巨变的现代社会是具有较强借鉴意义的。

3. 实地调研法

实地调研法是文化人类学重要的研究方法。文化人类学研究方法尤其注重通过现场体验、遗留的实物和亲自观察来收集第一手资料。研究者需要深入民俗活动的现场,在与参与者交谈和观察他们的活动中来了解民俗活动的社会和文化行为,然后才能进一步阐发其人类学含义。这种研究法使研究者可以既作为参与者又作为观察者深入傩文化内部,去观察和研究这种文化;可以把目光集中于对传承傩文化有意义的行为模式上,从中寻找那些有规律的行为特征的先后次序,注意其在不同情况下的变化[①]。通过对现场演出、民间传说和文献记载的比较,探讨文化心理学在民俗活动中的作用以及文化传统与社会活动对人类心理活动方式的影响。

(三)创新点

1. 研究内容上的创新

目前,学术界对贵州的傩文化研究基本呈碎片化状态,本书将这些研究成果重新梳理,使读者可以系统地对不同时期的傩文化产生的背景、在当时呈现的状况以及对贵州民俗发展的影响有清晰的了解。同时,本书首次探讨了鸡在贵州傩文化史中的重要作用和鸡成为傩民俗重要道具的原因。另外,本书对端公的研究,则从明清贵州史志所载其为害着手,深入剖析端公主持的傩活动扎根民间而为政府所难以取缔的原因,从而使读者能够透过带有严重主观色彩的史志记载,从现代科学的评判角度重新审视端公,理解傩文化等非物质文化遗产在民间所具有的顽强生命力。在对傩面具的研究方面,则突破了传统的主要对其外在形式和质地的研究局限,从制作人的文化心理和自然环境的互动关系入手探讨傩面具外在形式所蕴含的深层意义,这是以前的相关研究没有涉及的或是虽有涉猎,但没有进行详细探讨的。

2. 研究观点上的创新

在对历史事件的追踪及原因探析上,本书注重从自然环境要素着手。贵州独特的自然环境在某种程度上不仅决定着贵州诸多历史事件的发展进程,而且使很多历史文化事象的面貌、风格呈现出与其他省份不同的特点。具体到本书,自然环境对相关历史文化事象的影响主要体现在:贵州

---

① 罗斌:《假面阴阳——安徽贵池傩舞的田野考察与研究》,中国艺术研究院2007年博士学位论文,第15页。

山地居多的地形特征使鸡成为农民饲养最为普遍的家禽。鸡由于具有味道鲜美、取材方便、相对廉价的特点,因而成为傩活动中常用的道具。同时,贵州多山地丘陵、森林密布,有利于端公与少数民族群众集结力量,共同抵抗政府的腐朽统治。贵州的地形地貌也直接作用于人们的心理,在面具的着色、纹埋设计上均有所体现。

3. 研究方法上的创新

本书通过文化人类学、文化心理学和历史学等多学科交叉的方式,特别是用文化心理学理论与方法研究贵州傩文化,探讨特定族群的心理在推动傩文化发展中的重要作用,这对于传统傩文化的研究方法既是一种反思,也是一种新的尝试。第一,运用文化人类学的研究方法,对明清、民国等时期贵州傩文化的民俗功能、社会功能、组织方式等人文功能进行探讨,这突破了一些学者注重以文献史料和流传的历史遗物为研究内容的单一格局,从而将历史上的贵州傩俗从外在艺术形式到内在文化内涵全方位、多角度地呈现在读者面前;第二,将文化心理学融入贵州傩文化的研究中,将历史的客观事实与主体的主观心理意念结合起来,更有利于形成课题的主题思想和读者情感思想的互动关系,从而增强本书的思想性和可读性。因此,重视不同历史时期贵州傩俗所依托的社会与人文环境,关注其内在的文化心理学、文化人类学基因要素,是研究傩文化较为全面、科学的方法。总之,通过多学科交叉的方式解读贵州傩文化,可以弥补已有研究的缺憾,有助于丰富傩文化的研究。

第一章　贵州傩文化的孕育

贵州拥有悠久的历史和灿烂的文化。"贵州"这一名称在文献中最早见于宋太祖开宝七年(974)的朝廷敕书:"予以义正邦,华夏蛮貊,罔不率服。惟尔贵州,远在要荒。先王之制,要服者来贡,荒服者来享。"[①]北宋宣和元年(1119),"贵州"始正式成为行政区划名称,但地域范围很小,仅限于今贵阳及周边地区。贵州境内多高山丘陵,遍布森林,民族众多。独特的自然环境和民族构成,使贵州拥有得天独厚、丰富多彩的非物质文化尤其是傩文化遗产资源。贵州傩文化的孕育、形成、发展和传承的过程,是人、自然和族群诸要素之间不断磨合、升华的过程。在此过程中,人类的思维能力得到提升,人际以及族群关系得以协调。傩文化在很大程度上开启了贵州古人初步的科学与人文思维,促使其加速从原始的蛮荒时代进入崭新的文明时代。

第一节　贵州的自然地理环境

贵州多山地少平原的地理条件,不仅造就了地貌特征、气候类型和物产种类的丰富性和多样性,也使贵州人民的生产生活方式和信仰习俗具有明显的地域特征和民俗特色。"任何文化艺术形态的产生及发展必然要依存于其所生存的物质环境,与这种环境互为对象,并随着这种环境的发展变化而发展变化。因此,文化形态构成的所有因素都是有其相应功能的。它们都可以适应并满足该社会的某种需要,成为该社会成员完成社会化过程的基本条件。"[②]受贵州独特的自然地理环境和长期以来的封闭状态影响,贵州的傩文化形态相比于其他省份具有原生形态较突出、历史传承的连续性和稳定性较强的特征。

贵州是一个具有典型喀斯特地貌的省份。岩溶面积约占全省总面积的74%。境内山高谷深,灰岩裸露,交通不便,民间广为流传"天无三日

[①]　鄂尔泰、靖道谟:《贵州通志》卷三《建置》,乾隆六年(1741)刻本。
[②]　申茂平:《贵州非物质文化遗产研究》,北京:知识产权出版社,2009年版,第22页。

晴,地无三里平"的俗语。贵州独特的地形地貌不仅使同一地区同时有多种气候,出现了"一山有四季,十里不同天"的自然微气候和物候的显著对比现象,也使地理结构呈现出相互分割、相对独立的状态。"隔山喊得应,见面要半天。"这一俗语正是对贵州山区地形地貌的最恰当写照。这种差异性和隔绝性决定了不同地区人们的不同生活和生产方式,并催生出具有典型特色的不同区域文化。贵州各族所形成的"大分散、小聚居、大杂居"的居住习惯和生存状态,除了长期的民族迁徙、民族融合和民族分化等人为因素的作用,与自然气候、地理等客观条件的限制也有很大关系。长期以来,贵州一直处于相对封闭、隔离的地理环境中,尤其是在生产力水平低下、经济发展缓慢的古代时期,自然环境严重影响着贵州社会形态和文化事象的面貌,使各地区、各民族的交流沟通远不及中原地区顺畅。然而,自然地理条件的限制,交通的阻隔,客观上也使得长期孕育、积淀、发展起来的贵州傩文化以原生态的区域性特色保存、传承下来,成为一种较少受外来经济文化影响的相对独立、稳定的文化体系,并且在此基础上也促使当地居民形成了独特的地域性文化心理,从而影响着贵州多种文化的整体状态和面貌。所谓"先天不足"的贵州地理条件虽然在一定程度上制约了社会经济的发展和文化形态的改观,但是造就了贵州所独有的自然与人文生态环境,孕育并保存了不拘一格、丰富多彩的贵州傩文化。

第二节 泛神情结下贵州傩文化的产生

贵州原始先民在险恶的自然环境中依靠自身之力很难抵御各种自然灾害,求生的本能需求促使他们更多地求助于虚幻的神灵,并且在长期的生产实践中,他们发现神秘的自然界在展现其严酷一面的同时也透露出些许温情,人们对大自然逐渐产生了人格化的依恋情结。贵州傩文化的产生由此具备了基本的思想条件。

一、贵州先民泛神思想的产生

贵州独特的自然环境为贵州傩文化的孕育生成提供了必要的自然条件。贵州古代先民在漫漫原始社会以天然的岩溶洞穴为家,以石头为原料制作工具,从事农耕、渔猎、采集等基本的生产活动和手工劳动。他们在长期的生产实践中,不断创造和改进石器工具,创造了灿烂的原始石器文化。

从黔西县观音洞遗址中出土的旧石器时代早期的四千余件石制品来看,许多器物都被予以精心细致的深加工,制作手法各异,石材的利用率也较高。观音洞人在对石料加工的过程中,创造了目前为止所发现的旧石器时代最早的南方古人类使用的"锤击制造法"。在桐梓县岩灰洞旧石器时代中期的古人类遗址中,考古学家发现了贵州史上最早的原始人用火的痕迹,还出土了12件石器。"桐梓人"借助于石具开始了对火的利用,使贵州初现了原始文明的曙光。根据在水城县硝灰洞古人类遗址中发掘出的53件石器,考古学家发现了"水城人"所创造的"锐棱砸击法",这是迄今为止发现的国内最早的石器制作方法。在盘县大洞出土的2000多件石器中,还出现了贵州最早的石手斧和石手镐,这标志着贵州原始社会的石器制作工艺又向前迈进了一大步。兴义猫猫洞出土了旧石器时代晚期石器4000多件,其中包括490件砍砸器、刮削器、尖状器等制作工艺复杂的器物。贵州新石器时代古人类文化遗址中出现了更多种类、不同用途的石器,例如石锛、石纺轮、石臼、石杵、石环等。这些石器大都经过精心打磨,专用性较强,这标志着贵州先民改造和征服自然的活动从原始的狩猎、采集进入相对先进的初级农耕阶段。

贵州原始初民在漫长的石器时代,于制造石器的过程中,思维能力得到训练和加强,不仅创造了灿烂的原始物质文明,而且创造了质朴的原生态造型艺术,萌生了朦胧的审美观念和意识。原始居民在劳作的过程中,自然而然地发出吭唷吭唷的原始节奏感。捕获到猎物后,他们会本能地以手舞足蹈的方式表达自己的喜悦心情。他们掌握和习惯了以自行创作的原始音乐和舞蹈驱散躯体劳累、调剂单调生活的方法。正如《吕氏春秋》卷五所载:"昔葛天氏之乐,三人操牛尾,投足以歌八阕。"①

贵州原始居民的生产和生活用具基本上皆为石制,并且他们更乐于选择四壁为石头而非泥土的洞穴居住。他们能够从石头上感受到一种刚强和坚毅的精神力量,这种力量是其在险恶的自然环境中所迫切需要的。他们将石头等为人所用的自然物奉为崇高品质的化身而对其倍加崇拜,从而产生了原始宗教的萌芽。由于力量弱小,根本无法抵御自然灾害,原始人只能求助于虚幻的超自然神灵消灾祛病、祈福纳吉,从而具有了初始的傩思想意识。贵州原始文化中的音乐舞蹈艺术、宗教信仰习俗、傩思想意识、

---

① 高诱注:《吕氏春秋》,上海:上海古籍出版社,2014年版,第101页。

简拙的审美观念,都为贵州傩文化的孕育注入了强有力的文化因子。

二、贵州先民对自然界的人格化依恋

今天的贵州,在距今约两亿年前,境内的全部或大部分地区为海底世界。现在所发现的"贵州龙""海百合"等化石就是贵州在亿万年前那段沧海历史的有力见证。造山运动之奇力将贵州由沧海抬升为高原。"新生代"伊始,冰河期结束,贵州大地万物复苏,雨水充沛,"天无三日晴",河湖交错,植物茂盛,气候湿润。优越的自然环境和气候条件,使贵州成为我国南方古人类文明的主要发祥地。贵州现已查明的古人类遗址就有五十多处,基本涵盖了贵州古人类进化史的各个时期,包括古人类从晚期"直立人"到"智人",从"早期智人"到"晚期智人"各个连续的进化阶段。古人类在从猿到人的进化过程中,创造了神秘玄奥、灿烂多姿的贵州史前文化。迄今所发现的贵州最早的古人类是黔西南的"观音洞人",其处于晚期"直立人"阶段,大致与闻名中外的"北京人"同属一个历史时期,均距今二三十万年。他们在艰苦的原始环境中,开辟了贵州远古史。其后,贵州兴义猫猫洞古人类遗址的"兴义人",已能使用动物骨头制作劳动工具和餐具。在遗址中发掘的骨锥和骨刀等器物均制作精致,造型精美。这说明"兴义人"在从"古人"向"新人"过渡的阶段,已经具有了初始、朦胧的美学观念和意识。原始人在长期的劳作中,逐渐发现神秘的自然界在展示其严酷一面的同时也具有温情的一面,可以给予人们美好愉悦的心理体验,遂油然而生对自然界的人格化依恋之情,这为傩文化的孕育提供了重要的思想条件。

第三节 青铜饕餮图纹与夜郎文化

战国至秦汉时期是贵州古代史上的夜郎时代。《史记·西南夷列传》载:"西南夷君长以什数,夜郎最大……此皆魋结,耕田,有邑聚。"[1]这反映出夜郎国已从春秋末期的游牧或半农半牧的经济形式过渡到稳定且先进的农耕形式。这一结论也得到了实物的有力证实,近年来黔西南州普安县铜鼓山的夜郎文化遗址出土了大量青铜器,包括兵器、生活用具和农业生产工具等。这些出土物大多铸有复杂的饕餮图纹。这种独特的图纹亦出

---

[1] 司马迁:《史记》第六册,北京:中华书局,2009年版,第326页。

现在黔西北威宁县中水战国墓出土的无胡戈矛和其他地区出土的宽口陶罐上。这些出土的冶铸品反映出当时夜郎人的造型艺术和铸造工艺已经达到相当的水平。"饕餮图纹的神兽镇邪,蕴含着夜郎人的宗教文化意识。夜郎人的宗教文化意识总体上还是傩文化意识的传承。"①傩文化中的巫蛊巫术亦较早地出现在西汉时期的夜郎国。"至成帝河平中,夜郎王兴与钩町王禹、漏卧侯俞更举兵相攻。牂柯太守请发兵诛兴等,议者以为道远不可击,乃遣太中大夫蜀郡张匡持节和解。兴等不从命,刻木象汉吏,立道旁射之。"②代表夜郎国权贵阶层的国王王兴的这种诅咒、仇恨心理与做法,突出地反映了夜郎国自上而下普遍的巫风民俗。歌舞往往是巫术民俗不可或缺的重要组成部分。"敢有恒舞于宫,酣歌于室,时谓巫风。"③王国维在《宋元戏曲史》中亦说道:"巫之事神,必用歌舞。"④从出土的文物来看,夜郎国在当时应该已经存在兴盛的歌舞艺术了。"夜郎时期的歌舞艺术也是很兴盛的。赫章可乐'南夷'墓中出土的作为乐器的铜鼓,充分说明了夜郎歌舞艺术的存在。"⑤铜鼓不仅用作歌舞表演的打击乐器,也是祈福禳灾的巫事活动中不可或缺的祀神祭器。"西南诸夷,汉牂柯郡地。武帝元鼎六年,定西南夷,置牂柯郡。病疾无医药,但击铜鼓、铜沙锣以祀神。风俗与东谢蛮同。"⑥可见,夜郎时期,击打铜鼓、祭神祛病已成为重要的民俗活动,铜鼓走进了乡野民间。后晋刘昫在《旧唐书》中记载了东谢蛮⑦好歌舞的习俗:"宴聚则击铜鼓,吹大角,歌舞以为乐。"⑧这也从一个方面印证了夜郎时期巫事活动存在的可能性。

夜郎之地相对发达的经济和顺畅的交通,为文化的交流与发展创造了有利条件。"楚国将军庄蹻西征入滇东西大干道的形成、秦开五尺道和汉武帝派遣唐蒙入使夜郎南北干道线的开辟,为夜郎与中原及周边部落国家的经济文化交往提供了方便;赤水河、乌江入长江的水路和南北盘江、都柳

---

① 王恒富、谢振东:《贵州戏剧史》,贵阳:贵州人民出版社,2004年版,第11页。
② 班固:《汉书》第四册,北京:中华书局,1962年版,第138页。
③ 陈戍国点校:《四书五经》上册,长沙:岳麓书社,2014年版,第231页。
④ 王国维:《宋元戏曲史》,北京:中国书籍出版社,2016年版,第1页。
⑤ 周润民、何积全:《解析夜郎千古之谜》,北京:中共党史出版社,2007年版,第46页。
⑥ 脱脱、阿鲁图:《宋史》,北京:中华书局,1977年版,第10965页。
⑦ 东谢蛮,古族名。因其首领姓谢而得名。东汉光武帝刘秀授予该族首领谢遛"义郎"封号,由其世代承袭,管理牂柯郡。谢遛也因此成为现在贵州谢氏家族之始祖。
⑧ 刘昫:《旧唐书》第七册,北京:中华书局,1975年版,第323页。

江注入珠江的河道,为夜郎的对外交往提供了舟楫之利。夜郎国的物产比较丰富,商业亦比较发达,商道北通巴蜀,南通南越、交趾。"①随着夜郎经济的发展和军事力量的增强,其文化面貌也有了显著改观,反映在夜郎人的青铜造型艺术和铸造技术水平上。这些青铜造型艺术具有浓厚的宗教文化色彩。同时,民间歌舞的兴起也为贵州傩戏的孕育提供了丰富的文化素材。

第四节　牂牁、夜郎二国与楚国经济文化联系的加强

早在殷周时期,贵州就开始了与中原地区的联系。春秋战国时期的牂牁国和夜郎国在与楚国的交战与交往中,加强了相互之间的经济文化交流。楚地盛行的巫风也顺势传入贵州,并与当地原始的巫文化相结合,为贵州傩事活动的兴起创造了重要的文化条件。

春秋时期,今天的贵州分属巴、鳖、鳛、蜀、牂牁诸国。其中,牂牁国面积最大,统辖范围主要为今贵州北部地区,约占贵州总面积的一半。它的政治中心是今安顺市,时称"夜郎邑"。"牂牁国因兴建于牂牁江畔而得名,一般用牂牁国来代表春秋时期的贵州。"②关于牂牁国的存在历史,《贵州古代史》是如此记载的:"推测牂牁国上限,应始于西周中叶。后至战国初,牂牁国衰裂,南有南越兴起,占领它的南部中部,以番禺为首邑;北有夜郎兴起,占领它的北部,以夜郎邑为首邑,贬原牂牁国君及其民族,使居夜郎邑东北的小邑且兰,并用且兰为其国号,就近接受夜郎国的统驭,于是牂牁大国缩小成且兰小邦。"③在很长一段时期内,牂牁国的势力强大到与吴、楚大国相抗衡的程度。

战国时期,夜郎国的执政者,积极发展农耕事业,力量逐渐壮大。至秦汉时,取代牂牁国成为贵州最强大的势力,这标志着贵州进入夜郎时代。夜郎国横跨珠江和长江两大水系,境内河道遍布,拥有便利的沟通外部、发展经济、交流文化的水路交通条件。"楚顷襄王二十二年,楚王派将军庄𫏋率兵西征,灭且兰、攻夜郎、征滇国,疏通了横贯东西的大干道。楚国的

---

① 王恒富、谢振东:《贵州戏剧史》,贵阳:贵州人民出版社,2004年版,第11页。
② 王恒富、谢振东:《贵州戏剧史》,贵阳:贵州人民出版社,2004年版,第6页。
③ 周春元:《贵州古代史》,贵阳:贵州人民出版社,1982年版,第28页。

先进生产技术和文化也进入夜郎国,对夜郎国产生了深远影响。"①在两国交战和正常的经济文化交流中,楚国对夜郎国产生广泛、深刻影响的文化品类莫过于其地成熟、繁盛的巫文化。"于中国古代,崇信巫鬼、崇信神祇极甚的地方之一,则为以楚文化为中心的地区。以巫鬼淫祀之地著称的楚地,在中国古代社会中,其巫术的特征更加突出。此种特征,于早期中国传世文献及出土文献的记载之中,并不难得见。"②巫风在楚国的宫廷王室中颇为盛行。桓谭《桓子新论·言体》载:"昔楚灵王骄逸轻下,简贤务鬼,信巫祝之道,斋戒洁鲜,以祀上帝、礼群神,躬执羽绂,起舞坛前。吴人来攻,其国人告急,而灵王鼓舞自若,顾应之曰:'寡人方祭上帝,乐明神,当蒙福佑焉,不敢赴救。'而吴兵遂至,俘获其太子及后姬以下,甚可伤。"③《汉书·郊祀志》载:"楚怀王隆祭祀,事鬼神,欲以获福助,却秦师,而兵挫地削,身辱国危。"④明末小说家董说在《七国考·杂祀》中云:"楚怀王于国东偏,起沉马祠。岁沉白马,名飨楚邦河神,欲崇祭祀,拒秦师,卒破其国,天不佑之。"⑤在楚王的引领下,楚国上下巫风弥漫。《汉书·地理志》对楚地的风俗作了如下记载:"楚有江汉川泽山林之饶:江南地广,或火耕水耨。民食鱼稻,以渔猎山伐为业,果蓏蠃蛤,食物常足。故呰窳偷生,而亡积聚,饮食还给,不忧冻饿,亦亡千金之家。信巫鬼,重淫祀。"⑥楚人将信巫祭鬼看作与满足吃饭穿衣等基本生活需求同等重要的事情。屈原运用楚地丰富的巫术材料,创作出瑰丽的诗篇名著《楚辞》。《楚辞》具有浓厚的楚巫神话因子,体现了屈原巫神交织合一的观念。《楚辞·九歌》中的《东皇太一》篇描述了民间巫术的玄奥气氛以及巫师的娴熟动作。"吉日兮辰良,穆将愉兮上皇。抚长剑兮玉珥,璆锵鸣兮琳琅。瑶席兮玉瑱,盍将把兮琼芳。蕙肴蒸兮兰藉,奠桂酒兮椒浆。扬枹兮拊鼓,疏缓节兮安歌,陈竽瑟兮浩倡。灵偃蹇兮姣服,芳菲菲兮满堂。五音纷兮繁会,君欣欣兮乐康。"王逸补注曰:"古者巫以降神。'灵偃蹇兮姣服',言神降而托于巫也。"⑦朱熹也

---

① 王恒富、谢振东:《贵州戏剧史》,贵阳:贵州人民出版社,2004年版,第6页。
② [韩]赵容俊:《由文献记载考察古代楚地巫术特征》,载楚文化研究会编:《楚文化研究论文集》第十一集,上海:上海古籍出版社,2015年版,第471页。
③ 严可均辑:《全后汉文》,北京:商务印书馆,1999年版,第121页。
④ 班固:《汉书》第八册,北京:中华书局,1962年版,第238页。
⑤ 董说:《七国考》,北京:中华书局,1956年版,第278页。
⑥ 班固:《汉书》第十册,北京:中华书局,1962年版,第107页。
⑦ 王逸等:《楚辞章句补注·楚辞集注》,长沙:岳麓书社,2013年版,第56页。

在《楚辞集注·九歌》中言:"九歌者,屈原之所作也。昔楚南郢之邑,沅、湘之间,其俗信鬼而好祀,其祀必使巫觋作乐,歌舞以娱神。蛮荆陋俗,词既鄙俚,而其阴阳人鬼之间,又或不能无亵慢淫荒之杂。原既放逐,见而感之,故颇为更定其词,去其泰甚,而又因彼事神之心,以寄吾忠君爱国眷恋不忘之意。识以其言虽若不能无嫌于燕昵,而君子反有取焉。"①

秦朝统一后的中国,贵州境内仍以夜郎国为最大。《史记·西南夷列传》载:"西南夷君长以什数,夜郎最大……秦时常頞略通五尺道,诸此国颇置吏焉。"②由此可知,秦时中央王朝开始了对贵州的正式管辖,封建制逐渐代替了原有的奴隶制,贵州由此开启了土流共治的局面。在统一的政权之下,夜郎文化与周边的蜀滇文化和楚巫文化有了更多的交流机会。

汉灭秦后,汉武帝采纳唐蒙的建议,开辟了南北交通干线夜郎道,并派其出使夜郎国,加强了夜郎与中原地区的联系。从此中原移民源源不断地进入贵州,促进了夜郎的开发,当地的农耕社会有了较大发展。贵州成为各民族的共同开发之地,原有的土著民族与后来的中原华夏族经过民族融合结为一体,共同创造了具有较强区域特色的夜郎文明。汉成帝河平二年(前27),汉灭夜郎国,宣告了存在数百年之久的奴隶制夜郎古国的彻底终结。

牂牁和夜郎古国存在于古代贵州发展史上的重要时期,对加强贵州与周边地区的经济文化交流起了重要的推动作用。在这一时期,贵州当地原始状态的傩文化与传入的湖南、湖北等地发达成熟的巫文化相融合,结成新形式的统一体,以新的姿态展示着贵州傩文化的多彩魅力。

贵州傩文化历史悠久,博大精深,风格独特,是贵州非物质文化遗产的典型代表。贵州在历史上经历了几次规模较大的外来移民运动,这使贵州傩文化具有了较多的巴蜀文化、荆楚文化、中原文化和古滇文化成分。同时,贵州相对封闭的自然地理环境,险恶的交通条件,也在很大程度上制约了贵州与外界的文化交流,从而减小了外来文化对贵州原有的古老傩文化的冲击力度,使贵州傩文化自成一体,保持了较强的独立性。贵州傩文化在保持贵州地域文化原始性的同时,又兼容了更多的民族文化和外来文

---

① 朱熹:《楚辞集注》,上海:上海古籍出版社,1979年版,第29页。
② 司马迁:《史记》第六册,北京:中华书局,2009年版,第326页。

化,体现出较强的包容性与多元性。神秘悠久的远古文化的启蒙,牂牁、夜郎文化的熏染,唐至明清的文化积淀,为贵州傩文化注入了恒定的文化基因与精髓。贵州傩文化因此堪称"人类文化的活化石",具有重要的历史学、艺术学和民俗学研究价值。

第二章　贵州地戏

同西部其他省份一样,贵州傩文化来源于中原。据有关古代文献记载,周代的傩祭仪式不仅复杂完备,而且已经作为宫廷的一项重要祭典被纳入礼的范畴,从而开启了民间傩事活动与宫廷傩祭长期共存的格局。后来随着二者的不断演变,其共存的局面逐渐被打破,宫廷傩日渐衰微,民间傩却兴盛起来,并且由中原逐渐向贵州等边疆省份扩展。在西南诸省中,贵州交通尤为落后,受外界文化影响较少,这为其原生态文化的保存提供了最为有利的条件。在西南地区,贵州傩文化的保存最为原始、完整,研究贵州的傩文化对了解整个西南地区的傩文化状况具有重要的借鉴和指导意义。傩文化主要以傩事活动的形式展现出来,傩戏是主要的傩事活动之一。明清、民国是贵州傩文化发展史上的鼎盛时期,因此研究该时期贵州的傩文化宜从傩戏开始。贵州傩戏主要包括地戏和傩坛戏两部分。地戏是贵州傩戏的主要分支,至今仍在以安顺为中心的地区盛行。

第一节　地戏的形成

地戏是一种在明代贵州屯军及其后裔中广泛流行的傩戏,因其演出无须庙台和戏台,且主要在村野旷地中进行而得名。民间俗称之为"跳神"或"跳鬼"。地戏至今仍在贵州安顺、贵阳、广顺、贵定、六枝、水城、毕节、平坝、普定、镇宁、紫云、清镇等地区的农村广为流传,尤以安顺最为集中和典型。据统计,安顺境内经常演出的地戏有180余堂,因此贵州地戏又被人们习惯性称为"安顺地戏"。

安顺地戏的前身是弋阳腔化的军傩,约在明洪武二十一年(1388)前后传入贵州。六百多年来,其除了仅在个别角色的更替和演出剧目的增减上有较小变化,基本上保持了明初传入时的格局面貌,发展较为缓慢,而由军傩衍生的其他剧种则大都有了较大发展和变异,因此安顺地戏显得尤为原始、落后和古朴。安顺地戏作为戏剧的"活化石",具有重要的研究价值,对戏剧史、美术史、文学史及宗教学、民俗学研究具有十分重要的意义。

一、历代尤其是明代以来大规模的移民入贵州

汉代以来,贵州地区逐渐加强了和外省的联系,吸引了大量外来移民的迁入,也得到了有效开发。总的来说,这段时期的外来移民主要有五种成分:

(1)驻军及行政官员,留居贵州后逐渐发展为较大的家族大姓。

(2)屯军定居之后,逐渐变为屯民,家属及眷属、亲戚、友邻相继移居贵州,子孙沿袭,发展了人口。

(3)历代统治者有计划地迁移一些豪富大姓、商贾定居贵州,随来的还有雇佣的劳动人民,利用这些人的经济优势发展贵州。

(4)统治者强行迁徙外地人来贵州,以充实地广人稀的边陲之地,开垦土地,借以巩固统治,从而有利于对付少数民族的反抗。

(5)流商及破产的劳动人民,迁居贵州另谋生路。①

从数量上来看,明代之前山西、陕西、河北、河南等长江以北地区的移民占多数。明代开始,江西、江苏、安徽、湖广地区的南方移民人数超过北方移民,这主要是在朱元璋的命令下大量江南地区的军人屯居贵州造成的。到了清代,北方移民又占多数,除此之外,四川、广西自发移民也不少。移民们远离故土,来到少数民族众多、地广人稀的环境恶劣之地,均有着强烈的怀念故土的情结,因此故乡的风俗习惯,包括祭祀活动、岁时礼仪和娱乐形式等,凡是有条件能够继承保留下来的,均被移民按照本来的面目虔诚地保留下来。《安顺府志·地理志·风俗》载:"郡民皆客籍,惟寄籍有先后。其可考据者,屯军堡子皆奉洪武敕调北征南,当时之官,如汪可、黄寿、陈彬、郑琪,作四正。领十二操屯军安插之类,散处屯堡各乡,家口随之至黔。妇人以银索绾发髻分三绺,长簪大环,皆凤阳汉装也。故多江南大族,至今科名尤众。余皆勤耕务本,男妇操作,风俗皆同。已见于前,故志其始末于此。"②这种装扮习俗直到近世仍为众多贵州屯堡人后裔所坚守。清

---

① 高伦:《贵州地戏简史》,贵阳:贵州人民出版社,1985年版,第16～17页。
② 常恩、邹汉勋:《安顺府志》卷十五《风俗》,咸丰元年(1851)刻本。

代《玉屏县志》载:"世道吾邑,前明时官军两籍多江南人,其语言、服习,以及吉凶诸礼,岁时各仪,皆有江左之遗。"①这不仅说明明代贵州来自江南地区的移民较多,而且显示了他们仍保持迎神、祀神、装神、借敬神之机聚众唱戏娱乐的习俗,这为贵州地戏的形成与发展直接奠定了良好的先天文化基础。傩活动作为贵州最为流行的习俗之一,其主体是明清时期外部尤其是江南地区移民带入的。

明代之后,外来移民日益增多,贵州的江南文化特色也就愈发浓厚。移民来到贵州之后,原有的风俗习惯与当地的习俗经过相互影响与融合,有所改变,形成一些别具特色的新民俗。《贵州通志》的记载就体现了这种变化:"黔之先民,率多迁自中州,故士秀而文,农朴而力;室无逾阃之言,道有履霜之葛,姝为近占。百战以来,五方杂糅,典型既坠,习靡风移,非其旧矣。"②这说明,贵州民俗已由移民较少时期的相对单一状态变为移民较多时期的不同类型杂糅状态。所以贵州各地广泛盛行迎神和祀神、佛、巫、道的相关活动,普遍信奉药王、川主、土主、坛神、山魈神、五显神等外来神灵。《铜仁府志》载:"人多好巫而信鬼,贤豪亦所不免,颇有楚风。"③毕节一带更是"每岁春时,城市乡村,醵钱延僧道作清醮,以纸折龙船,巫以朱墨涂面,象灵官鬼部各神,沿户搜捕,以禳瘟疫"④。汉族和兄弟民族长期共同生活,宗教意识得以相互影响,这使以前在中原地区流行的附以迷信的聚戏娱乐习俗在贵州发展起来。元代的谢庭芳在其《辨惑论》里就记载了当时中原地区的宗教迷信习俗:"世俗以疾咎神鬼者,众矣,至疫气流行,则曰:'有主疾之神家至而户守之。妖由巫兴,更相煽惑。是故,病疫之家,人皆惴惴焉,无敢踵其门而问之,甚而父子兄弟,亦不相救。'"⑤受外来移民影响,当地民众也和外来移民一起经常举行各种醮会,即每到祀神驱鬼之日,都要聚戏娱乐。《贵州通志》里就有两条相关记载:"鼓吹喧阗,祈祷多应,各择宽平之地,鸣锣击鼓,跳舞歌唱为乐。"⑥"九月祀五显神,远近邻人咸集,吹匏笙,连袂宛转,以足顿地为乐,至暮而还。"⑦这也说明当时的迎

---

① 赵庆、田榕:《玉屏县志》卷之首,乾隆二十二年(1757)刻本。
② 鄂尔泰、靖道谟:《贵州通志》卷七《风俗》,乾隆六年(1741)刻本。
③ 敬文、徐如澍:《铜仁府志》卷二《风俗》,道光四年(1824)刻本。
④ 董朱英、路元升:《毕节县志》卷一《疆舆风俗》,乾隆二十三年(1758)刻本。
⑤ 陶宗仪:《说郛》,上海:商务印书馆,1927年版,第108页。
⑥ 鄂尔泰、靖道谟:《贵州通志》卷七《风俗》,乾隆六年(1741)刻本。
⑦ 鄂尔泰、靖道谟:《贵州通志》卷七《风俗》,乾隆六年(1741)刻本。

神和祀神习俗,皆以歌舞为主。共同娱乐促进了本地居民和外来移民的相互融合。民间日益盛行的傩俗甚至影响到官府的文化生活:"府君生于康熙五十五年正月初九日未时,享寿七十有九岁。呜呼,痛哉! 府君一生,严以律躬,恕以接物,人有小善必津津乐道之,其不善者亦惭阻自废退。身历七省,位愈显而德愈恭,燕见官僚属,语不及私。居恒不谈巫觋,不召俳优,喜培养士类,所至以振新文教为己任。"①这反映出清朝贵州官府中召俳优、谈巫觋之事颇为常见,偶有不为者,便被引以为奇。

随着历代移民定居贵州,中原文化与土著文化在日渐融合中不断缩小差距,土著居民在文化生活上也大有改变,甚至一些民族的语言也逐渐与汉语趋同。唐代范摅的《云溪友议》记载,当时的贵州黔中地区,"南卓以御史中丞为黔中经略使,大更风俗,凡是溪岛呼吸文字,皆同秦汉之音,甚有声誉"②。中原地区的佛、道两教自唐代开始传入贵州,明清时期在贵州已经相当兴盛。不仅其教义为各族人民所广泛信奉,各地的相关庙宇和道观也大量建立起来。这些具有正规教义的宗教,在长期与各民族习俗相融合的过程中,深刻地影响着他们固有的传统文化。道光《松桃厅志》载:"自城市及乡村,皆有庙宇。土民祈禳,各因其事,以时致祭。有叩许戏文,届时扮演者,中元节每庙设醮,祈丰稔,禳灾疫,谓之平安清醮,乡村皆然。元宵有采茶歌,川调楚调不一,各操土音歌咏。"③松桃县长期以来一直是以苗族为主的少数民族县,从文献可以看出,道光时期佛道等汉族的宗教习俗已在该地广为流行。

二、地戏的渊源

地戏的最原始面貌可以追溯到东晋成书的《西京杂记》,葛洪在该书《东海黄公》一节中云:"有东海人黄公,少时为术,能制蛇御虎,佩赤金刀,以绛缯束发,立兴云雾,坐成山河。秦末,有白虎见于东海,黄公乃以赤刀往厌之。术既不行,遂为虎所杀。"④这里记叙的武术搏击、以人伴虎的场面与贵州地戏中二人打斗、人兽相伴的场景颇为类似。

《旧唐书·音乐志》记载了地戏中的假面艺术:"代面出于北齐兰陵王

---

① 黄宅中、邹汉勋:《大定府志》卷五十二《文征》,道光二十九年(1849)刻本。
② 周作楫、萧琯:《贵阳府志》余编卷二《文征二》,道光二十三年(1843)刻本。
③ 徐铉、萧琯:《松桃厅志》卷之六《风俗》,道光十六年(1836)刻本。
④ 刘歆:《西京杂记》,葛洪辑,上海:上海古籍出版社,2012年版,第23页。

长恭,才武而貌美,常着假面以对敌,尝击周师于金墉城下,勇冠三军,齐人壮之,为此舞,以效其指麾击刺之状,谓之兰陵王入阵曲。"①这说明北齐时掩美增威的假面已经被用于战争。从"为此舞,以效其指麾击刺之状"中,可以很容易捕捉到其时军傩的影子。《教坊记》更是强调指出,兰陵王长恭所着大面"乃木刻为假面",这与今天所见到的贵州地戏演员所佩戴的用杨木或丁木刻制而成的面具如出一辙。总之,无论是《踏摇娘》的领唱伴和、《兰陵王》的狰狞假面,还是《东海黄公》的武术搏击,都使人感受到地戏在古代民间的广泛存在和盛行,领悟到其所具有的蓬勃生命力。

十二世纪前后,中国戏剧在发展过程中出现新的转机。在迅猛发展的封建经济驱使下,曾风靡一时的傩戏在各种艺术形式的不断融汇掺合中发生了较大的演变。"不论是《周礼·夏官·司马》描述的'掌蒙熊皮,黄金四目,玄衣朱裳,执戈扬盾',佩戴铜制面具的'方相',还是《东京梦华录》中'戴假面,着色衣'的'将军、门神、土地等'神祇;不论是《汉书·礼乐志》中记叙的假面舞人'象人',还是《西京赋》中的'总会仙昌'的'伪作假形',在假面的总御下,戏剧的本质,戏剧的审美,戏剧的主体都有了雏形的凝聚。"②而从唐宋之际的歌舞、小说始,地戏就开始表现出更加多姿的神态。

自宋代起,城市生活随着商品经济的崛起和发展而日趋繁荣。勾栏、瓦舍的出现,不得志落魄文人的参与戏剧,宫廷优人的流寓民间,这些因素都促使傩戏这一原本为上层社会所独有的娱乐活动扎根民间,为民众所喜闻乐见,有利于傩戏走向成熟。社会各阶层民众,包括达官贵人、市井乡民、学士文人和商家大贾对传统傩艺巫觋表演的态度也从盲从迷信转变为自发的欣赏悦纳。应运而生的南北杂剧亦使中国戏剧从新生走向成熟,温和、抒情、叙理、平适的主调在城市环境的熏陶下逐渐代替刻板、单调、枯燥的格调,而成为中国戏曲艺术的主流。屯堡人在戏曲艺术转变的洪流中并没有改变傩戏的表演本色,仍顽强地坚守着傩的内在原质,几百年来仍在沿袭一人领唱众人伴与一锣一鼓做伴奏的江西弋阳老调的表演形式,传诵着宋元说唱文学影响下的战争史事,年复一年,一代又一代。

在贵州黔中以安顺为中心,包括长顺、清镇、紫云、普定、广顺、惠水、平坝、镇宁等县市方圆几百平方公里范围内,生活着诸多在语调、服饰、习俗、

---

① 刘昫:《旧唐书》第六册,北京:中华书局,1975年版,第217页。
② 帅学剑:《独特态势下的独特艺术——地戏》,载沈福馨编:《安顺地戏论文集》,北京:文化艺术出版社,1990年版,第27页。

信仰等方面与当地其他汉民族和少数民族迥然不同的汉人,他们就是明清时期贵州史志里经常提到的屯堡人。民国《平坝县志·民生志》载:"屯堡者,屯军住居之地名也。"①在安顺地区的县市境内,明清时诸多以屯、堡、旗、哨、卫、铺等命名的地名一直流传至今,如双堡、林哨、魏旗、詹家屯、东关、头铺、安庄卫等,其中以屯、堡命名的村寨最多。《安平县志·民生志》"以其住居地名而名之屯堡人"②的记载,明确地道出了屯堡人名称的由来。

屯堡人并不是当地土著,而是外来户,这在当地的史志中有确切记载。《镇宁州志》载:"屯堡人:一名凤头籍,多居州属之补纳、三九等枝地。相传明沐国公征南,调凤阳屯军安置于此,其俗与汉民同,耕读为业,妇女不缠足,勤于农事,间有与汉民通婚者。"③明洪武十四年(1381),朱元璋曾派颖川侯傅友德率兵入黔平息了当时西南少数民族的叛乱,为稳固战果,在今黔中安顺一带大量屯兵。屯军及其后裔就被统称为"屯堡人"。他们与明代后期"调北征南"的汉人以及清代"改土归流"后大量涌入贵州的外来移民共同构成了安顺汉民族的主体。如今在许多屯堡后裔的家谱中,仍不乏对其祖先入黔史实的相关记载。安顺市西秀区大西桥镇九溪村的《顾氏宗谱》载:"始祖成公,由前明洪武二年奉敕征讨滇黔,授征南都指挥之职,躬膺王命,统率王师,自吴来黔。其后平复黔地有功,封镇远侯征南将军,遂久镇南疆。"④旧州詹家屯叶氏的家谱中亦有记载:"予始祖叶公信禄,明太祖朱元璋初年被派遣南征,始从詹氏指挥属下,称参军官之职。调北征南平服世乱之后,奉命改土归流,徙居黔地,令屯军为民,垦田为生。"⑤

屯堡人迁入贵州之后,须直面战争的惨烈、环境的改变和土著的反抗等重重困难。生存的巨大压力强化了他们对神灵的依附心理和对江南故土与先祖的怀念,使他们更加崇拜神祇的回天之力,同时他们也需要"仁义"理念来加强内部的凝聚力。而借神纳吉、演武操练的地戏,正是其精神依托的最佳载体。扮神而求神,借神而祷愿,从"仁"而明理,晓"义"而求

---

① 江钟岷、陈廷棻:《平坝县志》第四册《祀祷志》,民国二十一年(1932)铅印本。
② 江钟岷、陈廷棻:《平坝县志》第四册《祀祷志》,民国二十一年(1932)铅印本。
③ 李昶元、彭钰:《镇宁州志》卷五《风教》,光绪元年(1875)抄本。
④ 吴斌:《屯堡家族的族群演变与文化认同》,载李建军编:《屯堡文化研究》,2012卷,北京:社会科学文献出版社,2014年版,第99页。
⑤ 帅学剑:《独特态势下的独特艺术——地戏》,载沈福馨编:《安顺地戏论文集》,北京:文化艺术出版社,1990年版,第25页。

同。表演者将地戏本质和宗教本体融为一体,构建起屯堡人精神依附的一大支柱。他们在表演战争故事时只演历史征战和王朝兴废题材,绝不涉及家庭、才子佳人、公案等与战争无关的内容。屯堡人正是通过对战争生活的追忆来寄托对祖先的眷恋之情。地戏只演"忠义"戏,不演"造反"戏,例如,《三国演义》从不演《走麦城》,《岳飞传》绝不演《风波亭》。屯堡人通过这种方式不仅表达了对英雄人物的崇拜之情,而且加强了对后辈子孙奋发向上的宣传教育。屯堡人自强不息的精神,在对祖先敬畏的升华中得到加强,在争战喊杀的地戏表演中得到巩固。"从这可以看出,地域对文化的板结性,地教对思维的定向性,传统习俗对艺术的制约性,使地戏在中国戏剧于十三世纪石破天惊地走向繁荣时,它却默默无闻地一直活跃在远离本土的贵州山区,成了屯堡人追忆战争生活,缅怀祖先,祈福纳吉的娱人娱神活动。"①正是屯堡人的这种共同的地域文化,使其作为一个群体在远离故土的边疆地区相互扶持,一代代延续下去。

从众多屯堡人家谱中"自吴来黔"的记载来看,今天散居安顺各地的屯堡人多来自江淮。明代永乐八年(1410)普定卫指挥使顾威公夫人俞氏的墓志上就有记载:"俞氏先世居松江府华亭县,父俞谷瑞,洪武中征南留御普定,遂家焉。"②这与众多家谱共同印证了屯堡人入黔留黔之史实。至今不少江南遗风仍旧保留在屯堡人的民俗中。在安顺屯堡村寨盛行的春联文化最早可以追溯到明洪武时期。陈云瞻在《簪云楼杂话》中云:"春联之设,自明太祖始,帝都金陵,除夕传旨:公卿士庶家,门上须加春联一副。"③每逢新春佳节之际,屯堡各寨家家户户的门庭院落、猪舍牛栏处都必张贴红色醒目的春联,所呈现的喜庆之气是其他民族和汉人所无可企及的。在荒村僻野独树一帜的春联文化与当地居民的习俗形成了鲜明对比,这成为屯堡人对其身份特殊性的一种标记,也寄托了其对故土和先祖的怀念。"再有,江南一带的农村,民俗喜欢用桐油炙沙炒玉米、花生等物。而屯堡人沿袭此俗至今不改。"④

---

① 帅学剑:《独特态势下的独特艺术——地戏》,载沈福馨编:《安顺地戏论文集》,北京:文化艺术出版社,1990年版,第28页。
② 帅学剑:《独特态势下的独特艺术——地戏》,载沈福馨编:《安顺地戏论文集》,北京:文化艺术出版社,1990年版,第26页。
③ 陈济民:《金陵掌故》,南京:南京出版社,1991年版,第354页。
④ 帅学剑:《独特态势下的独特艺术——地戏》,载沈福馨编:《安顺地戏论文集》,北京:文化艺术出版社,1990年版,第28页。

明朝建立之初,国力较弱,国内局势相当不稳定:一方面,元朝残余势力殊死抵抗,割据一方;另一方面,边疆"诸蛮"造反叛乱,给新生的政权统一全国带来较大压力。"云南地处边陲,元残存势力相当顽固,加之又是'诸蛮'世居所在,更是长期动荡。为了征服云南,朱元璋于洪武十四年任命颍川侯傅友德为征南将军,永昌侯蓝玉、西平侯沐英为副将军,率师三十万出征云南。远征军于这年深秋出发,年底抵达安顺,旋即赴云南曲靖,在白石江边与元军主力激战,元兵大败,俘两万余众。云南王梁王把匝尔斡尔密挈妻子等投滇池自杀。从出师到夺取云南,明军前后仅用了三个多月时间。"①历史上,安顺向来就有"黔之腹、滇之喉"的称谓,是"滇黔之通道,楚粤之屏藩",是历代兵家的必争之地,也是明代南征军的大本营和安置之地。朱元璋就曾令安陆侯吴复在安顺择地建城以加强对贵州地区的统治和开发。明初,在安顺居住的主要是苗族、布依族、仡佬族等少数民族,而相比之下,汉族人口只占十之一二。由于南征军的屯居贵州和局势的稳固,贵州人口稀少,大量肥沃土地亟待开发,随之而来的便是大量汉族移民的迁入,这大大改变了贵州历来"民夷杂处而夷居十八九"的民族布局和"溪涧山箐,内外隔离"的闭塞落后局面。同时,为了防范、应对"诸蛮"随时可能的叛乱,在修建城池之时,官府还在安顺、平坝一带,设置屯、堡、卫、所编制单位管理屯军。公元1413年,明朝政府正式在贵州置省一级管辖区,设"贵州布政使"官职,并以"调北填南""调北征南"、军屯与民屯相结合的方式,强制江西、湖北、湖南等地的汉族农民举家迁入贵州,把他们分别安置于不同地区。屯堡人则主要集中在安顺和平坝一带。"生活在这一社会区域的,由于特定的历史背景和特殊的生活环境,特别是习俗民风,特有的艺术文化,他们所居住的村寨又以特有的带军事性质的屯、堡、官、哨、卫、所、关、卡、旗等命名。故此,迨制既废,不复再以军字呼此种人,唯其居住地名未改,于是遂以其住居名而命之屯堡人。"②在当时,屯堡于贵州各地多有设置,但是至今仍坚守典型明代遗风的,则主要是安顺及其附近地区的屯堡人。屯堡的军民及其后裔,其衣着、语言、文化特征等,均异于当地的少数民族及汉族居民。明代为了照顾外来的屯军,屯堡多设在水丰土

---

① 庹修明:《论军傩地戏兼谈关羽信仰》,载沈福馨编:《安顺地戏论文集》,北京:文化艺术出版社,1990年版,第115页。
② 《安顺市西秀区大西桥镇志》编委会编:《安顺市西秀区大西桥镇志》,贵阳:贵州人民出版社,2006年版,第338页。

沃、地势平坦的交通要地,这种得天独厚的自然条件,使屯堡人的经济生活要远比当地其他居民富裕,这也在一定程度上助长了屯堡人的优越感,使他们严格划清与原有居民的界限。

安顺素来就有"七十二屯堡"之称,这表明当时设置的屯堡卫所的密度,已远远超出史书上记载的"六十里设一屯堡,二十里设一卫所"。为了实现屯军的自给自养,朱元璋积极推行屯田措施,强调"养兵而不病于农者,莫如屯田"①。屯田制取得了显著成效,不仅有效地打击了分裂割据势力、巩固了边疆,而且发展了生产、养活了士兵、减轻了中央财政和百姓的负担,还便于先进的中原文化在"诸蛮"中传播,提高了贵州地区的文化教育水平。作为中原文化重要组成部分的民间傩和早在江南地区盛行的集操练、祭祀和娱乐于一体的军傩,也随南征军和移民进入贵州,并与当地民俗、民情相融合,形成了独具特色的以安顺为中心区域的地戏。

地戏随屯军传入贵州并流传下来的原因,当前的主流观点有三种:"一是演武说,二是吓蛮说,三是保持封建礼仪说。"②持"演武说"者认为,屯军以地戏表演作为军事操练的手段。这是学者从地戏与军队的紧密关系而得出的主观臆断。实际上,侧重于娱乐性的地戏表演与严谨的军事训练是不可同日而语的,虽然地戏在一定程度上具有军队习武的色彩,但要使用地戏表演中的"理三刀""围城刀"等动作程式去打仗,无疑是不现实的。持"吓蛮说"者则认为屯军在进行地戏表演时通过戴在头上的狰狞面具,吓唬当地的"诸蛮",以达到不战而使其降服的目的。这种说法未免牵强。至于说为了保持传承封建礼仪,也未必确切。明代民间傩戏已经具有较强的娱乐性。傩戏表演更多地成为人们的一种消遣方式,这是与严肃的封建礼仪说教格格不入的。地戏之所以能够传入贵州并得以流传,主要有下列几点原因:

1.地戏更多地承载了将士对故土的思念。军人进驻交通闭塞、生存条件恶劣的贵州,恐将终生扎根于此,永别故土,孤独、恐惧的情绪油然而生,来自故土的地戏则适时地为其提供了有力的精神支持。

2.地戏本身具有的娱乐性使屯军在说唱打斗中缓解了精神压力,加强了团结,从而增强了应对恶劣环境的力量。

---

① 夏燮撰,王日根校:《明通鉴》,长沙:岳麓书社,1993年版,第141页。
② 沈福馨:《安顺地戏的形成和发展》,载中国戏剧家协会贵州分会编:《当代戏剧研究》,北京:中国戏剧出版社,1989年版,第144页。

3. 屯军面对文化相当落后的土著人自发产生了高傲、蔑视心态和优越感,这使他们以地戏表演来表现自己身份的特殊性和故土文化的先进性,以划清和土著人之间的界限,保持自认为的所谓尊贵身份。

4. 风俗习尚使然。傩戏在当时的军人和普通民众的精神生活中是不可或缺的。尤其在明代的江南,岁终大祭、驱鬼逐疫早已成为一种普遍的民间习尚。几十万人同时迁入云贵地区,傩作为中原故土习尚自然会被带入异地的生活中。

在搞清楚地戏随屯军传入贵州并流传下来的原因之后,另一问题即"在全国傩戏几乎绝迹的情况下,为什么安顺地戏还保留得这么丰富、这么完善、这么原始?"也就不难解答了。针对这一问题,不少人想当然地认为主要是由贵州闭塞的地理环境导致的交通不便造成的,而实际情况却不尽然。安顺位于黔中腹地,扼滇黔要喉,交通条件在整个贵州来说并不算恶劣。然而比它更偏僻地区的地戏要么早已消失,要么早已失去本来面目,唯有安顺地戏较多保留了初始时期的面貌。其原因在于安顺是明代屯军的主要驻扎之地,而地戏又主要在屯军中流行,地戏所在地区的文化氛围较之贵州其他地区要浓厚得多。填南移民集体迁入贵州之后,自发的自豪感和优越感促使他们产生一种"离乡不离腔"的固执心理。直到今天,当年屯堡人的后裔在讲述先祖故事时仍会有意无意流露出对祖上遗训的虔诚,这种心理促使他们世代顽强地保持着其祖上江南故土的风俗、语言、服装设计及生活习惯的原始风格。这样,作为故土情节的载体形式——地戏也就被相对原汁原味地传承下来。

地戏来自屯堡人,屯堡人则来自江南,这是有确凿的证据证实的。如今贵州大部分地戏戏班均分布于明代屯军驻扎的古驿道沿线的屯堡村寨。当年傅大将军率领几十万大军入黔就是将军队安置、驻扎在安顺一带的古驿道沿线。现今,"旧州肖家庄的肖姓始祖就是当年的左先行官;而陇大寨(原傅家寨)的雷打坡上就埋葬着傅大将军的衣冠冢;九溪寨子里住的是威镇黔中的镇远侯顾成的后代"[1]。《续修安顺府志》载:"时当正月,聚集阖寨之人,鸣锣击鼓,歌唱为乐。跳神者首蒙青巾,腰转战裙,戴假面具于额前,手执戈、矛、刀、戟之属,随口歌唱,应声而舞。"[2]这表明地戏当初作为

---

[1] 师学剑:《独特态势下的独特艺术——地戏》,载沈福馨编:《安顺地戏论文集》,北京:文化艺术出版社,1990年版,第26页。

[2] 黄元操、任可澄:《续修安顺府志》卷十六《风俗》,民国三十年(1941)稿本。

屯堡人的一种娱乐活动,兼具训练武功和加强战备的功能。随着岁月的流逝,地戏所承载的"寓兵于农"的功利目的早已失去其存在的土壤,今天的地戏表演更多地展现了屯堡人对祖先的尊崇和对往昔峥嵘岁月的怀念。然而作为一种承袭的传统文化现象,地戏早已深深地渗入屯堡人的日常生活中,成为其最为引人注目的标志性风俗之一。从某种意义上来说,没有屯堡人就不会有地戏;同样,没有地戏,屯堡人也就失去了其最具光辉的特征,变得黯然无色。

三、屯堡人传入贵州的傩俗

(一)傩俗在屯堡人故土的历史演变

屯堡人对宗教的笃信和对神灵的虔诚,是本地其他少数民族和汉族人所不能比拟的。由于屯堡人对祖先和神灵近乎偏执地崇奉,近代以来广泛盛行于安顺其他地区的天主教亦难踏进屯堡村寨一步。时至今日,屯堡人对故土文化习俗的执着与虔诚仍不减当年,他们对宗教和神灵的情怀可以追溯到梁朝时期。

梁朝特别重视佛教,因而佛教盛行,百姓的生活习俗无不深深地刻有明显的佛教印记。宗懔在《荆楚岁时记》中记载:"十二月八日,谚云:腊鼓鸣,春草生。村民打细腰鼓,戴胡公头,及作金刚、力士以逐除。"[①]这是对荆楚傩仪的简要介绍。该书中所载傩仪中的金刚和力士是古傩仪中方相氏的变异,这显然是受到了佛教的影响,金刚与力士都是佛教中捉鬼降妖的神将。在傩仪的特定布局中,有驱赶者与被驱赶者的角色格局,如此一来,胡公就是金刚和力士驱赶的对象了。我国古代自秦汉以来,由于各种历史原因和地域因素,汉族和少数民族之间的征战一直没有间断。尤其是魏晋南北朝时期,南北方割据势力以及各民族之间持续恶战,给广大人民群众的生命财产造成了极大损失。当时,汉民族主要居住在南方地带,被统称为"胡人"的少数民族则主要分布在北方地区,这就形成了南北对峙的局面。汉族人对胡人一直心存恐惧和敌视,这种心理体现在江南地区的民间傩仪中。人们在傩戏活动中常把胡人当作不祥之兆而予以驱赶,显示了当时汉族人与胡人之间矛盾激化的史实。这是傩仪发展进程中的突破性变化与进步,打破了传统傩仪中单调的神兽驱赶恶鬼的陈规内容,将傩仪

[①] 宗懔:《荆楚岁时记》,姜彦稚辑校,长沙:岳麓书社,1986年版,第52页。

与社会现实、人们的生活紧密结合起来,增强了傩戏的宣传性和教育性等现实意义。在改进了的傩戏影响下,人们的思想获得了较大程度的解放。在傩俗仪礼中,人们逐渐不把驱鬼逐疫等非现实意义的内容作为活动的目标,而是把侵害他们现实利益的人和事作为驱赶和清除的对象。如此一来,伏妖降魔的神将代替了方相氏的职能,成为人们将人间正义力量幻想化的寄托。受此影响,贵州地戏的演出结局一般都是汉人将领打败胡人将领。在傩戏表演中通常都是由汉人主将或元帅充当驱赶者的角色,清除象征胡人的恶魔,这就和明代江南的"荆楚傩仪"有较大的相似性。二者的演出内容基本都是正派和反派相互对抗,形成驱赶与被驱赶的格局,胡人都被作为驱赶的对象。不同的是,贵州地戏中历来抗击胡人的汉人将领代替了梁朝荆楚傩仪中金刚、力士的角色。

宋代的傩仪活动比梁朝时期增加了娱乐性,这与明代"跳鬼"的贵州地戏较为接近。宋代高承编撰的《事物纪原·博弈嬉戏部》之"嗔拳"条云:"江淮之俗,每作诸戏,必先设嗔拳笑面。有诸行戏,时尝在故腊之末。所作之人,又多村夫,初不知其所谓也,按《荆楚岁时记》有谚语云:'腊鼓鸣,春草生。'村人打细腰鼓,戴胡公头,及作金刚、力士以逐除。今南方为此戏者,必戴面如胡人状,作勇力之势,谓之嗔拳。则知其为荆楚故俗旧矣。"①据此可知,荆楚、江淮一带的傩仪一直沿袭驱赶胡人的遗规,但是在演出形式和角色上有所演化。宋代傩戏把傩仪纳入"戏"的范畴,傩戏的演出始于"嗔拳笑面"。"嗔拳"是指嗔怒挥拳击打的动作,"笑面"则是指佯装嗔怒,有戏乐之意。"作勇力之势"展现了两派人物武戏对打的场景。很显然本条引文中并没有提到梁朝时荆楚傩仪中的金刚和力士角色。梁朝和宋代的史志对江南地区傩仪记载的相同之处只在于,都提到"胡人状"。可以推断出,梁朝荆楚傩仪中驱赶胡人的力士和金刚角色演进到宋代,被其他英雄将领人物所代替。

两宋时期,民族矛盾异常尖锐,软弱无能的政府无力应对强大的异族入侵,以致宋徽宗和宋钦宗都被俘虏,社会下层平民百姓所蒙受的生命财产损失之巨也就可想而知了。为了表达对入侵者的憎恨之情和发动群众予以抗击,该时期的村民在进行傩戏表演时仍沿袭荆楚傩仪的遗规,把胡人当作驱逐的对象。岳飞和杨家将抗击胡人的英雄故事在当时的民间就

---

① 宗懔:《荆楚岁时记》,姜彦稚辑校,长沙:岳麓书社,1986年版,第67页。

已广泛流传且进入傩戏表演中。在宋代,杂剧和傩戏都在民间广泛盛行,二者相互影响也是不可避免的,因此当时的傩戏表演打破传统陈规,增加展现英雄人物的剧目也是自然而然的事。可以想见,当时的村民很有可能把英雄人物当作神灵、鬼神,在傩戏里以一定装扮的角色造型体现出来,并被沿袭至今。因此,宋代的傩戏应该就是明代以"跳鬼"为主要表演内容的地戏之前身。在古代民间信仰的诸神中,有相当一部分是经过人民群众世代口耳相传并加以神化的历史上的著名人物。人们虔诚地认为这些英雄和圣贤本来就是天上的神仙化为人形来到凡间,造福人类,死后仍应该上天去成神,人们不应忘记他们在人世间的英雄业绩,应永远以各种方式歌颂、纪念他们。人们还认为虽然这些人的肉体离开了人间,但是他们以神灵的形式存在并时时刻刻护佑着人类。高尔基就曾说过:"古代著名的人物乃是制造神灵的原料。"①在地戏表演中,一旦历史人物转化为相应的"神鬼"人物,人们仿佛可以感受到这些令人崇敬的"英雄"真实地存在于世间,进而以其彻底代替原有抽象的兽形或半兽形的神灵和虚拟的金刚、力士等宗教人物。现在的贵州地戏中积累容纳的历代"神鬼"人物是相当多的,如李斯、蒙恬、尉迟恭、关羽、秦琼、岳飞、薛仁贵等。村民们一直坚信,傩戏中历史人物的面具就是他们本人,就是神灵,会赋予表演者和观众正义力量。在现今的贵州地戏表演中仍可寻觅到宋代江南地区荆楚、江淮傩戏的踪迹,如:"有戴面如胡人状的特点,有驱赶'胡人'的内容,'作勇力之势'的武戏表演以角力击刺为核心。"②

朱元璋在做皇帝之前,在江南地区已经独霸一方,形成了稳定的政局。在军队的管理上,他采取兵农合一的制度,重视兴修水利,发展农业生产,不仅保证了军粮供应,提高了军队的战斗力,而且减轻了百姓的负担,赢得了百姓的拥戴。江南地区是"荆楚"傩俗流行的主要地区,在宋代已有"嗔拳"的傩面戏,其所作"勇力之势"的武戏主要是针对北方胡人的,这种表演内容是非常符合当时现实的。"傩"自出现伊始就体现出人们勇于挑战各种困难的坚强意志,傩的意识理念激励人们战胜邪恶,给人们带来必胜的信心。"朱元璋的起义军是刘福通、韩山童白莲教起义军的一个组成部分,起义军宣传的明王即将出世,光明必战胜黑暗,驱赶胡人的傩的意识,无疑

---

① 高尔基:《高尔基戏剧选》,陆风译,上海:上海译文出版社,1986年版,第327页。
② 高伦:《地戏源流、地戏谱》,载沈福馨编:《安顺地戏论文集》,北京:文化艺术出版社,1990年版,第49页。

在起义军中普遍存在。起义军'驱逐胡虏,恢复中华'的口号,明显地表明了驱赶胡人的目的。"①作为起义军主要来源的农民一旦脱离了元朝统治者的残酷压迫,无论是经济状况,还是政治地位都解除了沉重的负担,精神面貌焕然一新。出于军中娱乐的需要,演出一些反抗异族统治压迫的战争故事,不仅能调剂军营的单调生活,而且鼓舞了军士斗志,振奋了士气,因此初步形成了"作勇力之势"的"跳鬼"戏。我国古代历代执政者为了增强军队的战斗力,都很重视军中娱乐,军队中有专门设置的专业或业余的各种娱乐组织。唐军中就有滑稽搞笑的傀儡戏,宋代的"诸军百戏"和"诸军傩队"都具有军中娱乐班组的性质,相当于现代军中的"文工团""宣传队"。说唱打斗、热闹非凡的武戏迎合了军人的需求,因而大为盛行。而武戏之外的"诸戏",由于不符合军中的生活需要及军人的性格爱好,则被逐渐剔除,因此武戏成为地戏中一家独大的戏种。

可以这么说:地戏的前身"跳鬼"戏在元末明初的朱元璋部队里是广泛存在的,并且随着军事行动传往各地,在军队屯田贵州的长期驻守期间,受当地的自然与人文因素影响,得到进一步发展。外来屯军和移民在当地建立了以姓氏为单位的屯堡村寨,时至今日他们的子孙后代仍沿袭着"跳鬼"戏的习俗。地戏担负了村寨中逐疫纳吉的职能,更重要的是在地戏中人们通过出演历史故事,提升了自己面对困难、解决问题的勇气,更好地实现了地戏的教育和激励功能。

(二)军傩的传入及影响

在宋代,广西的驻军中盛行军傩,这引起了文人的高度关注,因此留下了大量关于广西军傩的记载。"军傩"是作为傩祭之类别出现在南宋时期的广西的。周去非在淳熙年间撰写的《岭外代答》就详细记载了当时桂林军队中傩祭的状况:"桂林傩队,自承平时名闻京师,曰静江诸军傩。而所在坊巷村落,又自有百姓傩。严身之具甚饰,进退言语,咸有可观,视中州装,队仗似优也。推其所以然,盖桂人善制戏面,佳者一值万钱。他州贵之如此,宜其闻矣。"②这是"军傩"这一名词第一次正式出现于史册。宋代城市的繁盛和市民阶层的壮大,说唱话本小说的兴起,为当时的戏剧演出提供了丰富多彩的素材,因此这一时期的戏剧演出普遍具有娱乐性和通俗性

---

① 高伦:《地戏源流、地戏谱》,载沈福馨编:《安顺地戏论文集》,北京:文化艺术出版社,1990年版,第51页。

② 周去非:《岭外代答》,北京:中华书局,1985年版,第32页。

的特点。这种特点也无可避免地影响到军队中的傩戏风格。宋代军傩的演出除传统的武戏之外,还增加了相当数量的民间故事和搞笑幽默的情节片段。

然而在正史中尚没有发现关于南宋军傩情况的正式记载,只能从宋代孟元老的笔记体散记文《东京梦华录》所述之"诸军百戏"中略见一二。诸军百戏中有如下仪式与傩仪相近:"爆仗响,有烟火就涌出,人面不相睹。烟中有七人,皆披发文身,着青纱短后之衣,锦绣围肚看带。内一人金花小帽,执白旗,余皆头巾,执真刀,互相格斗击刺,作破面剖心之势,谓之'七圣刀'。忽又爆仗响,又复烟火出,散处以青幕围绕,列数十辈,皆假面异服,如祠庙中神鬼塑像,谓之'歇帐'。又爆仗响,卷退。次有一击小铜锣,引百余人,或巾裹,或双髻,各着杂色半臂,围肚看带,以黄白粉涂其面,谓之'抹跄'。各执木棹刀一口,成行列,击锣者指呼,合拜舞起居毕,喝喊变阵子数次,成'一'字阵,两两出阵格斗,作夺刀击刺之态百端讫,一人齐刀在地,就地掷身,背着地有声,谓之'板落'。如是数十对讫,复有一装田舍儿者入场,念诵言语讫,有一装村妇者入场,与村夫相值,各执棒杖,互相击触,如相殴态。其村夫者以杖背村妇出场毕,后部乐作,诸军缴队杂剧一段,继而露台弟子杂剧一段。"①在上述节目中,表演者有的扮演军傩列队格斗者;有的直接扮演民间傩神傩鬼者,如钟馗、七圣;有的则扮演现今尚能见得到的土家公婆。这说明,南宋时军傩与民间傩的差异主要在于其表演者的不同。在古代,军傩特指由军人扮演者所作的有关傩祭和武剧内容的表演。宋代时期军傩的节目来源开始呈多元化趋向,并不仅限于武戏和祭祀。虽然节目内容多种多样,但是表演风格和方式是与前代的军傩具有较大一致性,即表演者大多佩戴面具,剧情普遍呈正派人物与反派人物对峙状态,最终结局也是正派战胜反派,并将其彻底驱除,具有较强的振奋和鼓舞士气的作用。

总之,至迟在南北朝时期,傩戏就出现在军队中,以其通俗和充满娱乐性的艺术形式而为军人所喜爱,并流传下来。南宋时期,军傩经过长期的演化,演出内容不仅包含武戏,还包括其他各种类型的民间戏剧,更加人性化,富有趣味性。而到了明代,对于初来乍到、身处贵州恶劣环境中的屯军来说,军傩的主要使命不在于供人娱乐,更多的是提高军人的习武技能,从

---

① 孟元老:《东京梦华录注》,邓之诚注,北京:中华书局,1982年版,第175页。

而使其得以生存,因此其演出内容基本都是武戏。同时,屯堡人也以迥然不同的武戏风格划清了与当地原有居民的界限,凸显了故地的文化风俗,他们以这种独特的方式寄托了自己对故土和祖先的追忆与哀思。军傩乃至后来的地戏逐渐融化为军人和平民百姓日常生活的一部分,无论是在险恶的战争年代,还是在安居乐业的和平年代,地戏都赋予人们无穷的信心和力量,支撑人们一代又一代地生存繁衍下去。

(三)江南戏曲腔调的传入

江南戏剧中流行的弋阳腔在明代就随入黔军队进入贵州,进而成为地戏的主要腔调。明代嘉靖年间,寄居于江苏太仓的江西豫章戏曲大师魏良辅,长期致力于对弋阳、海盐、余姚及江南民歌小调的研究,并且据此加以改进,创作了昆曲。他在《曲律》中将自己的艺术创作以文字的方式一一记载下来,后经吴昆麓校改,在另起书名的《南词引正》中写道:"腔有数样,纷纭不类,各方风气所限,有昆山、海盐、余姚、杭州、弋阳,自徽州、江西、福建俱作弋阳腔。永乐间,云、贵二省皆作之,会唱者颇入耳。"[①]这表明,明成祖时弋阳腔就已传入贵州,而且其腔调"颇入耳"适听,因此被大众所广泛接受。

清代的贵州仍沿袭这种腔调。清代乾隆年间江西巡抚郝硕在查禁戏文的奏折中指出:"窃臣于乾隆四十五年十二月十五日承准大学士公阿桂等字寄乾隆四十五年十一月二十八日奉上谕,前因外间流传剧本,如明季国初之事,有关涉本朝字句,亦未必无违碍之处,传谕伊龄阿、全德留心查察,斟酌妥办。兹据伊龄阿覆奏,派员慎密搜访,查明应删改者删改,应抽掣者抽掣,陆续粘签呈览。再查昆腔之外,有石碑腔、秦腔、弋阳腔、楚腔等项,江、广、闽、浙、川、云、贵等省,皆所盛行,请敕各督抚查办等语,自应如此办理。着将伊龄阿原折钞寄各督抚阅看,一体留心查察,但须不动声色,不可稍涉张皇。查江右所有高腔等班,其词曲悉皆方言俗语,俚鄙无文,大半乡愚随口演唱,任意更改,非比昆腔传奇,出自文人之手,剞劂成本,语涉荒诞,且核其词曲,不值删改,俱应尽行销毁。"[②]由此可以看出:其一,由于弋阳腔等腔调多涉及朝廷违碍字眼,有失所谓正统,朝廷视之为俚鄙,严加禁止;其二,乾隆时弋阳腔就盛行于贵州民间,引起官府的警觉,受到大力打压。

---

① 路工:《访书见闻录》,上海:上海古籍出版社,1985年版,第239页。
② 王利器辑:《元明清三代禁毁小说戏曲史料》,上海:上海古籍出版社,1981年版,第115页。

贵州地戏和江淮傩戏除在腔调方面具有一致性之外,在其他诸方面亦具有相似之处,不妨将贵州地戏与江淮贵池傩戏做一下比较。贵州地戏与贵池傩戏都是以戴面具为主要艺术表现手法的戏剧;二者都流行于宗教氛围浓厚的地带,并且具有基本相同的演出单位。贵州地戏流行于笃信宗教神祇的屯堡村寨,主要以本村氏族为演出单位;贵池傩戏则流行于佛教圣地九华山附近的村镇里,亦以氏族为演出单位。贵州地戏多采用叙述体的第三人称,剧本的语句是整齐的七言体,保持着明显的讲唱文学的风格,而贵池傩戏亦是如此。

第二节　明清、民国时期贵州地戏的盛行

随着屯军屯民及其后裔在贵州的世代定居,地戏也在贵州盛行起来,在长期的传承过程中,虽然增添了诸多不同历史时期的艺术成分,但其演出内容仍以传入时的战争题材为主。

一、明清时期关于地戏的文献记载

现在所能查到的关于安顺地戏的最早史料见于明嘉靖《贵州通志》卷三:"除夕逐除,俗于是夕具牲礼,札草舡、列纸马、陈火炬,家长督之,遍各房室驱呼怒吼,如斥遣状,谓之逐鬼,即古傩意也。放花爆竹,俗谓逐鬼,则火药为爆,到处燃放,俾山魈水怪挦祟人邪不犯于人,则一年不沾恶疾,又以爆竹于庭以僻山猱、恶鬼,遂成俗尚。立春,先期择日,取土为牛,至期,结彩出对具鼓乐,土人负耒耜、扛土牛,至各衙门并街市,谓之迎春,仍以牛之头腹与茫神衣服之色而验岁之丰歉,人之吉凶。缙绅、士民俱有酒宴以庆。"①文献中所记载的这种家庭式的逐除仪礼,是明代屯堡人在春节期间举行的欢快的除旧迎新活动。其中"迎山魈"的迎神习俗是从江南传入贵州的,如今在素有"傩戏之乡"称号的江西省南丰县,春节期间,群众在正式跳驱鬼的傩舞之前,仍沿袭古礼,即先向山魈神起舞敬奉。明清时江南傩戏中"迎山魈"的习俗不仅影响到贵州,而且对贵州附近的云南民俗也产生了重要影响。迄今在云南省澄江市阳宗镇小屯村灵峰寺的右殿里就供奉着山魈神像。据村民所说,他们的远祖是洪武时期迁入云南的屯军,"迎山

---

① 谢东山、张道:《贵州通志》卷三《风俗》,嘉靖三十四年(1555)刻本。

魃"的习俗也是那个时期随其进入云南的。云南和贵州一样,"迎山魈"是与除夕日村民举行的装扮傩神的社火戏剧活动紧密相连的习俗活动。灵峰寺里还保留了大量表演"三国戏"的面具,也是其祖上迁入云南遗留下来的,这些面具在演出前必须敬奉神祇之后才可取用。因此可以认为,地戏在明朝嘉靖时期是确切存在的。

清代关于地戏的史料显著增多,反映了地戏在贵州的盛况。代表性的记载有以下几处。清道光《安平县志》云:"元宵遍张鼓乐,灯火爆竹,扮演故事,有龙灯、狮子灯、花灯、地戏之乐。"①"地戏"一词在这里被首次提出。道光《安平县志》亦载:"土人所在多有,县属西堡尤盛。岁时礼节,俱有楚风。正月自元旦以至十五,击鼓以唱神歌。妆扮傩神,沿村逐疫。所至之寨,必款以酒食。九月祀五显神,远近咸集,戏舞终日,至暮乃散。"②咸丰《贵阳府志》云:"土人,贵筑、广顺、贵定亦有之。岁首迎山魈,逐村屯以为傩,击鼓以唱神歌。所至之家皆饮食之,今已变为汉人矣。"③咸丰《安顺府志》卷十五载:"正月初八日,东门迎傩神,皆新衣花爆旗帜,男女老幼,沿街塞巷,观者如堵,于村则鸣锣击鼓,歌唱为乐。"④这里记述了咸丰年间安顺地区盛极一时的傩戏场面。这种热闹场面,在光绪年间的史志中也可以见到。光绪《普安直隶厅志》记载:"正月元旦,焚香烛,肃衣冠,拜天地、祖先、父母。上九后数日夜,张灯火,陈百戏,庆元宵。立春先一日,扮小优人,为仙童彩女,盛饰之,立铁架上,舆夫抬之,导以鼓吹采仗,在官舆之前,往东方迎春,遍游街市,谓之高妆。"⑤由此可以看出,此时的迎春活动中已具有相当多的地戏娱乐成分,这种迎春仪式在今天通常是以"抬菩萨"的活动形式展现的,即把小孩装扮成仙童玉女,使其高高地站立在铁架上,然后由多名轿夫抬着遍游街市。同时,还有地戏表演,地戏的演员队伍是作为迎春的仪仗队出现的。因此,可以说地戏在贵州至今已经有六百年的历史了。

清代的贵州文人写过不少关于"黔苗""蛮峒"岁时驱疫的竹枝词,实际上记述的就是汉族移民戴假面跳神的场景,例如:"巫师戴面舞傞傞,岁晏

---

① 刘祖宪、何思贵:《安平县志》卷五《风土志》,道光七年(1827)刻本。
② 刘祖宪、何思贵:《安平县志》卷五《风土志》,道光七年(1827)刻本。
③ 周作楫、萧琯:《贵阳府志》卷四《沿革表》,咸丰二年(1852)刻本。
④ 常恩、邹汉勋:《安顺府志》卷十五《风俗》,咸丰元年(1851)刻本。
⑤ 曹昌祺、覃梦榕:《普安直隶厅志》卷四《风俗》,光绪十五年(1889)刻本。

乡风竞逐傩。彻夜鼓钲村老唱，斯神偏喜听山歌。"①"面目登时变，狞狞气概殊。未曾能骇鬼，可自厚颜无。"②清人张澍在《黔南竹枝词》中写道："田歌处处乐升平，芦曲吹时社鼓声。送得山魈迎五显，大家齐上竹王城。"下面注文为："土人妇女力耕作，种植时田歌相会，清越可听。岁首迎山魈，逐村屯以为傩，妆饰如社，击鼓以唱神歌，所至之家饮食之。"③诗中提到的"社鼓"即为地戏演出活动，"芦曲吹"则是指少数民族在新春佳节里踏歌跳舞。从中可以看出，汉族与少数民族是同时举行欢度年节活动的，地戏娱乐大大促进了民族融合。其他诸多史料和诗句也都将其并列记载。《清平县志》载："九月二十七日，俗传'五显灵官诞日'。集百戏，具金鼓、旗盖迎赛，观者云集。"④这实际上描述的就是在迎神、祀神的节日里，各族村民共同演出地戏的生动场景。这种活动场面也出现在清人余上泗所作的《蛮洞竹枝词》里："伐鼓鸣钲集市人，将军脸子跳新春。凭谁认得杨家将，看到三郎舌浪伸。"⑤余上泗，贵州镇宁人，官黔西州学政。据此可以认为在毕节、大方等黔西地区，外来移民演征战故事的假面地戏在当时甚为流行。

明代的史料中已有关于明代之前土著居民"迎山魈""祀五显"的习俗记载。随着明清时期地戏的传入与流行，这两种古老的贵州民间习俗与地戏融合也是很正常的。在清代"迎山魈""祀五显"活动已具有了明显的地戏娱乐成分，正如清人毛贵铭在《西垣黔苗竹枝词》里所写的："九月曾迎五显神，正月山魈又到门。一路鼓歌男女笑，逐班挨挤到前村。"⑥由此而知，地戏长期以来在贵州农村地区广为流传。地戏流行的区域大部分是明初南征军路过和驻屯的西南路和西路行军地区。其他屯军屯驻的地区虽也有地戏，但都没有这两个地区多。

二、清代关于地戏的画作

至今流传下来的三件关于贵州地戏的清代画作，皆对土人戴面具跳神的古朴风俗作了真实生动的记录。第一件是清朝康熙年间《贵州通志》中

---

① 俞渭、陈瑜：《黎平府志》卷八《艺文志》，光绪十八年（1892）刻本。
② 余家驹：《时园诗草·四余诗草》，余宏模编注，贵阳：贵州民族出版社，1993年版，第87页。
③ 潘超、丘良任编：《中华竹枝词全编》第七册，北京：北京出版社，2007年版，第69页。
④ 万承绍：《清平县志》卷四《风俗》，嘉庆三年（1798）刻本。
⑤ 黄宅中、邹汉勋：《大定府志》卷五十八《外篇》，道光二十九年（1849）刻本。
⑥ 潘超、丘良任编：《中华竹枝词全编》第七册，北京：北京出版社，2007年版，第78～79页。

的《土人跳鬼图》;第二件是乾隆年间所作的彩绘《百苗图》,清楚地再现了其时地戏脸子的样式;第三件则是现藏于中国国家博物馆的清代条幅《贵州民族》。

康熙三十一年(1692)编写的《贵州通志》刊印了一幅《土人跳鬼图》。图画的后面有文字描述:"土人在黔省各州县,婚姻与汉同。男贸易,女勤耕。岁首敲锣击鼓,演唱神歌,所至之家皆饮食之。"①图中的场面亦见于民国时期的《平坝县志》:"春节后自初八日至二十日城乡各地跳神。跳法各组以数人击鼓锣,数人扮演《封神》或《三国》中等类人物,戴面具,执戈矛,作不规则之唱跳。类近戏剧,每剧呼为一堂。接神人家以堂数计,每堂酬些微金钱。扮者多为乡人,亦含有迷信中之游戏意味,并非谋利。"②图中描绘的地戏场面与今天安顺地戏的演出情况大同小异:图上所示两个持大刀的表演者正在激烈对阵,旁边有村民在兴致盎然地围观。左边的一位背着小孩的老太太,其表情亦被刻画得惟妙惟肖。老太太全神贯注,孩子手向前伸,显得迫不及待。伴奏也是一锣一鼓,这与今天的格局基本一致。服装是当时的常服,今天的演出服装则有所改进。从相关的图画和文字已能看出当时地戏在民间的生命力和兴盛程度,只是从图上还看不出表演者所戴面具的具体形制,而在彩绘《百苗图》中,地戏的脸式已与今天的面具样式相差无几。

关于彩绘《百苗图》的作者有两种说法:一种说法是乾隆时人陈浩,他汇集了当时的许多民俗资料,奉乾隆皇帝之命亲至贵州绘制此图。另一种说法是乾隆时期的桂馥,他曾任兴义书院山长,是位饱学之士;他还当过长顺知县,对当地的民风民俗甚为了解,擅长绘制民俗风情画。但是不管哪种说法是正确的,《百苗图》是清代史料这是毋庸置疑的。就图而言,画得比较真实,显示了当时地戏表演的专业水平。《百苗图》中的"土人",指的就是"屯堡人"。他头上包裹蓝帕,上身着黑衣、紫袍,脚下穿黑鞋,一手拿面具,一手持三尖两刃刀,是当时演出地戏的标准装扮。从这张图上,至少可以析出两条信息:其一,当时的地戏面具制作手法复杂,工艺精湛,说明地戏已经成为民间常见的艺术活动;其二,能跳地戏,而且常跳地戏,是"土人"的基本特点。这里所画的"土人"同样是手持武器,这说明当时的武戏表演是地戏演出的重要组成部分。这幅画的文字说明为:"土人岁首扮傩,

---

① 卫既齐、吴中蕃:《贵州通志》卷三十一《风俗》,康熙三十一年(1692)刻本。
② 江钟岷、陈廷棻:《平坝县志》第四册《祀祷志》,民国二十一年(1932)铅印本。

击鼓以唱神歌,所到之家,皆与饮食。"这与《土人跳鬼图》的文字基本相同。由此看来,清代与目前安顺地戏的面貌大体一致,地戏保持了传承的连续性。

在中国国家博物馆收藏的《贵州民族》条幅中,第四联绘有土人跳神场面。六名男子中,前一人吹唢呐;第二、三人头戴面具,各持一镖,边舞边作争斗状;第四人击鼓;第五人击钹;最后一人敲锣。据宋兆麟先生考证,这是清嘉庆二年至十六年(1797—1811)的作品,比《百苗图》略晚。图中"土人"一幅,体现了地戏演出的场景,绘有傩队出行的场面①。所附文字说明与《土人跳鬼图》基本是相同的:"土人在黔省各州县,婚姻与汉同。男贸易,女勤耕。岁首敲锣击鼓,演唱神歌,所至之家皆饮食之。在邛水者最好争斗,今亦驯良矣。"但图画内容却稍有不同,即乐队伴奏不止 锣 鼓,还增加了唢呐和钹。这些画面所描绘的场景,在今天贵阳至平坝、安顺沿线的乡镇和村落,仍随处可见,当地人仍旧称之为"跳地戏"。

根据以上史料及画作,大致可以得出以下几点关于地戏的认识:

第一,地戏是由具有驱鬼仪式的傩戏发展而来的。

第二,在朱元璋征调大量军队和移民屯驻贵州之前,傩仪和傩戏在当地已很盛行。

第三,明清时期,行傩礼、跳鬼、地戏等活动形式只是称谓不同,内涵具有很大的相似性。

第四,明清时期,地戏是在岁终新正的节日里表演的,这与今天地戏的活动时间基本是一致的。

第五,地戏自明代形成至今,主要的活动区域为政治、经济、文化较发达的贵阳、安顺地区和近郊县市。

第六,地戏在贵州的形成时间不会晚于明嘉靖时期,其雏形上限可推至宋时军傩在中原的诞生和传播阶段。

第七,它可能受到南戏的影响。"在长期发展中一直自有渊源,保持着傩舞某些古朴独特的风格。地戏提供了由歌舞表演向戏曲发展过渡的中间形式、中介阶段的活资料,在戏剧史上具有极宝贵的价值。"②

第八,"岁首逐村屯以行傩,击鼓以唱神歌"的土人即明初来自江南地

---

① 宋兆麟:《清代贵州少数民族的风俗画》,《文物》,1988年第4期,第86页。
② 高伦:《贵州地戏》,载中国艺术研究院戏曲研究所编:《戏曲研究》第十四辑,北京:文化艺术出版社,1985年版,第208页。

区的移民,也就是后来史志里经常提及的"屯堡人"。地戏原本是土人特有的一种民俗活动,由外来移民传入的傩俗演化而来。早在秦汉时期,封建王朝就开始在贵州设置郡县,派遣大量官员和驻军以对贵州边疆地区进行有效统辖。明代随着外来移民的日益增多,屯田规模更为庞大,除了原有的军屯和民屯,还有商屯。移民们大多来自中原及四川、江西、湖广、安徽、江苏等地,这些来自各地的汉族移民皆被统称为"土人"。他们带来的傩俗在保留了原有的驱鬼仪式的同时,还在与当地民俗融合的过程中,增添了许多新的审美艺术特点。

三、地戏的剧目

地戏的演出,演员数量多,皆戴面具,表演艺术、服饰风格、道具设计均有别于人们所熟知的戏剧。虽然地戏的服饰装扮和表演艺术脱胎于军傩的母体,但由于地方戏曲对其的冲击和影响较为有限,所以它的蜕变依然未脱离母体本质,仍继承着军傩的衣钵。《续修安顺府志》载:"跳神者首蒙青巾,腰转战裙,戴假面具于额前,手持戈、矛、刀、戟之属,随口歌唱,应声而舞。"[1]这说明,"地戏依然是由军傩之歌舞形态向戏曲艺术发展过渡的中间形式和中介阶段。依然保留着军傩的余绪和军傩向戏曲衍变的痕迹,可以说地戏是研究我国古代军傩的最好、最具体的活资料"[2]。

地戏的题材内容,没有生活小戏,皆为一朝一代兴废征战的素材。安顺地戏只演正史,不演其他庞杂剧目;只演武戏,不演文戏;纯演绎儿女恩怨情长的节目几乎没有。中国四大名著中《西游记》《水浒传》的武戏场面也没有被地戏改编采纳,这大概同地戏只演官方的正统题材有关。另外,原剧本中的不吉利情节,也在正式的地戏演出中被剔除。如在三国戏中,重点演"刘备进西川,封五虎上将"的胜利场景,从不出演《走麦城》的失败情节。《岳飞传》的前半部分只演到《朱仙镇》,绝不出演《风波亭》;后半部分则从岳雷挂帅演到"气死金兀术,笑死牛皋"片段。一般唱本的结局都呈现出凯旋团圆、喜庆热烈的气氛。目前,所能见到并被经常演出的地戏剧本有:

---

[1] 黄元操、任可澄:《续修安顺府志》卷十二《风土志》,民国三十年(1941)稿本。
[2] 叶明生:《试论军傩及其艺术形态》,载贵州省民族事务委员会文教处主编:《中国傩文化论文选》,贵阳:贵州民族出版社,1989年版,第108页。

表 2-1　目前所能见到的地戏剧本

历史时期	剧 本 名 称
商末	《封神演义》
秦末汉初	《楚汉相争》
东周	《东周列国》
汉末	《前三国》《后三国》
隋末唐初	《反山东》《隋唐》
唐代	《四马投唐》《罗通扫北》《薛仁贵征东》《薛丁山征西》《薛刚反唐》《粉妆楼》《黄巢造反》
宋代	《二下南唐》《四下南唐》《二下河东》《三下河东》《八虎闯幽州》《岳飞传》《五虎平南》
明代	《沈应龙征西》

整个地戏剧目以唐宋时期的战争题材为主,也不乏明代争战内容的话本,单是英宗至治年间就刊印有《武王伐纣书》《乐毅图齐》《秦并六国》《前汉书》《三国志平话》。元末明初的长篇历史小说《三国演义》和《水浒传》对后世的演武小说影响较大。明中叶之后,模仿《三国演义》的有《东周列国志》《两汉通俗演义》《隋唐演义》等历史征战小说;受《水浒传》影响而编写的有《说唐》《说岳》《杨家将》等英雄传奇小说。根据《说唐全传》衍生的则有《罗通扫北》《说薛家府传》《征西说唐》等小说。此外,《五虎平南》《五虎平西》《飞龙全传》《南北宋传》《粉妆楼》《万花楼》等剧本亦受到元末明初历史争战小说的影响。这些题材内容的志传、演义、唱本、小说均具有良好的教育意义,尤其在国家受到外敌入侵、生死存亡的关键时刻,在激励民众奋勇杀敌、为国捐躯方面发挥了不可估量的作用。在这种具有正能量的历史素材的示范下,中华民族在历朝历代都不乏"视民族大义为己任"的脊梁人士,为后世后人树立了光辉的典范。因此,英雄传奇小说和历史战争小说为统治者所倡导,为人民所喜爱,世代流传下来。地戏由江南移民传入贵州的傩俗改编演化而来。移民以屯军及其眷属为主体,其职业特点、军营的生活使屯军更推崇尚武精神,崇拜勇于征战、威慑四方的民族英雄,尤其喜欢经过艰苦奋斗后成长为军中将领的狄青、岳飞、张飞、薛仁贵、秦琼、关羽等历史人物。与之相关的励志和征战故事也成为移民排演剧目的主要素材。地戏兴盛于明代中叶之后至清代中后期这段历史时期,这时的贵州经济比过去有了较大发展,人口亦逐渐增加,这为地戏的发展奠定了良好的经济和人口基础。与此同时,由于身处边疆野地,移民及其子孙后代怀

念明代先祖的情感也与日俱增,地戏成为沟通他们与先祖联系的情感中介。反对"胡人"是传统地戏的重要情节,因此在这些移民中流行的地戏亦具有浓厚的尚武精神。江南傩俗艺术的长期积淀,加之边疆民俗的影响,使整个地戏艺术在其时也有了长足进步。在民间流行的地戏以其独特的艺术风格引起了官方的重视。清初,贵州巡抚田雯在《古欢堂集》卷三《迎春诗序》中写道:"正值太常之齐舍蒟酱,以立阶喜见乡傩之。"他在诗中亦云:"城南城北接老鸦,细腰社鼓不停挝。蹋歌角抵蛮村戏,椎髻花铃唱采茶。"①可见官方对地戏的重视和赞赏,地戏中角抵的表演也深受大众欢迎。

第三节　地戏中对三国人物的崇拜

在中国的民间民俗中影响最大、最著名的被神化了的历史人物,恐非关羽莫属,这突出地体现在地戏中:地戏里制作最精美的面具便是关羽的,演出剧目以有关羽出场的三国戏最多,观众最喜爱的也都是关羽出场的表演。历史上的关羽,只是三国时期的一员武将,但他在后世无论是官方还是民间的影响力都远超同时代其他人,也超出历史上其他武将和英雄,这与其当时所处的社会地位不甚匹配。

中国封建时代的三大思想流派"儒""释""道",无不对关羽推崇备至,将其视为神灵。儒家尊称关羽为"文衡帝君",赋予其"武圣"的称号,与"文圣"孔子齐名。"佛教尊关羽为伽兰、护法;道教尊关羽为关圣帝君,也有称玄灵上帝,或协六大帝,是护国佑民的天神,认为他的元神是紫微官朱衣神,即天枢第六星。他是玉皇大帝的近侍,负有监察善恶之责。"②关羽为历代封建统治者所大力渲染和推崇,他死后被追谥为"壮缪侯"。关羽被建庙祭祀则始于南朝梁陈,在隋代始被奉为神;在宋代关羽被封为"崇惠公",后又被封为"昭烈武安王";宋徽宗时,更被封为"崇宁真君";南宋高宗加封其为"壮缪义勇王";元代文宗更是赐予其"壮缪义勇武安显灵英济王"的封号;明万历四十二年(1614),关羽被加封为"三界伏魔大帝神威远震至尊关圣帝君";清代顺治敕封关羽为"忠义神武灵佑仁勇威显护国保民绥靖赞宣

---

① 田雯:《古欢堂集》,上海:上海进步书局民国时期版。
② 庹修明:《论军傩地戏兼谈关羽信仰》,载沈福馨编:《安顺地戏论文集》,北京:文化艺术出版社,1990年版,第119页。

德关圣大帝"。关羽由侯而王,由王而帝,终被统治者推上"精忠贯日,义气参天"与日月天地并列的顶峰①。

《三国演义》之三国故事在民间的广泛传播,更是提高了关羽的威望。《三国演义》通过描述刘备、关羽、张飞的关系,着重阐述他们之间"义"的情节。关羽虽具有刚强、武勇的特点,但他品质的突出亮点在于"义重如山"。刘备、关羽、张飞三者的"桃园结义"在古代产生过十分广泛的影响,突出反映了封建社会里人民群众朴素的平等观念和民主思想。在三国故事中,刘、关、张皆出身于社会底层,是锄强扶弱、排难解纷的英雄好汉,他们萍水相逢,结为生死之交,尤重江湖义气。在古代社会,下层民众经常过着朝不保夕、动荡不安的生活,这种情况下,注重义气、互相帮助的集体主义对于维系一个群体的生存与发展,就显得尤为重要。因此,僧道术士之流、巫汉神婆之徒、佞言灵验之辈等三教九流无不信奉关羽,他们竞相夸大其说,凡佑选举、司命禄、驱邪避恶、巡祭冥司、治病消灾、诛罚叛逆等职能,均被加于关羽名下,甚至庇佑商贾、招财进宝之事,亦非关羽莫属,以迎合社会底层民众的心理需求。

崇拜关羽之风最盛于明清时期。"传说朱元璋战胜陈友谅是因为有关羽保佑;永乐时因北征雅失里,制崇祀;嘉靖年间又改定京师祀典,以五月十三为关羽圣诞,用牛一、羊一、豕一、果品、帛等,岁致祭;万历时,先赐解州庙额曰'英烈',万历四十二年进而加封关羽帝号。"②足可见明代官方浓厚的崇尚关羽之风。明代民间信仰日益表现为民俗宗教和民间宗教两大类,其影响逐渐扩大,宗教和众神信仰亦趋于世俗化和民间化。这种现象的出现与明政权的背景和性质是密切相关的,明太祖朱元璋出身于农民,他组织的起义军也基本上为农民,因此他先天地带有下层民众多方祈福的信仰习惯。元末的农民起义以白莲教为组织和信仰,白莲教的教主自称"大明王"。朱元璋起事时就已加入白莲教,登位后以"明"为国号。明代帝王信奉宗教,可谓不拘一格,儒、释、道并举,对各种宗教信仰多采取实用主义和宽容主义的态度。

千百年来,各阶层人民对关羽广为信仰,人们焚香膜拜,设庙祭祀,将其尊视为"天神"。但是,在人们的心目中,关羽却从来不是世间万物的主

---

① 徐杰舜、刘冰清:《乡村人类学》,银川:宁夏人民出版社,2012年版,第537页。
② 庹修明:《论军傩地戏兼谈关羽信仰》,载沈福馨编:《安顺地戏论文集》,北京:文化艺术出版社,1990年版,第120页。

宰神和救世主，人们往往只是将其作为宣传各种教义的工具，葛洪曾说过："欲求仙者，要当以忠孝和顺仁信为本。若德行不修，而但务方术，皆不得长生也。行恶事大者，司命夺纪，小过夺算，随所犯轻重，故所夺有多少也。"①历代的封建统治者多利用关羽的形象协调集团内部矛盾，加强对人民的思想统治；在民间，人们信仰关羽，则是出于对其一生"忠""义""勇"品质的敬慕；在一些农民起义军中，关羽形象成为协调内部关系，团结起义队伍的旗帜；在反抗剥削压迫和抵御外族入侵的过程中，关羽信仰同样具有很强的内聚力。在地戏的形成和发展过程中，关羽信仰亦起了重要作用。关羽信仰的核心是"忠""义""勇"，这与地戏的精神内核相吻合。地戏虽有众多剧目，但其内容总的来说可以用三个字概括，即"忠义勇"。对屯军及其后裔而言，这种信仰具有强大的内聚力，使身居外乡之人能够切实感受到"在家靠父母，出门靠朋友"这句话的真谛。至今在南征军的行军路线上，还保留有关索岭、关圣庙、关索庙的遗存物。贵州《彭而述关岭汉将军碑记》亦有关于关索的记载："岭从关将军索得名，将军而前不可考也。将军从诸葛丞相南征，将军先驱，拔山通道，为此岭开先，亘血食如此。"②关索为关羽之子，庙、岭等以"关索"命名，也体现了人们对关羽的尊重。南征军还一度把军傩戏定名为"关索戏"，这充分说明地戏与关羽信仰有着密切的内在联系。

当屯堡人的先民从先进的中原和江南地区迁入贵州这样的环境险恶之地，初次与"野蛮"的边民相遇之时，其巨大的心理落差是可想而知的，在他们的心目中形成了"真""善""美"与"假""恶""丑"的鲜明对比。地戏大都以美战胜丑、正义战胜邪恶的情节结尾，这对处于险恶环境中的外来移民具有较强的情感宣泄作用，使他们产生强烈的共鸣和坚定的信心。屯堡人在地戏上的情感共鸣使演出地戏的习俗长盛不衰。在实际的演出中，屯军及屯民更多的是将地戏作为一种承载着情感寄托的享受和警戒。面对新的环境或现象而又无所适从时，人们自然会想到将先祖或英雄人物神化之后的"天神诸将"，认为任何环境或现象都是神的恩赐或惩罚。这样，地戏便有了神秘而神圣的色彩，因此当有灾难降临或即将降临时，地戏便充当了人们祈求"神祇神将保佑或保护"的活动仪式；当取得胜利之时，人们

---

① 葛洪：《抱朴子内篇 肘后备急方今译》，北京：中国中医药出版社，2015年版，第25页。
② 王俊：《中国古代面具》，北京：中国商业出版社，2015年版，第91页。

又将其作为感激"神的赐予"的活动方式。人们通过地戏表演获得了内心的安宁与心理的平衡,也在一定程度上陶冶了情操,树立了正确的道德观念,宣泄了自己的压抑情绪,从而坚定了战胜困难的信心和勇气。地戏活动至少也为那些文化生活严重匮乏的人们带来些许乐趣和情调。可以说,地戏的长期传承在很大程度上是由于人们对祖先或英雄人物之神的敬畏和虔诚。正是这种根深蒂固的赤诚之心才使后人几乎不敢大幅擅改这种"敬神"的活动仪式,因此地戏形成至今才一直相对完整地保持着它的原始状态和风貌。

第三章 "冲傩还愿"下的贵州傩坛活动

傩坛是傩活动的重要组织方式,主要分为戏剧演出和傩祭仪式两种形式,许愿还愿、求得心理的平安与慰藉是人们进行傩坛活动的主要目的。傩坛戏演出重心不在于娱乐性,与傩祭仪式一样,更多的是发挥了调适人们失衡心理的作用。从古迄今,人们在现实生活中都会遭遇种种失范、无组织的负面体验。人们会尽力想法摆脱负面体验,通常会通过参加傩坛活动的方式驱除在现实生活中无法摆脱的困扰,从而直面现实的困难和挑战,实现个人情态心志的根本性转变。正是由于傩坛对人们心灵的突出呵护效应,自古以来傩一直广泛分布、流行于贵州各地。

第一节 傩坛戏的分布

傩坛戏是一种佩戴面具演出的宗教祭祀戏剧,是傩戏之一种,属于"巫师傩"的范畴。在黔东、黔北地区,任何一个傩班在举行傩事时都要演出傩坛戏。傩坛戏在明代的湖南、贵州广泛流行。在湖南、贵州一带,人们将供奉的傩神多称为"傩公""傩婆"。"俗供神像有头无躯者,曰猡神。一于思红面,号东山圣公;一珠冠窈窕娘,号南山圣母。两人兄妹为婚,不知其所自始,楚黔皆崇祀之。"[①]猡神,即傩神。现在贵州德江傩坛戏中所供奉的傩公、傩母仍与史料中所言的"东山圣公"及"南山圣母"相一致,特征也类似。

傩坛戏主要在贵州的土家族中流行,土家族主要分布在黔东一带,以历史上的思南府所辖地带为居住中心,即今天的思南、德江、印江、务川、铜仁、沿河等县市,现有人口约一百万。土家人自称"毕兹卡",为古代巴人支系之后裔,他们有语言无文字,在与汉人的长期交往中,深受汉文化影响,以致如今土家族基本无人使用土家语,绝大多数使用汉语、取汉名。但他们本民族固有的风俗习惯与文化传统却大部分被保留下来,如过赶年时祭

---

① 李瀚章、裕禄:《光绪湖南通志》,长沙:岳麓书社,2009年版,第3247页。

祀祖先和土主、信奉傩坛端公、跳摆手舞等。思南城内遍布庙宇,比较有名的有文昌祠、伏波祠、二郎庙、五显庙、火神庙、清源庙、禹王宫、土主祠、马援祠、少师庙、水府庙、黑神庙、城隍庙、万寿宫以及圆通寺、金华寺、龙泉寺、金仙寺等。各家各户的香火神龛上还供奉着土家族的四位先祖——四官神,土地庙则遍布各乡村。泛神信仰为土家族傩坛的产生和兴起提供了前提条件。

傩坛戏的主要承袭地思南县,古为蛮夷之地,禹贡时归梁州统属,殷商时属荆州地域,战国中后期被楚国占领,三国时期为蜀南中地。明洪武五年(1372)始设思南宣慰司,洪武六年(1373)改设思南道宣慰使司。永乐十一年(1413)设置思南府,以思南宣慰使司辖十七长官司。明永乐二十一年(1423)增设思南道,下辖思南、思州、铜仁、石阡、乌罗五府。从元至正元年(1341)到清道光二十年(1840)约五百年的时间里,这里的历代土司均专制独裁,为所欲为。《明实录》载:"思南宣慰使田宗鼎凶狠淫虐,生杀任情,与其副使黄禧构怨多年,互有奏讦。朝廷虽然厌恶田宗鼎,但因田氏守其地,曲予保全,而改黄禧为辰州府知府。时,思州宣慰使田琛也与田宗鼎有怨,黄禧便暗中勾结田琛,图谋田宗鼎。于是田宗鼎与田琛数相残杀,黄禧得志,肆横虐民,民甚苦之。"①当地的统治者尤其歧视少数民族,将其一概称为"土人"或"蛮人",还强制革俗,同化土人。土家族濒于绝境,他们纷纷逃往深山老林,聚族而居,才得以生存,因此土家人中长期流传着"官占坪、民占坡、土家人被赶进山窝窝"的民谣。土家人很早之前就有祭傩信神的习俗,这为其在艰苦环境中的生存与繁衍提供了有力的精神支持。《宋史·蛮夷列传》写道:"西南诸夷,汉牂牁郡地。病疾无医药,但击铜鼓、铜沙锣,以祀神。"②由此可知,宋时西南诸夷是包括现黔东思南地区的。《大元一统志·思州军民府》亦载:"蛮有佯、伢、仡佬、木傜、偣、偩数种。疾病则信巫屏医,专事祭鬼,客至则击鼓以迎。山箐险恶,则芟林布种,俗谓之刀耕火种。"③明清时期的史志更是不断提及这一地区的"盛装神像""祭鬼弭灾""遇节祀神""得兽祭鬼"等习俗。清代《思南府志》载:"俗以六月二十四日、七月二十二日为土主、川主生辰。至日,有庆神之举。居民盛装神像,鼓行于市,谓之迎社火。每一迎,必轮一人作会饷神品物,惟其所供,寻以

---

① 贵州民族研究所编:《明实录·贵州资料辑录》,贵阳:贵州人民出版社,1983年版,第7页。
② 脱脱、阿鲁图:《宋史》,北京:中华书局,1977年版,第10965页。
③ 孛兰肹等:《元一统志》,北京:中华书局,1966年版,第348页。

召诸乡党会食庙中,尽一日而罢。在村落中亦然,此俗举之近厚者。"①"乡民信巫屏医,专事祭鬼,客至击鼓以迎。"②"祈禳,各以其事祷神,逮如愿,则报之,有以牲醴酬者,有以采戏酬者。"③"冬日傩,夜间举,皆古方相逐疫遗意,迎春则扮台阁,演古戏文,沿街巡行,以畅春气,墟市时又有因斋醮而扮者。"④思南地区自宋迄清一直存在傩文化活动,这是可以确定的。傩坛信仰主宰着土家人的思想,在很大程度上影响着当地的社会习俗。思南府县村村寨寨皆设傩坛组织,傩坛活动频繁,可谓"巫师遍布,傩坛成网"⑤。

傩坛活动亦广泛流行于铜仁市。铜仁地处湖南辰水上游地带,洪武年间始建城于锦江旁,以儒、佛、道三铜像而得名。这一地区属荆楚南境,因临近古巴子国,境内多流居于此的古巴人后裔。从铜仁、江口的锦江河,松桃的松江河皆可直接通航至湖南和四川,因此该地商贾云集,深受湖南、四川经济文化的影响。《铜仁府志》载:"郡居辰沅上游,各土司中汉苗杂处,人多好巫而信鬼,贤豪亦所不免,颇有楚风。"⑥"康熙戊子苗变,烧毁民居。彭名举者其先代为土司。既留铜,子孙繁衍,合族居牛郎新场屯,约数百人,经戊子苗变杀戮殆尽。名举之孙九人,惟盛华、盛隆被苗人活捉,枷锁苗寨。时盛华十四岁,盛隆九岁。名举女嫁城中邓姓,日夜哀泣,请巫师求神护佑。盛华、盛隆在苗寨忽见一赤面大汉以手指枷,枷开,提之出,导其归路。苗人觉而追之,有猛虎、大猴截其后。二子随大汉及虎猴行至广昌,天始明,虎与猴入林去,视之乃俱牛也。及入城闻其姐求巫祷护,乃知所见赤面大汉即傩神爷爷。故彭姓至今还在还傩愿。"⑦从中可以得知,康熙年间傩的活动在思南已很普遍。文献中的"赤面大汉"就是傩神。当时的贤豪富户热衷于信巫活动,他们不断改变和发展傩的内容和形式,这就开启了傩坛戏的发展历程。傩坛戏在外行人看来表演形式单一,动作笨拙,却能在民间长时间广为流传,还在于人们的"许愿"寄托。千百年来,人们正是通过傩坛戏的戏剧仪式来实现心灵的抚慰。也正是傩坛戏提供的精神力量支撑,才使土家人世世代代在艰苦的环境中快乐、自信、坚强地生存下来。

---

① 夏修恕、周作楫:《思南府续志》第二卷《风俗》,道光二十一年(1841)刻本。
② 夏修恕、周作楫:《思南府续志》第二卷《风俗》,道光二十一年(1841)刻本。
③ 夏修恕、周作楫:《思南府续志》第二卷《风俗》,道光二十一年(1841)刻本。
④ 夏修恕、周作楫:《思南府续志》第二卷《风俗》,道光二十一年(1841)刻本。
⑤ 夏修恕、周作楫:《思南府续志》第二卷《风俗》,道光二十一年(1841)刻本。
⑥ 敬文、徐如澍:《铜仁府志》卷二《风俗》,道光四年(1824)刻本。
⑦ 敬文、徐如澍:《铜仁府志》卷二《风俗》,道光四年(1824)刻本。

第二节 "冲傩还愿"习俗的来历与仪式

傩坛戏起源于古代的傩祭活动,早已成为学术界的共识。傩坛戏的演出,通常是与冲傩还愿的习俗结合在一起的,而绝少作为一种戏剧艺术单独进行表演。冲傩还愿的习俗,在湘西和黔东北城乡流传已久。所谓"冲傩",是指遇到疾病灾难之家,请土老师前来祈禳斋醮,驱邪逐疫,把疾病灾难冲开;所谓"还愿",是指冲傩之家事前对神许愿,事后通过做法事、演傩戏,把各路神仙从华山请到傩堂受祭,以还愿①。

傩坛戏的传说渗透着"冲傩还愿"浓厚的功利性。最有代表性的传说是:"傩公(东山圣公)、傩母(南山圣母)生前因恋爱受阻,双双投河殉情。放牛娃在河边拾到二人的头颅,挂在树桩上,供在岩洞里,围着唱歌跳舞道:'若保佑牛不吃庄稼,就把你们供奉起来。'以后牛果然就不吃庄稼了,这可乐坏了放牛娃,他们成天在山上打闹玩耍,再也不愁管牛的事。一年春天,瘟疫流行,很多娃儿都染上疾病,各种药都用尽了,就是不见好转。大人们急得没办法,只好仿效放牛娃,到供着傩公、傩母头颅的山洞里祭拜,还许下各种愿信。过了几天,染上瘟疫的娃儿全好了,人们在山洞前搭起祭台,跳舞唱歌,颂赞神的恩德。适逢李老君从上空经过,见烟雾缭绕,便降下云头,化装成村民观看。他见大家乱唱乱跳,没个规矩,就从天上抛下一本书,作为演唱傩坛戏的范本。一年秋天,皇后和三公主也染上了瘟疫,百般医治无效,瘦得只剩下一把骨头,后来演了傩坛戏,皇后和三公主的病就好了。于是皇帝封赠傩公、傩母一席之地,从此演出傩坛戏,都要在神案前铺上席子,土老师(巫师)就在席子上祭祀、表演。"②关于"冲傩还愿"的习俗,民间还流行另一传说:"混沌初开六月间,天上飘了七天七夜大雪,人间很多人都冻死了。观音菩萨于心不忍,请出东方太阳星解救百姓。雪水融化后,冲垮了五岳庙,把昆仑山上的沉香木也冲走了。沉香木漂到海里,被龙王派水仙兵勾住,用它造了一扇海龙门,不料刚造好就焚烧起来,龙王只好用它造了一张独脚床。龙女上床睡了一夜,害了瘟病,三年都

---

① 叶涛:《傩堂戏与宗教》,载贵州省民族事务委员会文教处主编:《中国傩文化论文选》,贵阳:贵州民族出版社,1989年版,第120页。
② 叶涛:《傩堂戏与宗教》,载贵州省民族事务委员会文教处主编:《中国傩文化论文选》,贵阳:贵州民族出版社,1989年版,第119~120页。

不能起床。龙王到处求神问卦,都不应验,后来周文王用铜钱断明,原来龙家冒犯了五瘟神,必须在大傩会上还愿,病才能好。于是龙王许下大傩十二祭,小傩十二堂,长标十二支,短标十二双(标指竹子,长的用以扎彩楼做法事,短的用以做香杆敬鬼神),又许下神戏二十四个,以及白鸡、白鹅、白猪、白羊等供品。龙王还愿后,龙女的病就好了。这种做法后来传到人间,人们遇到生病、无子、灾难等不吉利之事,都要请土老师迎神送鬼,祈禳斋醮,以治病、求子、消灾灭难;有的人家为求老人高寿、小孩平安,也要'冲寿傩''打太保''跳加官'。"①这两则具有神秘传奇色彩的传说,使傩坛戏与被群众广为接受的道教和巫术联系起来。巫师在长期的实践中为突出傩坛戏的功利性和实用性,在艺术表现手法上进行了与时俱进的改进。因此傩坛戏愈加具有吸引力,获得了越来越多群众的崇奉和参与。

"冲傩还愿"仪式通常有一套严格的规程。"许主(即愿主)做冲傩道场,需把冲傩原因写在一封'文书'上,土老师将'文书'放在朱红茶盘中,鸣锣三阵,擂鼓三通,跪请天上三届功曹赴坛接'文',把'文书'送到玉皇大帝那里。在傩坛法事中,这一仪式叫'申文'或'发文'。'申文'时许主要跪在傩堂诵念'文书',念毕,土老师在牛角声中将其烧掉,表示'文书'已'风传火化上天庭'。"②"文书"的写作是有固定格式的。民国时期沿河县的牒奏文书格式为:"上奏,中华天下贵州省沿河县地名居住,奉神设供,焚香点烛,呈词拜表,缴愿信人为因某事叩许先天傩愿一堂,上冲下还,道场一供,自许之后,果保清吉。民国某年某月某日迎师于家。"③道真县的《过关愿》文书则要求许愿人务必写明具体原因和时间安排。"今有礼请,冒罪疏奏:某朝某府某州某地,信士某某某所生孩男童关不遂,命犯阴司,无方投告,只得叩许五岳太保良愿一堂,某日开启,某日告止。某年某月某日某某某具疏。"④

据说在虔诚的"冲傩还愿"仪式之后,上自朝廷、官吏,下至商贩、农夫,

---

① 叶涛:《傩堂戏与宗教》,载贵州省民族事务委员会文教处主编:《中国傩文化论文选》,贵阳:贵州民族出版社,1989年版,第121页。
② 叶涛:《傩堂戏与宗教》,载贵州省民族事务委员会文教处主编:《中国傩文化论文选》,贵阳:贵州民族出版社,1989年版,第121页。
③ 叶涛:《傩堂戏与宗教》,载贵州省民族事务委员会文教处主编:《中国傩文化论文选》,贵阳:贵州民族出版社,1989年版,第122页。
④ 叶涛:《傩堂戏与宗教》,载贵州省民族事务委员会文教处主编:《中国傩文化论文选》,贵阳:贵州民族出版社,1989年版,第122页。

皆能消灾除难，逢凶化吉。"买卖之人供养主，骡驮金来马驮银。遭官犯法供养主，敲枷打锁转回程。祈嗣之人供养主，早送贵子入家门。怀胎之人供养主，是男是女早离身。关急相侵供养主，冤家解脱两下分。疾病之人供养主，十分毛病退九分。行船走水供养主，波浪消退得清平。当今皇帝供养主，万里江山永不崩。文武百官供养主，官上加官职不轻。农夫之人供养主，前仓打满后仓存。读书之人供养主，金榜高上标头名。"①以上所列"冲傩还愿"的种种善果，在现实中未必就真的能够如人所愿，傩祭仪式更多的是承载了人们在面对困难时的一种心理寄托和诉求，从而使人们获得战胜困难的信心和力量。正是由于傩坛戏能够给予人们这种精神上的支持，其才能在湘西和黔东北一带的穷乡僻壤长期广泛流传，盛行不衰。

"许愿还愿"的傩祭形态，大量出现在后世的文献记载中。清道光《遵义府志》云："每灾病，力能祷者，则书愿帖，祝于神，许酬阳戏。既许后，验否必酬之。或数月，或数年，预洁羊、豕、酒，择吉，招巫优，即于家歌舞娱神。献生、献熟，必诚必谨；余皆诙谐调弄，观者哄堂。至勾愿，送神而毕。即以祭物燕乐亲友，时以夜为常。"②显然此时的傩已不再是单纯的岁时性、公祭性的古傩祭民俗活动了，而是于事主许愿后，由巫优择吉日在事主家中举行的祭祀仪式活动。"歌舞娱神""余皆诙谐调弄，观者哄堂"数语，表明清代傩祭活动戏剧化、娱乐化的倾向明显增强，从而使原本玄虚凝重的傩祭仪式更有情趣③。

清嘉庆《桑梓述闻》记载："有小疾患，辄以水饺泼之，曰泼水饭。香钱，曰铺花盘。疾稍重，则延巫跳神，曰冲锣，又曰背星辰。然知命者则不道也。取金延僧道逐疫，曰打清醮。此则与古傩相近焉。"④这说明当时的傩仪仍保持与古傩相近的仪式风格。清光绪《铜仁府志》中记载的傩俗在体现传统的古傩意蕴之外，更多展现的是娱乐性。"郡属多洞，洞有神。凡妇女有色者，经洞外归，或病，辄曰落洞。落洞者，俗谓神将生魂摄去，不急治，必死。治法不用医药，属巫诅焉，谓之打锣鼓。所奉之神，制二鬼头，一赤面长髯，曰罗头公公；一女面，曰罗头娘娘，谓是伏羲女娲。临事各以一竹承其颈上，下两篾圈，衣以衣，倚于案左右，下承以大碗。巫党摇锣击鼓，

---

① 叶涛：《傩堂戏与宗教》，载贵州省民族事务委员会文教处主编：《中国傩文化论文选》，贵阳：贵州民族出版社，1989年版，第122页。
② 郑珍、莫友芝：《遵义府志》卷二十《风俗》，道光二十一年（1841）刻本。
③ 龚德全：《论黔域傩戏形态的嬗变》，《贵阳学院学报》，2015年第4期，第31页。
④ 傅玉书：《桑梓述闻》第2册，贵阳：贵州省图书馆编印，1965年版，第37页。

以红巾裹首,戴观音七佛冠,登坛歌舞,右手执有柄铁环,曰师刀,旁有数小环,摇之声铮铮然,左手执牛角,或吹,或歌,或舞,抑扬拜跪,电旋风转,观者盖如堵墙也。夜深,移女像入病者室,令虚立碗中。巫口喃喃若有诉,手执竹筊。筊得,谓捉得生魂至矣。时香寒烛瘦,阴气袭人,角声所到之处,凡妇女患此病者,必昏迷,移时始醒,室中必有虾蟆蜂蝶等物,不知从何入,亦一奇也。云霄神有四五,皆短小如五六岁小儿,所主之家能令暴富,宝皆窃之于人。神好楼居,起居包含与人无异,每食必有酒肉,以杯盘置楼上,少焉往,则杯盘皆空矣。岁暮招巫歌舞以酬之,名曰还愿。演诸淫剧,观者哄堂,至勾愿送神毕,即以祭物宴乐亲友,非是,则神不乐也。神量极隘小,有忤犯即徒去,去时将先所窃于人者,复窃以与人。故人不甚愿主此神也,或延巫祷祝以妥之,则不为祟。此神不凭男而凭女,女嫁则随至夫家,然从无淫乱事。还愿之说起于巫师,有罗愿,有霄愿,有半罗半霄愿,随巫命名。问之祭者,彼此不自知,可发一笑。"① 到了民国时期,《岑巩县地方概况调查表》记载,"冬腊月间,有诸巫师酬还傩愿者。巫师戴上假面具,扮为琴童八郎、开山大将、仙风娘子、梁山土地等,任意诙谐,故称傩愿,为喜神愿,以为不诙谐则神不享祭,最后扮一判官结束,其事谓之勾愿。又有还戏愿者,系演傀儡戏,时间有春夏秋冬之分,惟夏间演者称秧苗戏。还傩愿与戏愿,均间年一次。近年来,有名为祭大菩萨者,请端公为之,须宰杀猪、鸡、牛、羊等。一遇疾病,即借口贵州为鬼国而须祭鬼,乃能弥灾,遂听巫觋之愚弄,有所谓打锣鼓、打替生等名目,为期三日或五日不等。又有不动乐器者,曰敬小菩萨"②。今人已经无法体味到古傩的遗韵了,傩俗传统的风韵已基本上为功利性和娱乐性所取代。"足见此祭仪活动的戏剧性、娱乐性之强,是为宋以降古傩行祭中歌舞表演之发展,今已嬗变为'傩戏'之属。"③ 傩坛戏的娱乐性和功利性主要通过"冲傩还愿"的仪式诉求体现出来。

第三节 傩宇宙观的调适与通融

傩宇宙观的建立,是世俗之人根据现实利害的考量而做出的理性抉

---

① 余上华、胡长松:《铜仁府志》卷六《风俗》,光绪十六年(1890)刻本。
② 庹修明、杨启孝:《贵州省岑巩县平庄乡仡佬族傩坛过职仪式调查报告》,台北:财团法人施合郑民俗文化基金会,1994年,第13页。
③ 龚德全:《论黔域傩戏形态的嬗变》,《贵阳学院学报》,2015年第4期,第32页。

择。人们信神与否、信什么神、以何种方式信神,都是人们从直接的功利目的出发做出的选择。傩宇宙观也因此呈现出一系列特征:首先,它的界限是模糊的,只给出一个笼统的神祇架构,却没有给人们一个具体的限定去解释、利用或者改造傩神体系,这个体系永远是一个抽象的存在。每一位信仰者都可以随时随地、随心所欲地按照自己的意图和理解去丰富和利用它。对于傩神的敬仰者来说,重要的不是神灵功能的清晰和意义的明确,而是能够切实解决他们所面对的难题。如此一来,傩宇宙观被不断重塑,囊括了来源多路、数量庞大、结构烦冗的神鬼,成为一个唯灵是信、以灵验与否为标准建立起来的神灵体系。

一、傩宇宙观的基本特征

宇宙观即人们的世界观,它的最一般的定义为,"一个关于宇宙和它的运行以及人类和其他造物在这个秩序中所处位置的理论或概念"[①]。在人类社会的不同时期,宇宙观作为一种理论或概念,是被历史地、文明地以及范畴地限定着的。也就是说,在不同的历史时期、不同的文明以及不同的地域文化范畴内,宇宙观不仅存在着外显形式的差异,甚至还有质的差别,例如:科学的宇宙观不同于传统宗教或民间信仰的宇宙观;远古先民的宇宙观不同于时代新人的宇宙观;古埃及文明的宇宙观不同于古玛雅文明的宇宙观等。任何一种宇宙观都有它特定的时代背景和含义。人们对每一种宇宙观的探讨,都需基于一个特定的前提,即从什么角度、对具体什么样的宇宙观运用哪一学科的理论体系进行分析。

人类学对宇宙观的探讨往往是从社会和文化的角度对某一既定社会群体的宇宙观进行综合分析着手的。人类学的考察表明,迄今为止,几乎所有文明都有关于世界本原和起源的传说和故事,这些传说的重要功能之一就是合理界定人类在这个世界上的位置:"一种宇宙观为一个社区提供它在世界中的定位。这是在这个意义上说的:一种宇宙观确立人类在宇宙万事万物中的位置。这样一个在宇宙间的定位以尽可能宽泛的术语告诉社区成员,他们是谁以及相关于其他的造物他们站在哪里。"[②]通过定位,人类对自身在整个世界中所处的位置与层次有了一种理性清醒的认识,体

---

① Bowie, Fiona, *The Anthropology of Religion: An introduction*, Oxford: Blackwell Publisher Ltd, 2000, p. 119.

② Mathews, Freya, *The Ecological Self*, London: Routledge, 1994, p. 12.

现在行为上,则既不会狂妄自大,也不会懦弱苟且,形成伸屈有度、平和中庸的生活态度。人类对自身在所处世界中的合理定位对于人类社会与文明的发展具有重要意义,正如人类学家 Mathews 所反问的:"人类有一持续不断的、惟有宇宙观才能满足的需要吗?如果人类有一种持续不断的、惟有宇宙观才能满足的需求,是否它得不到满足,就会出现危险的文化混乱?"①当然,Mathews 对这些问题的回答是肯定的。也就是说,在社会—文明的层面上,人类有这样一种意识方面的确认需求,即从宇宙本体论的角度出发,确定人类社会的存在以及把握人类自身与世界万事万物之间的关系。对于整个人类社会群体而言,人类在世界范围内的合理定位是人们建立一切社会—文明观念的基本前提和依据,以此为基础,人类在开发利用自然资源、创造幸福生活之时,既能虔诚地尊重自然规律,适度地向自然界索取,使人类社会获得长远发展,又能充分发挥自身的主观能动性,做到天人合一,实现人与自然的和谐相处。

宇宙观作为一个社会群体典型的文化特征符号,往往成为研究这个社会群体属性的重要方面。然而在一种既定成熟的社会与文明中,宇宙观并不是现成固定的,它对宇宙运行秩序的逻辑思考以及对世界整体框架的宏观描述,具体片段地分散于人们现实生活的各个方面。宇宙观对每个接纳它的社会成员来说具象化地潜居于人们的思维意识中,体现于他们的实践活动中,这一观念体系从来都不是抽象玄秘的概念理论堆积和形而上的玄说奇谈。因此,欲全面考察研究一个社会群体的宇宙观,首要的问题是从哪里获得足够的信息资料以便完整地还原这个宏大的观念体系。

J. M. Ossio 曾经提出:"在宇宙观的研究中,有三类信息是最重要的:(1)口头以及付诸文字的传说,即神话;(2)仪式,一般来说它被看作是神话的法规化;(3)神话中具有视觉意义的代表物,它体现在建筑或雕像中。"②尽管归纳得不够全面,例如民俗禁忌也是一种重要的宇宙观信息来源,就没有被概括进来,但 Ossio 首次从人类学角度总结出不同社会群体宇宙观共同的三大主要信息来源,对宇宙观研究具有重要的启发指导意义。基于此,不妨以德江傩信仰区的两则神话传说为例,探讨贵州傩宇宙观的基本

---

① Mathews, Freya, *The Ecological Self*, London:Routledge, 1994, p. 11.
② Ossio, Juan M., *Myth and History: The seventeenth—century chronicle of Gumana Poma de Ayala*, in Jain, Ravindra K, (ed.), *Text and Context: The Social Anthropology of Tradition*, Philadelphia:Institute for the Study of Human Issues, pp. 51-93.

特征。德江最流行的傩神话有两则：一则是关于再造人类的；另一则是关于傩神起源的。这两则神话传说联系紧密，共同构成一个有机整体，从中可以一窥贵州土家傩的基本宇宙观。下面先看第一则：

> 远古之时，天总是雾沉沉的，也没现在这般高。一天，一只小鸟飞来，绕着正在绣花的土家姑娘叫道："挑花不如种葫芦！"姑娘听了不理它，低头依旧挑花。可鸟儿一直绕着她叫个不停，姑娘只得抬起头来问鸟儿："你说的话是真的吗？你帮我找颗种子来。"鸟儿点点头飞入云端，过了不久，叼来一颗黄灿灿的种子丢在姑娘的衣兜上，又叫了一声"挑花不如种葫芦！"，拍拍翅膀飞走了。
>
> 姑娘把葫芦籽种在后园里，第二天就长出了瓜秧，第五天就开花结果，第七天结成一个像小仓般的黄葫芦。姑娘又惊又喜，忙喊哥哥来看，哥哥丢下手中的活路和妹妹来到葫芦边，葫芦上有一道门开着。这时，老天猛地降了暴雨，兄妹俩急忙躲进葫芦里。可是，雨老下个不停。第二天，洪水淹了房子，葫芦就随水漂流。第七天雨住了，天下全被洪水淹没了，浪头差点荡着天顶盖。坐在葫芦里的兄妹俩急得连声喊救命，听到他们的呼救声，天仙才把水消去。兄妹俩来到地上，见世上的人全被淹死了，痛苦不已。这天晚上，兄妹俩都梦见天仙劝他俩成亲接天下的烟火。天亮了，哥哥说起这件事，妹妹暗暗感到奇怪，可是不答应。哥哥说多了，妹妹没法，就说："要是你在河的两岸各点一堆火，那烟子在河中上空绞成一缕了再说。"哥哥照着去办，那烟子果然在空中绞成一股。妹妹又说："这还不算，你若在河两岸插柳枝，两天之内柳枝能伸到河中间打成个结子再说。"哥哥去插柳枝，第二天就应了妹妹的话。妹妹又赖账，说是要哥哥去东山顶，自己到南山坳，两边往沟底滚石磨，石磨合拢了就成亲。谁知两人滚了石磨，下到沟底一看，石磨竟然合拢得好好的，妹妹羞红着脸和哥哥成了亲。第二年，妹妹生下了个肉坨坨，哥哥把它剁了摔到野外。谁知过了三天，这些肉块就变成了天下各种人，世间比当初更加热闹了。①

---

① 李华林：《德江傩堂戏》，贵阳：贵州民族出版社，1993年版，第8~9页。

洪水过后兄妹成亲再造人类的神话传说在西南地区流传甚广甚久,但不同地区和民族的版本各不相同。若干民族在经过加工再创造后,就把这个传说变成他们自己的了,但不同版本的具体内容大体是一致的。经过德江社区土家族再加工的版本是把兄妹二人描绘成土家人,土家族民将二人看作本民族的始祖神而予以顶礼膜拜。在上面这则神话传说中,兄妹二人先后被皇帝杀掉之后,头颅被丢在河里,却不腐烂,结果被到河里洗澡的放牛娃偶遇,拾得供于山洞中,于是引出傩神起源的故事:

> 兄妹成亲创造天下人之后,随着日子一天天过去,兄妹俩日渐衰老,可是没有人来认他们做爹当妈。两位老人就索性搬到深山老林中修身养性,不知度过几百个春秋,有一天,哥哥喝酒喝多了,就到处游逛,一阵狂风把他卷到皇宫内院。皇帝一气之下,令人把他带到河边去杀头,把他的脑壳丢到水里。
>
> 自从哥哥出走以后,妹妹到处找他,可是一点音讯也没有。一天妹妹收拾哥哥的衣服下河去洗,见一只头骨朝她漂来,妹妹惊奇地说道:"我咬破中指滴一点血,若头骨渗红了,就是我的夫君。"妹妹这样一办,那头骨果然渗出红彤彤的血。妹妹抱着头骨痛哭,天黑了,就把头骨放到河边的石洞中,以后每天都来这里祭他。
>
> 这一带来往的船商很多,人们听说了都感到稀奇。一天,船里下来个官员去看那头骨,发现正是那次他受命带到河边杀的那个人。他急忙回宫禀报皇上,皇上怕有人来报仇,下令把妹妹也杀了,把两个脑壳一齐丢到河里。说来也怪,哥哥的头骨沾了妹妹的鲜血,又长起红润润的皮肉来。从此,两个头颅总是那样红润,泡在水里几年几代也不发臭,不管河水把他们冲到哪里,总是互不分离。①
>
> 一天,一群土家族放牛娃在河边洗澡,看到水面有一男一女两个脑壳在浮动,虽然已在水中泡了好久,但脸色还是红润润的,也不腐烂。放牛娃们感到奇怪,把他们放到山洞里供着,还捏了很多黄泥巴小人摆在脑壳两边,又找来一些野果当供品,围着唱歌跳舞,磕头许愿说:"若你们保佑牛不吃庄稼,不让牛丢失,往后

---

① 李华林:《德江傩堂戏》,贵阳:贵州民族出版社,1993年版,第9页。

有什么好吃的东西都拿来供祭你们。"说来也怪,从此牛果然不乱跑,乖乖地在坡上吃草,放牛娃再也不愁管牛的事了。

第二年春天,瘟疫大流行,很多孩子都患了病,各种药都用尽了,就是不见好转,急得家长们愁眉苦脸,唉声叹气。这时不知是谁说,放牛娃们祭的人头曾显灵守牛,这次我们不妨许个愿试试看。于是人们邀约提着吃的东西去放牛娃及人头所在的山洞里焚香许愿。谁知没过几天得病的娃儿们都好了,人们就按照当初所许之愿去祭供洞中的人头还愿,并在洞口搭垒了祭台,唱歌跳舞,感谢神恩。

一天,太上老君从天上经过,见下方烟雾缭绕,人们在唱唱跳跳,就降下云头,化装为村民一看究竟。他见人们乱唱乱跳没个规矩,就把演唱傩堂戏的书本传给大家。后来演傩堂戏时,在正坛中都要挂李老君的画像,还尊称他为"二殿君"。[①]

这两则神话传说为研究德江傩信仰区的宇宙观提供了基本的素材。首先,它传达出傩信仰者对宇宙本质的理解,即宇宙有两种不同的存在方式——自然存在和超自然存在。放牛娃、河流、种子归属前者,而神鸟、太上老君、天仙则属于后者,这两种存在的互动关系构成了宇宙的运行秩序。超自然存在由于超越了自然存在的时空局限,具有超然的绝对力量,因此在两种存在的互动关系中始终占据主导地位。基于客观的宇宙秩序,人类合理定位自己,确立了自身在宇宙中的位置,即作为一种自然存在务必从属于超自然存在。但是这并不意味着人类在宇宙的运行中就毫无作为,无法发挥主观能动性。相反,人类不仅可以发挥主观能动性,而且能在很大程度上改造自然界,开发自然资源使之为己所用,前提是必须遵循宇宙的运行规律,这是因为人类是一种有意识的特殊自然存在。这一特殊性在于人类改造世界的主动行为和持续不断的创造过程,人类对宇宙秩序的遵从是动态变化的。人类对这个秩序的不断适应和利用,使自然存在与超自然存在之间的关系处于充满辩证色彩的无止境的运动发展中,从这种意义上把握人类与宇宙中其他存在物的关系,人神关系的特殊性便凸显出来。在这两则神话传说中,人神关系作为一条主线,贯穿于故事情节之始终,成为傩宇宙观阐述的一个核心问题。

[①] 张子伟、张汇川:《湘西傩文化之谜》,长沙:湖南师范大学出版社,1992年版,第7页。

在两则神话传说传达的人神关系中，土家族民对祖先的无上崇敬之情获得了强调。尽管神鸟、神葫芦、天仙在人类遭受灭顶之灾时保存了人类延续的种子，在再造人类的过程中扮演重要角色，但是结成夫妻的兄妹始终是人类直接的再造者。他们即使在被无道的皇帝残忍杀害之后也要聚集神力，以头骨显灵的方式拯救保护人类，保证了人类的生存与繁衍，因此祖先神成为土家族民世代供奉、祭祀和祈求的主要神祇。Malinowsli 说过："神话的功能是强化传统，它是某一传统的真实原始事件，这一事件在神话中不仅被美化，同时还更超自然化，更富有神力。通过追溯这样一个原始事件，神话赋予传统更高的价值以及更深刻的影响力。"[①]土家族民对祖先的无上崇敬，说明了以氏族血缘关系为纽带的社会组织和社会关系在德江社区的生命力和重要性，也展示出以祖先为核心的群体意识对族民的生活所具有的强大感召力。

随着汉族移民的大量迁入和封建帝国大规模汉化政策的推行，土家社区在政治、经济和文化等方面也都发生了重大变化，祭祀的神系也受到挑战，正如第二则神话所说的，人们在唱唱跳跳敬拜祖先神之时，太上老君也光临现场观看，并把傩堂戏的剧本传给大家，于是太上老君进入土家神系，被尊称为"二殿君"，与祖先神一起于土家傩坛享受族人的世代供奉。傩坛神系的结构变化显示出德江社区成员的宇宙观发生了重大改变，说明宇宙观与人类行为的关系是辩证和不断变动的：一方面，人类基于传统宇宙观构筑对世界的看法和理解，并依据这种看法指导自己的实践活动；另一方面，人类的实践活动和生产方式是不断发展进步的，这就要求人们每时每刻都要选择或升级至更适合现实生产生活需要的宇宙观，寻找对自身行为模式更有利的解释和判断，更好地指导具体的实践活动。在这个过程中，人类能动地改造传统宇宙观，创造新的宇宙观，所以人类的宇宙观永远是被历史地、文化地以及人为地限定在一定时空范围内的。每一种具体的宇宙观都有它适应和满足某个特定社区群体实际需求的独特性。由于这种需求是在持续不断地时刻变化发展的，因此人类的宇宙观也永远不可能停滞在固定的模式和结构上。傩文化的包容性在很大程度上体现为傩与其他民间信仰的宇宙观相互间的浸融，在德江傩信仰区当地土著人原有的民间信仰宇宙观与古傩宇宙观相互碰撞融合，打破了它们各自原有的格局界

---

① Malinowsli, Bronislaw, 1931, "*Culture*" in *Encyclopedia of the Social Science*, Seligman and Johnson, editors, Macmillan Publishing Co, Volume IV, pp. 634-642.

限,形成一种新的宇宙观。这种宇宙观因与傩意识的联系更为密切,因此又被称为"傩宇宙观"。

二、傩宇宙观界限的模糊

描述傩宇宙观的脉络框架是一件非常困难和复杂的工作,难点主要在于:界限的模糊性。在傩宇宙观中,不仅自然存在与超自然存在之间没有明确的界限,每个超自然存在之间也没有确定的界限。傩信仰者对于宇宙观的理解经常投己所好,具有较大的随意性。对他们来说,几乎所有的自然存在都可以转化为超自然存在,每种存在的意义都可以向相反的意义转变。非神可以升级为神,神也可以是现实生活中的某位典范人物。同一个灵魂既可以变为积极正义之神,也可以变为令人恐惧的恶鬼。神本来是以正面形象示人的,但神祇中也有坏神;鬼原本是以反面形象示人的,但鬼族中还有好鬼。在傩的世界中,人原本属于自然存在,但人一死,他的灵魂立马变成超自然存在,树老成精,石怪有灵。

存在界限的不确定性为划分傩宇宙观的范畴以及准确理解其概念制造了麻烦,但是正如 M. Herzfeld 所说:"一旦我们把焦点从传说的内容或观念的结构转向它们的使用,就会发现宇宙观更深地体现在人们日常生活的实践中。"① 从远古至今,宇宙观一直被应用于指导人们不断发展的日常实践,单这一事实就决定了它从来不是一个固定不变的、完美的终极结构框架。"一旦我们意识到选择和创造性行为的重要性,宇宙观就不再是行为的决定因素。相反,它是表象和争论的丰富来源。个体和群体总是在寻找对行为的解释和判断,因此这些表象和争论是个体和群体可以创造性地挖掘的。"② 从这种意义上来说,正是界限的模糊带来的所谓麻烦,为人类深刻认识傩宇宙观提供了良好的开端。对于富有主观能动性的人类个体来说,界限的不确定恰恰为人类创造性地运用和发展宇宙观提供了有利的前提条件,它赋予每个个体充分的可发挥空间与足够的可变通性,让他们按照自己的现实实践需求去理解和解释宇宙观。解释本身就是一个创新、再创造的过程。建构傩宇宙观的框架,不是为了勾勒一张明了的体系图,

---

① Herzfeld, Michael, *Anthropology—Theoretical Practice in Culture and Society*, Oxford: Blackwell Publishers, 2001, p. 202.

② Herzfeld, Michael, *Anthropology—Theoretical Practice in Culture and Society*, Oxford: Blackwell Publishers, 2001, p. 193.

以便对它做一成不变的静态分析,而是要找出这个框架对人们现实生活的作用机制,从社区个体对它的范畴和概念的不同理解中,发现傩宇宙观在指导人类实践活动中运行发展的再创造轨迹。

在傩宇宙观中,最复杂、最稳定的自然存在与超自然存在的关系莫过于人和祖先神的关系。傩信仰者普遍相信,作为自然存在与超自然存在相结合的造化物,人有三魂。从三魂的信仰观念出发,通过灵魂不灭的宇宙观引出了神和鬼两个对立范畴,于是自然与超自然、人和祖先神两种原本迥异的存在也就可以相互作用,发生关系了。然而与此同时,界限的模糊性也相应地出现了。首先三魂的界限就是笼统、不确定的,一般来说社区居民只知道人有三魂,但很少有人能够说得清三者间的确切区别。有的寨民或傩坛法师虽能说出三魂的内容,但他们对三魂的解释却相去甚远。据调查,主要有如下三种说法。

湄潭抄乐乡的掌坛师张怀礼说:

> 和人的肉体相结合的灵魂是阳魂,它给人以生命,始终护佑人。如果走夜路,忽然觉得没伴,心里害怕,那就是此刻自己的阳魂受惊了;阴魂,晚上做梦就是阴魂出游了;地狱魂,人死之后,大部分人的灵魂是要下地狱的,这个魂就是地狱魂。

道真县玉溪镇的一位仡佬寨民李延吉说:

> 人在世时身体上有阳魂,影子是一魂,死后变阴魂。

德江县煎茶镇的一位村民陈华杰说:

> 一个人共有三魂,活着的时候一魂守生,死后这个魂看坟;另一个魂在人做梦时到处游荡,死后四处乞讨;还有一个实在想不出来了。

这三种对三魂的说法,这里姑且不论其迷信色彩,不仅界限模糊不确定,而且三种解释也大相径庭。先看阳魂,只有张怀礼相对明确地解释了阳魂的概念,即阳魂是人生命的依托;李延吉只简单说出了阳魂的名称,却没有做出解释;陈华杰连三魂的名称都没有说出,从意思上看,他所说的第一个魂有点像大多数傩信众所认可的阳魂,即在人活着的时候为他守生的魂,但是在人死后这个魂还要守坟,无形中这又和李延吉所说的阴魂相吻合,即"死后为阴魂"。此外,三人对阴魂的理解也是不一致的:李延吉认为,人死后,失去肉体附着的灵魂就叫阴魂;张怀礼却认为,晚上做梦时,脱离肉体四处游荡的便是阴魂;陈华杰则将两种截然相反的解释合并,认为生时做梦到处游荡,死后四处乞讨。至于第三个魂,更是见解各异,只有张怀礼说出了明确的名称,即"地狱魂";李延古认为影子也算一个魂;陈华杰则完全不知道第三个魂是什么。

由此可见,尽管在傩宇宙观中,三魂是一个重要的基本概念,但在地方社区解释中,却没有一个准确的定义体系和一致的说法。阳和阴的相对性、阳对生和阴对死的代表性、现世和来世的区别等从来都是模糊不确定的,然而宇宙观的生命力和存在的合理性也正在于此。也就是说,如果没有界限的模糊性,傩宇宙观就失去了存在的价值和意义。因为不需要费脑费心地准确记忆,可以随心所欲、信手拈来地为己所用,所以傩宇宙观在乡野民间拥有广泛的市场和存在空间,这在很大程度上便利了傩信仰者对三魂的使用。基于此,松桃县乌罗镇村民王学敏颇为感慨地说:

> 那一天,我正提着笔注视书本的时候,忽然发现窗外有个很高大的身影快速闪过。我抬头准备认真看时却不见了,当时非常害怕,鸡皮疙瘩起了一身,不停地哆嗦,后来体质一天天下降,一直疲倦乏力、软弱无能。请掌坛师来看了下,说是被游荡的阴人吓着了,不碍事的。最后师傅帮我追了魂,感到身上有力气了,身体也一天一天地胖起来了。

按照当地的说法,王学敏所经历的这场变故,是由丢魂引起的。由于丢失了魂魄,丧失了生命力的支撑,身体自然每况愈下,直至傩坛师为他叫魂把魂找回来了,他才恢复了健康。根据这个魂魄所发挥的功能,按照当地社区民众的傩宇宙观称谓,它应该是阳魂,因为阳魂的基本特征是维持生命。当事人虽然没有明确使用阳魂这个名称,但仍然表达出一种重要的傩宇宙观:阳魂不能与生人的身体相分离,否则人就会慢慢死亡。基于这一观念,在惯有的"丢魂"和"叫魂"说法之外,村民还自发地创建了"游魂""钉魂""出魂"等一系列概念,以此来解释灾难发生、设立遵从禁忌、创造新的仪式等宇宙观事象。

所谓"游魂",即吓丢的魂魄没能及时追回来,投到其他动物的胚胎里去了。这时必须举行钉魂仪式,否则丢魂之人将很快死去。湄潭抄乐乡的掌坛师傅月明讲述了一个游魂钉魂的案例：

> 我们村李查章四十五岁那年，身体疲软乏力，总是不好，不愿吃饭，更不想做活，后来一睡觉就感觉好像睡在别的地方一样。这是由于他的灵魂在外遭遇了惊人的事情，被吓着了。他本人当时也没有在受惊吓的地方多站一会儿，等一下被吓得暂时脱离他的身体、距离他不远的魂儿慢慢附体，就慌慌张张地跑回家。结果他的灵魂没有及时跟上他，就变成了无所依附的游魂，长时间找不到本人，就只得另投他胎了。李查章的灵魂最终是投到牛胎了，所以他的身体一天不如一天。家里人万分火急，请了一位先生为他看病，才知道他的游魂已经投胎了。如果不赶紧钉魂，等到村里的大牛产崽时，李查章就要随小牛崽的出生而死去。于是，这位先生就拿了一根长钉子用火烧得通红，用口含到他家堂屋的中柱下面，钉子旁边放了一个鸡蛋和一包酒曲，用明火比画人头状，施展了一个法术，才终于把李查章的魂儿给请回来了，而村民杨福清家即将出生的牛崽却被钉死了。坏了牛的性命，保全了李查章的生命。

据月明所述，人的阳魂与身体分开之后，如不及时使二者合一，就会产生本人丢失性命的严重后果。因此出于防止灾难发生之需，各种禁忌和仪式在民间应运而生。例如：为了避免阳魂与身体相分离产生不测，道真县的民间婚礼通常要举行一种特殊仪式，当地术语为"回车马"。据说，女子在出嫁的路上很容易被妖精把魂魄勾去，这样婚后就会患病。为此新郎家在迎亲这一天就要提前在门口摆一方桌，上供一猪头，拿一封条封轿，通过封轿仪式象征性地把新娘乘坐的轿子封起来，使新娘免遭邪鬼之侵害。当地一位村民说，有些人不相信，也嫌麻烦，不做轿封，结果因违反禁忌，新娘生了病，后悔也来不及：

> 李克勤家接媳妇没回车马，结婚后没几天，他的儿媳妇便遭病了。后请掌坛师李纯青打了两卦，说是车马没回得拢，要赶快做补救仪式。他家听从了李纯青的吩咐照做了，这之后既没医，也没做其他的，他儿媳妇的病很快就奇迹般地好了。

另一个关于阳魂的禁忌为，棺材下葬时旁人不能随便站立，站错位置有可能丢失阳魂。道真县阳溪镇的一位傩坛法师说：

> 逝者下葬的时候，要请亲人去清棺。在出魂的时候务必站得远一些，不站远点，亡魂就把阳魂给抓走了，同亡魂一起在棺里。阳魂被压在棺里，本人就会不思饮食，日渐消瘦，无精打采。你要去医院请医生医吗？服药不灵。只得请先生去坟前焚纸烧香，设坛作法，引出阳魂护身，本人才会慢慢康复，否则必死无疑。

"出魂"也叫"踏棺"，是指参与下葬仪式之人的阳魂或许会误入棺材，所以下葬之后盖棺不能太严，须留一缝，等法师持阳魂幡左右摆动把所有误入棺材的阳魂都召出之后才能踏棺，把棺材盖严。

所有这些关于灵魂的解释、禁忌或仪式，都是傩宇宙观在人们现实生活中的反映。概念的界限以及术语的称谓是否准确并不重要，重要的是使信仰者相对真实地感受到阳魂的存在和体验到它的作用，并根据个体的感觉感悟，不断强化或再创造关于阳魂的意念，为己所用。在三魂中，阳魂是人生命的基础和支撑。承认人有一个可以和肉体相分离的虽看不见但凭借思想意识能感受到的存在物，是傩信仰者相信超自然存在的前提，既然这个存在物可以脱离人的肉身而单独存在，我们就很容易推知，它不一定会随着生人身体的消亡而消失。当死亡降临之时，虽然人的身体作为一种自然存在在现实世界中失去生机了，但灵魂可以从容地游离出来，在彼岸世界以一种超自然的方式继续存在着，这一认识构成了傩宇宙观的基本要义。正是从人有灵魂这个认识出发，傩信仰者的先民才会产生万物有灵的观念，并建立了自然存在与超自然存在两个宇宙观的基本范畴。后人在不断探讨二者间的互动关系中，推动了傩的持续向前发展。

从阳魂的概念出发，就会很自然地引出阴魂的概念。当人在世时，阳魂会为生命提供保障；人死以后，灵魂继续存在，对世人的生活仍会产生影响，这是阴魂的存在使然，也是傩宇宙观中阴魂存在的意义之所系。与阳魂的概念一样，阴魂的概念在地方社区的解释和理解中也是模糊不清的，它甚至含混到这样的程度：在世人的常规意识中，相对的概念一般是界限较分明的，然而在傩的世界中几乎无人能够划得清阴魂和阳魂间的界限。有人笼统地认为"死了之后就算阴魂"，也有人任凭自己的主观想象把阴魂解释为"梦中游魂"，这就出现了概念上的定义混乱：阴魂究竟是人在世时的灵魂，还是逝世之后的灵魂？还有的解释则把阴阳关系完全混淆了：一个魂"活着的时候守生,死后上天堂或下地狱",而另一个魂"生时梦中四处游荡,死后托生至其他人的胎儿或其他动物的胚胎"。按照这种解释,无论把哪个魂归于阳还是归于阴,都有生死阴阳难分的问题。尽管阴魂概念如此模糊不清,然而傩信仰者对它的使用并没有受到影响,他们反而非常乐于接受阴魂概念的这种状态。傩信仰者在使用这个概念时,都有一种明确的意识:阴魂和死亡是紧密联系的,这种联系不只是存在于死后,在生时阴魂就已经开始随时作用于人了。一位村民介绍了一个相关事例:

> 有些情况吧,说来真的是好奇怪。1997年我们村张玉杰的儿子,小名勇贵,时年九岁。那几天,勇贵病情很不好,卧床不起,茶饭不思。有一天,王佳明在去县城回来的路上,忽然看见勇贵和一群般大般小的小崽在离他不远的山坳追逐玩耍。王佳明当然认得这是本村张玉杰的儿子,当时都傍晚七点左右了,他见这调皮的孩子在外玩耍忘记回家,怕有危险,便大声喊他赶快回家。按常理讲,那点距离,喊话声音又大,勇贵应该是能够清楚地听到的。可谁知勇贵就像一点没有听到一样,依然自顾自地不停打闹,其他孩子也没有一点反应。考虑到天色越来越晚,一个孩子在外边不回家,相当不安全,王佳明就走上前去,再次喊他回家。但令人感到蹊跷的是,无论他怎么走,那群孩子总同他保持一段距离,无法靠近。王佳明没法,只有回家让张玉杰亲自来催勇贵回家。去了张玉杰家,不承想勇贵在家里,状况不好已七八天了,连床都起不来了,更何谈出门去山坳玩耍呢?结果没出一天勇贵就离世了。这时张玉杰才晓得,那天王佳明所见到的原来是勇贵的魂儿在作巧,被一群小鬼给带走了。勇贵在家里一连几天吃不了饭、昏迷不醒,是因为他的魂儿早被阴司派来的一群小孩给拉去了。那天王佳明所看到的不是勇贵的阳魂,而是他出窍的阴魂。

在勇贵弥留之际,有人看到具有他形貌特征的孩子和一群孩子在山坳跑,很快第二天勇贵就离世了。基于这一点,当地人断定早在勇贵临死前昏迷多日之时,阴司就已经派人来收走他的灵魂了。因此确切来说,这个离开身体的灵魂已不是他的阳魂,而是出窍的阴魂。在这里,尽管人们在术语的表述上有时会随性地混淆,即用笼统的"灵魂"指称"阴魂",但表达的意思却很清楚：一旦阴魂离开肉身，就意味着人死亡或即将死亡。这和阳魂离开身体后的状况完全不同。在道真县隆兴镇的村民杨德旺讲述的例子中，阴魂和死亡的直接联系体现得更为明确：

> 1998年腊月二十五这天，徐有才年方二十九岁，患了怪病不到七天就去世了，刚死去不到一小时，他的阴魂就跑到他舅舅杨升华家去了。他去的时候，杨升华亲眼看着他进屋里的，走进来之后一声不吭地坐在杨升华旁边的板凳上，表情有些依依不舍，他开口要杨升华为他买一床新被子。他舅舅说，有才，你要被子，你自家的被子已经够用了，你要那么多被子做什么？他说，那些被子都不是我的，我就喜欢你的被子。又说，我要去很远的地方，不知什么时候能回来，请你一定给我准备一床。说完就转身不见了。杨升华正纳闷之时，徐有才的弟弟徐有旺来报信，说徐有才刚去世。杨升华这才知道原来刚才是有才临走之际舍不得他，才阴魂出窍向他要被子，每天盖在身上，为了纪念他。后来杨升华照做，买了一床新被子去坟前送给他。

在这类绘声绘色、感人至深的个体体验中，不仅阳魂和死亡的联系获得了直接证实，阴魂的形成过程及它的特异功能也得到直观的说明。"阴魂出窍"表达了傩信众的一种十分重要的观念：阴魂在人临近死亡或者死亡之后便脱离人的肉身而独立存在，并且开始和在世的亲人发生另一种特殊形式的互动关系。人们对灵魂的这种认识，是他们构建鬼神世界的前提和认识彼岸世界的基础。鬼神世界的成员是世人根据阴魂对生者的不同影响而划分的：为生者带来幸福、平安、健康的阴魂被称作神灵；为生者带来疾病、灾难、痛苦的阴魂被视作鬼。但是一种既定的阴魂与生者的关系并不是绝对固定的，这通常取决于生者对阴魂所抱持的态度。一个阴魂对生者发挥积极正面作用的前提是，生者虔诚地供奉、敬仰、祭祀它。如果这个前提无法得到满足，阴魂对生者要么不管不问，不再护佑他，要么转而恼怒教训生者使他们灾难临头。一个成年人死亡之后，不管他本人是否有子嗣，他的阴魂都会作为祖先神荫及后人。即使他没有直系子孙，但至少也有所属家族的旁系后裔。因此，傩宇宙观中阴魂存在的首要意义是人们出于现实需要，作为预设的代表祖灵的超自然存在对生者产生作用。换句话说，在人们基于阴魂建立起来的鬼神世界中，祖灵敬奉祭祀是重要的组成部分。一位祖先的阴魂既可以是神,在一定条件下也可成为鬼,这种转变是不确定的。一个成年人死后,他的亲属必须为他供奉一定数量的食物、金钱、房屋和日用品,举行"丧葬"和"烧灵"等仪式,才能救赎他生前的罪孽,使他的阴魂平安地升入天堂。如果这个死者是由于凶杀、上吊等非正常事件"凶死"的,他的亲属还必须为他举行一种叫作"破城"的特殊仪式,以帮助他的阴魂冲破地狱的铁围城获得自由。生者对死者阴魂的敬仰与供奉,人为地赋予和造就了阴魂的正能量,使他们变成荫护生者的祖先神。但是生者的任何一点疏忽和怠慢,都是对这个阴魂的亵渎,使它无限期滞留地狱而不得翻身。地狱里暗无天日,没吃没喝,它会时不时地跑到阳间作祟,向人乞讨,影响人们的正常生活,成为一种鬼。这种鬼在贵州很多地方术语中被称为"孤魂"。在傩宇宙观中,人们对待"孤魂"的态度有些许复杂和矛盾。它是人们既害怕又同情的"好鬼"。在德江傩仪式的"上熟"法事中,有这样的唱词:

> 师,行行说得周,事事说得明。师祖老爷吩咐我,要我三天门外赏孤魂。孤魂孤魂众孤魂,听我小师说分明。聪明之谓圣,正直之谓神。视之而勿见,听之而勿闻。吊颈之鬼拖根索,摔岩之鬼骨头落。刀鞭落地头不在,投河落水难超生。谁个叫你早年死?谁个叫你早年亡?祖师一翅飞过长岭,前面还有好花园。叫化杆子石头来,师家赏你一份好钱财。上熟银钱烧予你,黄鹰不打窝边食,好鬼不害自家人。①

因为孤魂大体上属于好鬼,一般情况下人们不是一味地驱逐,而是采取安抚策略。这种安抚主要分为日常的和仪式的两种:日常安抚是指每逢年三十、端午节、中秋节、重阳节,村民们都要自发地"出食",即准备好米饭、熟菜和开水,称为"粮浆水饭",吃过晚饭后将之撒在村边的十字路口,烧香燃纸,专祀孤魂前来享用;仪式安抚是指如果一次灾难的发生被傩坛师解释为是孤魂作祟,则必须举行一种特殊的安抚仪式,孤魂才能离开,避免发生第二次灾难。

2001年农历二月,道真县洛龙镇村民刘贤民在提猪食桶时,突然发现桶上有血,已沾到手上。当地民间有一种普遍说法,沾上莫名其妙出现的

---

① 李华林:《德江傩堂戏》,贵阳:贵州民族出版社,1993年版,第195页。

血液将会遭受血光之灾。同年四月和五月,刘贤民又两次亲眼见到蛇盘在厨房的锅台边,这也是民间所说的不祥之兆。发生了这两桩事情之后,刘贤民心里觉得很不踏实,就请教了当地的掌坛大师。大师说,这种现象的出现是因为你们家的门神将军疏忽大意,没有关紧财门,在外游荡的孤魂乘虚而入,住到你的屋里来了。为了请走孤魂,这年农历十月,大师到刘贤民家做了一场逐魂法事。遵照大师的要求,他准备了鸡肉、猪头、饭食、酒水,燃香烧纸,请孤魂享用后迅速离开。

上面所举之例,是针对异象以相对高规格的仪式法事安抚孤魂,目的性较强,而现实生活中更常见的是惯例性的法事仪式,即无论主人家遭受的灾难是否直接与孤魂作祟相关,都要安抚它们。傩坛中一种叫"请上船"的法事就是这种安抚仪式。举行仪式时,主人家需备好酒水、肉食、糍粑、豆腐、粮浆水饭和香纸冥币,把一只用茅草编制的象征性的瘟船放在门口,傩坛师边念边打卦:

> 启敬何神?启敬何祖?启敬东路孤魂、南路孤魂、西路孤魂、北路孤魂、中央五方五路男女孤魂、刀枪致死孤魂、坠岩跌坎孤魂、服毒而死孤魂、吊颈而死孤魂。请上五马花船,受领受祭。东路血光、南路血光、西路血光、北路血光、中央五方五路血光、女中产后血光孤魂、砍头血光孤魂,请上五马花船,受领受祭。①

待傩坛师确认所有孤魂享用祭品上船就绪之后,则做发船法事,将瘟船送至村边十字路口焚化。安抚孤魂不独出现在傩坛法事中,在佛教道场仪式中,此种法事规模更大。佛教徒在丧葬仪式的第五天须举行叫作"颁敕放印"的法事。在法事中一种特制的鬼弹子粑粑专门用于打赏孤魂,同时搭配以香、花、灯、涂、果、药"六供样"。法事的目的不仅是怜悯安抚孤魂,还在于请它们吃饱喝足领赏之后,不要打扰主人家。主人家所做的法事在使孤魂超脱、升入天堂的同时,也为自己修得福报。

如果孤魂得到超生,它就由鬼而成为神,因此在祖灵的概念中,鬼与神的关系是模糊的,这种不确定性说明人与人之间的关系不是完全被动从属于超自然存在的。在神灵居于主导地位的傩的世界中,人们随时都在做着自己的选择,尽管这种选择充斥了较多的群体意识。人们在创造任何一个

---

① 李华林:《德江傩堂戏》,贵阳:贵州民族出版社,1993年版,第201页。

超自然存在时，都没有忘记赋予人改变超自然存在的能力，神灵不是一家独大，人也不是过于渺小，唯有服从神灵意旨而失去存在的价值，二者之间呈现出一种动态的、不断变化的、有意义的互动关系。这种人为设置的可变通性，使每一个超自然存在对于人都潜藏着多种变化的可能性。傩信仰者从时刻变化的现实生活的实际需求出发，在构建宇宙观之时就已经为超自然存在的再创造留下余地，所以他们才能够在魂、神和鬼的范畴内游刃有余地发挥自己的创造性，于一个可变通的范围内绘声绘色地解释和展示人与其他自然存在、人与超自然存在以及人与人之间的关系。这个解释充满了傩信仰者丰富多彩的个体体验，是他们对一种观念体系独特的把握和掌控方式。一代代的傩信仰者正是在这样持续的解释中，不断再创造，推动傩宇宙观的发展。他们基于魂、神、鬼三要素的基本框架，构筑了一个庞大的傩宇宙观体系，在重新打造祖神观念的同时，还容纳了众多来自不同文化和地域的神祇和鬼怪，以适应持续的社会变迁对傩文化体系的新的时代要求。

一个人长期生活于傩文化的氛围中，无形中就会受到傩的浸染，产生傩的意识。遵义师范学院来自道真县三桥镇夏家沟村的黄同学以他的寒假民俗调研经历讲述了其对傩的认识：

> 2015年农历腊月十五，我参加了一场丧葬仪式，早上听到抬丧仪式开始，便跑到村口的道路拐弯处，等待抬丧队伍的路过。不知不觉等了许久，还没看到队伍的到来，顿觉有些蹊跷。抬丧讲究步伐快，即使棺材很重，也不能停下来歇息，按常理这么长时间早该到了。弟弟跑过去看，回来告诉我说，因为棺材是用湿木头刚打的，太重，抬丧者实在抬不动了，只好打破惯例放下肩在路上休息片刻。一口普通的棺材七八百斤重，新鲜湿木材打制的至少要加两百多斤。如果事主事先未考虑周全，半路上有限的几位抬丧者撂挑子也就不难理解了。
>
> 不知过了多久，开始听到抬丧队伍的动静了，随着一声声"嗨""嗨"的喊声，将近二十位壮汉抬着棺材艰难地挪过来。由于村寨周围没有像样的路，沟边的路高低起伏、坑洼不平，抬丧的人又多，很难共同平衡用力，在一阵上下起伏中，扛在肩上的棺材又一次歪下来了。抬丧队伍高声喊着"起""起""起"，周围的人也拥上来帮忙用着力，众人被沉重的棺材压得东倒西歪。每个人的脸

部肌肉都拧成了不自然的疙瘩,横肉突起,憋得通红。虽正值深冬,天气寒冷,但都大汗淋漓。棺材在缓缓、一点一点地移动着,随着坡度的不断加大,女人们也开始加入抬丧的行列。两股绳子拴在棺材上,套在女人的腰间,她们在队伍的前列像拉纤一样弓着身拉扯着,步履维艰。

当天晚上,逝者本家的主事者特意告诉我一个可怕的坏消息:主持丧葬仪式的道士说了,棺材这么重,是因有两个人的魂魄在里面,因此一个月之内,这个村还会再死一个人,此人为青年,男女未知。我忽然禁不住地害怕了,这个人也许就是我。因为前不久调研另一起葬礼时,我违犯过一个禁忌。那天上午参观下葬仪式时,为了找到最佳拍摄角度,我选择了面朝东的位置,刚开拍,便有人在后面拉我。回头一看,原来是一位大爷。他神色慌张地指着坑里的棺材对我说:"这地方是万万不能站人的,阳光把你的影子投到下面的棺材上了,晓得后果不?"见我迷惑不解的样子,他又补充说:"影子就是你的魂魄,那样你的灵魂也就进去了。"虽然我是坚定的唯物主义无神论者,坚信这套禁忌对我是无效的,但在以后的拍摄调研中,我还是会下意识地回避背对阳光的姿势。究竟为什么,我也说不清楚。更让我吃惊的是,当一个毫不相干的荒唐的灾难预言来临时,这个模糊不清的意念竟然不知不觉、莫名其妙地从我的脑海中浮现出来,甚至主宰了我的意识。在此后的一个月内,我一直心有余悸,直至村里又去世了一个人。这次的特殊经历也使我深刻地明白了世界上不是每件事情都有明确的原因的,很多时候和情况下都是潜意识在支配我们的思想和行动。傩就是这样于不知不觉中深入我的内心,绘声绘色,有血有肉。这样的经历不仅使我深切体验到傩是如何逐渐影响社区成员的意识,使他们变为虔诚的傩信仰者的,还让我亲眼看到这个庞大深邃的观念体系是如何浸润于人们的实践活动,成为他们的生活不可分割的有机组成部分的。在这经历中,我触碰到一系列从未见识过的新奇观念,如禁忌触犯、灵魂不灭、超自然的因果关系等。在这些观念的背后,是傩信仰者所构筑和生活的另一个世界的秩序和框架。

傩信仰者通过一系列仪式规范和信条禁忌确立了自身在现实世界中

的角色,即他们自己到底是谁,相较于其他普通人,他们居于哪个位置和层次。这个定位对傩信仰者来说,是他们建立一切社区文化观念的前提和基础,也是傩信仰体系存在的根基。

三、傩宇宙观的人为重构

傩原本是汉族民间的一种古老的驱鬼仪式,在汉族的典籍中有这样的记载:"傩以驱疫,古人最重之。沿汉至唐,宫禁中皆行之,护童侲子至千余人。"[①]到了宋代,傩事活动在传统单一的傩祭仪式中掺入了较多戏剧成分,"禁中以腊月二十四为小节夜,三十为大节夜。呈女童驱傩,装六丁、六甲、六神之类"[②]。而后,随着大规模的民族迁移,傩也由中原进入贵州等西南少数民族地区,贵州省许多社区的神话故事保存了人们对这段历史变迁的记录。如前所述,德江土家傩的传说就记述了这段变迁情节,即在人们唱唱跳跳祭祀祖先神灵时,太上老君幸临现场,把傩堂戏的规范唱本传给大家。有了文字记录的傩事程式的标准唱本后,德江土家族原有的祖灵崇拜和傩事活动都获得新的发展:前者不再是粗糙的,随意性较大的,以祭祀一男一女两个脑壳为主的原始祭祀活动;后者也不再是简单随意的、故事情节带有些许戏剧性的驱鬼仪式。两者的相互结合和重新塑造使傩成为一个具有强大的多种社会功能的且在贵州多个民族地区占据统治地位的信仰体系,并使这些地区原有的宇宙观发生了深刻变化,加入了更多傩的文化要素,形成一种新的宇宙观——傩宇宙观。

傩宇宙观形成后,人与超自然存在间的关系也相应地发生了一系列变化,它不再局限于人和祖先神这样一种单一的人神关系,而是接受了一个庞大的超自然存在的傩文化体系,构筑了一个更为复杂玄秘的鬼神世界。这个世界建立的前提是,人们的社会生活方式和思想观念也发生了变化。神祇和鬼怪体系所反映的并不是表面上的鬼神观念,鬼神是人们根据真实存在的世俗生活和社会关系设计出来的,鬼神表象所反映的是人们的社会观念。土家先民在祭祀一男一女两个脑壳的仪式活动中体现出的原始神祇理念,代表了土家族原始、简单、封闭的群体意识和观念,远不能适应土家族随时代发展日益复杂的社会生活与社会关系的需求。因此这种观念也适时地得到完善和发展,最终产生了两种密切联系的结果,即祖先观念

---

① 谢肇淛:《五杂俎》,上海:上海书店出版社,2009年版,第30页。
② 周密:《武林旧事》,杭州:浙江人民出版社,1984年版,第160页。

的多元复杂化、对其他文化传统下的神鬼观念的包容。这种结果的产生，最主要的信息来源是仪式。正如 M. Herzfeld 所说的："仪式是宇宙观固定性的领域：它们促成的变化是对主要的事物秩序以及地方细节的再调整，这使仪式成为宇宙观知识的理想载体。"[①]"在这些仪式中，宇宙观与平常百姓的种种体验相结合，因此，人们对宇宙观的理解以及与宇宙观打交道的方式是仪式的关键。"[②]对于傩宇宙观来说，傩仪式是最直接的载体。在傩仪式中，从神坛的搭建到神鬼面具的制作、佩戴，从许愿还愿的祈求到禳除恶鬼的法事，从道具的搭配到戏剧的演出等，无不体现着傩宇宙观的境界和信仰者对它的感悟和理解方式。这些仪式以象征化的手法将原本抽象玄奥的宇宙观具体化和形象化，相比于其他形式更能让人们身临其境地深刻感受到宇宙观的存在对于他们的意义，并且在个人的生活体验中对它进行持续强化和再创造，使之适应人们不断发展的生活需求。从这个意义上说，傩仪式是剖析傩宇宙观内核及演变过程的理想对象和切入点。

傩神坛是举行傩仪式的核心要素，傩坛上供奉的神祇及其被祀奉的方式，形象地展示了傩宇宙观的变化轨迹。傩神坛是一个由白纸裱糊、竹条搭建起来的临时简易祭坛，通常建在举行仪式的主人家的堂屋里，随仪式结束而拆除。傩坛上供奉着大小多路神灵，其中两位神祇的形象塑造和摆放位置尤为突出。他们就是土家傩坛神话中的那对再造人类的始祖神，德江人称之为"傩公""傩母"，也有叫"傩爷""傩娘"的。由于兄妹二人曾在东山顶和南山坳往沟里滚石磨，按照约定，石磨合拢就成了亲，后人又称他们为"东山圣公""南山圣母"。两位神灵被细细打磨成两个木制雕像，一左一右摆在祭坛的首要位置。其他神祇，除"地摊小三"和"丫角娘子"之外，都被画在纸张上，粘贴或悬挂于傩坛后面的墙上，地位远不如祖先神显要。

傩坛师还说，如果举行简短的祭祀仪式就不需要扎制复杂的祭坛，甚至神祇的画像都可以不挂或不贴，只需将一对祖先神的雕像摆上就行了。这意味着，两位始祖神具有代表傩坛全体神祇的功能。事实上，在仪式表演中需要神祇的偶像出现时，这对祖先神的雕像也会被从祭台上取下，穿上特制的衣服，插在一根长木棍的顶端，放于显眼位置，代表傩坛的所有神

---

① Herzfeld, Michael, *Anthropology—Theoretical Practice in Culture and Society*, Oxford: Blackwell Publishers, 2001, p. 209.

② Herzfeld, Michael, *Anthropology—Theoretical Practice in Culture and Society*, Oxford: Blackwell Publishers, 2001, p. 211.

祗接受人们的祈求祭拜。在德江傩戏"大游傩"中,就有一段这样的表演:

> 迎请三元法主结束后,执法师吹角,左手执牌带,右手拿师刀。另一法师左手持傩母像,右手持傩公像,面向执法师,二人相对,一进一退地舞唱。每唱第一句时,朝傩娘仰望;唱第二句时,舞旋一圈,朝傩爷仰望。唱最后一句时,二人背擦背地舞旋一圈或做"犀牛望月"式跳唱东、南、西、北、中五方。唱哪一方就面向哪一方唱跳。
> 师:娘哎,一更游傩到东海,
> 合:双脚蹬住东海门。
> 师:娘哎,东海龙宫忙迎接,
> 合:迎接我娘转华山。
> 师:娘哎,二更游傩到南海,
> 合:双脚蹬住南海门。
> 师:娘哎,帐帘飘起风铃带,
> 合:风吹铃带闹沉沉。
> 师:娘哎,三更游傩到西海,
> 合:双脚蹬住西海门。
> 师:娘哎,你是山中紫荆树,
> 合:我是山中紫荆树。
> 师:娘哎,四更游傩到北海,
> 合:双脚蹬住北海门。
> 师:娘哎,要得脱、不得脱,
> 合:蚂蟥缠住我娘脚。
> 师:娘哎,五更游傩到中海,
> 合:双脚蹬住中海门。
> 师:娘哎,喊叫一声来应一声,
> 合:犹如孩儿喊母亲。
> 师:娘哎,徒弟喊得我娘应,
> 合:我今要喊我娘回。
> 师:娘哎,起身之时配是东方青州马,
> 合:青旗号、青旗枪,青旗青号送娘回。
> 师:娘哎,此傩要往十方倒,

> 合：十方才是倒傩堂。
> 师：前有差兵发马路，
> 合：后有搬柴运水人。
> 师：又有仙人讲仙话，
> 合：又有古老下凡尘。
> 师：娘哎，华山顶上车来接，马来迎，
> 合：车马迎请二尊神。
>
> 边唱边跳游到大门外，持傩公傩母像的土老师，将傩公傩母像取下抱于怀中。执法师在傩杆脚上画"井"字讳，卜阴卦收书闭耗。捆好傩杆，用洁净的红盖头帕包好头像，游傩结束。①

这是敬神祈神的法事活动结束后，主人依依不舍辞别傩公傩母，配马搭鞍、回銮返驾上华山的一段表演情节。在这段法事表演中，神话典故、仪式语言以及雕像神情的高度搭配统一，形成了傩宇宙观的多维视角和多元展示。

傩坛师说，这段表演对于整场傩仪的情感表达尤为重要，它要求表演者用情演出，注视傩公傩母时，应全神贯注，含情脉脉，表现出对祖先神发自内心的爱戴和深厚感情。需要指出的是，傩公傩母的祖先神雕像在很多情境中，并不是神话传说中一男一女两个脑壳的简单机械再现，他们对世人的现实生活是会产生实实在在的"神力"的。松桃县甘龙镇的掌坛师王桂龙讲述了一个祖灵惩罚不孝子的实例：

> 2002年7月，大中坪村张欣昌的母亲92岁去世。他母亲离世后，他们兄弟五个都是你推我脱的，嫌弃母亲。他母亲下葬后，兄弟几个为了去掉麻烦事，少花钱，准备在三七上就把母亲的灵位烧掉，这样就不需要烧七次七了。可是母亲阴魂不散，马上显灵让她二儿子张欣贵的孩子死去了。弟兄们感到甚是奇怪，这孩子一直活蹦乱跳的，从没牛过什么病，为什么好端端地却莫名其妙地死去了呢？（他们）就马上去问神。大神说，你们的母亲在世和离世时，你们五兄弟都是不孝子。你们的母亲死后不到三七，你们就嫌供奉烧香献饭麻烦了。要真是在三七上把你们母亲的

---

① 李华林：《德江傩堂戏》，贵阳：贵州民族出版社，1993年版，第206～207页。

灵位烧掉了,怕是你们几家人还要再死几个。很多世人都不相信有阴曹地府、阴司地狱,死后有灵魂,也不相信超度亡魂可以入天堂,因此天不怕地不怕,我行我素,为所欲为。庆幸的是兄弟五人听从了大神的话,回去到他们母亲的灵位前发誓,一定将七七烧齐,最后烧灵,顺利封七。请母亲的在天之灵原谅自己的无知和过错,保佑自己和家人。母亲见兄弟五人确实诚心,也就放过了这件事。到现在为止,他们兄弟五家不仅没再死人,而且都健康平安,做事也顺。你说有没有阴司、地狱和灵魂?

这是一段耐人寻味的描述,来自不同文化传统的价值理念和称谓在简短的事例中交织融通,诸如孝顺、烧七、阴司、地狱、亡魂、超度等。这些概念和理念的背后蕴含着诸多不同的观念体系,例如儒家的尊老孝道,道教的灵魂超度,佛教的生死轮回、因果报应等。其他多种文化的引入和参与,使现今傩事活动的神灵崇拜与土家先人在山洞中祭祀一男一女两个脑壳的祖灵崇拜有了质的不同。在现代傩宇宙观中,祖灵并不是一个简单的保护神的代表,它虽然仍具有保护神的身份,但是发挥保护神力的前提发生了显著变化:它不仅要求人们对它诚心供奉,还要求人们的言行符合多元文化观念下的社会规范、标准和秩序。除傩公傩母这对祖先神之外,傩坛上还供奉着其他多路神祇。它们大部分是在傩坛师做法事时被请到主人的堂屋里,接受奉祀,为主人祈福禳灾所用。在法师看来,所请神灵越多,法事应验的成功概率就越大。神灵多了,这路那路神祇无本事显灵,总有一路神祇有能力显灵。从德江当地"开坛礼请"的傩仪式的法事表演中,可以获知一部分傩坛神祇的名字:

初上燃香,初申奉请。奉请何神?奉请何祖?奉请门外年值功曹、月值功曹、日值功曹、时值功曹,崔、卢、邓、窦四值功曹。灶神不分他乡外里,奏上玉皇。上请仙君元始天尊、中请仙君灵宝天尊、下请仙君道德天尊。证盟上司三十三天昊天至尊,今阙玉皇上帝,海会天边,上坛南教天子,下坛北教大王。东山圣公真主爷爷、南山圣母掌印仙娘,二帝人王老祖。五岳五天圣帝,五名皇后夫人。上坛三元教主、三元盘古、三元法主。九郎天子,白旗先锋,奏帽将军,风伯雨师,火闪娘娘。五方得道行雨龙王,天仙、地仙、水仙、三桥王母,请降香坛。

> 再愿真香,奉请统天旺化,山王地主,国王父母,尖角将军,银角老母,太保夫君,太保夫人,请降香坛。再愿真香,奉请上六曹、中六曹、下六曹、六六三十六曹,行案坐案三十六案。万灵有感,诸位神圣,大神小佛,合堂神众,合部神祇,请降香坛。再愿真香,奉请下六曹河南起教、湖北起教,指吾仙师、化吾仙师、拦前断后仙师、掏汤焚火仙师、上洞梅山教主、梅婆教娘、光头和尚、旨酒蛮师。统领东方青帝九营兵,南方赤帝八营兵,西方白帝七营兵,北方黑帝六营兵,中央黄帝五营兵。十万天仙兵、十万地仙兵、十万水仙兵、十万麒麟狮子兵、十万黄幡卧虎兵,请降香坛。①

接下来被邀请的还有傩坛师祖、天兵天将、历代家先、地神、财神、宅神等神祇,数量之多令人眼花缭乱。除此之外,还有傩坛悬挂的神图上的各路神祇,傩坛上摆放的由面粉、泥巴等多种材质捏制而成的塑像所代表的各种神祇,以及傩戏表演中佩戴各种面具的演员所代表的神灵。这些神祇不仅数量多,而且来源体系纷呈:儒家、道教、佛教以及各族的民间信仰、原始宗教、神话故事、历史典故等不同文化传统都有。他们与本民族再创造的祖先神共同构成庞大的傩坛神系。

傩的包容性和不断的自我充盈,注定其是一个永远不可能勾勒出完整神系图的神灵体系。对这些神祇的理解和解释,不同社区、不同民族也是仁者见仁,智者见智,欲归纳出一种准确的、统一的说法是注定要失败的。以贵州各地傩民所公认的傩坛神系中的三位主神为例,他们被精心描绘在三轴彩画的上方,位置高于其他神祇,显示出他们在整个傩坛神系中的至上地位,可是至高的主神究竟是哪几位,民间说法也不一:一种说法是玉清原始天尊、上清灵宝天尊、太清太上老君;另一种说法是孔夫子、傩公、傩母;还有一种说法是菩萨、李老君、释迦佛。而对于其他地位相对次要的神祇的解说,则更是众说纷纭,难以定论。这充分说明傩坛神系是一个高度开放的包容性体系,它只给人们打造了一个神祇框架,却没有给人们指出一个明确的限定去解释、利用或改造这个体系,因此傩神系永远是一个说不清、道不明、模糊的神灵体系,每一位信仰者都可以随时随地随心地根据个人经验和理解不同程度地丰富或改变它。对于傩神的敬奉者和使用者来说,重要的不是神灵体系的清晰和祈求意旨的明确,而是能够切实解决

---

① 李华林:《德江傩堂戏》,贵阳:贵州民族出版社,1993年版,第68～69页。

他们于现实生活实践中所面临的实际问题。"宇宙观必须总是考虑到它所描述的那个体系的失败,这使它的含义比简单的结构主义模式所描述的带有复杂得多的模棱两可性。"①对于傩宇宙观来说,完美的义理结构、概念定义、神灵体系往往会在民间现实面前碰壁,脱离乡野社区的实际情况。如此一来,就需要社区民众准确地记忆和理解傩的义理。傩从远古一路走来,历经漫长时期的包容改造,义理繁多,神祇名称怪异纷杂,这是需要一定的文化素质奠基的,对于文化水平有限的乡村民众来说是一种较大的挑战。原本主人来傩坛是为寻求解脱的,结果反而多了一种负担,这会导致傩的信众减少。信众消失了,傩也就不存在了。在现实生活中,人们总会对一个既定的观念体系不断提出新问题,寻求新的解决方案。世界唯一不变的是变化,事物发展的客观规律也不允许准确定义傩和固守成规,因此傩唯有在宇宙观的不断重构中,涵盖越来越多来源各异的神鬼才能发展壮大自己,始终保持自身的顽强生命力。

四、"确信"与"怀疑"的奇妙组合

任何一种民间文化,如果它曾经受过汉文化长期的浸润影响,它的内核和信仰常常会陷入一种自相矛盾的境地,即一方面是超世的,突出人类在超自然面前的主观能动性;另一方面脱离了现实性,对超自然存在持含糊态度。汉文化的主体是儒家思想,儒家对超自然存在秉持"祭神如神在"的观点。也就是说,对神究竟是否真实存在的问题,儒家是不置可否的。尽管在长期的历史发展中,儒、佛、道三教逐渐合流,一些宗教思想观念大规模渗透到儒家思想的体系中,但它的主体精神始终是现世的,是上自皇帝士大夫下至平民百姓用以解决实实在在的现实问题的。在漫长的封建社会中,最大的现实是皇帝为了维持自身乃至子孙后代的统治地位,不断强化儒家思想的权威性,使之成为具有绝对主体地位的封建政权统治思想。这一传统为历朝历代的皇帝所沿袭,并不断加以完善和巩固。经过长时期的熏陶,儒家思想也逐渐成为民间百姓的行为准则,最突出的表现就是借以解决现实生活中面临的困惑和层出不穷的难题。这使一切受到儒家思想影响的佛教、道教等传统宗教和民间信仰都不持彻底的有神论。至

---

① Herzfeld, Michael, *Anthropology—Theoretical Practice in Culture and Society*, Oxford: Blackwell Publishers, 2001, p.205.

少在彼岸世界的有无、此岸世界和彼岸世界互动关系的根本问题上，它们的态度是模棱两可的。举一个简单的例子，道教长生不老的追求宗旨就是使自己的肉身能够在现实世界中永远生存。追求长生本身就是对凡间生活的留恋和热爱，对彼岸世界的排斥和否定。又如佛教倡导以孝为代表的伦理秩序，甚至认为"儒以孝为百行之本，佛以孝为至道之宗"①，也是对现实生活规则的强调，与彼岸世界毫无瓜葛。

  儒家强烈的现实主义精神，使深受儒家思想影响的传统宗教与民间信仰所注重解决的问题，一直停留在此岸世界的范畴内。任何一个涉及彼岸世界的抽象概念，诸如上帝天堂、前世来世、生死轮回、因果报应等都是为现世服务的，它们本身的意义并不重要，不用去细究。在德江的村镇社区，只有在傩坛师为逝者做道场时，天堂才是暂时存在的。此时天堂存在的意义是使逝者的灵魂有一个理想的归宿，以免因无确定的着落，变成孤魂野鬼四处游荡而给生者带来不必要的麻烦，而不是实打实地为逝者造就一个来世的极乐世界。社区所有的诸如占卜师的家猜、傩坛师的法事活动、僧道的道场斋戒等传统宗教和民间信仰服务，表面看是在为逝者打造合适的天堂之居，但实质上都是在为生者解决这一世的问题。

  这种强烈的现实主义赋予傩宇宙观显著的独特性，在这种宇宙观中一切对超自然存在的解释都来自现实主义的思维方式和规则。只要是属于超自然存在的事物，傩宇宙观基本上都是承认的，但是它并没有对这些存在都进行慎重的筛选，对它来说似乎没有这个必要，它也并不要求信仰者对这些玄奥的事物予以细究和深思熟虑。从这种意义上说，傩宇宙观是一个唯灵是从、唯灵是信，以是否灵验为标准建立起来的庞大的神灵体系和包罗万象的原始宗教及民间信仰观念的集合体。然而正因为傩宇宙观是以民间实用主义为基础构筑的，它缺乏一定的科学系统性，社区居民所秉持的现实主义态度会受到不同程度的怀疑或忽略。在德江的傩信仰区，并非每名社区成员都是天生忠诚的傩信仰者。很多村民都是在突然遭受灾难，措手不及之时，才会想到祈求神灵消灾避难。至于说能否虔诚地信仰傩，敬奉傩神，把傩当作灾难发生后的一种按部就班的传统驱灾惯例仪式来对待，往往要看他们亲身体验的问神和傩法式是否灵验。对待傩，乡野民众就是如此的现实和功利，这也是以儒家思想为代表的中国传统文化的

---

① 严耀中：《中国宗教与生存哲学》，上海：学林出版社，1991年版，第243页。

一种延续。德江县枫香溪镇的一位村民庞其贤讲述了一段相关的亲身经历：

> 我的儿子今年十九岁，遭病多年，住过三次医院，托人找了最好的医生，但就是不见好。他的症状就是心慌心跳，脑袋胀疼，浑身无力酸痛。医院也诊断不了这到底害的是什么病，前前后后总共花费了五六万。没办法，我只有去问卦，坦白说，以前我是不信那些神神道道的东西的，但是现在这走投无路的情况，我不信也得信。我问的是我们当地有名的傩法师郭德强，他告诉我说，从你儿子的症状看，只有冲傩闯关才能好，事不宜迟。我只有赶紧按照法师的吩咐做，当时儿子的病已经很严重了，我们全家都绝望地认为恐怕他过不去年终了，于是就悄悄地为他备好棺材。怕儿子知道，我们就把做好的棺材抬到邻村的亲戚家里藏起来了。没承想问卦许愿后，儿子的病一天天好起来了，他原先连下床的力气都没有，在床上连续躺了三个多月。从傩坛师入堂做法事以来，他已经可以起床下地玩耍了，精神也大好。我现在相信傩法事是真的，有用的。儿子虽然还有些体弱，易发感冒，但感冒时心不跳也不乱了，只是有些头疼、身体痛。大师说，现在还是恢复期，过段时间就痊愈了。我们相信大师的话，痊愈的那一天不久就会到来。

村民庞其贤所说的他以前从未信过神，主要指的是不信傩神，不相信祈求神明能灵验，直至儿子身患重病时，他的生活没有与傩神发生过任何直接关系，当然他也不可能认真思考过傩神是否真实存在，更不可能进一步思忖过他们的功能问题。然而这并不意味着他否定了所有的傩神，从他在村寨中长期居住且拥有良好人缘的现实情况看，他是有相当大的概率供奉祖先神的。在德江，作为傩神系中的重要一员，祖先神既被供奉在傩坛上，又被每家每户以最高规格敬奉，是所有社区成员认可度最高的家族保护神。一个家庭如果连本家族最受敬重的祖先神都不祭拜的话，那基本上是很难在本村立足的，因此凡是在村寨中正常居住的寨民一般都是对祖先神持虔诚的敬拜态度的。出于聚族而居的生活习惯，一个自称完全不信奉傩神的人，也有很大可能或者说近乎百分之百会遵照祖先崇拜的传统，在春节、清明节、中秋节等岁时礼仪和婚礼、葬礼等人生礼仪中祭拜祖先。

而深受寨民敬重的祖先神恰恰也是很多社区傩坛中地位最高的傩神,这说明那些坚称完全不信傩神的村民,也难以脱离具有强大包容性的傩神系范畴,只能在傩神系的范围内有选择地相信。这个选择由于掺入了较多的现实主义因素,比常规意义上的个体选择具有更明显的自由度和灵活性。对寨民来说从不信到相信,这中间留下一个巨大的可变通空间。每名社区个体都可以在这个空间中,根据自己所需的实用标准对超自然存在做出有针对性的取舍,因此在乡野民众中呈现出多种多样的信与不信的状态。傩宇宙观下的神祇被现实功利的世人拆分得七零八落,每个人都在它们中咨啬、任性地挑选着,全然不顾自己的信与不信在逻辑上是否能够融通和是否自相矛盾。

事实上,就德江各个民族社区而言,人们对超自然存在发自内心地绝对相信或者不信是断然做不到的,即使他们坚决地说信神或不信神,很多时候他们在实质上是半信半疑的,即只相信对改变他们的现实困境直接有利的神,怀疑甚至否定与他们的现实生活没有任何瓜葛的神。如此一来,傩信仰群体意识中的"唯灵是从""唯灵是信"与社区个体的将信将疑就在现实中巧妙地组合起来,使傩与民众都拥有了自由回旋的空间和余地。在某种程度上,这也是傩吸引受众,为受众所认可的一个重要因素。由于没有传统宗教严明教条的强制束缚和不同程度的道德绑架,傩民在傩的世界中可以尽情地释放自己,抒发自己的苦闷,充分展示自己的从容与畅达。下面的例子可以显著说明这一点:

> 我本人不信神,不讲那一套。我信药,尤其是国家正规生产的西药。遇事祈祷神灵,我认为一点用处也没有,就是彻头彻尾的迷信活动,国家应该坚决取缔。傩法师送神又送鬼的,其实他们从没有真的见过鬼神,就是在那里装模作样,事后要人家的钱和东西。家里娃儿淘气不乖,有人也去找傩坛师打卦。很明显,问题就出在自己不会教育娃儿上,花那么多钱、给那么多东西去请傩坛师作法,怎么可能好呢?我老婆和父亲也不信,我们全家都不信,我教育我的娃儿也不要去信他们,这真的都是忽悠迷惑老百姓的。但请僧道做道场,我相信。据说,家人离世后,若不及时超度亡灵,这些亡灵就会没饭吃没衣穿,四处游荡,怨恨在世的至亲,使他们生病遭灾。有时人们会请占卜师看下逝去亲人的近

况,如果听说缺吃少穿又没钱,就会立刻做超度。

占卜师,我是相信的,因为家人遭了摔,或者破了财,做了哪样的不祥之梦,家里曾经遭过什么大灾,他们基本都可以说得来,说得也准,所以很多时候请他们来家里破解难事,他们的吩咐叮嘱,我不敢不照做。我比较认可一位占卜师的说法,他说,人原本就好比茁壮的花束,三魂七魄为花束提供生命力,如果爬有蚜虫的话,这花束就长不好。如果有一天花束突然好端端地蔫了,就需要通灵之人亲自去阴曹地府察看,究竟是什么原因惹得花朵生病,是因为缺水,还是蚜虫所咬所害。

与善做家猜的大神相似,占卜师通过长期观察,捕捉和总结世事无常的生活变迁在人们观念和神情上的反映,再通过隐秘巧妙的为请求者不易察觉的针对性问询,一般都可以相对准确地猜出请求者近期所遭受的灾难,以此为前提,令人信服地解析出请求者曾经的言行与灾难发生之间的必然联系。这种猜测的难度通常并不大,占卜师在长期的占卜经历中很清楚地知道凡是有求于己的,基本上都是遭了灾、受了难、无所适从的寨民。没有事情,他们是不会来找自己的。在闭塞的村寨,村民日常生活中面临的困惑无外乎家人和本人生重病,亲人离世,儿子无出息、在家里好吃懒做,孩子不孝顺不听话,兄弟姊妹不和睦等有限的几种情况。通常,不同的情况对应着不同的表情和说话语气,同时请求者在叙述的过程中也会不自觉地透露出自己当前所处的窘境。而道场仪式是僧道直接与逝者亡灵打交道,它的意旨是要把亡灵顺利地送到极乐的天堂世界。亡魂天天玩乐,就不会四处游荡,搅扰在世的亲属了,因此道场仪式显著的功利性和现实性也会为很多自称不信傩神的村民所敬仰。

如果一个人坚称他不信傩,那他也不应该参加道场和占卜活动,因为所有这些信仰活动仪式所涉及的都属于同一个鬼神世界,具有相通性,更何况占卜和道场仪式也是很多民族社区傩事活动的重要组成部分。在庞大的傩神体系中,村民可以根据自己的理解,选择虔诚地相信一部分,怀疑甚至否定其他部分。选择的相对性并不妨碍他们在总体上对傩宇宙观的认可和把握,因为傩本身就允许它的崇信者依据各自不同的具体情况,对它所包容的超自然存在做出自己的选择,对信奉者并无类似传统宗教的强制性教条要求,奉行来去自如的接纳原则。一些寨民把自己对鬼神的怀疑甚至否定归结为学校无神论教育的结果,然而在现实生活中,他们很难成为彻底的无神论者。农村中很多的民俗群体活动都是基于有神论的,例如过年时家家户户都要郑重地敬奉祖先神、财神、灶神、宅神等。农村中的很多祭神活动都是需要本家族所有成员共同参与的,如果某人一味地排斥和否定这些神灵,拒不参加相关家族聚会,就会脱离所属家族,背负巨大的家族舆论压力,造成难以在本村寨立足的恶果。当然年轻的新生代村民毕竟接受了多年的学校现代科学与价值观教育,也不容易成为彻底的有神论者。在德江农村,对于鬼神,大部分村民奉行"不可不信,不可强信"的原则。从现实主义角度出发,乡野民众对超自然存在所持的原则永远是模棱两可的,如下面湄潭县抄乐乡一位30岁村民的真实心理感受:

> 对于鬼神,我真的是说不清,道不明。说有吧,看不到摸不着,只能靠想象和理解去揣摩它的样子。说没有吧,我亲身经历的一些事真的是神乎其神,用科学道理无法解释。比方说,占卜师虽然不认识前来求教的问神者,但可以把他的家事说得一清二楚,令人不得不叹服。关于鬼,我从没见过,相信在世之时是不会见到了,我觉得其他人应该也没有见过,因为根本就是不存在的。在我们当地,月黑之夜走路如听到阴森的鸟兽叫声,有人便会说那是鬼怪发出的声音。我本人却认为现实世界是没有神明、鬼怪和灵魂的。我们的上辈人都相信鬼神的存在,并喜欢谈论、讲述关于鬼怪的故事。
>
> 我不信鬼神,我只相信共产党所宣传的无神论。说起究竟有神还是无神,我只记得在学校读书时老师反复强调的无神。我认为那是实实在在、最接地气的,神鬼太虚了,也不能实质性地提高我们的生活水平。我不信命,看手相、面相、八字,算命打卦先生所说的,我都不相信。对于普通庄稼人来说,能够改变现状的途径唯有勤奋劳动,这是最灵验可靠的。一分耕耘一分收获,你不去勤奋认真地做事,就无法把生活过好。一切美好的东西都只有通过自己的努力才能获得,谁也不能真正替代你、给予你,包括那些所谓鬼神。所以我认为只有依靠自己的勤奋努力才可以成事。我不相信命运,好运坏运的降临、灾难的发生都是偶然的没有规律的,不是针对哪一个人,而天灾则纯属正常的自然现象。

尽管这位村民坚称他不信鬼神,是因为接受了无神论教育,但从某种程度上来说,他的不信是个人在强大的现实面前不得已而为之的屈服、妥协的无奈之举,是基于一个非常淳朴实际的前提,即不依靠自己勤奋做事,就无法把生活过好。在这个前提下,他不会迷狂于虚幻的鬼神世界,也不会过于追求非理性的目标,但同时他又相信大神的占卜巫术。他说自己对鬼神有一种说不清道不明的感觉,因此他的所谓不信具有不彻底性。巫师占卜做家猜的准确性是他的信服产生的直接原因,但不是根本原因,信服的背后隐含着人们与生俱来的对灾难的莫测感、恐惧感和无助感,是人们借助于超自然之力克服解决灾难的意图的体现,立足点还是出于现实需要。

在实际生活中很多村民往往是在灾难突然来临之际,才临时抱佛脚去找占卜师问神。尽管问神本身是作为自然存在的人对超自然存在的力量屈服、承认和肯定的一种表现,但问神之举并非人们非理智、情急兴起的信仰迷狂。占卜问神具有明显的现实目的性,当事人通过问神所要获得的并不一定必须是实质性的看得到的结果,他们只是寻求一种灾难的解释和心理上的坦然接受与解脱。这也是神灵和巫师能在农村拥有较多信众的重要原因。在这种需求状态下,人们不管是否真正相信神鬼的存在,都是基于理性的思考,以实用主义为原则。灾难的降临中断了人们原有的生活节奏,很容易使他们来到超自然存在的神灵面前,但是他们也并未因此而进入与现世的自然存在决然不同的逻辑关系中。他们所期待的逻辑关系从表面上看是超自然、脱离现实的,而实质上,这些逻辑内容仍是现实主义的,在人们的实际生活中仍可找到它们的原型,正如社会学家费孝通所说的,"我们对鬼神也很实际,供奉它们为的是风调雨顺,为的是免灾逃祸。我们的祭祀有点像请客、疏通、贿赂。我们的祈祷是许愿、祈求。鬼神在我们是权力,不是理想;是财源,不是公道"[①]。

湄潭县抄乐乡的傩坛师李庆宝曾说过:

> 在是否信神这方面,农村人不能跟城里人比。城市有围墙阻挡,鬼邪进不了城,即使侥幸入了城,城里人烟旺,鬼邪也无立足之地,所以城里人不信神也可以生活得很好。农村可就完全不同

[①] 费孝通:《费孝通域外随笔》,北京:群众出版社,2000年版,第137页。

了,一没有围墙阻拦,鬼邪可以随时进入;二是农村人烟少,方便鬼邪落脚,所以农村人不信就不行。

然而社会的变迁使人们心目中这堵墙的形象越来越模糊了,傩坛师所说的围墙更多的是一种象征,它所真正体现的是城乡居民思想观念上的差别。单从现实主义角度来看,人们本来就很容易对虚无缥缈的鬼神存在质疑心理,加之社会的快速变迁、教育的普及、人们科学文化素养的提高,这种质疑会越来越强烈和深刻,因此傩宇宙观不仅在历史上长期遭受质疑,时至今日仍在经历着严峻的挑战。正是这种富于挑战性的民间环境,在很大程度上铸就了有利于傩生存发展的土壤。傩在一次次的被挑战和质疑中,不断完善自我,日渐强大,发展至今。刚开始到湄潭、德江、道真等贵州典型的傩信仰区调查人们对傩的认识时,结果不免令笔者感到些许失望,很多被调查者甚至包括一些熟谙傩法事技艺的掌坛师后代都说不太相信傩,怀疑鬼神的存在,闲来无事做做法事只是为了扩大交际面,赚点收入。实际上正是在这么多人的不那么相信或半信半疑中,傩才获得了生存的意义和力量来源,具备了不断再创造的条件,找到了让乡野民众更易于接受的完善自身的方式方法。永不过时的实用主义的生活态度使人们在质疑彼岸世界的超自然存在的同时,促使人们以是否灵验为标准重新认识各种各样的傩神。每一名个体从质疑到笃信,又从笃信到质疑的反复循环过程,就是傩宇宙观不断再创造的发展过程。

以德江县枫香溪镇的庞其贤为例,他说他现在已经坚信傩神是真的了,所谓"真的"就是指法事灵验,说明他以前不相信傩神是真的,至少在请傩法师之前,他是不愿意相信的。无论从哪个角度看,村民庞其贤选择不信都是密切贴合现实生活利益的,至少从物质上看,请一坛傩法事花费不菲,不信傩神就可以减少在他看来不必要的麻烦事和节省一笔可观的费用。举行傩仪,当事人家不仅要提前备好羊、猪、鸡等牺牲供品以及搭建傩坛的材料,支付傩法师和建造傩坛人员的工资,还要准备所有参与人员的饭食。如果举办一场持续两三天的稍大规模的傩事活动,仅准备猪鸡羊三牲祭品、演出傩戏、招待前来参加活动的亲戚朋友的费用就要一两万元,甚至更多。据调查,当地社区的很多农户家庭人均纯收入不到一万元,有的当事人家为办好一场傩仪不得不四处借钱,因此如果家里不遭大的灾难,很少有人会花费大量金钱来到傩神面前许愿还愿。傩的真正崇敬者数量实际上并没有那么多。此外,对有的村民来说,选择不信能够显示出自己讲科学有文化而与众不同，可以在大量的傩信仰者面前秀出一定程度的优越感。这也是部分相对年轻的村民不信傩神的一个不可忽视的微妙原因。

一场灾难的发生使庞其贤深刻体验到傩神的灵验，在他将信将疑地举办问神傩仪之后，原本生命垂危、医生也束手无措的患病儿子竟然奇迹般地病情逐渐好转，一步步接近痊愈。实实在在地呈现在庞其贤面前的立竿见影的效果，彻底扭转了他对傩神不信或怀疑的态度，促使他成为傩神的一名忠诚的敬拜者。当然这种转变绝不是以一种非理性的类似宗教狂热偏激情绪代替以前的理性状态，仍是基于现实的功利目的的。从经济账上来看，信奉傩神是十分划算的。庞其贤为儿子治病总共花了将近六万元，这还不包括为他打制的棺材费用。如果傩神没有显灵，他在儿子身上的所有花费都只能打水漂，换来儿子的死亡。相比之下，他为儿子做一场问神许愿的傩仪式所付出的费用，远非"值得"两个字所能概括，所以从某种程度上说他的选择是很明智的。因此，在乡村社区尽管很多人家经济非常拮据，为请傩神举行傩仪到处借钱，但他们都乐此不疲地这么做。

2004年腊月十五至十八日，泉口镇的一户村民刘金胜家举办了一场问神许愿的傩仪式。村民们都说，刘家的经济条件在村里算是差的了。刘金胜本人也说，为办成这坛法事，向亲戚朋友借了两千元。但是看得出刘家显然一点不心疼这笔钱。刘金胜说：

> 我父亲曾经患病一年多，肚子里长了个大包，天天喊疼，有时疼得下地跪着磕头求饶，觉睡不好，饭吃不下，水也不能喝。泉口镇医院、县人民医院都去治过病，在泉口治了三次共一个半月，在德江县城医院住了一个星期，都不管用。没有办法，只得去请掌坛师。四次住院共花掉两万多元，请掌坛师花了四千多元。医生也确诊不出到底害的是什么病，说可能是癌症，见我也没钱继续医治，就叫我带父亲回家疗养。
>
> 现在父亲肚子里的大包早已不见了，问神许愿之后两个月病情就开始慢慢好转了，现在肚子也不疼了，全家都很高兴，即使借了两千元钱也值，这种事情不管能否搞得起都要搞，万一再管用呢，谁能说得准。

为给老父亲看病，刘金胜在大小各级医院为父亲花了两万多元的医疗费，钱是花了不少，但最后的结果是怀疑是癌症，没法治，建议回家休养。

而请傩坛师只花了四千多元,问神许愿后,刘父就逐渐恢复了健康。为此借两千元钱酬神敬神,不管如何盘算比较都是人和神灵间的一笔划算交易。因此,从表面看刘家"不管能否搞得起都要搞",不惜举债办请傩仪式是一种非理性的行为,是为虚无缥缈的超自然存在而牺牲无谓的现实利益,但是如果将这种仪式行为与它所产生的灵验效果联系起来,就会得到明确的结论:每位社区成员正是在这种身临其境的体验中,经过理性和现实的思考抉择,最终实现了由不信到信的蜕变。在这一过程中,他们原有的信仰基础不仅增强了,也为傩信仰体系本身提供了丰富的颇具个体创造性的素材。傩宇宙观下多种多样的超自然存在,正是在世人的质疑、体验、筛选、创新和吸纳的过程中直面挑战,不断获得新的内生力。傩宇宙观在搭建自身的基本框架时所呈现出的神灵体系界限的模糊性以及傩民在实践傩宇宙观时所伴随的超世与入世的矛盾,不仅成为傩宇宙观与其他宇宙观相区别的显著特征与标志,还为它在社会变迁中与时俱进的再创造提供了有利条件。①

傩坛活动通过长时间多次反复举行的仪式使其在人们的深层意念中占据不可替代的地位。傩坛活动的娱乐性和功利性,铸就了该活动浓厚的亲民性,这使傩文化在民间赢得了广阔的发展空间,世代传承下来。

傩宇宙观的建立,是人们基于现实利害的考量在傩的感性外表之下自主做出的理性选择。在傩所搭建的自由宽泛的神奇世界中,人们是否崇信傩神、信奉哪位傩神、以何种具体方式崇信等,都是人们从直接的功利目的出发进行抉择的结果。在这一过程中,傩宇宙观呈现出一系列复杂的特征:首先,傩的概念与神系范围并没有确定界限,它只给世人提供了一个笼统的神祇框架,没有强制人们去解释、运用或改变这个体系,这从利我角度出发赋予置身其中的人们以较大的想象与发挥的余地,使傩坛神系成为一个永远也说不清、道不明的被广大民众所乐于接受的神奇存在。每一位信仰者都可以随时随地根据个人的感觉、经验和理解丰富、改变或运用它,不受信仰者认识水平、文化程度所限。对于傩坛神系的崇信者来说,重要的不是框架体系的清晰和仪式意义所指的明确,而是能够切实解决他们于现实生活实践中所面临的困惑与难题。傩的这一特性为自身获得了长期立

---

① 李岚:《信仰的再创造》,昆明:云南人民出版社,2008年版,第97~121页。

足民间的资本和在新的层次上不断满足民众日益发展的各方面需求的动力。自古迄今,傩宇宙观都被不断解析重构,涵括了来源各路、数量庞大、结构复杂的精灵神鬼,成为一个"唯灵是信"、以是否灵验为标准建立起来的民间信仰体系。

第四章　傩文化下的贵州端公

端公是贵州"矼神"即傩坛活动的掌坛法师,是整个"矼神"活动仪式的主持人。端公所行法事受佛道两教的深刻影响,其仪式内容主要包括祭神、通神、驱除恶鬼和助人还愿等。端公并不是全职的行傩者,平时耕作务农,只在有人邀请或每年固定日期的大型祭礼仪式举行时,才会从事主持活动。他们走街串巷,无论走到哪里,都会受到群众的尊重和敬仰。因为端公的到来,象征着神性的到来。在人们的心目中,端公早已成为正直、快乐、正统等各种褒义词的化身,因而被亲切地称为"土先生"。端公做法事时,以连歌带舞的形式生动形象地完成一系列通神、祀神和装神的动作,在娱神和娱人之间搭起人与神沟通的桥梁。端公法事的主旨就是借助于神力,将各种侵害人的妖魔鬼怪彻底赶跑,并在神灵的见证下以特殊的巫术语言告诫它们不得再次侵害,否则将招致更严厉的惩罚。虽然巫术氛围神秘玄奥,但是由于长期以来端公对动作表情、道具搭配等相关环节的改进,置身其中的参与者已经没有任何的恐惧与不安了。端公凭借娴熟的动作和高超的心理驾驭能力,使参与者坚信鬼怪已经从自身全然退却,有利于其疾病的康复。

端公能够入乡随俗地包容各地的文化风俗和思想观念,因而其主持的巫术活动也能被不同地区的人群广泛接受。他们在施巫做法时,深谙参与者的心理需求,有机融合多种富有感染力的表现手法,从而营造出即使在现代人看来也难以理解的玄妙气氛,给饱受疾病摧残的患者及时地送去有效的治疗方案和温暖的人文关怀,助其摆脱疾病的困扰,恢复乐观的生活态度,还其精神上的一方净土。他们还给缺乏文娱生活的民众带来了丰富多彩、形式多样的文艺表演,调剂了他们的业余生活。端公组织的大型活动仪式具有较强的号召力,使原本"鸡犬之声相闻,老死不相往来"、分散居住的民众在共同信念的感召下牢固地集合起来,加深了相互之间的交流与信任,这不仅有利于改善当地的社会治安状况,稳定社会秩序,也有利于繁荣当地的经济生活。端公在仪式中的说教也传递了社会价值观和封建伦理,对群众来说,每经历一次说教就相当于上了一堂生动、深刻的思想教育课。封建思想文化也随着端公在各地的施法说教而得以广泛传播。由四川传入的端公活动在适应贵州当地风土人情的基础上,为本地古老的傩文化注入了新鲜的血液与活力,这使端公在贵州获得了越来越多的受众,产生了日益广泛的社会影响。端公在贵州傩文化的传承与发扬中发挥了重要作用。

第一节　贵州端公活动的由来

贵州北部地区由于在地域上与四川南部地区离得近,在历史上不可避免地受到古蜀国和巴国强势的先进文化的渗透和影响。北宋末年,在当时的战乱与动荡中,为躲避胡人的侵扰,四川的民间艺人、端公术士纷纷逃亡。邻近的位置偏僻、山高林密的贵州往往成为他们的首选之地。同时,四川"神头鬼面"的巫术也随避难的端公传入贵州,并与当地原有的驱鬼事神的傩俗活动有机结合,这使贵州的傩文化面貌大为改观,端公活动的地域范围也由四川扩展至贵州。

一、端公名称的演变

在神头鬼面呼啸狂舞,充满玄机的傩堂,必有一个或几个身着黑色法衣的神秘人物,他们或杀鸡沥血,或挥舞桃枝,或坐镇指挥,操纵着整个仪式过程,民间通常将这些傩坛的主持者称为"端公"。端公是传统巫师的别称。他们是"佛僧、道士之外,没有系统教义和教团组织、凭巫术和鬼神交往的民间宗教职业者"[①]。关于端公的字面含义,可以从《礼记·祭义》中了解一丝端倪。"郊之祭,大报天而主日,配以月。夏后氏祭其暗,殷人祭其阳,周人祭日,以朝及暗。祭日于坛,祭月于坎,以别幽明,以制上下。祭日于东,祭月于西,以别外内,以端其位。日出于东,月生于西。阴阳长短,终始相巡,以致天下之和。"[②]古人认为,日月星辰的运行和岁时节令的变化状况直接影响到天下是否太平,国家是否大治。唯有阴阳调和,日月星辰和岁时节令才能有序运行和变化,天下才能祥和;阴阳失调,天下就会大乱,国家就会动荡。然而现实生活中总有恶鬼作乱,影响阴阳和谐,这就需要巫师主持巫术仪式,靠神灵之力驱除恶魔,端正被恶魔破坏的日月星辰

[①] 郭净:《中国面具文化》,上海:上海人民出版社,1992年版,第477页。
[②] 陈成国点校:《四书五经》上册,长沙:岳麓书社,2014年版,第68页。

的运行轨迹和岁时节令的变化规律,还人间和谐万象。《说文》:"端,直也。""端公"之"端"字之意应源于此,发挥端正功能的巫术人员就被称为"端公"。

"端公"一词在史籍中记载颇多,但是最初并不专指巫师。"'端公'是唐代对侍御史的别称。《通典·职官六》:'侍御史之职台内之事悉主之,号为台端。他人称之曰端公。'"①宋代以降,"端公"亦为民间对官府衙役的称呼,在《水浒传》和《警世通言》的两段文字中有所体现:"只见巷口酒店里酒保来说道:'董端公,一位官人在小人店里请说话。'董超道:'是谁?'酒保道:'小人不认的,只叫请端公便来。'原来宋时的公人都称呼'端公'。"②"迤逦来到奉符县牢城营,端公交割了。公人说上项事,端公便安排书院,请那赵知县教两个孩儿读书。"③

从宋代开始,"端公"一词逐渐演变为人们对巫师的专指称谓。南宋赵彦卫在《云麓漫钞》中云:"端公诳取施虐,每及万缗。"④明清之时,人们已经普遍习惯将巫者称为"端公"。清唐甄《潜书·抑尊》云:"蜀人之事神也,必凭巫,谓巫为端公。禳则为福,诅则为殃。"⑤明人赵南星在《笑赞》里记述了一则幽默性很强的故事:"北方男子跳神叫做端公。有一端公教着个徒弟。一日,端公出外,有人来请跳神。这徒弟刚会打鼓唱歌,未传真诀,就去跳神。到了中间,不见神来附体,没奈何信口扯了个神灵,乱说一篇。得了钱米回家,见他师傅说道:'好苦。'把他跳神之事,说与师傅。师傅大惊道:'徒弟你怎么知道?我原来就是如此!'赞曰:此端公过于忠厚,徒弟问他,何不说:'跳神即是难事,妙诀不可轻传,恐泄天机,鬼神责谴,须是三年五载,方可传授,你今既行的去,且将就应付。'可惜轻易说了实话,所谓'若将容易得,便作等闲看'也。"⑥将端公之事作为题材选入大众喜闻乐见的笑话集中,说明在当时端公以其形象的通俗性而为广大民众所接受和认可。在清代,发端于四川的端公活动范围已遍布整个西南地区,湖南、贵州、广西、云南、四川等省的民众和信士皆称巫师为"端公"。

---

① 郑恢:《事物异名分类词典》,哈尔滨:黑龙江人民出版社,2002年版,第572页。
② 施耐庵:《水浒传》,济南:山东文艺出版社,2016年版,第67页。
③ 冯梦龙:《警世通言》,济南:山东文艺出版社,2016年版,第339页。
④ 赵彦卫:《云麓漫钞》,傅根清点校,北京:中华书局,1996年版,第87页。
⑤ 唐甄:《潜书》,成都:四川人民出版社,1984年版,第60页。
⑥ 赵南星:《笑赞》,载张亚欣、程小铭校注:《明清笑话集》,郑州:中州古籍出版社,2012年版,第14~15页。

二、贵州原有的巫文化底蕴

据《大元一统志·思州军民安抚司》关于元朝黔北民俗和经济状况的记载:"蛮有佯犷、仡佬、木摇、苗、偞数种。疫疾则信巫屏医,专事鬼神,客至则击鼓以迎。山菁险恶,则芟林布种,俗谓之刀耕火种。"①可以得知,当时居住在贵州的各民族尤其是少数民族在恶劣的生存条件下,生产水平低下。他们长年累月地采用亘古不变的"刀耕火种"的原始耕作方式,往往难以糊口,生活异常艰辛。现实的苦难促使其将希望寄托在精神向往中,他们积极从祭祀鬼神的活动中寻求解脱娱乐,聊以自慰,这为以祭神驱鬼为主体内容的巫术文化在贵州的生存与发展提供了适宜的土壤。

道教与佛教在历史上一直是贵州各民族主要的宗教信仰。同时,各族还大都崇奉与农业有关的神灵,例如土地神、山神、龙神和某些神化了的自然物,一时间各村各寨皆香烟缭绕,神坛遍立。各族都有独具本族特色的巫师,祭祀神鬼的巫术仪式通常都交由巫师主持和组织。《说文》对"巫"的解释为:"巫,祝也,能齐肃事神明者,在男曰觋,在女曰巫。"②这说明巫师的巫术行为的出发点和最终归宿都是为了更好地祭祀和取悦神灵。这一点在当时贵州各地的巫术活动中得到了很好的体现。在仪式中,巫师皆手执铜铃、桃枝、活鸡等道具,身着特殊的玄衣,边舞边唱念颂文或咒语,以通神驱鬼、占卜祈福。巫师并不脱离生产,平时与村民一起于田间耕作劳动,也没有特殊的政治身份和社会地位,只有在村民遇吉、凶、祸、福之事,请其主持仪式时,他才会参加。巫师还懂一些医术,能以按摩、针灸、热敷的方式治疗村民常见的疾病。对于村民而言,巫师集祭神通神、驱鬼消灾、治病救人等多种功能于一身,并且品德高尚,因而在村民中享有很高的威望,深受人们的尊崇。与此相应,四川的端公所行法事也深受佛道两教的影响,因此两地的傩文化具有相似的文化基础。四川傩文化的发展起步要比贵州早得多。与同时期的贵州傩文化相比,四川的更为成熟发达,其在元明之时就已经超出傩祭阶段,进入傩戏阶段。王国维就曾提到:"巫之为职,或偃蹇以象神,或婆娑以乐神,盖后世戏剧之萌芽,已有存焉者矣。"③而此时的贵州傩活动仍停留在傩祭阶段,机械呆板,缺乏娱乐性,对民众的吸引

---

① 孛兰盻等撰:《元一统志》,北京:中华书局,1966 年版,第 348 页。
② 许慎:《说文解字注》,段玉裁注,上海:上海古籍出版社,1988 年版,第 964 页。
③ 王国维:《宋元戏曲史》,上海:上海古籍出版社,1998 年版,第 256 页。

力大幅降低。相形之下,四川的傩活动则具有突出的娱乐性,更易于获得民众的接纳与欢迎,这使得发端于四川的端公主导的傩活动很容易在贵州广泛传播,以至于明清时期的大量史料皆称端公的巫术活动在贵州已经"弥漫成灾"了。

三、四川端公活动的传入

自清至民国,四川可谓是端公活动最兴盛之地。清末的傅崇矩就记述了当时成都端公的活动盛况。"男为巫,女为觋。楚人尚鬼,自昔有之。今成都此风不绝,大率城镇犹少,而独盛于乡间。凡有病人之家,不知求医,惟知祷鬼。倘不用此辈,仅求医药,则亲戚邻里群非之。于是邀以舟舆,迎如上宾,装腔作势,满口胡柴,火把熏天,金鼓震地,合家大小,耳目迷眩,不知所为,而榻上病人奄然待尽矣。病或得生,皆谓非巫觋之力不至此,费以十数千及数十千不等,人即不亡,家亦殆破。按此陋俗,实干左道惑人之禁,地方官本当严办,其有占卜贾卦等人,迎合串诈者,与之同罪。惟愚民信之甚深,宜责成乡约讲生保甲父老,常以聪明正直惠吉逆凶之理,时相晓谕,俾患民知此事之无益,斯为正本清源之道。端公,即巫教也。及所居之宅曰'端公堂子',省城凡八十九人,警局发有规则。类此之女巫如观仙、画蛋、走阴等等,均经警局禁革,所演之法事有解结、度花、打梅山、接寿、打保符、收鬼等名目。"①端公在四川的活动不仅仅限于成都地区,亦盛行于其他地区和四川周边省份。大凡各种巫术仪式和假面演出,如傩坛戏、许愿戏、师道戏等,多有端公的参与和主持,其所唱的曲调被称为"端公调",表演的戏曲节目叫作"端公戏"。

端公活动在四川由来已久,其神头鬼面的装扮早在南宋时就出现在当时四川著名诗人冉道隆的诗句中。"戏出一棚川杂剧,神头鬼面几般多。夜深灯火阑珊甚,应是无人笑倚栏。"②这首诗形象地反映了诗人在离川前当地傩戏的状况。诗的第一句表明,傩戏在当时的四川属于杂剧之列;诗的第二句是指在演出中有许多佩戴神头鬼面的戏剧人物,"神头鬼面"是当时傩面的俗称;三四句的意思是,深夜的演出正在进行之时,灯光突然熄灭,现场一片黑暗。观众在此环境氛围中,迅速收敛笑容,惊慌失措。这表明在收敛笑容之前,现场的演出气氛是轻松活泼的。这首诗展现的演出场

---

① 傅崇矩:《成都通览》,成都:天地出版社,2014年版,第158~159页。
② 薛瑞兆:《宋金戏剧史稿》,上海:生活·读书·新知三联书店,2005年版,第91页。

景具有傩戏浓厚的神怪色彩。

现在贵州北部的沿河、德江、思南等地自古以来就是贵州与四川在乌江上游重要的物资交流地,拥有大量的水运码头,沿水路可直达今重庆彭水和涪州。在古代陆路交通十分落后的条件下,水路就是各地经贸往来、人员交流的主要通道,便捷的交通优势造就了该地经济发达、文化繁荣的局面。端公创立和主持的以"神头鬼面"为装扮的傩戏也随频繁的人员往来由四川传入贵州,贵州的傩活动无论在仪式内容还是表演形式等方面都有了较大的改观。从思南地区不同时期的史志记载中就能切实地感受到这种变化。明嘉靖《思南府志》载:"俗以六月二十四日、七月二十二日为土主、川主生辰。至日,有庆神之举。居民盛装神像,鼓行于市,谓之迎社火。每一迎,必轮一人作会饷神品物,惟其所供,寻以召诸乡党会食庙中,尽一日而罢。在村落中亦然,此俗举之近厚者。"①如果说当地民众在明代及之前历史时期的傩俗中注重的是"祭祀神灵"的娱乐性的话,则清代的傩俗更侧重"祭鬼弭灾"的实用性。"思州府民性刚悍,祭鬼弭灾。"②祭鬼之风最终在当地根深蒂固。"思南府惟尚巫信鬼,陋习未除。"③这说明清代思南的傩俗活动在传承其传统的内涵基因的同时,在祭祀的对象和目的上进一步向前发展。尤其是祭祀对象中增加了鬼,这说明思南地区的傩俗活动明显受到了四川神头鬼面的端公活动的影响。当然端公在贵州的影响绝不仅限于思南一地,《沿河县志》中也有关于"祭鬼弭灾"习俗的记载。可见当时的端公活动在贵州民间的受欢迎程度,其不仅在农村和城市得以普及,而且每一次活动持续的时间较长,一连举行七天,并且法事极其复杂,已经相当成熟。史料把当地的跳端公活动与四川联系起来,则更说明巴蜀文化对贵州傩文化的影响。

四、明清时期贵州端公活动的盛行

端公活动自明清之际传入贵州之后就一直十分活跃,当时的傩坛皆由端公组织,这种情势深刻地影响着贵州的民俗文化。关于端公活动的记载也频频出现于明清、民国时期的史志中。总的来说,端公主持的巫术活动主要见于祭祀神灵、驱鬼逐疫和助人许愿还愿等方面。

---

① 洪价、钟添:《思南府志》卷一《地理志·风俗》,嘉靖十六年(1537)刻本。
② 鄂尔泰、靖道谟:《贵州通志》卷七《风俗》,乾隆六年(1741)刻本。
③ 鄂尔泰、靖道谟:《贵州通志》卷七《风俗》,乾隆六年(1741)刻本。

（一）祭祀神灵

举行隆重的祭神仪式是端公主持的巫术活动的重要内容之一，这种习俗的形成是与亘古以来人们对神灵的虔诚信仰密切相关的。为了表达对神灵的忠诚和感激之情，人们选择将一年之中最重要的日子即年终岁尾作为祭神之日，其时人们载歌载舞，彻夜狂欢，以"祭中有乐，乐中有祭"的娱乐形式来取悦神灵，以求得神灵对自己的保佑。清光绪《增修仁怀厅志》载："凡年终腊月庚申日，民间每庆坛神，必杀豕，招巫跳舞歌唱，彻夜不息。亲友贺者亦甚夥，盖欲观其跳唱，亦且得以宴饮也。巫装女样，如戏子中旦脚，向贺客歌唱酌酒，必赏以钱。"①《遵义府志》载："歌舞祀三圣，曰'阳戏'。三圣，川主、土主、药王也。近或增文昌，曰'四圣'。每灾病，力能祷者则书愿帖，祝丁神，许酬阳戏。既许后，验否必酬之。或数月，或数年，预洁羊、豕、酒，择吉招巫优，即于家歌舞娱神，献生献熟，必诚必谨，余皆诙谐调弄，观者哄堂。至勾愿送神而毕，即以祭物燕乐亲友。时以夜为常。"②清代郑珍的《田居蚕室录》载："所奉之神，制二鬼头，一赤面长须曰师爷，一女面曰师娘，谓是伏羲、女娲。"③光绪年间胡奉衡有《黎平竹枝词》曰："巫师戴面舞傞傞，岁晏乡风竞逐傩。征夜鼓钲村老唱，斯神偏喜听山歌。"④人们在祭神礼仪与歌舞戏曲杂糅的活动中，借助于面具的象征力量，表达希冀用神灵控制现实，主宰自己脆弱的命运的强烈愿望。此时的傩祭与狂欢活动已经衍生为人们强烈的生命意识外化下保存、壮大和繁衍自己的现实画面。

（二）驱鬼逐疫

头戴狰狞可怖的面具，装扮成表情夸张的人物角色，进行娱乐表演活动，曾作为一种普遍的习俗现象流行于中国传统的喜庆典礼中。时至今日，逢年过节，仍可看到面具活动生机勃勃的遗风和余韵，其仍是一种为民间所喜闻乐见的重要民俗娱乐形式。头戴面具的傩俗活动起源于周代或更早。王国维认为："面具之兴古矣。周官方相氏，掌蒙熊皮，黄金四目，玄衣，朱裳，执戈，扬盾，似已为面具之始。"⑤傩俗活动最初并不是人们的娱

---

① 崇俊、王椿：《增修仁怀厅志》卷六《风俗》，光绪二十八年（1902）刻本。
② 郑珍、莫友芝：《遵义府志》卷二十《风俗》，道光二十一年（1841）刻本。
③ 郑珍、莫友芝：《遵义府志》卷二十《风俗》，道光二十一年（1841）刻本。
④ 俞渭、陈瑜：《黎平府志》卷八《艺文志》，光绪十八年（1892）刻本。
⑤ 王国维：《古剧角色考》，载王国维编：《王国维戏曲论文集》，北京：中国戏剧出版社，1957年版，第243页。

乐形式,而是一种驱鬼逐疫的祭祀活动。古人选择傩仪作为驱鬼逐疫的载体,有相关传说道出了其中的原委:"相传古时候有一种精怪,专门食人脑。特别是死人脑,这在祈求死人灵魂复归的古人眼中,确是十恶不赦的魔鬼。人貌不足威,古人就想法把自己打扮成凶狠可怕的方相氏形象,掌上套了猛兽熊皮,头上戴了四个眼的金属面具,身披花花绿绿的衣服,手拿武器盾牌,俨然也是一个凶神恶煞,以吓唬这些魔鬼,使其恐惧逃匿。"①随着时间的推移,在其他地区的傩俗活动逐渐抛却其原始内涵与本质之时,贵州的傩俗活动仍在保持和传承其初始面貌与文化基因,这在贵州的史志中可见一斑。《兴义府志》载:"二月初,行春傩,以逐疫。"②民国时期《沿河县志》载:"凡人有疾病,多不信医药,属巫诅焉,谓之'跳端公'。"③

(三)助人许愿还愿

人们许愿的主旨是祈求神灵保佑,以期风调雨顺、五谷丰登、六畜兴旺、家室健康平安、老人健康长寿等。还愿则皆因事前许愿,事后愿望得以顺利实现,而无论是许愿还是还愿之时,愿者都必请端公组织带领戏班唱戏酬神,唯有如此,神才会受到感化而显灵。许愿还愿仪式是傩活动的重要内容,出现在贵州大量的史志中。民国时期《贵州通志》载:"端公见元典章则,其称古矣。今民间或疾或祟,即招巫祈赛驱逐之,曰禳傩。其傩必以夜至,至冬为盛。盖先时因事许愿,故报赛多在岁晚。谚曰:三黄、九水、腊端公。黄,黄牯;水,水牛,皆言其喜走时也。"④《镇宁县志》载:"每年十月起至腊底止,凡许有愿心或事业如意、富有之家,即请端公来家赛神,又称庆坛,俗呼'赛菩萨'。祭品用羊一、豕一及鸡酒斋饭之属,悬诸神五彩画轴于堂,燃香烛。端公着各种戏衣,戴面具,载歌载舞,即所谓跳神。"⑤民国《施秉县志》亦载:"愿有消愿、傩愿之别,许者必还,如履行债务,然有一年一还,有三年两还者。还时,延巫多人,作剧于家,然言辞必极亵淫,而神乃喜乐。所供之神,曰'圣公''圣母'。每还一次,约消费数十串之金钱,只博二三日之喧嚷,殊不可解。冲锣与还愿,但冲锣为病者酬神而设,还愿则无病亦必按年举办也。"⑥

---

① 掩卷、张懿奕:《读懂中国:神秘文化拾趣》,北京:中国广播电视出版社,2013年版,第142页。
② 张锳、邹汉勋:《兴义府志》卷四十《风俗》,咸丰四年(1854)刻本。
③ 杨化育、覃梦松:《沿河县志》卷十三《风土志》,民国三十二年(1943)铅印本。
④ 刘显世、谷正伦:《贵州通志·风土志》,民国三十七年(1948)铅印本。
⑤ 胡翯、饶燊乾:《镇宁县志》卷三《民风志》,民国三十六年(1947)石印本。
⑥ 朱嗣元、钱光国:《施秉县志》卷一《风俗》,民国九年(1920)稿本。

目前,在贵州史志中看到最多的就是端公活动传入后在当地流行状况的记载。道光《遵义府志》记载了该时期的贡生李樾的诗文:"水利频兴功绩奇,梨园装束似当时。愿将川主降龙事,话与吾乡父老知。"①尊奉"三主"、演"三主"是四川端公戏的典型特征,其中"川主"是端公尊奉的"三主"之一,这说明清乾隆时端公戏已经在贵州切实地存在了。乾隆《镇远县志》亦载:"以九月祀五显神,远近邻人咸集,吹匏笙,连袂宛转,顿足歌舞,至暮而还。"②"端公戏必敬五显神。"③贵州本地的傩礼原本没有"祀五显神"的仪式内容,这则材料表明当时"祀五显神"的端公活动在贵州已相当盛行。清嘉庆时的李宗昉还在《黔记》中记录了贵州端公的"招魂"仪式片段:"黔俗,家有病者,妇人以米置鸡子于上,蹲门而禳之,名曰'叫魂'。不愈,则召端公祈祷,端公亦道士类,作法与演戏相似,衣服亦号'行头',且有选少年作女装为神仙者,观者若狂。"④此时端公的"招魂"仪式充满着亦巫亦戏的艺术色彩。端公在仪式中还创设了通常只在专业的戏剧表演中才会出现的旦角人物角色,有效地活跃了"招魂"现场原本呆板僵硬、令人压抑的气氛,在很大程度上迎合了群众的心理需求,因而吸引了大量群众的观看与参与。

第二节　从端公的为害评傩活动的历史价值

端公主持的傩活动起源于原始巫术与宗教,至唐宋时期,随着儒、释、道等思想体系的渗入,逐渐演变为以道教为主兼有其他多种宗教特征的复合体。巫术习俗起源于原始社会,几乎伴随中国农业文明之始终,堪称"文化活化石",具有重要的民俗学研究价值。作为巫术之重要传承者的端公也自然成为现代学者研究巫术文化的一个切入点。从现有的研究端公的学术成果来看,多是着眼于其艺术价值方面,而对其维持古代民间社区的正常运转,推动社会进步方面所发挥的作用等方面关注度还不够。从贵州史志中所记载的端公之为害可以看出,傩活动在相当长一段时期内以其强大的柔韧性和适应性不懈地调配着封建统治阶级和广大民众的互动关系。

---

① 郑珍、莫友芝:《遵义府志》卷二十《风俗》,道光二十一年(1841)刻本。
② 蔡宗建、龚传坤:《镇远县志》卷九《风俗》,乾隆五十四年(1789)刻本。
③ 蔡宗建、龚传坤:《镇远县志》卷九《风俗》,乾隆五十四年(1789)刻本。
④ 李宗昉:《黔记》,北京:中华书局,1985年版,第32页。

当执政者的统治顺应民意之时,傩活动更多表现其娱乐性和仪式性,排解人们生活中不可避免的迷惑与困境,有利于维护民间社区秩序;反之,当执政者的统治严重影响民众的生活与利益时,傩活动则转变为端公迅速集结民间力量对抗政府的工具,迫使政府采取相对宽松的政策。

一、清政府对端公活动的打压

由于端公主持的傩活动在统治者昏庸无道时能够结成对抗政府的震慑力量,因而清政府对傩活动厉行打压,将之斥为民间一大祸事,清代贵州史志中也多端公为害之片面记载。在顺治帝的主导下,《大清律》中增添了《禁止师巫邪术》条例,用以专门禁止邪教:"凡师巫假借邪神、书符咒水、扶鸾祷圣,自号端公、太保、师婆及妄称弥勒佛、白莲教、名尊教、白云宗等会,一应左道异端等术,或隐藏图像,烧香集众,夜聚晓散,佯修善事,煽惑人民,为首者绞,为从者各杖一百,流三千里。若军民装扮神像、鸣锣击鼓、迎神赛会者,杖一百,罪坐为首之人。"①后来顺治帝又重申:"凡僧道巫觋之流,妄行法术,蛊惑愚众者,治以重罪。"②嘉庆帝为了更准确地定位僧道和"邪教"的不同性质,在上述条例的基础上进一步指出:"释、道乃劝人为善,戒人为恶,辅翼王化,圣明帝王都应加以保护之。而邪教的特征却为骗钱惑众,假烧香治病为名,窃仙经佛录之语。衣服与齐民无异,又无寺宇住持,所聚之人,皆失业无赖之辈,所以必流为盗贼。"③相比顺治帝的表述,嘉庆帝之言比较具体,但是却无本质改变。

统治者在定性模糊的法律条文的可行性上亦没有充分把握,又恐因打击面过宽而激起民愤,因此雍正帝数次下令地方执法人员,务必严格区分教首和教徒,从重惩治教首,从轻发落教徒,缩小打击面。他表示"邪教非世俗寻常僧道之谓,不可借此多事。即此严禁邪教,亦不可大张声势,以骇众心"④,防止"不肖有司借此惩吓平民,累及无辜"⑤。嘉庆帝面对剿抚邪教而陷入的僵局,亦制定《邪教说》,提出"习教而奉公守法者,不必查拿,其

---

① 杨一凡、田涛:《中国珍稀法律典籍续编》第5册,哈尔滨:黑龙江人民出版社,2002年版,第249页。
② 杨一凡、田涛:《中国珍稀法律典籍续编》第5册,哈尔滨:黑龙江人民出版社,2002年版,第251页。
③ 中国第一历史档案馆:《清代档案史料丛编》第9辑,北京:中华书局,1983年版,第151页。
④ 谭松林、秦宝琦:《中国秘密社会》,福州:福建人民出版社,2002年版,第131页。
⑤ 谭松林、秦宝琦:《中国秘密社会》,福州:福建人民出版社,2002年版,第131页。

聚众犯法者,方为惩办"①的执行原则。

清代帝王大都加强立法,以宽柔并济的手段惩治"邪教",但采取的充其量都只是因时制宜的权宜之计,无法彻底铲除之,归根结底在于端公主持的傩活动为人们提供了有力的精神支持,以其强大的感召力和顽强的生命力在民间有着广泛的群众基础,有其充分的存在合理性,难以取缔。"如果这些规定得以真正贯彻实施的话,无异于发动一场全面波及民间习俗、民间信仰的大扫荡,其直接后果将有可能导致官民之间的严重对立与冲突。"②

二、明清贵州史志所见端公之为害

明清时期,为了迎合政府的统治需要,端公更多地以反面形象被贵州史志编纂者载入史籍。

史志中列举了诸多端公之为害,主要有:以巫术祛病,延误患者病情,借机敛财;以巫术思想侵蚀官员队伍;与地方黑恶势力勾结作乱;频繁组织群众集会祭祀,劳民伤财。编纂者认为,端公群体不仅使人民群众的生命财产遭受严重损失,而且还威胁到地方政府的统治,扰乱了正常的社会秩序,严重破坏了社会稳定。

(一)通过巫术治病,不仅敛取了民众的钱财,还延误了患者病情

编纂者认为,在端公的施巫作法中,受施者的思绪很容易受其控制,任其摆布。很多患者由于没有得到及时救治而丧命。"谚云:'三黄九水腊端公。'黄,黄牯;水,水牛,皆言其喜走时也。其术,名师娘。教所奉之神,制二鬼头,一赤面长须,曰'师爷',一女面,曰'师娘',谓是伏羲、女娲临事,各以一竹承其颈,竹上下两篾圜,衣以衣,倚于案左右,下承以大碗。其右设一小案,上供神,曰'五猖',亦有小像,巫党椎锣击鼓于此。巫或男装或女装,男者衣红裙,戴观音七佛冠,以次登坛歌舞,右执者曰'神带',左执牛角,或吹、或歌、或舞,抑扬拜跪,以娱神。曼声徐引,若恋若慕,电旋风转,裙口舒圆,散烧纸钱,盘而灰去。听神弦者盖如堵墙也。至夜深,大巫舞袖挥诀,小巫戴鬼面随扮土地神者导引,受令而入,受令而出,曰'放五猖'。大巫乃踏阈吹角作鬼啸,侧听之,谓时必有应者;不应仍吹,而啸时掷茭,茭

---

① 章开沅:《清通鉴》,长沙:岳麓书社,2000年版,第97页。
② 梁景之:《从"邪教"案看清代国家权力与基层社会的关系》,《历史研究》,2003年第3期,第42页。

得谓捉得生魂也。时阴气扑人,香寒烛瘦,角声及之处,其小儿每不令睡,恐其梦中应也,主家亦然。间有小儿坐立间,无故如应人者,父母不觉,常致奄奄而毙。必先斩茅作人,衣裱者衣履;至是,歌侑以酒肉,载以茅舟,出门焚之,曰'劝茅、送茅'。谓使替灾难也。事毕,移其神像于案前,令虚立碗中,歌以送之,仆则谓神去。女像每后仆,谓其教率娘主之,故迎送独难云。"①

编纂者还认为,端公滥施巫法有时能够加剧病人的病情或者直接造成病人的死亡。"人有疾病,延请端公。用细藤条又入咽喉,每致损伤人命,糊涂妄为,殊堪悯笑。又有用憨药迷人者。"②而对于受施者来说,不管最终结果如何,"病愈则归功于巫卜甚灵;病死则归咎于祭鬼之未遍"③。端公每次作法都要收取相当高的费用,这是受施者一笔不小的支出,而端公却任意挥霍所骗取的钱财,"巫亦计其贫富,恣其醉饱,愚而弄之。至今汉人效尤,殆有甚焉,此耗财之蠹也"④。因灾祸及端公欺骗敛财,民众的生活则更加艰难,《册亨竹枝词》曰:"蔗竿通草小经营,十户村农九户贫。最是端公生计好,年来争请庆龙神。"⑤编纂者还指出,巫术活动在贵州民间有着深厚的生存土壤,不仅贫苦百姓崇信巫觋,就连富裕的士绅亦深陷其中。"县俗迷信巫觋,遇病不服药,惟请巫觋,俗名端公,跳神则刑牲醑酒,宵夜喧呶,士绅家亦染此习。"⑥由于家家户户大小礼俗几乎都有端公的参与,聘请端公的费用多少不等,这成为下层百姓沉重的经济负担,大大加剧其贫困化,社会的不稳定因素也由此增加。

(二)端公集会活动频繁,规模较大,劳民伤财

编纂者指出,迎端公之赛会占用了人们的大量农闲时间,而且民间不管大小红白喜事,都要有端公的参与,人们或者彻夜狂欢,或者悲痛哀号,或癫或狂,诡秘异常,不仅严重影响了参与者的身心健康,还搅得四邻不得安宁。人们一旦沉迷于端公之"邪术",就无心生产,并且耗费巨大,给端公提供了敛财的好机会。《黎平竹枝词》云:"巫师戴面舞傞傞,岁晏乡风竞逐傩。彻夜鼓钲村老唱,斯神偏喜听山歌。竹箫长短号芦笙,遍集蛮僮鼓杂

---

① 郑珍、莫友芝:《遵义府志》卷二十《风俗》,道光二十一年(1841)刻本。
② 黄宅中、邹汉勋:《大定府志》卷五十二《文征》,道光二十九年(1849)刻本。
③ 蔡宗建、龚传坤:《镇远府志》卷九《风俗》,乾隆五十四年(1789)刻本。
④ 张锳、邹汉勋:《兴义府志》卷三十九《艺文志》,咸丰四年(1854)刻本。
⑤ 张锳、邹汉勋:《兴义府志》卷四十《风俗》,咸丰四年(1854)刻本。
⑥ 张俊颖:《兴仁县志》卷九《风俗》,民国二十三年(1934)稿本。

声。头插鸡翎齐跃舞,岁时相庆祝升平。"①民国《镇宁县志》亦载:"巫教之兴,其来尚矣。镇宁巫觋有三:曰五显坛、曰川坛、曰花坛,以上三坛,汉人信奉最力,而土人则否,每年秋成以后,迎接端公之庆赛者无虚日,甚有一天庆几家者。考其原因,实由人有病疾、苦难、灾厄、喜庆之事,暗中许愿,乃至如愿以偿,乃择期酬之,故有发财赛神之谚。"②

编纂者还指出,端公之为害引起了社会有识之士的警觉和抨击。"黔信鬼尚巫。坛神者,邪鬼也,端公言能为人祸福。奉之者幽暗处置大圆石于地,谓为神所据也。岁时朝夕,奉祀惟谨。又言三年小庆,五年大庆,则盛具牲醴、歌乐以悦神,不然且忤神意。贵阳城中,奉坛神者十二三。细察之,厄于疾病、死丧、讼狱、盗贼、穷困者比比,未见其能福人也。而奉之者不敢替,亦卒不悟,愚矣哉! 异矣哉!"③"跳一日者谓之跳端公神,三日者谓之打太保,五日至七日者谓之大傩,城乡均染此习,冬季则无时不有。胡端禁端公论谓,黔蜀之地风教之至恶者,莫如端公不悉禁,必为大害,是亦宜禁也。"④

(三)严重腐蚀官员队伍,降低甚至磨灭其执政执法能力

编纂者认为,由于整个区域被端公文化所笼罩,一些士大夫官员也逐渐接受了巫术礼俗及端公说教,因而端公主持的傩活动大大侵蚀了儒家思想的正统地位。《峒溪纤志》言,"苗人腊祭曰'报草',祭用巫,设女娲、伏羲位。则此乃相沿苗风也,今士大夫家亦行之"⑤。端公也善于制造假象迷惑官员,他们常和社会"黑恶势力"一起举行看似正常的巫术仪式,实际上却行暗中相互"勾结"之实,这往往使政府官员对其表面上的所作所为麻痹大意,最终酿成大乱,更何况部分官员完全接受了端公的巫术思想,与其同流合污,纵容端公为害社会。"郡苗嘉庆二年之变,亦始托于跳端公。知府曹廷奎以跳端公禀复,大吏遂不设备,以致祸延数千里。方今天下多事端公之术:以食案斜侧一足,插于升内,实米于升,案即不倒;又以纸条悬斗,米不坠。以此愚夫愚妇多异而信之,然终近邪术,防患未然,自宜严禁。即曰苟相安于无事,即可不禁,然不禁苗之跳端公可,且不禁绅民之跳端公亦

---

① 俞渭、陈瑜:《黎平府志》卷八《艺文志》,光绪十八年(1892)刻本。
② 胡翯、饶燡乾:《镇宁县志》卷三《民风志》,民国三十六年(1947)石印本。
③ 刘显世、谷正伦:《贵州通志·风土志》,民国三十七年(1948)铅印本。
④ 杨化育、覃梦松:《沿河县志》卷十三《风土志》,民国三十二年(1943)铅印本。
⑤ 丁世良、赵放:《中国地方志民俗资料汇编》第四册,北京:国家图书馆出版社,2014年版,第217页。

尚可,甚至以守土之官惑其术而亦跳端公,则断乎不可。方今圣天子严禁邪教,教匪之流毒已半天下,守土之官既读书明理,即不禁之,又何可转而崇奉之也。守土官能防患未然严行禁革亦曲突徙薪之意也。"①

（四）端公与"苗匪"相互勾结,共同劫掠百姓,危害社会

编纂者指出,清代、民国时期的贵州巫术活动不仅在汉族中广泛流行,而且亦被少数民族广为信奉。由于汉族端公与崇尚巫术的苗人有着共同的信仰基础,双方就很容易"勾结"起来。苗人通常对外宣称其所祀傩神是无所不能的,诱使汉族端公"群起而效之",进而双方称兄道弟,共同作乱,更有甚者结成叛乱势力,成为威胁政府统治的严重隐患。"乾隆末贡生胡端尝著论禁之,其论甚正。胡端禁端公论云:黔蜀之地风教之至恶者,莫如端公,不悉禁必为大害。吾尝观其歌舞跳跃盘旋,苗步也;曼声优亚,苗音也;所称神号,苗祖也,是盖苗教耳。而人竞神之何哉？或谓此巫教。巫教虽古圣人亦不禁,且楚巫之盛,自周秦来,非一代矣,何伤乎？嗟乎,以吾道论即楚巫亦不可尚。何况苗教,而人之神之者。浃肌肤,沦骨髓,即訾以媚苗亦不自愧也,可哀也哉。彼苗之言曰:吾有疾勿药,神能疗之;吾有仇欲报,祖能杀之,且吾蛊食以召人杀牛以祭神,得失吉凶吾师皆能先知之。于是,群跃曹歌,以灵其神,且以其术惑汉人。而为端公者,亦不自知为苗所惑,遂群起而效之,以为衣食计。而又引古之巫,以自尊决祸福假于神。以诳煽妇女、小民无知,亦信其家人妇女之言。遂烧香许愿,敬其神,畏其鬼,争迎端公至家歌舞以祷焉。其狡焉者又或结连匪党,迎端公于深山大箐之中,杀鸡歃血指神称誓,以为生死弟兄,互相劫掠于山泽间,往往为乡民害。吁,端公之教恶至此延蔓不治。吾恐多事之秋,巨奸大猾假其鬼名,以号召亡命,则张鲁孙恩之徒未必非其人也。故曰不悉禁必为大害。"②

编纂者还指出,为了在"抢劫掠夺"时得到神灵相助,苗人亦虔诚地敬奉端公所祀之"五猖神",从而双方具有了共同的所信神灵基础,更便于结盟作乱。"近闻土匪劫人,出时亦'发五猖',使所至得阴鬼助,益征此教助贼杀人,尤应诛除。"③端公为了壮大其"分裂叛乱"势力,还采取诈唬的手段使人加入其组织。民国时期,端公主持的傩活动虽有衰落的趋势,但仍难以灭绝。"按道光间,仁怀穆继贤以降神作乱。杨龙喜初亦端公,邹神保

---

① 刘显世、谷正伦:《贵州通志·土民志》,民国三十七年(1948)铅印本。
② 犹海龙:《桐梓县志》卷十四《文教志》,民国十九年(1930)铅印本。
③ 郑珍、莫友芝:《遵义府志》卷二十《风俗》,道光二十一年(1841)刻本。

复乱其党。杨二同令狐凤娇,均以扶鸾聚众,所诵五公经中谕:大劫当前须入教,始能免难。湄潭、瓮安各号匪其源胥同,岂得谓其教衰乎。今四乡扶鸾扶乩尚属焰焰,厥攸灼叙弗其绝。"①

(五)其他危害

编纂者亦指出,在端公主导的五显会举行期间,由于人群过于拥挤,容易出现踩踏事件,甚至闹出人命;家家户户燃烛祭祀,易于发生火灾;由于人员的聚集,盗窃事件也较多;集会数日还要耗费相当的人力、物力和财力。虽然社会有识之士在极力号召禁止这种恶习,但是由于传统习俗造成的思维定式以及端公娴熟的欺骗技巧,广大群众极易深陷其中而不能自拔。"黔俗信鬼,五显会尤为恶习。查县属凯里等处,每届会期,男女老幼,蹂践街衢,人命出其中;爆竹香烟,熏灼门巷,火灾出其中;观者近则户扃,远则野宿,奸盗亦出其中。并闻先后数日,亲友豆觞,举家耗费,皆此会为之。屡出示禁,佥称不如是无以驱疠疫,祈福祥。噫!神如有知,祈禳可也,报赛可也,焉有踏木脚,舁泥塑,眩世骇俗,举市若狂,乞媚于聪明正直之神哉!今与吾民约,速行忏悔,慎毋效尤。"②

从明清时期贵州史志的记载中,可以看到史志编纂者极力掩饰端公主持的傩活动在民间所具有的积极作用,夸大了端公之为害,将端公和少数民族首领领导的起义运动均称为"谋反作乱"。这为明清时期的贵州史志蒙上了浓厚的官方主观色彩。

三、端公的傩活动难以彻底取缔的原因

从明清时期贵州史志所见端公之为害,可以看出政府对端公从事的傩活动持厉行打压的政策。由于贵州特殊的地理环境和一系列社会因素的影响,以及傩能够适时地带给人们心理上的安全感和归属感并为人们提供精神上的动力与支持,端公主持的傩活动在乡野社区拥有广泛的群众基础,能够稳固地扎根民间并世代传承下去。

(一)贵州独特的地理位置与地理条件

1. 贵州处于交通要道位置,有利于人员的交流往来和文化的传播,从而扩大受众群体规模。贵州自古以来一直为交通咽喉之地,清康雍乾时期政府积极推行"摊丁入亩"和"地丁银"政策,放松了对农民的人身控制,人

---

① 犹海龙:《桐梓县志》卷十四《文教志》,民国十九年(1930)铅印本。
② 朱嗣元、钱光国:《施秉县志》卷一《风俗》,民国九年(1920)稿本。

口流动频繁,有利于外部文化的传入。例如清代流传下来的贵州湄潭端公"冲傩"所使用的面具,其图案纹样就与重庆大足石刻雕塑具有明显的相似性。"面具的'姑娘'与雕塑中'地域变相'里的'养鸡妇';面具的'甘生'与雕塑的'观无量寿经变';面具的'川主'与雕塑的'明王'。"①这些面具显然受到了重庆大足石刻的显著影响,理由如下:第一,大足石刻是释儒道多种宗教文化合一的结晶,这与清代贵州多种宗教混杂交融的局面具有吻合之处,贵州各地的傩面具皆有多种宗教的印记;第二,重庆大足千百年来是周边地区佛道善男信女的朝拜之地,因此其石刻神像图案易于广为流传并被效仿;第三,黔北多丘陵,其地貌形态与巴蜀相接而浑然一体,自然环境的大同小异决定了黔北与毗邻的巴蜀之地人们的审美、爱好具有很大程度的相似性。因此重庆大足石刻在面具的图案样式上影响了黔北的傩文化。

贵州一些地区的方志把该地端公活动的形式、内容和四川联系起来,也在一定程度上印证了贵州端公巫术文化和四川的渊源关系。"胡端禁端公论,谓黔蜀之风教之至恶者,莫如端公不悉禁,必为大害,是亦宜禁也。"②

2.贵州地形地貌复杂,多山地丘陵,政治力量薄弱,不仅隐蔽性较强,而且政府疏于管辖,便于端公和起义民众的联系。清代的贵州方志将少数民族一概指称为"苗蛮",他们经常起义反抗地方政府的剥削与压榨,因而是清政府的一大心腹之患,地方政府也一直将铲除少数民族起义力量作为维护地方社会稳定的重点措施。少数民族起义民众之所以能和汉族端公建立密切关系,是因为双方具有共同的信仰基础,即都崇信巫术,"苗蛮病不服药,信鬼尚巫,积习难返,诸苗大都如此"③。

(二)傩俗活动在民间的根深蒂固亦与其思想体系上的包容性特点有关

巫术在发展早期属于单一的原始宗教活动,后来随着儒、释、道等思想的不断渗入,逐渐演变为以道教教义为主,兼有多元宗教意识的复合体,成为各族民众所喜闻乐见、广泛参与的傩俗活动。"巫觋亦名端公。端公者以信奉张天师为主,所用法事则为巫道两教之混合体,而别成一派。"④端公所住持的五显庙中也供奉有玉皇大帝、尧、舜、禹、孔子、张天师以及释迦

---

① 郭净:《中国面具文化》,上海:上海人民出版社,1992年版,第365页。
② 刘显世、谷正伦:《贵州通志·风土志》,民国三十七年(1948)铅印本。
③ 鄂尔泰、靖道谟:《贵州通志》卷七《风俗》,乾隆六年(1741)刻本。
④ 鹤川:《端公戏与儒家伦理》,《民族艺术研究》,1994年第3期,第42页。

牟尼等的塑像。同时,端公主持的巫术仪式融多种艺术手法于一身,具有通俗性、娱乐性等特点,这是其他教派所不能比拟的,从而使巫术可以比其他教派吸引更多的信徒。

(三)端公主持的傩活动可以满足民众的精神需求

普通民众由于无力应对频繁的天灾人祸和疾病的威胁,就将希望寄托在端公主持的巫术仪式中,期待神迹的出现。而少数的富裕阶层和权势群体除了基本的低层次需求,他们的需求更多的是升官发财,他们也需要端公的巫术仪式助其实现愿望。"凡许有愿心或事业如意富有之家,即请端公巫者来家赛神,又称庆坛。"①这时以"神灵之化身"自居的端公也就顺理成章地成为各层次人民共同的崇拜对象了。另外,清代的医学相当落后,以当时的医术水平根本无法治疗大多数疾病,一旦患病,等待人们的更多是死亡。为了战胜病魔,摆脱疾病,人们迫切需要万能的神灵相助。"定番人民多半笃信卜筮,尤以苗、夷为最。定番县内无命馆的设立,但卜筮的人即为'筮师',俗又称为'端公'。此种人万能,既能为人相命,又能代人看阴阳,复能替人捉鬼祛病。他们具有宣传的能力,号召力很大,所以一般乡民为其迷惑,受其支配,受毒之深,无以复加。"②

(四)人们的知识文化水平较低,民间娱乐活动缺乏

人们的知识文化水平较低,在求知欲本能的驱使下,必然会对包罗万象的傩俗活动产生强烈的好奇心,而被深深吸引;加之民间文化娱乐活动之匮乏,人们的精神生活空虚无味,而相形之下端公主持的傩俗活动充满娱乐性和通俗性,可以弥补人们在精神方面需求的空白。"本县教育落后,一般民众文化水准甚低,因之思想多涉迷信陈腐。其宗法社会之观念仍极浓厚,虽巫教亦信奉之。民间十有九户皆祀坛神,有川坛、五显二种。有仅供一坛者,有兼供两坛者。其来源迄无可考,每年十月起至腊底止。"③

作为一种古老的文化现象,端公主持的傩俗活动是中国古代农业文明孕育和发展的产物,是中国原始民俗在漫长的演变发展过程中形成的优良文化传统,有其存在的客观必然性和必要性。它是由傩祭和傩舞发展而来的宗教与艺术的结合品,以其古朴的戏曲样式和原始的巫术仪式,既具有

---

① 胡翯、饶燊乾:《镇宁县志》卷三《民风志》,民国三十六年(1947)石印本。
② 吴泽霖:《定番县乡土教材调查报告》第十一章《社会》,民国二十八年(1939)稿本。
③ 胡翯、饶燊乾:《镇宁县志》卷三《民风志》,民国三十六年(1947)石印本。

驱鬼逐疫的祭祀功能,又具有歌舞戏曲的娱乐功能,彰显出高度的艺术价值,充实了先人单调的精神生活。此外,当执政者的统治严重影响到民众的生活和利益时,傩俗活动又成为发动民众起义反抗的有力工具。千百年来,傩俗活动以其超强的柔韧度和顽强的适应力不断地为人们的生存与发展提供精神上的可靠支持,所以能够突破时空局限,持续地传承至今。明清贵州史志记载了大量关于端公为害的内容,这主要是由编纂者的立场和史学观决定的,体现了统治者的浓厚的主观意识。当然,作为一种传统的古老民俗活动,要求其尽善尽美,没有任何缺点是不现实的,在其传承发展的过程中只要积极性占主要方面,就应该充分肯定其历史价值。史志编纂者在撰写的过程中夸大了端公为害的程度,其目的是为打压和取缔傩俗活动制造舆论声势,这也是我们必须认清的。

第五章　贵州傩文化中的傩面具

　　形成于远古时期驱鬼逐疫的傩,历经漫长的历史时期一直传承至今,并广泛分布于我国西南地区的民间社区。其中,贵州省现存数量较大、造型各异的傩面具堪称傩文化中一道亮丽的风景线。贵州傩文化历史悠久,遍布全省各族,并且由于地理位置的因素相对完整地保留了明清时期的具体面貌。贵州傩面具造型仪态万千,意蕴丰富深邃,数量相当大,颇具典型性。贵州傩面具在长期的传承演化中积淀了多个民族不同时期的各种社会文化内容,融合了民间信仰、民俗民风和审美意识等文化因素,构成了一个丰富多彩的民间艺术表现体系,具有重要的文化人类学研究价值。

第一节　自然形态对傩面具造型和色调的影响

　　任何古文化现象在其形成和发展的过程中,都是置身于特定地域的自然环境中,并受其影响和制约的。自然环境对文化的影响主要体现在两个方面:首先是人们在长期的对自然环境属性的形象化感悟和理解的过程中产生了的思维定式,这种思维定式会显著地影响和作用于文化艺术作品与活动;其次是传统的艺术作品中所体现出的自然形态对人们审美格局的定性。由于自然形态长期影响着人们的心理和思维,傩面具在人们的心目中早已成为约定俗成的、象征鬼神世界的符号。本节探讨的重点为自然形态是如何在长期的历史进程中作用于人们的思维,进而对傩面具的造型设计和颜色搭配产生影响的,拟以分布在贵州省东西南北四大方位具有代表性的傩面具为实例来解析这个问题。

　　任何一种古文化实际上都可以说是"信仰文化"。傩文化也不例外,作为傩文化的主要标志,傩面具的造型和设色是人们对所膜拜之物的外化表现。在古代,人们认为是不同的神灵赐予人类山地和平原等自然资源,从而使人类获得生存和繁衍所必需的土地,人们为了表达对这些神灵的感恩和尊崇之情,将其称为"山神""地神"等。这些自然神也或直接或间接、或明朗或隐晦地出现在各种文化现象中。人类世世代代与自然环境资源的情感无疑是联结这些自然物与相应文化的纽带,因而探寻自然形态对傩面具造型的影响机制,宜先从人们对自然物的世俗情感及由此衍生的天人合一的哲学理念说起。"某地域地貌的或平缓或跌宕、或整体或支离以及其气候的温寒燥润、水源的富有贫竭与土质的肥瘠、植被的疏茂,加之受制约于这些条件而形成的人的饮食习惯、起居规律、劳作强度、悲喜好恶甚至交往方式等复杂而多元的因素所构筑的一个立体而自成脉络的自然格局,即谓之该地域的自然形态。"①某地的自然形态通过长期的岁月浸染,逐渐在人们的思想意念中孕育出基于本地别于他地的"地粹意识",进而形成本地人群独特的性格气质,这使居住在该地域的人群的个体秉性集合为某种共同属性。这种属性使人们在物质生活或精神生活层面本能地与其所处生存空间的自然物具有形体或意境方面的相似性,当身处的环境发生改变时,人们则会以新的思维方式、生活方式和审美方式来构建新的文化事象或改变原有的文化品类。正是在自然形态和人们的思想意念长期不断的往复与升华的过程中,这种共同属性才由浅入深地渗透于该地域的各种文化因子之中,从而影响着当地文化品类和文化事象的面貌。

作为一种泛文化事象而广泛存在于各地的傩活动共同的宗旨,是"驱鬼逐疫,消灾纳吉",但从其具体内容和形式来看,同样体现着人们不同的地域意识。贵州东西南北四个方位的自然环境差异较大,通过对四个方位区域傩活动举行方式和祈求内容的比较,自然环境对文化事象的影响机制可窥一斑。在贵州西部的高原山区,土地贫瘠,气候寒冷,生存条件恶劣,因而人们对神灵的祈求内容仅限于满足最基本的温饱需求。例如,威宁彝族的《撮泰吉》仅祈祷先祖神灵能够庇佑其种有所收,耕而得食,来年风调雨顺,不做饿殍寒鬼。而在较为富裕的南部地区,荔波布依族的"巫仪作道"则明显超出了温饱的诉求,意在兴家室、交财运,人们所担忧的已不是被冻死饿死,而是飞来横祸、求子不遂、死后亡灵无法归宗等遭际。黔北紧邻享有"物华天宝""天府之国"美誉的巴蜀之地,历来风调雨顺,物产丰盈,人们在满足基本的物质生活之需外,更多追求的是精神层面的愉悦感。湄潭汉族冲傩活动的娱人性已远超教义功能,部分祭祀仪式虽然在傩事间尚有遗存,但显然已不是整个仪式的主要组成部分,宣泄情感的傩事情节始终在整个活动中处于支配地位。黔东地区位于多省交汇地带,民族较多,

---

① 陈争:《傩面具造型中的自然形态之我观》,载王恒富编:《傩·傩戏·傩文化》,北京:文化艺术出版社,1989年版,第41页。

文化多元,该地思南土家族傩坛戏糅合了各个民族的不同宗教意识和信仰体系,其表演程序和内容相当复杂,既采纳道教老君之姓,又尊崇阴阳五行之说;既测"预兆"行"占卜",又立"神判"做"断案";既算八卦卜吉凶,又行巫俗搞杂耍,触及之广,不一而足,且程式烦冗多变,各种宗教信仰体系杂陈其中,令人难辨泾渭。这就是看似状态蒙昧,建构错综复杂的贵州傩文化,它总以不同的宗教和艺术形式体现出来。虽然傩文化的外显方式千变万化,但在傩活动中行事者唯有借助于面具才能进入相应的角色,这几乎是千篇一律的,因为面具是傩文化的灵魂和精髓。

傩面具早已被傩文化赋予神圣使命,即作为一个象征鬼神世界的符号沟通人与神。"傩面具之于傩活动,在功能上已成为转换阴阳两间的通道;在形体上熔铸了人们信仰的对象,在图式中凝聚了人们崇拜的寓意,而最重要的,则是它在形象上充分体现了人们各自以为神圣的象征。"①面具是傩活动中不可或缺的重要道具,深入剖析面具的内涵和意义有助于真正理解傩文化。时至今日,虽然传统的傩文化受到现代通俗文化的强烈冲击和融合,但是由于傩面具等要素仍在持守着古老的遗韵,傩文化依旧不失初始时期原始宗教的精神意境。

人们对神灵形象的想象和塑造,总是在慑于其至上的威力而产生的敬畏意识下进行的。长期居于某一地域的人们总是虔诚地认为,周围的山地和土地都是相应的山神和土神赐予人类的,人们理应对这些神灵尊崇有加,因此诸多永恒、庄严和崇高的神灵形象在人们创作的傩面具中表露出来。由于人们将傩面具看作土神或山神在凡间显现的为人们所见的神秘映象,因此傩面具的造型、纹理和设色都显著地体现了当地自然环境和形态等的印记。在面具的创作过程中,自然界赐予人们广阔的想象空间,启迪了人们的想象力,人们则基于周围自然物的形态和色调充分发挥自己的创造力,在思想意念上不断给予面具新的理解、塑造和建构。可以说,傩面具是古人囿于自然形态在想象力上不断发挥和积累的产物。

傩面具的造型可以离析为两个基本的视觉构成要素:一是雕刻的形体起伏状态;二是设色基调。"傩面具的形体起伏是其所属地域的地貌形态

---

① 陈争:《傩面具造型中的自然形态之我观》,载王恒富编:《傩·傩戏·傩文化》,北京:文化艺术出版社,1989年版,第42页。

的缩影,而设色基调则是其所属地域的气候特征的概括。"①富于变幻的傩面具表情之下掩藏着自然物对面具造型的何种作用机制呢？这个问题需要结合傩面具的雕刻、设色风格与人们思想意念、生活习俗的互动关系予以解析。

在贵州西部高原地区威宁彝族中流行的《撮泰吉》傩活动中所使用的面具,可谓是至简、至粗、至陋。其雕琢的繁简、质地的粗细和选材的精陋程度均与当地的自然形态密切相关。该类型的面具造型大同小异,没有任何角色的区分,一律在略呈弧形、底质粗陋的黑色木壳上开凿两条内高外低的斜缝作为眼睛,其下相对狭长且非标准的三角形凸出体则为鼻子部位,再往下的横向镂空体则为口,麻绳代表须眉,以白纹线条勾画面具的表面。放眼整个高原的自然形态,不难理解《撮泰吉》面具的创作缘由和诞生的端倪。首先,在傩戏中人们头戴形象雷同的古朴面具,成群结队的演出阵势与该地域体积相当、形态相近、层峦叠嶂的高原地貌对人们造成的视觉冲击和心理震撼效应如出一辙,这种经常性的演出习俗也使彝族习于群居,共耕同收,群体意识显著高于个体意识;其次,面具的弧形结构与高原上坡长且缓、不尚起伏、相互混衔的丘陵地貌亦相吻合,这与彝民善良耿直、乐观随和的品性也是有共通之处的;再次,面具简陋的五官处理与不加修饰的突兀转折,也与植被稀疏的高寒山区裸露石土的地表形态相对应,这亦符合彝族不苟掩饰情绪,喜怒见形于色,不拘礼仪的性格特征。一地的自然形态和气象气候会对人的性格产生影响早已为古今中外的思想家所认可。"古希腊人希波克拉底和亚里士多德相信气象和气候影响身体中的液体,液体又会影响个体的气质。罗马人威特儒屋斯和阿拉伯人哈里丹相信地理和气候使一些人比其他人更刻苦,一些人更活跃。"②中国古代也有类似的思想,《尔雅·释地》载:"大平之人仁,丹穴之人智,大蒙之人信,空桐之人武。"③意即不同地理环境下的人群分别具有倾向于"仁""智""信""武"的性格特点。班固在《汉书·地理志》中亦云:"凡民禀五常之性,而有刚柔、缓急、音色不同,系水土之风气,故谓之风。"④即不同地域的水土特征会形成该地人群"刚柔缓急"的性格和气质特点以及影响"音色"这

---

① 陈争:《傩面具造型中的自然形态之我观》,载王恒富编:《傩·傩戏·傩文化》,北京:文化艺术出版社,1989年版,第43页。
② 朱建军、吴建平:《生态环境心理研究》,北京:中央编译出版社,2009年版,第124页。
③ 胡奇光、方环海:《尔雅注释》,上海:上海古籍出版社,2012年版,第245页。
④ 班固:《汉书》第八册,北京:中华书局,1962年版,第242页。

样的性格外显形式。班固还指出:"巴蜀民食稻鱼,无凶年忧,俗不愁苦,而轻易淫泆,柔弱褊厄。"①意为巴蜀物华天宝的优越自然条件决定了当地民众柔弱的性情特征。此外,自然形态与《撮泰吉》面具的造型还具有其他方面的更多联系,高原上人被紫外线过强的阳光晒成的黝黑肤色与面具的黑色质地相类似,面具上的白纹线条相当于高原上的蜿蜒沟壑,其上所扎的粗麻则对应高原上因水匮乏长久疏于梳洗而缠搅成结状的彝民须发。总之,自然形态景观与面具造型的细节关联之处不一而足,其他方面的关联,还有待研究者进一步探寻。

  黔东思南土家族傩坛戏面具的总体风格不同于《撮泰吉》面具千篇一律的统一格局。傩坛戏面具按角色之殊而定型,随性格之异而奏刀,其造型样式之繁杂、雕塑手法之多变,使其艺术价值堪居贵州傩面具品类之榜首。虽然从清末的一坛七十二面流传至今已不足三十面,但其角色分配之细微贴切,表情展现之丰富多彩,仍令人叹为观止,单是表情类型迥异的女性形象就有二十几种,比较典型的有凝神苦思的"旁氏夫人"、浑圆敦厚的"王氏太婆"、微启芳唇的"先锋丫环"、端庄娴雅的"龙女"、刁钻斜目的歪嘴"秋姑婆"。男性在封建社会中居于主导地位,其在傩戏中的角色类型也显著多于女性,代表性的面具角色有:面目狰狞的"龙王",淳朴憨厚的"甘生",棱角分明、怒目圆睁的"开路将军",眉目含混、笑容满面的"引兵土地",舒缓平整的牛头马面,面部粗陋的"烧路龙君",神情细腻的"姜师",粗犷豪放的"龙老三"。置身于这样一个富于变幻的形象天地,仿佛步入一个同样变化多端的自然世界。思南位于贵州省东北部,在约一百平方公里的地域内,遍布沟壑,层峦叠嶂,危岩耸崖,山谷蜿蜒。汹涌的乌江沿着深切的河床奔腾而过,两岸晴日千峰铁铸,下雨时则万崖飞白,变化神奇多端。其地北接巴蜀,东连湘邑,同时受到巴楚两种文化体系的浸染。生存于这片自然形态多变、外部毗邻关系复杂的土地上的是以汉、苗、土家等多民族混杂居住的人群。由此可以推知,傩坛戏虽名义上是土家族所特有的戏剧品类,但受到其他民族民俗的影响是不可避免的,实可谓各民族不同的民间传说、民俗事象、历史典故、宗教信仰和哲学伦理观等文化因子长期糅合的产物。如此一来,也就不难理解复杂的自然条件及相关的人文因素是如何激发人们的想象力,在傩面具的造型上提供广阔、壮观的创作空间的。不仅自

---

  ① 班固:《汉书》第九册,北京:中华书局,1962年版,第138页。

然形态景观在长时期与人们视觉和心理的磨合过程中,直接影响傩面具的造型风格,而且由特定的自然条件造成的各民族混杂居住、各种文化交相融合的习俗状况,也在很大程度上间接地影响着当地傩面具的整体面貌。

如果说贵州东部和西部地区的傩面具造型分别体现了当地自然形态的多样性与统一性,那么黔北和黔南的傩面具形象则更多体现了该地域的开放性与闭塞性。黔北地区与巴蜀接壤,深受巴蜀文化的影响。湄潭抄乐乡傩面具中的"采茶姑娘""甘生""川主"角色与重庆大足石刻中的"养鸡妇""如来""明王"塑像均有着较为相似的神态。虽然黔北湄潭与重庆大足相距遥远,但由于自古以来两地之间交通的相对发达,人员往来的频繁,黔北地区的文化风格带有较强的蜀文化色彩。如此一来,湄潭傩面具也就具有了显著的大足石刻雕塑风格。"首先是大足石刻乃释道儒三教合一的结晶,因此与'傩'这种虽弥漫着宗教意识却渊源关系混杂模糊的特点有某种程度的吻合之处;第二是大足乃数百年来方圆千里内佛门善男信女们的朝拜圣地,故而使之石刻神像亦被奉为正宗并广为流布;第三是黔北多系丘陵地区,地貌与巴蜀浑然相接,因而并不存在能酿成与之审美异好的因素。"① 同时历史上巴蜀多战乱,黔北傩面具的制作者大多是由川入黔的刻工艺人,他们在大足石刻的艺术创作中,主要刻画"菩萨""如来"等表情或严肃或慈祥的佛教人物形象。来到黔北异地谋生,他们就要入乡随俗地揣摩和接近他乡民众的审美情趣和心理需求。由于他们习惯性地采用大足石刻的雕塑手法,黔北地区自古以来又具有浓厚的休闲娱乐的文化氛围,这使湄潭的傩面具在继承大足石刻庄严气质的基础上更增添了亲民性和通俗性,也在一定程度上体现了黔北文化的开放性和包容性。黔南荔波县觉巩乡布依族的"作道"面具则呈现出与湄潭傩面具截然不同的艺术风格,其基本上仍旧停留在清末传入时的原型阶段,雕刻手法呆板单一,并未对面部五官予以细致雕刻,只是给予简单描摹,角色类型较少,通常是多个角色合用一面。当地的地理环境或许有助于解答这种状况的成因。觉巩乡位于一片典型的丘陵地带,虽与外界的沟通与交流没有高山险谷的阻隔,但由于其处于一个远离各大文化体系辐射圈的"真空地带",因而缺少黔北傩文化所依托的巴蜀文化背景。该地面具虽然相对完整地保留和传承了传入时的初始面貌,但由于缺乏与外部文化的沟通与衔接,已逐渐丧失了发展的活力。总之,不管是黔北湄潭还是黔南荔波县的傩面具都明

---

① 陈争:《傩面具造型中的自然形态之我观》,载王恒富编:《傩·傩戏·傩文化》,北京:文化艺术出版社,1989年版,第46页。

显受到了当地自然形态和地理位置的深刻影响。

自然环境和地理位置不仅影响了面具的形体起伏风格,还影响了其设色基调。世间万物之所以具有可感知的色彩,基本上都是由其反射的阳光作用于人的视觉系统,并由视觉系统反馈的结果。在同一地域,随着日光照射强度和时长的不同,人们对色彩的相应变化的心理感受亦不同,这种不同感受往往通过各种文化事象的风格面貌直观地展现出来。仍以彝族《撮泰吉》傩面具为例,从其黑白颜色搭配来探讨自然环境对艺术品着色基调的作用原理与机制。贵州彝民主要生活在空气稀薄且干燥的西部高寒山区,这里植被稀疏,降雨偏少,晴天居多,地表颜色单一,白天黑夜的交替轮回使白色和黑色成为自然万物所呈现的主要色彩,具有强烈的心理震撼作用。在彝人的心目中,黑白相生是天地最简单、最基本的运行方式和最博大的内容,黑白两色具有很强的视觉稳定因素和内在审美价值。对黑白二色的崇拜成为长期生活在这片土地上的人们表达对太阳极度崇敬之情的外在表现形式,并进而上升为具有图腾意味的民族心理。这种虔诚的感情色彩也会自然而然地体现在艺术品的创作中,因此彝人将所有《撮泰吉》面具都描绘成黑白二色。面具的描摹采用黑白两色的另一个重要原因在于,这两种颜料便于就地取材,黑色来自彝家火塘中信手可抹的黑锅油灰,白色则来自荒丘堆上随便可采的生石灰粉。至于面具何以描白作纹,施黑为底,这可能与彝人"黑富白贫"的传统意识有关。彝人尚黑,古已有之。在古代社会,"黑彝"是彝族中血统高贵的统治者,"白彝"则是地位卑微的被奴役者。受此影响,彝人对万事万象也一直秉持"万物之色集合为黑;万象之色归尽为白"[①]的传统观念。万物作为客观实体是切实存在的,而万象作为万物的外在表现形式则是虚幻多变的。因此,彝人通常认为黑色象征着拥有,白色则意味着失去。这一理念体现在面具的着色设计上则为,黑锅油灰由于着色性强、不易脱落而被用作黑色颜料,石灰粉由于黏附性较弱、易脱落而被选作白色颜料。面具中的黑白二色结构也与彝人淳朴刚直和善恶分明的性格特点相吻合。

黔南荔波布依族"作道"面具的设色机理与《撮泰吉》面具的素色结构有着巨大反差。其或者在绿色的脸盘上放置一个形似等边三角形的朱红鼻子,或者在紫色的底面上圈出两个白色的眼眶,要么在蓝色的面壳上挑出两条白色的眉毛,要么将大红色的长胡须粘在五彩并施的脸壳上,整张面具颜色对

---

① 陈争:《傩面具造型中的自然形态之我观》,载王恒富编:《傩·傩戏·傩文化》,北京:文化艺术出版社,1989年版,第48页。

比鲜明,显得绚丽多彩。只要稍加品味这些浓艳欲滴的彩绘面具,就会发现无论其设色基调还是绘制手段均与热带丛林地区土著人色彩斑斓的衣物服饰和木雕彩绘具有异曲同工之处,这绝不仅仅是一种偶然的巧合。荔波地处贵州省最南端,呈现的是一派典型的亚热带自然景观,气候炎热,与热带地区较为相似。相似的自然景观造就了两地人群相似的审美观和艺术创作手段。荔波县的大部分地表覆盖着茂密且种类繁多的植被,地表下则蕴藏着丰富的矿产资源。这样的自然环境不仅以清新明快的色彩格调陶冶了人们的情操,激发了创作灵感,而且还为他们的艺术创作提供了不可或缺的各色天然矿物质颜料。例如:面具中的蓝色、绿色和红色颜料分别来自当地出产的蓝铜矿石、孔雀石和红色泥灰岩。"傩戏面具均为木制彩绘,以当地盛产的易于雕刻的白杨、椿木为主,也有用称为'血木'的红色椿树制作。颜色单纯,以当地易得的矿物质颜料敷色,热色调为主,极少出现冷色调。黔南一带傩戏面具因受环境、气候及地貌影响,色调鲜艳,大红大绿,与黔北、黔东北地区形成鲜明地域对比。"[1]荔波丰富的自然景观不仅带来面具色彩的绚丽多彩,而且还塑造了当地布依族民众多重的性格特征。他们既保持着日常生活中谨慎的谈吐风格,又不失酒桌上开朗豁达的盛情,既能在火塘边展露出虔诚的侠肝义胆,又能在持货论价的贸易中展现出沉着稳重的风范。而黔东的"傩坛戏"面具由于并不处于荔波那样多彩的地域空间,其设色方式明显不同于布依族的"作道"面具。黔东炎热而干燥的气候、稀疏的植被、大片裸露的赭色沙土、黄色的乌江、灰褐色的山崖构成一幅暖色调的自然景观。受其影响,该地面具的表壳一律涂以赭红色的桐油。

总之,贵州傩面具的造型风格、设色基调与当地的自然景观形态有着千丝万缕的联系。自然景观通过对人们心理的一系列作用影响着面具制作的艺术创作方式和手段,从而塑造着该地面具等艺术品的整体风貌。自然景观在影响一地民俗文化风格的同时,也造就了该地民众的性格特征,使其具有了区别于他地的典型地域性气质特点。因此,欲探求解析某地的民俗文化特征,不妨从当地的自然环境景观着手。

---

[1] 李渝:《贵州傩面具的分类及其源流》,载王恒富编:《傩·傩戏·傩文化》,北京:文化艺术出版社,1989年版,第35页。

第二节　贵州傩面具中的宗教性与艺术性

驱鬼、除邪、祈禳、求子、娱乐是自古迄今人们在傩俗中的基本活动和诉求内容。傩活动一般要使用面具。作为傩活动的重要道具，傩面具本身就是民间信仰凝聚和外显的产物。贵州傩俗从其活动的主要内容来看具有很强的宗教性，而将其中的鬼神等超自然物的虚拟形象符号化的傩面具也必然具有同样的性质。傩面具是傩艺术的重要载体，其造型风格是傩戏艺术的关键环节。一方面，傩面具作为傩文化的宗教性艺术品，从其主体来看，属于宗教膜拜体系范畴。在巫术仪式中，鬼神等超自然物由虚拟形态转化为现实的佩戴面具的主持者或参与者，因而仪式主持者成为人们所敬拜神灵的现实化身。另一方面，傩面具作为民间文艺体系的重要组成部分，又有着独特的艺术性。宗教性和艺术性同时交织在傩面具这一客观实体中。

一、傩面具的宗教性

由于傩文化的包容性，其在发展过程中，掺入了各种宗教文化，具有了浓厚的宗教性。这种宗教性亦体现在傩面具的角色组合和艺术设计上。

首先，在民间广大的傩信仰者看来，傩面具只有在经历特定的宗教性仪式熏染之后，才会具有天神地祇的超自然属性。例如，在湄潭、德江地区的傩俗中，面具制成或购来之后，在有关法事举行之前，在人们的意识中其还只是普通的木雕艺术品，随意放置也无人介意。但是在经过"点将"的法事之后，傩面具就被激活成了具有灵性的神祇，可以受到同观念中神鬼一样的至诚膜拜。"点将"仪式均需在浓厚的宗教氛围中进行，参与仪式的全体人员在燃香点烛之后皆静立于香案之前，此时由掌坛师将公鸡的冠血滴于面具之上，封以将帅、小兵等名号。封毕，才能慎重地将面具逐一用白纸包好，放在专门的箱子中。

其次，在傩祭或傩戏中，傩面具被巫师或扮演者佩戴之后，在傩信仰者看来，傩活动就变成神祇的活动了。在傩活动的特定场合，观众对某角色为某人所扮演的意识已化为乌有，在他们的眼中只有神祇而没有扮演者了。

最后，由于傩活动参与者的思想观念是受类宗教信仰意识支配的，这些佩戴面具的表演者或主持者就成为其他参与者幻想中能帮助其实现企图与愿望的神祇了。这种人为想象的虚幻缥缈的功利，在参与者或观众的心目中被认为借助于神祇的灵性是一定可以获得的。在冲傩还愿的过程中，人们虔诚且敬畏地对待面具所代表的神祇，通常情况下，衡量傩坛或戏班地位高低的重要条件在于其拥有傩面具数量的多寡。因为在人们的潜意识中，每一张面具均对应一个神祇。面具数量越多证明该傩坛或戏班的各类神祇数量也就越多。各种神祇数量越多，也就越能帮助人们实现各方面愿望。由此可知，傩面具已成为神祇的化身，它的存在不仅反映出参与者和祈求者的类宗教信仰意识，也反映出傩活动的宗教性。

二、傩面具的艺术性

傩面具既具有宗教膜拜体系的宗教性，又体现着浓厚的民俗艺术性，这使原本枯燥呆板的傩仪式更具人性化色彩，更易为人们所接受。傩面具的艺术性主要体现在以下三个方面。

其一，历史上，傩祭和傩戏等傩活动在宫廷中的地位每况愈下，以致最后失去了国礼的殊遇，而必须在民间寻求生存的空间。虽然傩在发展过程中吸取了大量儒、释、道等官方倡导的思想观念和形式，但是这些思想观念在傩文化中始终不占主体地位，因此傩未成为官方认可的正规宗教形态，一直处于民间信仰的类宗教层次，被逐出宫廷也在情理之中。饱受儒家思想熏陶的百姓尤其强调信仰对象的实用性和功利性，在各种祈神仪式和活动中，他们注重的不是神灵本身，只是将其作为实现功利目的的工具和手段。傩面具是傩活动的重要道具，是傩的灵魂和精髓的主要承载体，脱离了傩面具，傩基本上也就不能称之为傩了。添加了更多艺术和功利元素的傩面具在傩俗活动中使用得越多越频繁，傩就越充满生机与活力，傩才能在民间顺利地获得和拓展必需的生存发展空间。

其二，傩在发展过程中吸收了各种宗教观念和意识，成为一个多元文化集合体，这虽然能够吸引具有不同宗教信仰的群众加入其中，迅速扩大傩群体规模，但是也在一定程度上造成了傩信仰者的宗教意识混乱的状况。在很多场合，人、神、鬼时时相混，并没有明确的界限。由于无人亲眼见过神灵的真实容貌，傩在很多时候依靠以现实真人为原型的民间神话传说作为诠释的取材基础。为了使这些真人原型与虚构的神灵形象尽可能接近，艺人在相关面具的制作中不得不做艺术性处理。

其三，傩在扎根民间社区之后，为适应客观现实需求，增添了许多娱人成分，新的角色和人物不断涌现，傩面具的类型数量也相应持续增加，不少面具类型就来源于这些娱人的剧情内容,这样傩面具就具有了深厚的艺术性色彩。

傩面具深植于民间大众中,积淀和凝聚了世代民众的审美情趣,融合和流露出人们独特的审美观。每一张傩面具都镌刻着民众的审美判断,渗透着人的本质力量,体现着浓厚的人性化色彩,同时也深刻地烙下了不同历史时期的文化特征。

三、宗教性与艺术性在傩面具中的融合

傩面具中的种种人、神、鬼的头像造型,具有显著的象征性。这种象征性可以分为两个层次,即代表神性的宗教信仰象征和代表人性的审美艺术象征。傩面具的性质特点根源于傩的传承发展需求和信仰者的宗教意识形态。傩明显不同于早期的原始宗教仪式,其鬼魂和诸神形象已被人格化处理,赋予了更多超自然的特性,以实体形式体现出来。在儒、释、道等宗教和思想观念的影响下,傩面具中的诸多神鬼造型皆显示出宗教艺术的形象特征。如贵州傩坛中最常见的山王面具的造型,大多取自佛教金刚塑像的五官形象。道真县有一种"山大王"面具较为典型,这是张两侧耳边各塑有一个"抱耳神"装饰的活口三头山王面具,显然是受到佛教中"金刚药王叉"三头六臂的造型影响。傩面具的神性和人性及与之相应的宗教性和艺术性特征在交汇融通的过程中实现着人性人情的张扬和宗教情绪的升华,进而推动傩文化的传承与发展进程。

首先,傩面具上雕摹的诸多神鬼形象在客观现实世界中是根本不存在的,民间艺人在这些面具的制作上采用特殊的手法赋予其超自然的视觉特征。如用增添一双兽角或一只鸟喙的方式象征凶悍,以獠牙利齿代表凶残,用增加一只眼睛的怪诞艺术风格象征法力之强大无敌。这种以形会意、寓意于物的艺术创作手法,无不是将鬼神的非现实性予以夸张反映,从而实现视觉上的震撼效果,保持傩在人们心目中的神秘感,维持其对民众的吸引力。在傩活动的浓烈宗教氛围中,傩面具的宗教性与艺术性交织融汇。在两种属性的融汇状态中,前者是主导,后者起到支撑和衬托前者的作用,傩面具从中获得了有利于其传承发展的不竭艺术生命力和信仰内驱力。

其次,傩面具背后的民间传说故事亦在一定程度上体现了傩面具的宗教性。这些传说故事往往来源于宗教神话传说的内容、情节片段或组合物,在傩仪中被用以宣扬具有规劝和训诫意义的道德教义。傩所倡导和推崇的神

话传说中的救世主和英雄以其显著的正能量,成为人们思想、道德和行动的典范和楷模,这些救世主和英雄通常是以艺术性的夸张形象出现在傩面具中的。

从审美上看,傩面具一直留存着原始艺术的象征性特点。在傩面具与宗教信仰取得联系并具有了宗教性之后,原先傩仪中的神鬼形象就被赋予了直观化和偶像化的象征意蕴。在傩活动中扮演者戴上面具进行表演,在常人看来,面具或许会成为扮演者和观众之间情感交流共鸣的阻隔,然而傩面具中的鬼神形象被做了艺术化处理,具有了通俗的、为广大群众所喜闻乐见的艺术风格。傩面具在扮演者与观众或主持者与参与者的联系与沟通中,不仅不起阻碍作用,反而起了促进作用。面具的艺术性格调拉近了虚幻的神鬼与世人之间的距离,不仅扮演者更易于进入演出状态,观众也能够在潜意识里快速沉浸在现实的剧情、仪式与幻想的神鬼形象的联系之中,此时的傩面具发挥了促使鬼神与巫师、民众顺畅地沟通交流的中介作用。巫师以其主持的通神、悦神、驱鬼、捉妖仪式,表明已和神灵进行了有效对话,将信仰者的诉求传达给了神灵。傩信仰者则将这些佩戴鬼神面具的巫师当成了已来临的真实鬼神。可以说,傩面具的艺术性风格活化了傩的宗教思想中的神鬼映象,使神鬼的形象由虚幻走向具体。傩面具的宗教性决定其艺术性,一旦缺失了宗教性,其艺术性也就无法存在。而同样,如果缺少了艺术性,傩也就失去了感召力和活力,无法吸引广大受众积极参与,从而也就无法生存和发展。

傩面具是傩戏区别于其他戏剧的主要标志,对傩面具的关注是研究傩戏和傩文化的重要方面。从目前所能搜集到的贵州傩面具来看,明代及之前的面具由于历史久远已难觅踪迹。清代是面具发展史上的最后高峰时期,因而传世至今的傩面具主要是清代的。从文化心理学来看,这些传世面具的夸张表情和变形手法均出自其时人们的经验感受,与他们的文化心态是紧密相连的。面具的各要素均与现代人像雕塑的原理迥异。为了显示神鬼的神力、狰狞和凶残等异于常人的超凡之处,面具的制作者会有意将面部五官夸张变形。同时,傩面具的设色风格也与现代美术色彩学原理严重相左,它不受任何理论牵绊和制约,遒劲豪放,不拘一格,极具想象力。傩面具的造型和设色格调是由当时贵州特殊的地形地貌和人文环境给人们的心理感受使然。透过傩面具表象的鲜明对比和不协调的格调,从其深层象征结构来看,傩面具的造型和设色艺术风格有着自成体系、内涵深刻的象征意义,这种寓意与傩的意蕴高度吻合。可以说,面具是傩信仰者将神鬼的超自然力形象直观化的产物。面具制作者的出发点就是将神鬼的面目以幻想和夸张的方式在人的实体面目基础上予以变形,以拉近人们与神灵的距离,达到人们对神灵心存尊崇和敬畏的效果。不管各种傩面具的造型如何怪诞夸张,现实的人都是其变形手法的原型,变形的程度以达到震慑人们心灵的效果为宜。唯有以异于人类正常面目的造型,才能使人与神灵产生明确区分,从而展现出神鬼在傩信仰者心目中的无边法力和神圣高远地位。这个距离不仅是空间上的,更是心理上的,傩面具在很大程度上已经成为神鬼的象征,人们佩戴夸张造型的傩面具的行为是拉近人神距离,取得神灵庇佑的重要方式。在傩活动中,傩面具的形、色等种种不协调的外在表象在人们直接感触的印象中得以调整转换,转化为人们乐于接受的存在。人们以傩面具为载体和中介,实现宗教情绪的升华,完成与神灵情感的沟通和交流。

第三节 傩面具在贵州傩活动中长期传承的原因

傩面具是贵州巫术仪式和傩戏、傩舞等表演中不可或缺的重要道具,按其形态和用途来分,主要有三大类,分别是:黔西北威宁地区彝族《撮泰吉》面具;遍布全省广大农村的"傩坛戏"面具;黔中安顺地区的"地戏"面具。通过这三类有代表性的傩面具,基本可以看出贵州傩面具发展史的大致脉络。在原始社会,面具通常被作为本族群的认同符号,戴面具举行的巫术仪式通过联结过去与现在时空的纽带作用增强了本民族的群体认同感和凝聚力,成为人们的精神支柱。这类傩面具基本上一直沿袭原始时期的形态风格,彝族的《撮泰吉》面具即属此类。"傩坛戏"面具在农业社会刚出现时主要用于祈雨、庆丰收等民众的祈求与庆祝活动,每一张"傩坛戏"面具代表一个鬼神,面具造型生动又充满鬼气灵性,颇具民俗研究和艺术审美价值。"傩坛戏"面具在后来的发展中,又被巫师赋予了驱邪治病功能,人们以其祈求神灵的保佑,抵御灾祸,逐疫祛病。从事这类面具雕制的大多为民间专业艺人,其雕制的面具具有强烈的视觉冲击力和震撼感,足以调动人们潜意识中对神鬼的敬畏,因此这些艺人被认为具有特异功能和超凡灵感,备受人们尊崇。在巫师看来,傩面具具有无上的神力,他们往往将其看得比自己的生命还重要,许多傩信仰者在巫师的感召下,将面具烧成灰吞服治病。相比其他傩面具,"傩坛戏"面具在贵州的影响范围最广泛,为民众所接纳的程度也最高。"地戏"面具是贵州傩面具后期发展阶段的面具品类,其产生标志着贵州傩面具走向成熟。地戏的活动方式逐渐摒弃巫术内容,而向戏剧演出靠拢,更好地适应了观众的欣赏口味,迎合了观众的心理需求,在民间社区赢得了越来越广阔的生存空间。地戏面具偏重于展现人们内在思想意识,在极为有限的空间内浓缩着丰富的内涵,体现着社会历史和民俗宗教等文化印迹,堪称一部历史百科全书。"地戏"面具由于没有京川等戏剧脸谱千篇一律的固型化模式风格,因而艺术创作风格生动活泼,可以使人们的感情自由宣泄,更能反映人们的各种愿望。这三种傩面具具有不同的民俗文化特征,分别反映着贵州不同地区不同民族在长期的历史进程中所形成的相对固化的观念意识和风俗习惯,至今仍广泛流行于贵州的民间社区。具体而言,傩面具能在贵州顽强地生存、传承下来,主要有以下几种原因。

第一,在长期的中国封建社会环境中,儒家文化造成了社会政治、经济和文化的保守状态。在这种情况下,一方面,近代以前中国包括傩戏在内的传统戏剧在剧目类别、表演艺术、声腔唱法等方面均固守传统风格。表演剧目以历史剧和传说故事剧为主,形成了剧目内容与现实生活严重疏远脱离的局面。另一方面,近代以来,尤其从五四时期开始,大量西方话剧作品传入中国,其创作艺术方式对中国戏剧表演内容与风格产生一定程度的冲击,但由于中国传统戏剧在长期的历史发展中所形成的表演模式和艺术格调根深蒂固,其整体风貌并没有受到显著影响,也没有发生根本性的改观。这种状况在贵州表现得更为明显,贵州的地理位置较其他地区更为偏远,交通条件更为落后,在很大程度上制约了贵州与外部地区人员、经贸和文化的往来与交流,因此外部文化很难传入贵州,这使贵州傩戏一度有"中国戏剧活化石"之称。同时,贵州的傩文化中蕴含着比其他地区更为浓厚的巫鬼信仰意识,历史事实证明,即使国内其他地区的文化习俗对其产生影响也需要一个漫长的历史过程,更不消说异质性的西方文化了,所以在特殊的文化背景与地理环境下,贵州的傩戏、傩面具也就难以发生变异。

第二,中国长期的农业文明造就了小农经济的社会形态。贵州地形复杂,山多地少,民众大多分散居住,相互之间缺少沟通与交流,居住环境的不同往往造成人们的思想观念与心理诉求之不同,因此某一品类的文化体系唯有同时适应不同人群的不同信仰诉求,才能被尽可能多的民众所接受,亦才能在当地生存和发展。这样,既无严密组织又无成文理论说教的傩以其强大的包容性、凝聚力、召集力得以与客观现实相适应,因此贵州傩面具没有固定的样式,不同的傩面具分别代表人们心目中不同的神、鬼或神化了的超凡英雄。同时,人类在险恶的自然环境面前颇感力量的单薄与孤立无助。他们迫切需要宗教或类宗教信仰意识给予其精神方面的有力支持。"人类之所以不同于其他动物,就在于人类的秉性之中具有一种'悲剧倾向'和'救赎心理'。我认为,这就是人类宗教意识的起源。尽管不同派别的宗教有着不同的教义,但起点和终点都必然是重合的。"①傩虽然还不属于宗教,但由于融合了较多的佛教、道教等宗教因素,因而具有显著的宗教性,拥有单一宗教形态所没有的优点。单一宗教形态只能吸纳崇信本宗教的受众,而傩文化体系可以同时适应不同人群的多种宗教信仰诉求,同等条件下可以比单一宗教形态吸纳更多的受众,这使傩文化始终保持相当的受众规模而不易于失传。再者,面具下的傩活动更注重实现民众驱鬼、逐疫、纳吉的功利性目的,这与宗教以宣扬教义、修身养性的方式达到教徒内心的省悟和宁静相比更贴近民众的现实需求,对于那些温饱尚未解决,致力于满足基本生活需求的民众来说,唯有皈依于傩,方能求得生命与精神的支撑。

第三,傩面具的存在与民间傩戏的表演需求密切相关。傩戏班通常由巫师、巫医、戏师等角色组成,是乡间农村小型的演出单位。一方面,傩戏演出的主要目的是为愿主冲傩还愿,为村民驱鬼纳吉,需要动用巫鬼邪神等众多角色。在人员数量有限的情况下,很多时候需要一人演多角,才能满足傩戏演出对角色数量的需求。而此时,同一演出人员唯有通过面具的替换才能实现角色的转换。另一方面,傩面具的采用能使扮演者无须变换面部表情,而主要通过肢体语言、舞蹈姿态来表现角色的感情变化和性格特征,这对于扮演者的非专业性表演是很方便的。

第四,贵州傩面具能够适应社会的发展趋势,不断地推陈出新,与时俱进。当前,傩面具面临的生存形势较为严峻。自古以来,面具和脸谱由于各有利弊,互为补充,因此在民间的演出活动中各得其所,共同生存。但在当前的世界艺术舞台上,观众更看重与表演者之间的表情交流与情感互动。脸谱由于能够活灵活现地即时表达出演员的面部表情,更易于为观众所接受,其在满足观众的心理需求方面显然比单一表情的傩面具更胜一筹,因此在演出活动市场化的浪潮中,脸谱有取代面具的趋势。同时,随着社会的发展,传统戏剧受到来自电视剧、电影等现代戏剧形式的强烈冲击,生存空间受到挤占,傩戏及傩面具艺术的进一步发展亦受到较大程度的阻碍。然而,虽然傩面具

---

① 金桑:《交换论》,天津:天津社会科学院出版社,2011年版,第222页。

相对来说缺乏灵气,难以适应现代戏剧的演出需求,但由于雕刻精细、颇具工匠气息的工艺特点,使其具有较强的艺术观赏和纪念收藏价值,尤其适合在旅游产业中用作旅游产品出售。可喜的是,傩面具的旅游价值已经引起贵州当地政府的高度重视和艺人的较高兴趣。艺人们根据当地的实际情况雕刻并出售了大量形态各异的傩面具,并取得了良好的经济效益,使贵州傩面具在历史上重新焕发了勃勃生机。

傩面具以其丰富多彩、复杂多变的形态与内容,凝聚了往昔历史,蕴含了厚重的历史沧桑感和宝贵的文化艺术价值,是一份珍贵的历史文化遗产,是一种活着的古文化事象,是一曲生命、信仰和艺术相互融合的古今交响乐,具有可持续传承发展的不竭动力。傩面具为社会学、民俗学、戏剧学、宗教学等的研究提供了丰富宝贵的一手材料,同时,为绘画、雕塑等艺术门类的研究积累了很好的素材。对傩面具这份宝贵的文化遗产予以科学保存和深入研究,对推动民族文化的发展将大有裨益。

第六章　贵州傩文化中的鸡民俗

　　自古以来,鸡便与人类结下了不解之缘,成为与人类关系最为紧密的家禽之一。在中国,鸡文化的出现与发展经历了漫长的演变过程。根据最新的考古发现,人们已经可以直观地了解新石器时代遗留下来的关于鸡的遗迹和文化。距今10000年的江西万年仙人洞遗址发现被认为是未经驯化的原鸡骨骼,虽然其尚不属于家鸡,但至少说明当时人类已经认识到野生鸡的价值,而把它作为猎取的对象了。距今7000年前后的河北武安磁山遗址也发现大量鸡的骨骼,经过对比分析,有专家认为,这些鸡骨属于驯养的早期家鸡的可能性相当大,而且这些鸡骨绝大多数来自雄鸡,应该是人们有意识地进行人工选择的结果①。湖北省天门市石家河镇邓家湾遗址发现了大量的石家河文化时期的陶鸡,距今约有4500年。山西襄汾陶寺遗址也曾出土一件陶鸡,尾部微上翘,背部有一小圆孔,可能是一个器物盖上的装饰物。另外在湖北京山屈家岭、均县乱石滩,河南伊川马回营等遗址也都发现新石器时代的陶鸡。除了陶鸡之外,古代还有很多用其他材质制作而成的鸡的艺术品。辽宁省丹东市后洼遗址出土过6000多年前用滑石雕刻而成的鸡,技术娴熟,造型生动。在河南罗山县蟒张商墓中发现了玉鸡②。

　　在鸡与人类数千年的共同生活中,鸡除了充作人们的美味佳肴外,还起着时钟的作用。鸡作为人类的忠实朋友,始终与人类如影相随,不离不弃,人们亦对鸡产生了深厚的感情,并以多种方式表达出来。鸡是唯一被排进十二生肖的家禽,鸡还被人们冠以"德禽"的称号。历代文人墨客在诗句、对联、典故中借鸡明志、抒发情怀。"鸡"字亦经常出现在各地的地名中,鸡逐渐在人们的心目中占有较高地位,人们把鸡看作和神交流沟通的信使与媒介,拥有至上的殊荣。在汉代,人们就认为,鸡为火之精华,誉其为"金畜"。"先儒以鸡为火之精者。巽木含火,火生风,火炎上,故雄鸡有冠乃鸣。《南越志》曰:鸡冠如华,其声清彻,巽位在巳金所生也。王于酉上直于昴,故鸡又为金

---

① 于海广:《多彩鸡文化》,济南:齐鲁书社,2009年版,第1页。
② 于海广:《多彩鸡文化》,济南:齐鲁书社,2009年版,第2页。

畜。"①人们还将一年中最重要的日子"大年初一"称为"鸡日"。"正月一日为鸡;二日为狗;三日为猪;四日为羊;五日为牛;六日为马;七日为人;八日为谷。"②鸡已经在大众的心目中拥有了无可替代的位置,在较深的层面渗入我国民俗的文化基因中,衍生出与人们的生活密切相关的文化现象,俗称"鸡文化"。由于在人们的潜意识里,鸡是神灵的化身,这种特性对于巫师创设傩事仪式的神秘氛围是十分必要的,因而鸡作为道具被广泛运用于巫师的道场作法中,以至于在贵州有"无鸡不仪"的说法。具有神性的鸡被傩仪所采用,这使傩仪具有了更高的感染力和可信度,一定程度上提高了傩文化在贵州民俗中的地位和影响,逐渐成为贵州文化体系中的重要一极。同时,作为傩文化重要载体的鸡也以代言者的身份通过多种形式出现在贵州的民俗活动中,使贵州的民俗事象增添了更多的傩文化因素。

第一节　鸡在贵州傩文化中的功能

鸡文化作为一种强势文化早已全方位地融入贵州的傩文化中。鸡不仅在狭义的傩文化中被用作祭祀的供品、驱邪的道具,在广义的傩文化中还具有信物的功能,常被用于人情礼物互送、赌咒铭誓等③。

一、用作祭祀的供品

祭祀土地、青苗、先祖或者神灵是鸡在贵州民俗中的主要功能。"六月六日谓为土地生日,各醵钱具鸡酒祀之;九月九日谓之重阳,亦具鸡酒祀社。"④"六月六日为土地生辰,城乡居民纷往田地边致祭,以纸制数寸之小伞,杀鸡以鸡血淋纸伞,谓之祭青苗。"⑤"日、月、星辰、雷、电,均奉之为神,称日为太阳公公,月为月亮婆婆,雷为雷公,电为电母。遇有疾病灾难等事,常焚化香、楮,点蜡烛及鸣放爆竹等向神致敬;甚至于门外摆设香案,以菜、酒、斋饭、刀头、雄鸡等祭供,以求赐福祛灾。"⑥鸡蛋在贵州民俗中也常被用作供品。"四

---

① 陈仁寿点校:《四库全书·金匮要略》,南京:江苏科学技术出版社,2008年版,第142页。
② 郑珍、莫友芝:《遵义府志》卷二十《风俗》,道光二十一年(1841)刻本。
③ 狭义的傩文化通常包括傩祭、傩仪和傩戏,广义的傩文化是指傩祭、傩仪和傩戏影响的其他民俗和文化事象总称。
④ 王世鑫:《八寨县志稿》卷廿一《风俗》,民国二十一年(1932)刊本。
⑤ 田昌雯:《普安县志》卷十《风俗》,民国十五年(1926)刊本。
⑥ 黄元操、任可澄:《续修安顺府志》卷十六《风俗》,民国三十年(1941)稿本。

月八日,谓之'浴佛日'。妇女以鸡子供佛,已而相夺取,以得者为幸。此风惟城中有之,乡场无有也。"①

二、充当巫术等民俗活动的道具

贵州人崇道,而鸡也往往出现于道教典籍里,为道教所推崇。由于鸡是道教的崇尚之物,其在贵州民俗中所占地位自然也非同一般。道教人士陶弘景尤其强调白鸡的辟邪作用,云:"学道山中,宜养白鸡白犬,能辟邪灵。"②"裴真君好养白鸡,名白精。学道之士或居山林,此可以辟邪。"③因此,鸡亦常被道士用于行巫作法。

(一)鸡卜

占卜是巫师行巫仪式的重要组成部分。夜郎人俗好巫鬼,对于命运深感神秘莫测,因此非常希望能够得到神灵的启示。占卜正是自然的或人为的工具和方法,由巫师向神灵探寻过去或将来的人事及其他事物的结果,并根据占卜工具所显示的纹理、颜色深浅等信号断定吉凶祸福。在夜郎人看来,这些信号就是神的意旨与暗示。夜郎巫师的重要职能是以占卜方式预卜吉凶。他们占卜的工具是多种多样的,从后裔民族所保存的文化遗存来看,具有强烈的地域文化特点。中原一带的巫师以龟甲、蓍草占卜决疑,夜郎人则采取骨卜、竹卜、茅卜、谷卜、石卜、蛙卜、蚁卜、鸡卜等占卜方式。鸡是夜郎人常用的占卜工具,有鸡头卜、鸡舌卜、鸡肝卜、鸡爪卜、鸡股骨卜的分别,其中最常用的占卜方式当属鸡股骨卜。夜郎古国的仡佬族于每年三月三日行祭山节时,都要杀鸡祭祀。祭毕,就地聚餐,吃鸡肉时,祭者要查看鸡股骨,行"鸡卜"仪式以断祸福,念诵的经文里有"三筹鸡卦四筹财,五筹鸡卦祸就来"之句,这里的"筹"就是指鸡卜卦象。彝族祭祖时总要先由毕摩卜鸡卦选吉日,《作斋经》有云:"天逢此年兮,天地届周年,日月满周岁,高山布谷鸣,长渠青蛙噪,秧田水斑白,春鸟啭,柏草花灿烂,深夜知更鸣,荷塘叶葱葱。胛骨兮占年,鸡卦卜吉月,吉年兮送灵,吉月兮祭祖。"④夜郎人在行祭山、祭祖等祭祀仪式时均须卜鸡卦测吉,其他礼仪活动亦可想而知。

关于鸡卜的方法,早在西汉时期《史记·武帝本纪》的"正义"中就已记

---

① 常恩、邹汉勋:《安顺府志》卷十五《风俗》,咸丰元年(1851)刻本。
② 欧阳询:《艺文类聚》,汪绍楹校,上海:上海古籍出版社,1980年版,第317页。
③ 欧阳询:《艺文类聚》,汪绍楹校,上海:上海古籍出版社,1980年版,第428页。
④ 刘方之:《人文夜郎》,贵阳:贵州人民出版社,2010年版,第142页。

载:"鸡卜法,用鸡一,狗一,生祝愿讫,即杀鸡狗煮熟,又祭,独取鸡两腿骨,上自有孔裂,似人物形则吉,不足则凶。今岭南犹此法也。"①宋人周去非在《岭外代答》中详细记载了他所观察到的仡佬族人行鸡卜仪式的具体过程:"南人以鸡卜,其法以小雄鸡未孳尾者,执其两足,焚香祷所占而捕杀之。取腿骨洗净,以麻线束两骨之中,以竹梃插所束之处,俾两腿相背于竹梃之端,执梃再祷。左骨为侬,侬者我也。右骨为人,人者所占之事也。乃视两骨之侧所有细窍,以细竹梃长一寸余者遍插之,或斜或直,或正或偏,各随其斜直正偏而定吉凶。其口有一十八变,大抵直而正或附骨者多吉,曲下斜或远骨者多凶。"②百越民族在行鸡卜时一定要选用健壮的雄鸡,鸡冠尤其不能破损。用前要洗净鸡头鸡脚,由毕摩默念经咒,敬告天地,然后宰鸡,取鸡脖子上之羽毛一撮蘸鸡血抹于纸钱上,随即将纸钱以血粘贴于神龛或门楣上。鸡煮熟后即被端上祭台,毕摩整装诵经行揖礼,敬请诸神享用。诵毕,参加祭祀的所有成员均要行跪拜礼。毕摩或酋长则在一旁焚烧蘸过鸡血的纸钱,抽出鸡股骨,刮尽上面的筋膜,露出血窍,在血窍中插入竹签,再用食指和拇指捏住股骨两头。此时鸡骨和上面的竹签就构成一卦像,毕摩针对竹签和鸡骨形成的角度、鸡骨的纹路就可以做出解释。这些解释并不是随心所欲的,巫师一般都有世传剧本,即民间长期流传的《鸡卜辞》。这些卜辞中附有各种卦象,涉及内容广泛,包括耕田、求雨、祈丰年、打鱼、婚姻、求财、打猎、起房盖屋、迁徙、择墓、赎魂、叫魂、疾病及战争等素材,最后请祭祀对象前来享用祭品。

"鸡卜"一般指用鸡的股骨占卜测算吉凶。鸡卜不仅广泛见于汉族、彝族的传世文献,在夜郎故地的各个世居民族中也有流传。《史记》记述汉武帝在灭掉南越后,于元封年间招请一位出名的南越巫师来朝廷举行祭祀活动。"乃令越巫立祝祠,安台无坛,亦祠天神上帝百鬼,而以鸡卜。上信之,越祠鸡卜始用焉。"③越巫以鸡卜断事,汉武帝深信不疑,应为测算吉凶的准确度较高所致。南越与夜郎是邻国,同属濮越稻作文化系统,由此推测,夜郎巫文化中的鸡卜亦应该同样发达,这是极有可能的④。

在贵州,鸡卜主要包括四种形式,分别是:活鸡卜、鸡骨卜、鸡蛋卜和鸡血卜。

---

① 叶大兵、乌丙安:《中国风俗辞典》,上海:上海辞书出版社,1990年版,第799页。
② 周伟民、唐玲玲辑纂点校:《历代文人笔记中的海南》,海口:海南出版社,2006年版,第30~31页。
③ 范宏贵:《壮族历史与文化》,南宁:广西民族出版社,1997年版,第287页。
④ 王鸿儒:《夜郎文化史》,贵阳:贵州人民出版社,2010年版,第379~380页。

1. 活鸡卜

在贵州部分地区,死人下葬时,须以鸡在墓穴中啄米的位置确定棺材放置的位置。"亲戚辈咸来执绋,以雄鸡一只站棺上,置棺之穴,曰井。先派人挖好,临葬时,由道士或地师用雄黄末于井内画八卦,或书富贵双全四字,曰暖井。纵鸡于井中,看鸡啄米于何处,以占吉凶。鸡由井中跳出,曰跳井。以吉时纳棺入井,曰下圹。"① 贵州铜仁市九龙洞风景区的民众认为,孕妇阳气不足,容易被孤魂野鬼缠身,导致流产。为保险起见,家有孕妇的户主须请傩坛师主持"钉胎"仪式,即由傩坛师"口含红铁"吓走作恶的鬼魂,为孕妇"加焰火"。"钉胎"时须延请一位傩坛师,一般选在夜深人静之时。主家要事先准备好香纸若干、雄鸡一只、刀头肉一块、炒豆腐一碗、酒三杯、铁钉或耙齿一根。傩坛师进行开坛、请神及祭祖师仪式时,主家则在一旁将铁钉或耙齿在火塘中烧红,烧红的铁钉或耙齿被称为"红铁"。随后傩坛师用师刀将"红铁"从炭火中钩出,用一张施了咒的纸张按住"红铁"一端夹起,用口咬住"红铁"在堂屋中走三圈,进入孕妇的卧室,在孕妇的落脚处烧纸、念咒、画符,将红铁钉粘上雄鸡鸡血,钉在床脚旁边。这样孕妇就不会流产了。除此之外,人们还常用鸡卜的形式祈求一年之吉利平安。"每岁孟春,毕聚于兹,执鸡卜之,择其吉而从之,以为终岁平安乐业之兆。"②

2. 鸡骨卜

鸡骨卜在贵州主要用于占卜婚姻,鸡骨充当男女双方结婚的证物。"婚礼自媒妁通言后,用鸡卜。鸡卜者,杀鸡取两翅膊骨,插细竹签于骨之细孔,数其签以卜吉凶,所谓打鸡骨卦也。既吉则藏骨以为证。"③

3. 鸡蛋卜

以鸡蛋占卜疾病多见于贵州的苗族地区。在占卜中,巫者以鸡蛋确认疾病的吉凶。"俗称烧蛋曰'烧胎',即筮师将鸡蛋上画符,并书写病者姓名,然后将蛋置于炭火中。筮师手摇师刀,口中念念有词,及至蛋壳爆裂,液质流出,依其形状,预示疾病之吉凶。"④ 鸡蛋卜还常用于民间断案。"鸡卵卜,取鸡卵墨画,祝而煮之,剖为二片,以验其黄,决嫌疑,定祸福,言如响答。"⑤ 鸡蛋卜亦常用于决断墓穴的选址。"人死卜地以鸡子,掷之不破者为吉利,即葬

---

① 卢杰、蒋芷泽:《兴义县志》第十一章《社会·风俗》,民国三十七年(1948)刊本。
② 石开忠:《侗族萨崇拜的祭坛与仪式研究》,《宗教学研究》,2016年第1期,第137页。
③ 张俊颖:《兴仁县志》卷九《风俗》,民国二十三年(1934)稿本。
④ 吴泽霖:《定番县乡土教材调查报告》第十一章《社会》,民国二十八年(1939)稿本。
⑤ 犹海龙:《桐梓县志》卷十四《文教志》,民国十九年(1930)刊本。

于其所。"①

4. 鸡血卜

鸡血卜通常用于占卜财源。"正月二日午前,燃香烛,设清酒,宰鸡一,供龛前,行跪拜礼,鸣爆竹,名曰'敬财神',又呼'押季'。商家最讲究此举,爆竹特别多。迷信者更以宰鸡时血之颜色、量之多否,卜本年财源。"②

巫师占卜所用的工具,并非信手拈来。这些工具在夜郎人看来大多是有灵性的,除鸡骨之外,选择较多的是竹、谷、草、蛙等。他们喜用鸡,可能与夜郎先民所信奉的鸟图腾有关。夜郎人尤其是百越族的先民曾以鸟作为自己族系的图腾,鸡即为鸟,雄鸡更有司晨之功。在古夜郎人的原始思维中,鸡为灵物,甚至是太阳的光华所系之禽类。如屈大均在《广东新语》中言,"鸡为积阳",能去邪驱鬼,因此备受世人敬仰崇拜。作为占卜工具的鸡具有通神的功能,在夜郎人看来,用其测算吉凶,自然也很准。③

(二)以鸡镇鬼驱邪

在贵州民俗中,鸡常被用作镇鬼祛病的重要法器。驱鬼所用的鸡最宜为长有大红鸡冠的白公鸡。民间传说鬼怕红色,公鸡又充满纯正的阳气,驱鬼效果显著。十二干支中,鸡属酉;阴阳五行中,酉属阳。阳克阴,而鬼为阴,遂怕鸡,鸡也就成为赶鬼的精灵了。"小儿猝昏迷,谓之'鬼闹关'。歃雄鸡血,点其头面,将鸡绕其身而掷出之。"④"鬼箭,鬼所操以射人者也,亦曰枪子。人或中之不急救或死,以雄鸡扫其痛处,更以鸡血点之可愈。"⑤人们通常认为小儿突然昏迷或者身上长了恶疮都是因为恶鬼作祟,采用鸡或鸡血就可以轻而易举地将鬼制服。人们不仅用鸡驱鬼,还用鸡血预防鬼的到来,先发制鬼。"结婚时,由礼生念诵喜词,执雄鸡一只,口啮鸡冠,血涂轿前后作禳解,后施红毡作障。"⑥

鸡在贵州的丧葬习俗中,无论在停尸、出殡还是埋葬仪式中都扮演着镇鬼驱邪的角色。在贵州和四川的很多地区流传着"惊尸"之说,认为尸体在某种情况下能变成僵尸,行走作祟。因此,为了防止尸身变成僵尸祸害人间,就需提前以鸡或鸡血辟之。"发丧时,道士一手执大斧,一手执雄鸡,高唱八大

---

① 何思贵:《安平县志》卷五《风俗》,道光七年(1827)刻本。
② 江钟岷、陈廷棻:《平坝县志》第四册《祀祷志》,民国二十一年(1932)铅印本。
③ 王鸿儒:《夜郎文化史》,贵阳:贵州人民出版社,2010年版,第381页。
④ 窦全曾、陈矩:《都匀县志稿》卷五《风俗》,民国十四年(1925)铅印本。
⑤ 郑珍、莫友芝:《遵义府志》卷二十《风俗》,道光二十一年(1841)刻本。
⑥ 卢杰、蒋芷泽:《兴义县志》第十一章《社会·风俗》,民国三十七年(1948)稿本。

金刚将云云,速将火灰土器击碎,此即'发丧'。棺上站一白雄鸡,孝子必祭舆神,以求途中清吉;埋葬时,巫师拉一雄鸡,口中念咒,将鸡置棺之上,此鸡俗称'爬丧鸡'。墓基周围遍洒鸡血。"①在黔北遵义地区的丧葬习俗中,人们还要用鸡"跳井遣煞",即道士将一只大白公鸡置于墓穴内,驱鸡沿墓穴四周走动,还要使鸡不停"咯咯"地鸣叫,以此驱除墓内的污鬼邪灵。完毕,则将鸡宰杀,以鸡血封棺,以此阻止恶鬼邪神进入棺内,使逝者得以安息。

雄鸡在贵州的傩俗活动中具有非常重要的地位。当地民众认为,自盘古开天辟地以来,鸡是唯一从混沌之中诞生后便具有灵性的动物。它头戴大红冠,身穿彩凤衣,脚是龙凤爪,眼可穿万物,只为降妖除魔而生。鸡晨在昆仑山上叫,夜在洞庭湖内鸣,后来人们拜请它坐神坛位驱鬼降妖。神鸡归坛位后,身不动而神动,元神早已出窍,其身一动不动地立在那里,因此世人将这一仪式称为"定鸡"。定鸡有头上定鸡、祖师棍上定鸡和筷子杀鸡不死三种功夫。在傩祭师看来,鸡是二十八宿中的一种,有神职神性,代表神的意志,能上天界、下地府,能代表人向神鬼传达某种意志,化解人的灾难。同时,鸡是会飞、会跑好动的动物,而傩祭师却能将其"定"在某处,足以表现傩祭师的通神本领及其能借助于"鸡神"达到行傩目的的本领。雄鸡代表各种神圣的意识,能通天达天国天宫,入地进阴曹地府,能代人向神鬼传递祈愿,解决人的困苦与劫难。傩坛师表演定鸡仪式,就是助力主家脱离难以克服的困境,如"招魂""解结""了愿"等。

其一,祖师棍上定鸡。主家若有人生病,便会请傩坛师登门驱邪逐鬼。傩坛师先在堂屋中画有九宫八卦的术墩上插上祖师棍,旋即用师刀将没有捆绑的公鸡由地上慢慢移至棍上,使其单脚独立、稳当地立在祖师棍顶部。傩坛师在公鸡身上施用法术,在祖师棍四周使劲敲锣打鼓,大声念诵经咒,周围观众亦附和大声喧闹,公鸡却始终站立不动。法事接近尾声,傩坛师将牌带或令牌一挥,公鸡如同心领神会,立刻朝某方向飞去,法师再根据飞去的方向来断定法事成效之大小。

其二,在关结索上定鸡。人之一生要面对很多关结,人们只有化解这些劫难,才能生存成长。小孩求顺利长大、成人求成家和业兴、老人求健康高寿莫不如此。在傩事活动中通常有场招魂解结的法事活动,即将一根打了结的绳子拴在傩堂中央,主人面对多少劫难就打多少结,结的数量由傩坛师决定,

---

① 王华裔、何干群:《独山县志》卷十三《风俗》,民国四年(1915)稿本。

一般最多为十二个结。法师在绳子上粘符咒、喷法水、诵口诀、挽手诀,用师刀将十二只公鸡逐一移到绳索上排好。任傩堂中如何喧哗,公鸡始终一动不动。待法事行将完结,傩坛师将牌带或令牌一挥,公鸡就会朝某个方向飞去,傩坛师依据公鸡飞去的方向判定法事是否成功。

其三,过关解结定鸡。傩坛师施行法术,将一只公鸡定在傩堂中用于小孩过关的大饭甑子或大坛子边口上,任傩坛师如何唱、跳、舞,围观群众如何喧哗,公鸡始终稳稳站立不动,直至傩坛师最后挥动令牌,公鸡才会跳入甑子或坛子中。傩坛师用粘有浆糊的纸带封上坛口,将坛子放于傩堂中央。傩坛师做完法事后用令牌击打神案或坛子底部,公鸡就会从坛底冲破薄纸一飞而出。如公鸡飞出傩堂外,则表示法事顺利;如飞不出去,则另有结论①。

(三)端公驱病巫术的法器

端公治病有多种方式,最普遍的当属禳解方法,即羊替人命,其中鸡蛋是不可缺少的重要道具。用草扎人像,着病人的衣帽鞋袜。端公牵羊一头,抱一草人,一并送至墓地,杀羊焚草人,随后祷告念经,大意为羊已替人死,草人代替疾病驾羊远去云云。此羊的肉,病人的亲属不能吃。回来时端公为病者叫魂,将一张纸放于地上,纸角插代表祖先的小旗,纸旁放日月状馍馍数个,纸张中间放柏枝、荞面、青稞及其他谷物、桐油。端公诵《叫魂经》,眯眼斜视有无昆虫爬上纸,如有则大喜,认为灵魂返回。此时用桐油粘住昆虫,用纸包好,放置筐内,筐内已有帽及鸡蛋等物。病人的亲属提筐,随端公返回,路上不时指着山水,口中喊:"魂兮归来。"行至门口,端公喊:"门神开门。"又问:"魂回家了吗?"室人忙应答:"回家了。"连续呼答三次,端公将纸包送至祖先神位处,击鼓告成。如病人为女性,端公喊魂时发现家有其他女性长发落至地上,便会认为这场祭仪大为成功,病者可以多活几年。

主人家小孩生病时,端公则坐在屋中火塘边上,口中默念巫词,用麦秆扎茅人,用面团捏面人,完后设香案,装玉米一升,上插香烛烧纸,主人抱生病小孩坐于一旁。端公左手握刀柄,右手摇铜铃,顺着节拍击打刀床,口念经咒,不时地把草人放在刀床上又拿下。念数段经后,端公把铧头置入火中,至香案前小声念咒,待铧头烧红后,用火钳将铧头夹起,尖向上放于火塘边,口含冷水,再备一盆冷水,将铧头对准病孩,将口含冷水喷向铧头,旋

---

① 刘剑、龙开义:《九龙洞风景区民风民俗》,武汉:华中科技大学出版社,2019年版,第109页。

即以舌舐之,连续三次,将铧头平放地上,以脚尖朝病孩患处方向踢铧头,念经曰:"我手中打神鞭,专打屈死鬼、吊死鬼、横死鬼、恶神、恶鬼,五个冤鬼早离此孩之身,我送你,是神归庙,是鬼归墓,我奉太上老君之命。"连念三次后,将铧头尖向下,浇入冷水,水起泡沸腾,倒入碗中,喂病孩喝下,此时主人要备好羊、鸡、筛子、火把、土枪,端公将筛子轻置病孩肚上,丰拿火把连击筛子三次,火花四溅。这时,有人提鸡,有人背羊,有人端着放有面人和茅人的筛子,有人荷土枪。端公在前引路,众人随之出大门,至十字路口,则摔鸡杀羊,丢掉面人和茅人,最后将筛子带回交与主人。主人翻看筛子,见到一蜘蛛,喜形于色,道谢端公:"法事做得好,魂可回来了。"端公答说:"茅人替死,还魂渡难关,草人带病魔去了,羊子代病人死了,蜘蛛代魂回来了,很好,很好。"

请不起祭仪的贫寒之家,则由病人的亲生子女叫魂,其法相对简单。将一枚鸡蛋放一帽内,盛米一碗,燃香三支,备不燃香亦三支。以已燃之香插于屋檐下,亲生子女跪地齐喊父母并祷曰:"山高路远,水又长,魂兮归来。"然后呼喊进门,依次行至祖先牌位处,燃香插火塘上,问"魂回家没有"之呼叫应答情形与端公叫魂时同。一次叫魂不灵,就喊第二次,甚至喊至第九、第十次。在喊魂灵验之前,祭祀用米与鸡蛋均不得食用。鸡蛋是灵魂的代表,尤需重视,藏在火塘中,用灰盖好,叫魂显灵后,祭祀所用之鸡蛋和米都要由病人全部吃掉。

端公看病,一般先看水卦。取清水一碗,撒入青稞,从青稞在碗底聚集方向可以看出魂落何方。若发现邪气,端公要算出适宜之日来主人家作法驱邪。首先口含热油喷屋内,谓之吐油水,随即踩热锅、甩铁链,用火炭烫脸,赶在天亮之前送鬼出门,屋子就干净了。若病重,还要背着病人,提一只鸡、携十二道灵符作翻刀山仪式,在刀山顶上击鼓招魂,念《强身经》,撒强身符。病孩吃一道,身上贴一道,睡床上粘一道,病就痊愈了。

(四)禳解除秽

在传统的傩俗中,驱邪与祝殖仪式是连续进行的。贵州羌民也有同样的仪式,羌语称之为"还鸡愿"。还鸡愿在贵州羌民中甚为流行,羌民自称"不还鸡愿,不是羌民"。还鸡愿每三年举行一次,仪式的主要部分在屋顶白石神像前举行,所以还鸡愿也就是各户私祭白石神的仪式。驱邪仪式是还鸡愿的前期准备工作,即在还鸡愿开始前,先清洁屋舍,清除家中不祥之物。

这两种仪式均须请端公主持,驱邪在八月十五日之后任何一日都可举行。当日端公要提前预备好一张白纸、若干张五色纸和一升荞麦,要在主人家院中堆好的粮食上面放置一个大馍馍、草把①和一块木刻。主人于端公念经时炒制荞麦,杀羊并将羊血洒在草把上。羊肉放在火塘上烤熟用以招待族人。端公念完经,携鼓上屋顶,众人随后,各带枪、炮、砂石、刺条等古军器象征之一种。端公在白石神像前燃柏枝,诵经驱邪,念一段,放一炮,诵经完毕,即从屋顶跳下,族人将所携武器扔往四处并呼叫,也随端公下来。经过家畜圈,念《圈头经》,击鼓摇铃,将作怪神鬼送至火葬场。洒过羊血的草把、木刻以及炒制的荞麦都被堆在畜圈旁焚烧掉。端公把馍馍切碎后撒在主人家院中各处以飨恶鬼。进屋前大家要用清水洗手,端公作安神仪式,恭请羌族诸神。进屋开始喝酒,端公嘱咐逆子、死小孩的人家、生小孩的人家等不吉之人不准上屋顶,定还鸡愿日期后就散场。

还鸡愿日期即届,端公先一日到主人家拣选祭用之鸡,并预备一定数量的纸张、竹竿、杉木等。午后端公上屋顶插杉木、摆香案、陈祭品,案前列四个杯子,一杯敬猴头祖师,其余三杯,一杯置羊粪,代表家畜;一杯放檐尘,代表老屋子;一杯盛清水,表示清洁之意。端公击鼓念经,一人摇铃,依次将清水、檐尘、羊粪、刀头肉与馍馍倒出。倒刀头肉与馍馍时,在场族人将手中预握的谷粒一同撒出,大家同食馍馍。食毕,端公牵着一头母羊羔爬上屋顶,在白石神像前燃柏枝,诵经,旋即用燃着的柏枝将羊背部的毛烧去一部分,尔后端公祝曰:"以后人发畜亦发,一个发十个,十个发百个。"此羊改名神羊,人、羊均下来。至门外,端公击鼓诵经,并割破羊耳。羊血洒在一个草把和纸旗上,草把和纸旗分别插在门的两旁。此羊从此不杀不卖不用作祭品,任其老死。礼毕回来,先于户外洗手,后入屋围火塘而坐,端公饮食,食毕开始剪纸制旗。旗插斗上,猴头和祭品都已布置好。端公诵经,取旗插于草席之前。纸裹鸡毛悬在旗顶部,还要在一面大旗上悬鸡毛及弓等物。制毕,诵经,还愿祭开始,众人齐集饮酒,酒后依次在财神、羊神、门神及祖先座前各献祭品。天未明之时,主人要备好鸡和香烛。端公从屋内火塘处开始击鼓至屋外上屋顶。闻端公放炮声,主人立把鸡绞死。端公念经毕,摆设祭品,敬白石神,在神像前的杉木上粘鸡毛、悬白旗。三日后,将杉木移插于田地中,所粘鸡毛也要撸下扔到田间。

---

① 根据当地的说法,在该仪式中,草把代表作祟的祖宗鬼魂。

上述傩习已有久远历史,当地的羌民在一首古歌曲中这样唱道:

> 羌民敬神,羊愿鸡愿,用端公;羊愿扫房,鸡愿扫房,打扫牛羊圈;将污秽洗净,鸡愿扫房,打扫牛羊圈;将污秽洗净,完全洁白,水清。

(五)驱农害

贵州羌族信鬼神,他们认为鬼神是作威作福的,疾病、贫困、灾荒以及其他一切灾难都与族人触犯鬼神有关。每逢此时,族人就要请端公施法安抚神灵或驱逐之。羌族不是打猎民族,即使打猎,族人的动机也只是除农牧之害。限于落后的打猎方式,他们经常会遭遇难以对付的野兽,因此不得不进一步利用超自然的力量,请端公举行驱农害的坐术仪式。这种仪式,每三年举行一次,一般于二三月之交举行。主持仪式的端公须从邻寨请来,不用本寨的端公。

辅佐端公的主事者,大寨通常公举代表四五人,小寨则公举两人担任之。举行仪式的前一天,寨上每一户均需购买纸张若干,由端公徒弟裁好,分发各户制成白旗,旗的数量对应各户田产数量。大田用大旗,小田用小旗。

仪式当日,老端公与寨上众人齐集寨外的一处荒坡,寨民提前准备好荞面、刀头与酒水。参加民众除自备伙食外,还要各带粮食七升送给端公及各寨主事者。集会场中还要预备一只大羊和一只雄鸡,羊固定在荒坡上,鸡被捆放在羊旁。在荒坡中央平整的大石块处燃起一火堆。老端公在火堆旁燃柏枝诵经请神,他的徒弟们亦打鼓念经。端公用清水和荞面,捏出危害五谷和家畜家禽的野兽共二十余种,置于大石块上开始念咒:"你们亦天地所生,但你们应自谋生活,不要侵扰他类,现你们糟蹋五谷与畜禽,危害人类。吾乃代表人民,告谕你们,回归己位。"然后端公呼喊不同野兽的名称,分别由小孩子将野兽的面制模型送到指定地点,各人看守好各人送的野兽模型,不可掉落丢失,否则会认为不吉利。

老端公稍顿片刻,徒弟们打鼓念经,念毕众人随端公呼喊。老端公问:"野兽走了没?"众人齐声说:"走了,走了。"徒弟再打鼓念咒,主事者呼喊:"快走,快走,如不快走,老端公要马上驱逐你们了。"又转身对老端公说:"他们不肯走呐。"老端公早就准备好一只面制老虎及一块木板,木板上铺白纸,口中念咒,令孩子们将危害五谷和畜禽的野兽之模型一一拿回,排列木板上,用刀拍烂,说:"你们不肯走,那就杀死你们,一个也不留。"然后将粉碎的野兽身骨置于土罐内。同时,端公将铺在木板上的纸包起,盖灰一把,口喊:"虎来了,虎来了,送走,送走。"这时,一人拿罐子,一人抱老虎,众人齐作虎吼状,高呼:"清平了,清平了。"罐子被送至数百步外隐蔽处,挖洞深埋之。完毕,主事者及民众聚餐,老端公则念咒杀鸡。餐后,众人将各自所有之旗铺于地上,老端公以鸡血一一淋之,众人分别领取。徒弟跳舞一周,众人分散至田间,每田各插一支旗。末了,寨上主事者执火把、牵羊,并携带端公行李及答谢物品送端公,周游田间,每高呼一声则放炮一响。端公打鼓摇铃行至路上即离去,此时要连放数炮,主事者高呼"不要来了,不要来了",将沙子撒向端公。

1949年以前,贵州省江口县桃映镇漆树坪等羌寨族人于每年秋收还愿时,都须请端公做驱除农害法事。法事早先是在村寨附近的神林里举行,后来村里修了神庙,就在庙里举行。法事开始,端公击鼓唱道:

  此次还愿三日夜,端公先把鸟兽撵。鸟兽本是庄稼害,驱除鸟兽获丰收。
  谁家今晚打发女,请我端公去解煞。谁家今晚葬爹娘,请我端公去开路。
  解煞开路我不管,端公先把鸟兽撵。

唱毕即停止打鼓。此时一寨民怀抱一只公鸡,同其他几个打着火把从庙内出来的青年走在前面,端公随后走出庙门,击鼓唱道:

  野猪老熊土猪子,老鹰鸦雀众雀鸟。糟蹋庄稼犯罪孽,端公特来撵尔等。
  桃映街上往下撵,尔等逃往怒溪街。怒溪街上往下撵,尔等逃往官和街。
  官和街上往下撵,尔等逃往德旺街。德旺街上再一撵,驱赶尔等德旺外。

端公说唱时,每唱到一个地方,都要下意识地吆喝一声,众人也跟随大喝一声,在端公和众人吆喝之时,抱鸡和举火把的几个青年则飞跑向前,意指把鸟兽由寨内逐向寨外,象征农害已除。还要杀鸡,将鸡血淋在若干纸旗和树枝上。天亮以后,要在全寨每一块地里插一面纸旗和一根树枝。鸡肉煮熟之后,全寨所有民众每人都要分吃一点,表示农害已除,来年庄稼大丰收。①

三、信物功能

在贵州的民俗文化中,鸡被认为是驱鬼的精灵、神灵的化身。在一些礼仪场合,只要有鸡的参与,人们便认为仪式是在神灵的见证下进行的。唯有如此,人们才会郑重其事。在现实生活中,凡是与鸡有关的事物,都会受到人们的重视。鸡在人与人之间关系的形成与维持上亦具有媒介和信物的功能,这主要体现在如下几个方面。

(一)鸡血盟誓

鸡血盟誓是古人在结拜兄弟或者立会结社仪式中的一个中心环节、一道必要手续。结拜时,须杀公鸡一只,并将鸡血滴入酒杯,双方一起喝下"鸡血酒",对天盟誓,双方永远不能背负彼此,其意旨在以鸡为见证,表明双方的赤诚之心。以鸡血盟誓的仪式在贵州的少数民族地区较为流行。红军长征途经黔西北彝族地区时,刘伯承就与当地的小叶丹杀鸡结盟,从此结下深厚友谊,小叶丹身为彝族首领,为中国革命的胜利献出了自己的一份力量,至今仍被传为佳话。在清代,贵州的苗族深居山区,多占山为王,不接受清政府统治,与清军多有交战。清军俘获苗人后,虽严刑拷打,或以斩杀相威胁,仍无法从其口中获知实情。由于苗人信巫畏鬼甚于畏法畏政府,鸡是巫术中不可或缺的道具,苗人对鸡具有无比的敬畏之情,清政府通常会派奸细接近俘虏,最终以"鸡血盟誓"的方式取其信任,将其诱降,而奸细则从中渔利。"鬼巫之事,内地之人,虽三尺童子皆知其非者。而苗人则深信不疑,酿为巨狱,殒其身首而不觉悟。故诸苗讦讼一经汉奸拨弄,虽致死不吐实情,必先拘其指使之人而后可以发其覆,否则谓背盟不祥,必干鬼怒也。盖其信巫畏鬼之心甚于畏法,汉奸每先与之宰鸡盟誓,谓之:吃血。吃血之后,乃为之授意作词,以渔其利。"②

(二)鸡羽是成年男女寻偶的标记

在贵州民俗中,鸡羽常用作人们的饰物,戴鸡羽跳舞的习俗在苗族尤为流行。"男则椎髻当前,缠以苗帨,袄不迨腰,裤不蔽膝,裤袄之际,锦带

---

① 钱安靖:《中国原始宗教研究及资料丛编》(羌族卷),成都:巴蜀书社,2017年版,第140~151页。
② 张锳、邹汉勋:《兴义府志》卷四十《风俗》,咸丰四年(1854)刻本。

束焉。植鸡羽于髻巅,飘飘然当风而颤。执芦笙,笙六管,长二尺,盖有六律无六同者焉。女亦植鸡羽于髻如男,尺簪寸环,衫襟袖领,悉锦为缘。"①人们亦认为戴鸡羽是一件光荣的事情。"清平县黑苗男髻以插白鸡羽为荣。"②鸡羽的双重功能正迎合成年男女的求偶之需,因而鸡羽充当了男女求爱过程中的信物。"苗蛮及春而跳舞求偶也。男则椎髻当前,间插鸡羽,女亦植鸡羽于髻如男。"③"男壮未婚,插雄白鸡尾于首,吹木叶或芦笙远来跳唱,名曰'马郎'。凡女子悉往和之,名曰'摇马郎'。"④"清平县属花苗,又云白骹苗。妇女服饰与各苗大相迥别。大领左衽挽高髻,插银角如系。未嫁女留上,则帖以白鸡羽。"⑤女子出嫁之后,就要相应去掉白鸡羽饰品。"女以花布一幅,制如九华巾,置诸首。未婚插鸡毛于首,已婚去之。"⑥

(三)鸡羽被用于羽书

古代驿站传递特急信件的邮差通常会在信件的背后插上三根白色鸡羽,这种信件就是现在俗称的"鸡毛信"。一般情况下,鸡毛文书只有在出现紧急军情的时候才会采用,需要速递,相当于现代的邮政快递。在清代,贵州苗人和清军交战颇多,苗人多居于深山密林中,呈分散状态。清军来犯,他们通过"鸡毛信"使各个村寨迅速联结备战,不至于被清军各个击破。"苗酋发令调队,以刻木一段加鸡毛、火炭,按寨递送,此交彼接,速于邮传。"⑦而后,苗族各寨才能团结一致,运用简单笨重武器,给予清军沉重打击。

四、鸡的其他民俗功能

(一)用于赌咒盟誓

乡人如有冤屈无法自明,通常采用"赌咒"的方式,在神前执鸡盟誓,以证清白。"负屈莫白,力求自明:其神前恶誓者,曰'赌咒'。"⑧在旧时的贵州,这通常是一种重要的解决邻里纠纷的有效方式。因为人们习惯性地将

---

① 张锳、邹汉勋:《兴义府志》卷四十《风俗》,咸丰四年(1854)刻本。
② 张锳、邹汉勋:《兴义府志》卷四十《风俗》,咸丰四年(1854)刻本。
③ 张锳、邹汉勋:《兴义府志》卷四十《风俗》,咸丰四年(1854)刻本。
④ 蔡宗建、龚传坤:《镇远府志》卷九《风俗》,乾隆五十四年(1789)刻本。
⑤ 刘显世、谷正伦:《贵州通志·风土志》,民国三十七年(1948)铅印本。
⑥ 窦全曾、陈矩:《都匀县志稿》卷五《风俗》,民国十四年(1925)刊本。
⑦ 徐家干:《苗疆见闻录》,光绪四年(1878)刻本。
⑧ 胡仁、李培枝:《绥阳县志》卷一《地理志·风俗》,民国十七年(1928)铅印本。

鸡以圣物看待,在潜意识里认为,执鸡撒谎,是神灵所不悦的,是要受到惩罚的,执鸡时所讲之话,是真正发自内心的,也最有效力。有时通过执鸡发誓仍无法判断谁是冤屈者,乡人又有进一步的辨别方式,"其执雄鸡当屈之者门或神祠中,伸其冤,恳其报,瞥斩其头者,曰'砍鸡'。能砍断其头者为正直者,不能砍断者则为理屈者"①。

(二)充当人神沟通交流的媒介

在鸡崇拜的文化环境里,人们形成了思维定式,即鸡是一种具有灵性的动物,具有通神的功能。"初葬三日,以香帛、三牲、汤馔、酒饭致祭墓所。或有作契一张,上写如买卖田土式,涂以鸡血,孝子执持,另一人随孝子后,绕坟三周,孝子口呼'买土',后者答曰'卖土'。绕毕,以此契埋入坟中,名曰'纳契',以为向土神买此一穴地也。"②世俗之人手写的地契,由于其上没有神性物质,神不能与其产生感应,也就无法看到契约上的内容,更谈不上卖土地给凡人了。如果不经土神允许,私自占用土神土地埋葬逝者,是要受到神灵诅咒和惩罚而倒霉的,因此必须设法和神灵取得联系,经过沟通,得其同意,方可使用土神的土地。这时候人们就自然想到具有神性的鸡了。在地契上涂了鸡血,情况就会大不一样。人们认为,地契一经涂抹鸡血,便具有了灵性,神就可以看到地契上的内容,人和神也就可以交流沟通了。结婚时,婿家也需用鸡或鸡血和神灵取得沟通,征得神灵同意后,方能把媳妇娶回家。"婚礼时,女至婿家,彩舆歇定,俟木匠以喜床安毕,婿家请人回神,俗曰'回夫马'。杀一鸡,贫者或点以鸡血代替之。"③鸡血在人与神的沟通交流中起了媒介的作用。

(三)用于喜庆之事的礼物互送

鸡和鸡蛋还常被用作送礼之物。在贵州民俗中,"生子,多备礼物送,或送鸡及蛋、米之属,称曰'送月米'。如生头男女,则备雄鸡或雌鸡、红蛋诸礼物,往岳家报喜。岳家丈母、舅母、姑表、姨妈成群结队抬酒挑鸡、米、蛋,以及小孩帽袜、衣服、背扇和首饰无一不备"④。随着小孩的出生,迎接刚升级为父亲的女婿的则是一整套复杂的出生礼仪。在小孩出生第二天,女婿就要抱鸡去岳父家报喜。男孩或女孩各对应公鸡或母鸡。女婿以鸡

---

① 张锳、邹汉勋:《兴义府志》卷四十《风俗》,咸丰四年(1854)刻本。
② 张锳、邹汉勋:《兴义府志》卷四十《风俗》,咸丰四年(1854)刻本。
③ 王佐、樊昌绪:《息烽县志》卷二十七《风俗》,民国二十九年(1940)稿本。
④ 王佐、樊昌绪:《息烽县志》卷二十七《风俗》,民国二十九年(1940)稿本。

的雌雄暗示了小孩的性别。岳父家见鸡则不言自明,随即给外孙或外孙女准备相应的礼物。用雄鸡或雌鸡报信的方式在人们的诞生观中包含两方面含义:一方面,由于鸡是吉祥喜庆之物,以鸡报信,说明重视孩子的出生;另一方面,看重孩子的性别,这或多或少地隐含了重男轻女的落后思想。

(四)鸡蛋用于防暑

在贵州亦有"吃鸡蛋避暑"的讲究。"立夏日煮鸡蛋,命小儿女于梨树下食之,谓能耐暑。"①鸡蛋具有耐暑之功效,现代人恐难以理解。实际情况可能是这样的:旧时的贵州交通不便,多山地,少耕田,人们普遍生活艰难贫困,很少有肉等营养丰富的食品,但是鸡的饲养与其他畜禽相比有其特殊之处,多散养,喜食山草、虫类,对粮食的食用量较少,在农村多有饲养。这时候人们接触最多的营养食品就是鸡蛋。鸡蛋可以强身健体,提高人体免疫力,间接具有了防暑的功效。因此说鸡蛋具有防暑的功效虽显得有些牵强,但是也不无道理。

第二节 鸡在贵州民俗中扮演重要角色的原因

鸡能够成为贵州傩祭民俗中的重要供品,是由其自身的特点和贵州特殊的自然地理环境决定的。贵州多山地、少平原,人们习于山腰居住,加之人烟稀少,鸡又是人们最常饲养的家禽,人们自然对鸡产生了深厚的人格化感情。这种状况非常契合虔诚的傩祭之需,因而鸡也就顺理成章地成为人们傩祭中的最常用之物。

其一,由于贵州多高山丘陵,人们习惯于半山腰居住,鸡成为人们饲养的主要家禽,便于人们就地取材,用于祭祀。传统的贵州民俗中,祭祀所用供品通常有大小之分。猪、狗、牛为三大牲,鸡、鸭、鱼则为三小牲。现实生活中,为了显示地位和财富,只有少数富裕人家在重要的祭祀场合才用三大牲,而普通人家,由于经济条件所限,祭祀中使用最多的还是小三牲,而鸡是小三牲中所用最多的供品。"'清明'前后各五日,土民均躬至祖茔拜扫,或以猪、羊,贫者亦必鸡黍致敬。"②以鸡为主要祭品,这是有具体原因的。鱼的养殖和鸭子的饲养需要一定的自然环境和饲养条件,其中最主要的便是不能缺水。贵州虽然多雨并不缺水,但没有平原,多高山丘陵,只在

---

① 张俊颖:《兴仁县志》卷九《风俗》,民国二十三年(1934)稿本。
② 窦全曾、陈矩:《都匀县志稿》卷五《风俗》,民国十四年(1925)刊本。

山脚下偶有适合饲养鸭子和养殖鱼的池塘或沼泽。由于山顶交通不便,不适宜居住,山脚下则不便于防御洪水,农民多喜在山腰搭屋而居。"选址往往在地势较高、向阳的山面上,这对于风能、光能、气流的利用,显然比在山谷深处狭窄、潮湿之地要优越得多。这虽然不符风水理论所强调的'藏风闭气',但更有利于生产生活。"①这种居住环境较适于养鸡,山腰多自然生长鸡喜食的杂草和昆虫,这在一定程度上节省了养鸡所需要的粮食,合乎农民贫困的现实。而且鸡便于散养放养,无须进行过多管理。

其二,鸡肉味道鲜美,鸡又具有"灵性",是人们心目中的美好物品,因而人们乐于将其敬献先祖或神灵。人们总是习惯性地把自己能接触到的自认为最美好的物品献祭给祖先,以表达对先祖的哀思。由于鸡肉味道鲜美,人们认为祭祀的先祖和神灵也必喜而用之,因此鸡在供奉先祖和神灵时被普遍采用。"每逢年节,必陈设鸡酒,呼祖先之名一一献之。"②真正用大三牲作供品的场合非常少,一般只在多年不遇的重大社群祭祀活动中,大三牲才出场。

其三,鸡与鸡蛋方便用于送礼和祭祀。贵州的节日和祭日繁多,几乎逢节必祭。为了表达自己对先祖或神灵的思念和虔诚之心,人们通常会献祭品质较高的供品,其品质最基本的要求就是必须保证新鲜度。由于缺乏保鲜设备,要保证每次祭祀活动中祭品的新鲜度,只有现宰现杀。如果宰杀牛羊等牲畜,这样的成本和代价,不要说贫苦农民,就是富裕阶层也承受不了,而用廉价的鸡做供品就不存在这样的问题了。同时由于鸡及鸡蛋的相对廉价性,送礼或祭祀所用的几只鸡或几个鸡蛋不会让普通百姓面临太大的经济支出,而且鸡也不像牛那样是人们不可或缺的必备劳动力。因此,以鸡为供品或者礼品比较符合人们的现实状况。

其四,人在与鸡长期相处的过程中,逐渐对其产生人格化的情感。鸡与人日日相随,且能助人驱鬼,人们把鸡当成了自己的好伙伴、好伴侣,鸡亦渐以泛人格化的形象出现于人们的日常生活中。贵州一些地区的农民拟人化地称公鸡、母鸡分别为鸡公、鸡婆,这深切体现了人们对鸡的深厚感情。结婚前,鸡是人们定亲的信物。"请媒到女家说合,用一只鸡一壶酒送

---

① 麻勇斌:《苗族村寨选址的生态智慧与历史情结》,《贵州社会科学》,2011 年第 10 期,第 88 页。

② 刘显世、谷正伦:《贵州通志·土民志》,民国三十七年(1948)铅印本。

女家,若接受无异议,即为订婚。"①结婚时,"新娘既到男家,未进门前,男家必推一位长辈拿一只雄鸡,绕新娘头转几转,祝以吉祥之语后,新娘方能进门"②。小孩出生时,亲戚邻居之间互送鸡及鸡蛋以示庆贺。在人出生、结婚前、结婚时以及去世后等重大礼仪时刻,鸡都作为见证而出现,人们对鸡具有人格化的感情也就不足为奇了。因此,本是普通家禽的鸡日益脱离其动物本性,而成为通人性的好朋友。这种对鸡的感情色彩体现在贵州一些地区苗人的葬俗中。巫师需在逝者安葬的前天晚上为死者开路,开路者即为拟人化的大公鸡。在深夜,巫师手执一只大公鸡立于棺旁,口中默念开路词,声音低沉悲痛,催人泪下。开路词为:

> 死者,你转回人间时,没有一点东西,只有一只黄母鸡,黄母鸡的母亲叫童子娘娘;黄母鸡的父亲长有红冠子,它妈生它时没有米米吃,所以它一生下来就会啄食吃。死者,你母亲一生下你来你就会吃米米,黄母鸡的妈妈把它养大就成娘,你母亲把你养大就成爷。黄母鸡一天下一个蛋,两天能生两个蛋,十三天就能生十三个蛋,抱了二十三天孵出了十三个小鸡崽。它们长大后,拿一只送给野猫,拿一只送给黄鼠狼,一只送给老鹰,一只送给鹞子,一只送给猫头鹰,一只送给乌鸦,一只送给麻雀,一只送给伯父,一只送给亲家,一只送给姑妈,一只送给姑爹,一只送给姑娘,一共送了十二只鸡,最后剩下的一只鸡,是你的'开路鸡'。仔鸡仔鸡,头戴红冠帽,身穿五色衣,别人拿你无用处,我拿你做开路鸡;仔鸡仔鸡,你妈妈喂大你,天黑你知道,天亮你知啼,人话你听懂,鬼话你熟悉;仔鸡仔鸡,你妈妈喂大你,送你一把梳,你拿背朝地;仔鸡仔鸡,你妈妈喂大你,送你一个金龙头,你不会戴,放在下巴底;仔鸡仔鸡,你妈妈喂大你,送你一对龙角,你不会戴,把它放在脚板底。
>
> 死者,雄鸡叫你你就跟着走。过了阴坝来到了牛坝。牛叫你不要怕,你是骑在马上,骑着马走。太阳出来晒,你就在鸡翅膀下面躲阴,天上下雨来,你就在鸡尾巴下面避雨,雄鸡叫你你就跟着走。

---

① 卢杰、蒋芷泽:《兴义县志》第十一章《社会・风俗》,民国三十七年(1948)稿本。
② 吴泽霖:《定番县乡土教材调查报告》第十一章《社会》,民国二十八年(1939)稿本。

死者，你过了牛坝，来到了马坝，马叫你不要怕，你骑在马上，勒着马走。路不平，坡很陡，雄鸡叫你跟着走。太阳出来晒，你在鸡翅膀下面躲阴，天上下雨来，你在鸡尾巴下面躲雨。

死者，你过了马坝来到猪坝。大猪成群，小猪成堆。你不要怕，你骑在马上，勒着马走。路不平，坡很陡。雄鸡叫你你就跟着走，太阳出来晒，你就到鸡翅膀下面躲阴，天上下雨来，你就在鸡尾巴下面躲雨。①

鸡在人离世后，还是对人不离不弃。在人们的心目中，很多动物，甚至植物，由于其与人们的日常生活密不可分的，已不再是单纯的动物或植物了，而是承载了人们更多的寄托和期待，被人为地赋予了不同的深刻的象征意义。作为傩仪化重要载体的鸡也不例外，最能代表鸡象征意义的属性在于其准时、守信。古代的贵州山高皇帝远，政治制度落后，交通条件差，人员交流往来相对较少，缺乏内外的激励和约束机制，这极易使人产生懒惰懈怠的心理，而不利于当地社会的发展与进步。此时每天始终如一早早按时打鸣的鸡成为人们最好的榜样，在很大程度上抑制着人们消极懒惰行为的产生。同时，人们虽然已经形成了"日出而作，日落而息"的劳作习惯，但由于受具体天气状况所限，未必可以天天见到太阳，尤其在贵州，一年中的大半时间为阴雨天气，如果没有鸡的打鸣提醒，人们的生产生活将会面临很大的困扰和不便。正是每天黎明时分鸡的按时打鸣报晓才开启了人们新一天的烟火和生机。

鸡又是人们所推崇的平凡而顽强品性的化身。鸡的生存繁殖能力很强，能够迅速适应不同的气候和地理环境，易于饲养，因而数量众多，是一种常见的家禽，广泛分布于全国各地。鸡作为家禽，其飞行、奔跑能力大大退化，不像其他飞鸟能够自由自在地在天空翱翔，也比不上马、狗可以迅疾灵巧地行动奔跑，但是鸡仍然凭借平凡的本领顽强地生存着。鸡也因此具有了平凡、大众化和顽强的象征意义，成为民众喜爱和欣赏的动物之一②。鸡自身焕发出的这种品性为深处恶劣环境中的古代贵州居民提供了精神上的有力支持。

人们还可以由鸡引申出勇敢善斗、不畏强敌的象征意义。公鸡之间的

---

① 贵州省民族研究学会：《贵州民族调查》第四册，贵阳：贵州民族出版社，1986年版，第411页。
② 于海广：《多彩鸡文化》，济南：齐鲁书社，2009年版，第15页。

打架搏斗现象常见于人们的日常生活中,在通常情况下,两只公鸡相遇必有一场恶战。即使是力量弱小者也丝毫不畏惧对方的气势,勇猛直前,直至精疲力竭,一决胜负之止。母鸡之间也偶有厮杀。自古以来,斗鸡就是人们所喜爱的一种娱乐活动。人们喜爱斗鸡活动,调剂单调的生活是一方面,更重要的是人们从活动中可以获得勇敢善斗的启发和鼓舞。明朝初年朱元璋为巩固新生的政权,加强对边疆地区的有效统治,调遣数十万江南军人和移民进驻贵州。他们从条件优越的江南地区初来贵州,不仅要尽力适应恶劣的自然环境,还要镇压叛乱割据势力,面临各方面的巨大压力。此时的鸡不仅给予他们精神上的有力支持,更成为他们信仰上的崇拜物,人们从鸡的身上源源不断地获得神性力量,因此与鸡有关的文化习俗成为驻军与移民民俗生活的重要组成部分。鸡还承载了江南的民俗文化,在民间传说中,鬼只能出现在黑夜里,最怕听到鸡的啼叫声,因为鸡的啼叫预示着天即将亮。在天亮之前,鬼如果不及时撤走,将会化作一摊血水从此完全消失。鉴于鸡的驱鬼功能,江南人在过年这一天,为了防止恶鬼的缠扰,"鸡鸣而起,先于庭前爆竹,以辟山臊恶鬼。贴画鸡户上,悬苇索于其上,插桃符其旁,百鬼畏之"①。这一习俗在明代随江南移民传入贵州。实际上鸡在移民的生活中不单是扮演了驱鬼的角色,更多的是寄托了屯堡人对祖先和祖籍地的缅怀和思念之情。

鸡与人类共同生活了数千年,在没有钟表的年代,鸡就是人们社会生活的时钟。鸡的易繁殖和易饲养性,使之成为物资匮乏年代改善人们生活的理想食品。鸡还被排进了十二生肖,是十二生肖中唯一的禽类,被认为是德行与正义的化身,具有典型的象征意义与神秘色彩。鸡渗透进傩等民俗的方方面面,构成与人们的生活密切相关的文化现象。鸡等很多动物,甚至植物在古人的心目中已不是单纯之物,而是被赋予了不同的丰富而深刻的人格化寓意。

鸡承载了古人更多的期待与寄托,它最显著的象征意义就是守时守信。雄鸡报晓意味着黑夜马上退去,白天即将来临,象征着光明取代黑暗。俗话说的"鸡叫了,天亮了,解放了"就常用于表达即将摆脱长期所受困扰之人酣畅淋漓的释怀情感。鸡又是平凡与顽强的象征,鸡数量巨大,分布

---

① 宗懔:《荆楚岁时记》,姜彦稚辑校,长沙:岳麓书社,1986年版,第76页。

广泛,在天南海北人们的日常生活中几乎随处可见。鸡繁殖力强,成活率高,对生存环境没有特殊要求,无论何时何地都可饲养。俗话说,物以稀为贵。例如熊猫,因数量稀少故显珍贵,又因只有中国独有,所以又被奉为国宝。而其他一些种类的动物,虽达不到国宝级,但因濒临灭绝亦严禁捕杀,作为珍稀动物严加保护。很显然,鸡是不可能享受这种非常待遇的,而且鸡作为人类长期饲养的家禽,它的飞行与奔跑能力已大大退化,无法像其他飞鸟能够自由翱翔于天地间,也不像马、狗等家畜可以迅速灵巧地奔跑,但鸡仍然能够凭借平凡的本领和质朴的外表顽强地生存着,紧紧偎依在主人身边,忠心耿耿地效忠主人,鸡因此具有了大众化和顽强的象征意义,成为历来民众喜爱和称颂的动物。鸡还具有勇敢善斗的象征意义,公鸡喜欢搏斗厮杀,两只公鸡相遇必有一场恶战;母鸡之间偶尔也有争斗。平素温文尔雅的鸡一旦搏斗起来,毫不畏惧,场面激烈,人们也从中受到启发和鼓舞,学习它们不畏强敌、勇敢善战、不怕困难的精神。

鸡的守信、勇敢、正义品质与贵州傩文化对人性的倡导与要求高度吻合,因此傩坛师赋予了鸡高度的灵性,使之成为所施法术中辟邪祛灾、沟通神明的重要道具。古人相信世上是有鬼怪存在的,世人所遭受的各种疾病和灾难都不是无端发生的,而是鬼怪作祟的结果,因而驱鬼辟邪就成为古人日常生活中非常重要的大事。由于鸡的易得性、高贵品质以及特有的灵性,在驱鬼逐疫的巫傩活动中,鸡自然而然就扮演了十分重要的角色。鸡在贵州的傩文化中具有不可忽视的地位,人们喜爱鸡,崇拜鸡,鸡成为光明与吉祥的代表和化身,反映了人们对光明和吉祥的期待。鸡备受贵州古人的推崇,在傩文化中不管是将鸡用于祭祀还是除秽辟邪,都使之神化,即认为鸡、鸡蛋、鸡血皆具有超自然的神秘力量,既可以代表神灵把神灵的力量播撒人间,护佑生民,也可以作为忠实可靠的信使把世人的苦难、诉求、意愿传达给神灵。

在贵州的傩文化中,关于鸡的内容是非常丰富且有趣的一部分,直观地表明了鸡与贵州人民生活的密切关系,体现出鸡对贵州古代社会生活的影响和在古人心目中的崇高地位。在不同时期的傩文化中,鸡不仅反映出时人的具体生活状况,还折射出此情此景之下人们内心世界的真实感受和精神信仰,展现出人们的心理诉求。其中,鸡或被神化或被俗化,充作特殊的媒介,使不同时期的世人能够突破时空的局限,实现心灵上的呼应沟通与理解。研究贵州傩文化中的鸡主要还在于它对当时社会历史的真实记录和展现,对于人们了解当时的社会生产生活状况,理解与体会时人的心理感受具有重要意义。事实上,人们对于鸡这样一种普通的家禽,崇信的未必是其本身,更多的是通过鸡表达自己对美好幸福生活的向往与追求。鸡在很大程度上蕴含了贵州先人在生产力和科技水平落后的条件下面对各种困难所体现出的积极乐观的不屈精神,成为贵州先民意志与品质的贴切写照。

第七章　贵州傩活动的组织与功能

无论是最早的关于傩的史籍记载还是最新的关于傩的田野考察报告，都充分证明悠久的农业文明是傩产生、传承的文化背景。离开了农业文明的文化环境，傩的存在状态要么是变异，要么是消亡。德国著名文化人类学家马克斯·韦伯在阐述宗教的社会本质时就曾强调，社会分工造成的人们在社会再生产过程中地位和阶层的不同，会影响到他们对于宗教的皈依，同时生存的威胁亦能影响他们对宗教信仰的被动选择。他认为："大多数农民是如此牢固地与自然拴在一起，如此依赖着有机界的过程和自然的事件，而在经济上又几乎不能适应合理的系统化，以致一般地说，农民除了在遭到本国的力量，或者外部政治力量的压迫而受到奴役化或赤贫化的威胁时，才能成为宗教的信徒。"[①] 由此可以得到的启示是，生存需求从根本上决定了人们对精神信仰的必然选择。在农业文明社会中，人类对自身及所处自然环境的认识都处于较低的水平。在这种情况下，人类无法依赖科学手段，只有通过神话、传说、宗教、艺术等传统观念意识来满足解释自身和自然现象的欲望。同时，传统农业社会中"鸡犬之声相闻，老死不相往来"的交往状况，只能产生以村寨为基本单位的松散的社会组织形式。要使这些在地理空间上分散居住的人们逾越地域的限制产生普遍性的整体联系，必须有赖于某种以不同地域人们的共同信仰为基础的文化形态的产生。因此傩应运而生，以其超强的融合力和韧性将小农经济下分散的个人和社区结成紧密的整体，从而维系着千百年来乡野民间社会秩序的正常运转。

第一节　贵州傩活动的组织方式

佩戴假面的傩戏表演，向来是我国城乡传统民俗"社会"的重要组成部分。"社"在古代系指土地神或人们祭拜土地的场所。历史上，立社祭祀社神的传统惯例为夏商历代君王所沿袭。"蜀人尊杜宇为丛帝，夏后氏宗禹，

---

① ［英］弗兰克·帕金：《马克斯·韦伯》，南京：译林出版社，2011年版，第46页。

禹劳天下而死为社;社神在夏后及巴、蜀固尝宗为民族先祖,奉为民族大神矣。"①而民间则以村落作为立社的基本单位,社的设立与土地有着直接或间接的联系。随着时代的变迁,"社"逐渐固化为民间成立的各种集会团体的统称,与"社"有关的大型集会往往被称为"社会"。《东京梦华录·秋社》载:"八月秋社,各以社糕、社酒相赍送。贵戚宫院以猪牛羊肉、腰子、奶房、肚肺、鸭饼、瓜姜之属,切作棋子片样,滋味调和,铺于饭上,谓之'社饭',请客供养。人家妇女皆归外家,晚归,即外公姨舅皆以新葫芦儿、枣儿为遗,俗云'宜良外甥'。市学先生预敛诸生钱作社会,以致雇倩祗应白席歌唱之人。归时各携花篮、果实、食物、社糕而散。春社、重午、重九亦是如此。"②宋代之后民间社区的各类节庆和祭典活动被称为"会"。在明代苏州的庙会庆典活动中,杂剧表演皆要在神像前进行,王稚登记载了当时庙会中载歌载舞的盛况:"凡神所栖舍,具威仪箫鼓杂戏迎之,曰会。优伶伎乐,粉墨绮缟,角抵鱼龙之属,缤纷陆离,靡不毕陈。"③从中可以看出当时由市井乡民组织的"社会"活动,已经具有明显的娱乐性质,多表现为戏剧、歌舞、杂耍等演出形式。"社火"是对民间社团组织的各种庆典杂戏的另一种称谓,南宋范成大在《上元纪吴中节物俳谐体三十二韵》中言:"轻薄行歌过,颠狂社舞呈。"自注曰:"民间鼓乐谓之社火,不可悉记,大抵以滑稽取笑。"④这类民间喜庆活动影响之大,以至于官府也乐于参与其中。明代的田汝成在《熙朝乐事》一文中载:"立春之仪,前期十日,县官督委坊甲,整办什物,选集优人、戏子、小妓,装扮社火,如昭君出塞、学士登瀛、张仙打弹、西施采莲之类,种种变态,竞巧争华,教习数日,谓之'演春'。至日,郡守率僚属往迎,前列社伙,殿以春牛,士女纵观,阗塞市街,竞以麻、麦、米、豆,抛打春牛。"⑤清代的李斗在《扬州画舫录·小秦淮录》中亦载:"土风,立春前一日,太守迎春于城东蕃厘观,令官妓扮社火:春梦婆一,春姐二,春吏一,皂隶二,春官一。"⑥

近世所谓"赛会""走会""庙会"等喜庆祭典活动,均为历史上社会、社火民俗活动的沿袭表现方式。具有深厚中原传统文化基因的贵州傩活动

---

① 丁山:《古代神话与民族》,南京:江苏文艺出版社,2011年版,第232页。
② 孟元老撰:《东京梦华录注》,邓之诚注,北京:中华书局,1982年版,第143页。
③ 翟灝著,陈志明编校:《通俗编》,北京:东方出版社,2013年版,第363页。
④ 秦永洲:《山东社会风俗史》,济南:山东人民出版社,2011年版,第522页。
⑤ 张勃:《明代岁时民俗文献研究》,北京:商务印书馆,2011年版,第219页。
⑥ 岳国钧:《元明清文学方言俗语辞典》,贵阳:贵州人民出版社,1998年版,第857页。

同其他地区的社火活动一样,都需以社团组织为单位才能正常举办。这类组织主要有三种类型。

第一种是宗族集团。宗族血缘关系的维系对于保持中国传统乡土社区的稳定具有重要作用。加强宗族血缘关系的一种重要手段就是定期举行肃穆的活动仪式。贵州苗族、土家族、仡佬族的傩坛戏演出皆由还愿的家族主持操办,有着严格的固定程式,需事先备好牲、酒、纸、烛等道具,然后到村寨外燃放鞭炮,郑重恭迎傩戏班的到来。演出有着固定的唱腔和内容,主旨在于为主办的家族全体成员驱邪祈福,演出结束后,又需鸣炮相送,巫师则拱手作别。虽然主办一场傩坛戏花费不菲,但是巫师的施巫作法相当于给家族全体成员在伦理道德观念上作了一次全方位的深刻洗礼,增强了集体凝聚力,使原本松散的个体小农在共同的信念和情感感召下能够结成相对强大的集体组织,得以在严酷的自然环境中生存和发展。因此在每年固定的傩坛戏演出之日,各个宗族在家族成员的组织上和端公的招待上毫不吝啬,乐此不疲。通常情况下,由于单个家族的财力毕竟有限,其组织的傩坛戏规模相对较小。一些大型的傩坛戏演出仅仅依靠单个宗族是无法应对的,由多个家族联合举办傩坛戏演出的状况屡见不鲜。

第二种是地域集团。贵州有许多规模盛大的民间社火与赛会,不是靠一家一族之力所能承办的。例如土家族的纳顿节、汉族的中元节、彝族的火把节等庆典活动,往往需要动员多个村寨、全镇或者几个镇的人力和物力。不过在一些傩文化根基深厚的大村寨,凭借一村之力也可以搭建规模相对较小的庆典班社,贵州安顺地区地戏的组织与演出就是这样的情形。这里的很多村寨都至少有一个由村民自发组织的表演团体,在人口较多的大寨甚至有几套表演班子。如安顺酒嫁村共八百多户两千余人,依家族到此定居的先后顺序依次划分为大铺、小铺和后街三个片区,地戏班社亦相应分成三套,分别上演《五虎平南》《封神演义》和《四马投唐》三个剧目。每套地戏班社有八十余人,面具一百多张。以地缘为单位的庆典活动,一般选择两种场所举行:为村寨或集市中平坦开阔的广场;为庙宇前的戏台。戏台通常没有顶棚,处于露天状态,因而又被称为"野台"。庙宇属村民心目中的"风水宝地",而且一般又是区域内最豪华壮观的建筑,所以其周围的场地便理所当然地成为民间社火活动的最佳之选。当然演出所用的假面具等道具,在演出结束后也便于就近归拢、收藏到庙宇中,得到妥善的集中保管。

第三种是跨地域和血缘的集团。民间专业的傩戏班,是由端公或师公汇聚各方专职艺人组成的,他们在各地流动演出,并不隶属某个村镇或宗族。无论何人,只要虔诚地信傩,拜师之后即可开始受法,血缘和地域因素并不在法师的考虑之列。法师只要经过封禅仪式洗礼,就获得了独立发展徒弟的机会与权力。他可以自行立法,甚至另立门户,只需记住自己的传道祖师和尊崇宗师即可。入门的徒弟也不受出身、贫富、地域等因素的限制。在傩坛于人们心中煽起的宗教式的热忱以及傩坛成员对坛门强烈的心理认同感、归属感的驱使下,即使中国最为严谨的家族伦理关系也需退让于坛门关系。因此在同一傩坛内,只有师徒或同门关系,没有父子等亲缘关系之说。这种组织方式杜绝了某一家族集团对傩坛的左右和控制,使傩坛不至于失去包容性和生命力,从内部结构上保证了傩的稳定性与延续性。傩坛师传授的徒弟数量多寡已成为衡量一个坛门声望高低的主要标志,刚入门的徒弟则以早日成为独立掌坛的法师为追求目标和至上荣耀。师徒的不懈追求为傩坛的扩展提供了内部驱动力,傩坛徒弟数量以几何级数成倍增长,如同巨大的金字塔结构蔓延在贵州的大地上,提高、扩大了傩在人们心目中的地位和影响,为傩坛带来更多的入门者,使傩坛的发展形成良性循环。在贵州省湄潭县抄乐乡做傩文化调查时,接受采访的一位曾做过傩坛法师的孙兆乾老人,现在由于年龄偏大,无力操持,已退出傩坛。他介绍说,他的好几个徒弟现在都自立门户,已是其他傩坛的法师了。他23岁的儿子正拜其中一位法师为师,成为年轻的门徒。由此可以看出,傩的跨地域跨血缘的组织传承方式在一定程度上成就了傩文化体系的宽泛性和包容性。只要人们对傩的心理认同持续存在,它的组织传承就会一直延续下去,并不会因某一位德高望重的法师退出傩坛等个人原因而终止。也就是说,傩已经具有了明显的宗教性,加入坛门的弟子所崇拜的更多的是傩的义理,而不是法师本人。这种组织传承方式构成了傩的生命体系,生命唯有不停运动才会保持活力。傩坛不关门闭守,而展现出跨地域跨血缘的包容性和开放性,原因主要在于:一方面招揽信徒可以促使傩坛改进法事程序,增强规范性,提高傩的神圣性,扩大本坛的声望,构成对民众的吸引力;另一方面,傩坛的法事活动越成功,其声望也就越高,因而能够吸引越来越多的民众加入。当傩坛信徒在某一地域达到一定规模的时候,傩坛不仅在组织传承方式上形成了相对固定的结构,而且在当地亦树立起牢固的权威性和神圣性,这使傩具有了随信徒世代繁衍的延续性和虽历经各朝各代其他文化的浸染而不中断的稳定性。

"从现在尚存的德江土家族傩戏《司坛图》的师长传承名单看,粗略推算,已传承二十六代,每代以二十年推算,至少在五六百年前,傩戏就已在德江土家族苗族地区盛行。"①可见傩坛在贵州民间具有旺盛的生命力,虽历经几百年的沧桑历练而不衰,傩俨然已成为各代信徒不可或缺的生命组成部分。傩的传承方式作为外在结构形式,十分贴切地承载着傩的内在生命的外显需求。只有二者契合,傩才能在驱鬼酬神、冲傩还愿的仪式中显示出人们因征服鬼魅而使自身力量和信心得以确认的文化价值功能。如果没有这种传承方式,作为精神观念的傩只能充当人们幻想中虚无缥缈的悬浮物而四处游弋,无法依附于坚实的实体根基。"拜师传教的精神认同使组织松散的傩坛自有其内在联系的链条。平时务农,行傩时习艺,村寨与傩坛或交叉,或平行,或二而一,构成一种世俗生活和精神意念交织的社会组织机制。"②村寨与傩坛形成了良性的互动关系,二者互相促进,共同发展。这种混一的组织机制,使傩的义理更为世俗化和平民化,更顺应乡间民众的心理需求。因此,傩在贵州广大的乡土社区得以长时期保存和发展是再正常不过之事。

第二节 贵州傩的民俗功能

同世界其他各国一样,中国傩文化所赖以生长的"土壤"是前工业化时期渔猎、牧业和农耕的社会形态。"如果说,工业社会以抽去人情的'原则'作为价值判断的准绳,那么,前工业化社会的运转和人际关系的调整则更多地依靠群体和个人的'表演'。大到王朝的改制、村规民约的颁行,小至每个家庭的养生送死、祛病消灾,都离不开各式各样的仪式和表演。"③在古代社会长期的历史进程中,傩通过不同形式的表演和仪式活动使社会伦理道德体系得以规范,人与人、人与环境之间的不和谐关系得以调整,从而保障社会机体的有序运行。傩活动的功能具有广泛的适用性和普遍意义,贵州也不例外。总的来说,傩的相关表演和仪式活动,具有以下几项重要功能。

---

① 彭晓勇:《傩,千古文化之谜》,载王恒富编:《傩·傩戏·傩文化》,北京:文化艺术出版社,1989年版,第174页。
② 彭晓勇:《傩,千古文化之谜》,载王恒富编:《傩·傩戏·傩文化》,北京:文化艺术出版社,1989年版,第174页。
③ 郭净:《中国面具文化》,上海:上海人民出版社,1992年版,第515页。

一、精神支持

乡民社会最关注的两件大事莫过于人的生育和作物、牲畜的生长繁殖,前者事关个体及家庭的繁衍,后者则与乡民团体的生存休戚相关。俗语早就有"天有不测风云,人有旦夕祸福"的说法,人们在长期的生活生产中渐渐发觉操纵万物命运的终极力量,似乎并不存在于现世人间,而是来自另外一个虽然人们用肉眼看不到但是切实存在的世界。为求得最根本的保障力量,人们只能通过各种仪式和表演活动同终极世界中拥有超自然威力的神鬼打交道。如同人间社会一样,彼岸世界的超自然力量亦有善恶之分,与之打交道也要区别对待,对于恶鬼人们通常采取施巫作法的方式予以驱逐隔离。仪式活动的着力点和最终归宿是将恶鬼逐回原本的世界,使其无法越人间一步,达到人与鬼之间"井水不犯河水"之效。值得说明的是这类逐除仪式之所以适可而止地"驱鬼"而不是"杀鬼",是因为人们只是意图借助于神力促使恶鬼严守内外世界的界限来保障人间社会的平安,并不企图侵占恶鬼的势力范围,将其斩尽杀绝。人们深信无论人间还是阴间社会都有一套客观的运行规律和成员必须共同遵守的行为规则,谁若触犯之,必将受到神灵的谴告和惩罚。

对于善神,人们通常采取"许愿"与"还愿"的方式来求得神灵的相助与给予回报。"还愿、冲锣:愿有消愿、傩愿之别,许者必还,如履行债务,然有一年一还,有三年两还者。还时,延巫多人,作剧于家,然言词必极亵淫,而神乃喜乐。所供之神,曰'圣公''圣母'。每还一次,约消费数十串之金钱,只博二三日之喧嚷,殊不可解。冲锣与还愿同,但冲锣为病者酬神而设,还愿则无病亦必按年举办也。"① 此处将还愿仪式喻为履行债务,是十分贴切恰当的,反映出乡民与神交往时的务实虔诚态度,即先许个愿,相当于与神定下了契约,待见到实效后,则备厚礼酬谢之。表面上看来,人们在毫无面部表情变化的神鬼塑像前的"许愿""还愿"行为是没有任何确切着落的,实际上表象背后隐藏着许愿人的深层目的——寄托人愿。人们的许愿行为相当于为自己立下了奋斗目标,增强了战胜困难的信心与勇气,而还愿行为则体现了许愿人的感恩之心。"许愿""还愿"行为从精神层面给予人们感性的关怀与支持,使人们在严酷的现实生存环境中倍感温暖,同时在乡

---

① 朱嗣元、钱光国:《施秉县志》卷一《风俗》,民国九年(1920)稿本。

民的思想意念中也重塑和深化了正面的社会伦理道德观,在弘扬乡民群体的知恩图报、尊老爱幼、团结互助等传统美德方面提供了持续的正能量。

人们在许愿、还愿时,并不能因为自己有一颗对神灵的虔诚之心,就随意发挥自己的想象力而在神灵面前默念自己的愿望或者致谢之辞。傩愿均有着具体的台词疏文,这就要求人们在从事相关仪式活动时,务必严格念诵疏文的书面内容,不能有一字之差,否则就是对神灵的亵渎。傩愿疏文是许愿、还愿仪式的基本依据。民国时期贵州各地的许愿疏文主要有以下几类。

(一)求长辈长寿安康

信民某,伏以载高履厚,咸蒙大造之生成;却病延龄,尤赖明神之庇护。今小民之母某氏,系某年某月某日某时生,年近九旬,常沾重病,若不长寿,于心何安。窃慕南汁注生,窃卜年增几秩;上大益寿,周王梦与九龄,寿固可求,理亦无妄。虔陈不腆,敬祷尊神,弗鄙愚氓,俯祈照鉴,俾母获期颐之算,月全五福之畴。萱座常依,兰阶永侍,沾恩曷馨。谨疏。

(二)求子得孙

信民某,恭呈本命,某年某月某日某时生,偕室某氏,某年某月某日某时生。维神好生之德靡疆,鸿恩广布;降鉴之灵有赫,骏泽常新。窃以姜嫄履迹有娠,简狄吞卵时孕。况尼山是祷,孔圣将生,自昔有然,于今为烈。兹某年将及壮,嗣息为艰,恭诣某神案前,敬许某愿,若回天有幸,即受福无疆。枯杨尚可生杨,民昔白首;摽梅又能结实,妇正青春。赐来佳儿,不等伯道之无后;永绵似续,实感尊神之有灵。俯鉴微忱,曷胜惶恐。谨疏以闻。今有礼请,冒请疏奏:某朝某府某州某地,信士某某某所生男童关不遂,命犯阴司,无方投告,只得叩许五岳太保良愿一堂,某日开启,某日告止。

(三)求孕妇平安

维神扶危援困,感而遂通,捍患御灾,求之即应。窃以孕则必育,自昔有寤生之惊;变以为常,于今多难产之厄。无非血湖之祟,乘此之殃;须求神明之符,恃以可保。今以某氏本命某年某月某日某时生,有孕在身,恐其作祟。今值谷旦,恭请某神案前,求敕灵符,以安我室,身当佩服,祟自潜消。俾民载生载育,无害无灾;唯神有德有灵,当酬当报。曷胜顶祝,无任心依。谨疏。

(四)求夭折孩童顺利转胎投世

恭维尊神一方保障,功能育物,恒以受物为怀,泽及生民,仁民为重。如某者,幸举月男某年某月某日某时生,会闻星士之言,竟犯转胎之煞。兹则寒热不退,方药欠灵,命若垂丝,何忍坐视。欲望成人之日,全仗此方之神。特备不腆之仪,敬陈某庙三土地尊神之座。灯燃七夜,关煞照破而潜消;感在一诚,福星照临而有耀。毋忧短折,孩童永享延年,不尽祷祈,全叨庇佑。谨疏。

(五)求天晴

维神鉴临有赫,福庇群生。民等时逢盛世,运际昌明,会沐十雨五风,亦任春祈秋报。兹则时当五月,阴雨连朝,斯民望切金乌,当空竟翔石燕,霖为破块,涨涌成渠,恐因人事之不修,以至天神之积恨。今者,洗心涤虑,志切祷祈,虔备不腆之仪,伏乞某神鉴纳,恩施挽回之力,倏则奏明上天,天握调燮之权,日则照临下土,还祈四时罔害,五谷丰登,人物咸亨,衣食有亲,神恩广被,利泽均沾,无任祷祈,曷胜翘企。谨疏。

(六)求避灾免祸

十八大将封成神,保护人民得安宁。哪处顶戴保哪处,善男信女要齐心。若有不信冒犯者,当时灾星降来临。善男信女齐敬信,保佑人畜得清平。①

经过许愿之后,一旦愿信得以灵验,人们必将以还愿的方式对神灵致谢。如果愿信不灵验,则说明自己的所作所为还有冒犯神灵之处,需要静思己过并予以改正。贵州民国时期的祭祀还愿疏文主要分以下几类:

---

① 以上六篇疏文是民国时期湄潭县抄乐乡傩祭许愿疏文。

(一)致谢神灵保佑风调雨顺,五谷丰登

信士某纠本境众姓等,伏以神恩浩荡,血食享于里间;圣泽汪洋,囚方资为保障。兹者祝融司令,正平秩南讹之期,稼穑怀新,实田祖匡扶之力。当今良夜,叩祷宜伸,颁子弟于梨园,歌戏文于月下。虔陈牲醴,敬尽微忱,伏冀风雨节而寒暑时,氛清自远;阴阳和而螟蛉屏,奸宄潜消。伫看若茨若梁,岁取之十千是望,如墉如栉,廑收之三百堪期。此皆民望孔殷,无非神锡之福。谨疏。同游盛世,神恩之庇荫无疆;治乐康宁,圣泽之骈臻曷罄。况里名孝义,固殊胜母之卑称;乡曰新阳,自异纯阴之过度。无何风雨弥月,低隰成塘,缘野聊见其如梁。忽水蛆之为害,青苗何以有实,洵孽类之当除。兹值溽暑之良宵,正为上浣之一日,某等虔陈牲醴,祈鉴此际之微忱;敬上油灯,特以七夜而为度。伏冀尊神作主,保障一方,早沛鸿恩,虫蝗何难远殄;久施骏泽,年谷可以顺成;灯影辉煌,灾殃亦堪点去;油光灿艳,福祉从此遥临。还祈风自南来,水归东去,曷胜顶祝,无任心依。谨疏。某等叨生盛世,忝列人伦。历年雨顺风调,深叨覆载之泽;时和岁稔,亦占社稷之灵。然今岁自某月以来,男女多寒暑之疾,禾稼被虫蝗之伤,阴阳忒时,风雨连日,苗则琇而不实,物则一暴十寒。民等虔择良辰,建醮几日,因见虫蝗渐息,民命颇安,由是颁子弟于梨园,歌戏文于月夜。声音嘹亮,演成离合悲欢;灯焰辉煌,现出飞潜动植。虔陈牲醴,聊书微忱,伏冀鉴临,永垂庇荫。氛侵自退,虫害潜消。从此若茨若梁,岁取十千,是望如墉如栉,廑收三百堪期,园林之萌蘖无伤,闾阎之疾苦不作,合境咸沾骏泽,四序公沐鸿庥。无任心依,曷胜顶祝。谨疏以闻。

(二)致谢神灵保佑生意顺利

将本求利,事固在乎人为;以有易无,情实赖乎神助。某贸易生理,利觅蝇头,固恐本之有伤,亦畏利而生害。于某年某月某日,虔心叩许某神演戏一部。果蒙庇护,本利无伤。择今良宵,敬陈牲醴,即歌戏曲,当天酬还,伏冀照临,恩酬已往,永垂默佑,泽及将来,从此贸易无失损之忧,四时获利;行止有嘉祥之庆,八节生财。谨疏。

(三)致谢神灵保佑疾病痊愈

伏以神威广大,赫赫常临,圣德光明,洋洋如在。临危可救,固有感而遂通,遇困能扶,亦无求而不应。兹以某某于某年某月某日,忽遭重病,命在垂危,虔心叩许三界众神,演戏一部。果蒙庇佑,得保安康。今不昧恩,当天酬谢。油光灿熳,传成离合悲欢;灯影辉煌,现出蜚潜动植。虔陈不腆,聊申微忱,伏冀照临,佳纳今宵之愿,永垂福庇,得销昔许之条。灾眚潜消,吉祥有庆。谨疏。信人某年某月某日某时生,为经竣忏谢祈祥保泰事。皈依有志,大德难忘,投诚于观音大慈母莲座之下。伏以身修觉寺,慈悲普度众生,道德香山,功德终成善果。酒瓶中杨柳沽时,赛过悬壶;分座上莲花到处,拜来生佛。不特化强为善,诸天尽入法门;尤能救苦传医,波罗亦成佛国。某沾目痛之疾,云瘴堪虞,故于某月某日,叩许经愿。一诚有感,两目复明,由是择今某月某日,启诵慈悲救苦专经,迫至今日,数满一藏,计五千零四十八卷,礼忏完功,虔行忏谢之文,以尽酬还之念。香茗上供,敢曰备敬,素果肃陈,恐其昭亵。伏冀鉴纳,弗鄙微忱。将见甘露洒来,大息水火戈兵之劫数;慈光远照,自无风寒暑湿之侵伤。不尽祷祈,曷胜惶恐。谨疏。信民某某,即日恭叩某某尊神位下,特以厚恩图报,每饭不忘,荷高厚覆载之恩,沐神圣匡扶之德。忆某年某月某日受病,命在垂危,虔心叩许尊神某,愿许后即保平安。今不昧恩,虔备微忱酬谢。伏乞鉴观有赫,惠我无疆,准消昔许之条,求赐今还之字。更祈合家协泰,人物均安,火盗冰销,灾非远殄。凡有未言,均叩庇佑,统希昭格。谨此以闻。

(四)致谢神灵保佑生活平安,丰衣足食,财源广进

信民某某,右领合宅人等,虔备香楮果茗之敬,致祀于九天东厨司命灶君尊神之前曰:维神职注一家之籍,位居五祀之尊。民等朝炊夕爨,不无冒犯之愆;夜寐夙兴,多荷匡扶之德。深沾有自,报答无由,兹值岁终,用申虔告。上奏天庭,祈隐恶而扬善;下司民命,宜迪吉以迎祥。四时不招无妄之灾,合室常获有余之庆。官非并殄,老安少怀,火盗全消,人康物阜。无任瞻依,仰维昭格。谨疏以闻。礼一献,祭品三牲、酒醴。先民有言,福禄来成。百室

盈止,苟矣富人。无德不报,时靡有争。俾尔戬谷,大赉南金。福禄履之,既安且宁;福禄绥之,终和且平。虎拜稽首,敬恭明神。夙夜在公,昊天曰明。曷求维我,昭假无赢。赫赫在上,濯濯厥灵。如山如阜,如冈如陵。既多受祉,以迄于今。礼一献,祭品酒馔、香帛,主祭乡农。尔牛来思,九十其犉。十月之交,田祖有神。既报以德,亦服尔耕。其耕泽泽,室家溱溱。田畯至喜,食我农人。牧人乃梦,实为丰年。清酒既载,其香始升。于以奠之,寿考且宁。祭礼三叩、鞠躬,祭品三牲、酒醴。下土是冒,谓地盖厚。定之方中,尚不愧于屋漏。闵予小子,微我有咎,神之格思,莫予去觐。此维与宅,保艾尔后。酌以大斗,宾尔笾豆。福禄来崇,德音是茂。其香始升,在帝左右。礼三叩、鞠躬,祭品用水果、香帛。靡室靡家,秉畀炎火。靡神不宗,出入附我,以薪以蒸,如炎如焚。执爨踏踏,敬恭明神。或歌或谔,或燔或炙。既醉以酒,既报以德。彼有旨酒,又有佳肴。来献于公,以永今宵。可以濯罍,可以奔饎。我有嘉宾,以永今夕。何以卒岁,惠此下民。神之格思,殖殖其庭。小东大东,永言配命。自天申之,则笃其庆。

(五)致谢神灵保佑茶叶丰收

众等伏以庙社之扶持,赖田园之利益。兹则季春欲去,首夏降临,茶既摘于从前,叶当荣于已后。特恐虫蝗有作,全凭捍御之灵。虔择良辰,歌戏文于月下;敬陈薄腆,聊报赛于庭前。伏冀合境社稷尊神,同欣鉴纳,雨旸时若,虫孽不生。茶则叶茂枝荣,到处称为瑞草;香拟龙团雀舌,斯民嗜若卢生。善价则东就西成,为商则南通北达,更祈人安物阜,福集灾消。谨疏。

(六)致谢祖先之灵的养育之恩

维皇清某年某某岁,孟秋月、中浣之几日,嗣孙某名谨以香帛清酌庶馐之敬,致告于某郡堂上某氏历代祖考妣暨诸亡主之神前曰:列祖列宗,敷典敢忘于内念;今夕何夕,佳节将届于中元。睹獭祭之维殷,物犹报本;思人身之有自,礼宜祀先。爰切微忱,用申昭告。敬迎先祖,奉祀中堂。伏冀率亲率祖,源源而陟降在庭;文子文孙,济济而罗拜于地。息鸾骏于户外,新故同临;停鹤驾于庭中,少长咸集。望宗功而笃,祐俾炽兮而尤赖俾昌;荐时馐以告虔,来尝兮而先期来格。谨告。①

这些许愿、还愿的疏文表面上看起来似乎体现了人们求助于神灵的"自私"的功利目的,然而人们亦清醒地意识到,所谓神灵看不见摸不着,是根本不存在的,要改变自己的艰难处境,只有依靠自己不懈地努力。人们对神灵"宁可信其有,不可信其无"的执着信念是出于人们本能的心理寄托需求。人们需要通过神灵证心铭志,彰显自己的优良品质,坚定战胜困难与挫折的信心,因而这些疏文在很大程度上蕴含着千百年来中华民族最淳朴的传统美德,诸如尊老爱幼、知恩图报、团结友爱、讲究信誉等。同时,许愿、还愿行为也强化了平民大众"善有善报,恶有恶报"的因果观念,正如一段傩戏唱词所表述的那样:"许得好,还得好,许得清来还得明。许我斋粑并豆腐,绣球三无,皇封美酒。朝钱八点,朝马八匹,长标短标,二十四标,奉贡九礼已还清,已还清,一笔勾销了愿心。"②公众场合经常举行的许愿、还愿仪式相当于为众多参与者上了一堂生动深刻的思想品德教育课,为传统社会道德体系输入了源源不断的正能量,使其在社会意识形态中始终居于重要地位,从而维持社会机体的健康正常运转,不致被各种歪理邪说所腐化,偏离正确的前进方向。社会个体也得以在仪式中强化自己重信誉、守信用的意识观念,巩固自己在族群乃至社会中的安身立命之本。

二、调解矛盾

乡村社会并不是浪漫文人笔下所描绘的超凡脱俗的世外桃源,其内部亦存在无休止的矛盾纷争,乃至持械打斗之类的激烈冲突。民国时期的《沿河县志》就详细记载了乡民社会中错综复杂的矛盾场景:"吾邑土不肥饶,人性犷悍,染巫祝之余习而又好讼。所幸士勤于学,农勤于耕。农分自耕、佃耕两种。佃耕者,于秋收时就田中四六分之。工则因无工厂制造之艺,仅有木、石、土、油等工;商则经营油、盐、木、漆及粮食等。至城乡之无恒产于贸易者,或赶场作小本经营,或设商号趸售货物借以谋生。东南带西,大多以耕耘为事。惟后山一带,远在穷僻,交通不便,前属思南府治,鞭长莫及,文化未开,多不事生产,恒以劫夺为业。寻仇报复,小故挥戈,一事

---

① 以上六篇疏文是民国时期德江县稳坪镇铁坑村傩祭还愿疏文。
② 郭净:《中国面具文化》,上海:上海人民出版社,1992年版,第518~519页。

发生,仇杀无日,人命重案几于无日无时不有其出也。无论老幼皆执戈以自卫,集期赴市,身无利器者举目难觏。甚至耕获时,都各佩利刃,每一口角,即以凶器相向。间有深明事体者,不敢出而排解。又于农隙时,各率其类,执戈矛,负快枪,或攻某村,或打某寨,名曰'打堡'。言语粗暴,身章不修。冠、婚、丧、祭通晋谒,必集多人,带枪刀,至少以百人为度,如出吊贺,不满百人者不为脚色。将抵贺吊家,必施放排枪以惊主人,主出接客亦放排枪作接见礼。登堂陈设,惟阿堵物耳。临去亦必放排枪,主出放炮竹送客。设县以来,风气渐移,出而佩刀者,亦少见也。"[1]在现实生活中,人们不仅要解决吃饭穿衣和哺育子女等基本的生存繁衍问题,还要面对"口舌是非"等日益突出的人际矛盾问题。人际矛盾具体且琐碎,由于矛盾双方缺乏深层次思想意念上的共鸣,相互之间陈年累月积聚的各种矛盾如果不借助于其他外力,在正常情况下是难以逐一化解的。因而无论是血缘关系下的宗亲集团还是地缘关系下的社区集团,均需定期举办祭祀和节日仪式,使全体成员在另一种情境中一起接受玄秘精神力量的洗礼,使集团内部成员之间的矛盾关系得以调整,甚至消除。节祭活动通常具有很强的排外性,只对群体或社区成员开放,在面对鬼神或祖先亡灵之时,集团成员会不约而同、集体无意识地忘却自身肉体的存在,而被共同的精神归宿联结在一起,从而组成一个具有共同精神信仰的稳固团体。他们共同追忆先祖、敬奉祭品、占卜念咒、举办宴会、唱歌舞戏,所有的活动形式都围绕一个中心点:强调本族、本村寨、本社区的共同利益、价值观和特有的风俗习惯,显示本集团的切实存在,强化其在成员心目中的重要地位。节祭仪式以凝练的方式和神秘的力量使复杂的社会关系和社会结构得以整合,表现在乡土社会中,即将分散的个体以共同的价值观联结起来,不仅有助于消除其日常生活中累积的摩擦和隔阂,加强互助团结,而且也为农闲时处于枯燥生活状态的人们带来了身心上的愉悦,大大丰富调剂了人们的业余生活。

三、传承文化

文字虽是文化信息传播传承的主要工具,但不是唯一的工具。在文字被达官贵人垄断的时代,乡野民间的文化传承基本上依靠长辈或巫师的言传身教。下层社会中教育资源的匮乏与民众与生俱来的求知欲形成一对

---

[1] 杨化育、覃梦松:《沿河县志》卷十三《风土志》,民国三十二年(1943)铅印本。

鲜明的矛盾，这为富含中华民族传统美德的傩戏和傩仪提供了一个巨大的生存发展空间。现代教育学所大力倡导的"寓教于乐"的教育方式，在傩的祭祀和表演活动中表现得尤为贴切自然。广大民众能够在戏剧娱乐和庄重的氛围中，切实地记住并领悟中国历史的发展脉络和传统的伦理道德。傩的教化内容依各地区、各民族不同的生产和生活习俗而有较大差异，例如贵州彝族和土家族的面具小戏在表演过程中直截了当地再现了具体的生产过程。彝族《撮泰吉》傩戏的主要情节就是展现祖先神在田间种植收割荞麦的情景，包括买牛、喂牛、烧草、耕地、耙土、播种、锄地、收割、脱粒、翻晒和储藏的全过程，细微之处，连给牛喂盐水以解除牛的劳累都作为重点技巧予以详细强调。这番逼真细致的表演，除具有传统的宗教意义之外，主要目的在于向族人传授生产技能，以维持族群基本的生存之需。土家族的《庄稼琪》傩戏则另具一格，比彝族《撮泰吉》具有更欢快的格调，它以父母教子媳驾牛犁田为主要题材内容，不但强化了"以农为本"的基本生存之道，还传授了套牛犁地的具体生产技术，所以这种傩戏很符合平民大众的现实之需，能够引起他们的强烈共鸣，表演场面热闹非凡。从这两种傩戏可以看出，其具体的表演过程在取悦神灵的同时，着重向族人或村民传授基本的生产技能，以满足人们在艰苦环境下的生存之需，而娱乐性则是次要属性，这或许是傩戏自明清以来始终扎根民间，难以登上大雅之堂的重要原因。

忠、孝、节、义等传统伦理道德观念是汉文化波及之处的各民族傩戏表演题材中的必有之义。在傩戏中的表现形式主要有插科打诨的民歌小调、开天辟地的神话传说、五彩纷呈的民俗展示和庄重严肃的武戏打斗等。最有代表性的当属安顺地戏，它在近三十个剧目中，精练地囊括了自商周至明代的主要历史人物和事件。更重要的是，地戏中形态各异的上千种傩面具构成了一条汇聚古今历史人物的生动画廊，这使地戏所展现的历史文化要素要比官方的史书记载更形象通俗，而为普通群众所易于接受。乡间农民文化水平普遍较低，大字不识几个，如果通过书面形式向其宣传中国历史文化知识和传统伦理道德观念，他们不仅无法接受，相反还容易产生抵触情绪。然而换一种方式，使他们在排演或观看地戏的过程中了解历朝历代的变迁和历史人物的高尚品德，情况就大不一样了，他们不仅易于接受，而且乐于接受。

第三节 贵州傩的生态功能

贵州各民族都有独具本民族文化意蕴的傩信仰,由于各民族的经济生活、居住环境、发展历史不同,因此不同民族的傩信仰也呈现出不同的外显形式,但在本质上是大同小异的。同样,基于傩信仰的民俗与禁忌等外显形式无论如何变幻,都改变不了傩文化的本质。从古迄今,不同时期的傩文化都有一个共同的特征,即在不同程度上都以民俗和禁忌的形式,向广大民众不断传输着环境保护和生态维护的价值理念,有力地改善了当地的生态环境。

一、自然生态功能

贵州的傩祭仪式通过形式多样的服饰、道具、乐器与动作展示出深刻的意蕴内涵,倡导人与自然、人与社会、人与人之间的和谐相处。在令公祠、武婆庙、许愿还愿厅、傩坛堂等傩祭专用建筑和场所,纷繁复杂、神秘叵测的傩祭流程,色彩斑斓的傩祭服饰,独具特色的手工面具,清悠玄妙的傩笛,别具一格的傩戏剧本和生动传神的舞蹈演出,在模拟各类神灵降临凡间与民同乐同忧的场景中直观地体现出人与自然沟通互动的过程。在这个过程中,神灵,准确地说自然之灵不是高高在上的,而经常是傩堂师通过穿戴特定服饰,佩戴表情夸张的面具,表演玄奥的舞蹈动作来展现神灵与民同乐,接受百姓对他们的崇敬并护佑一方的和谐喜庆场景。远古时期,人们通过傩祭仪式表达对过去护佑人类风调雨顺、五谷丰登、人丁兴旺的神灵的感恩之情,感谢大自然对人类的无私馈赠,同时也祈盼着好运的延续。傩祭仪式同时也是一种庆祝活动,庆贺丰收、添丁、儿童成长为少年、国泰民安等,这既是对自然的感谢,也是对人们自身能力的肯定,使其更加乐观、自信与坚毅。贵州湄潭抄乐乡的村民吸收融合了传统文化中的阴阳五行元素与"万物负阴而抱阳,冲气以为和"的人与自然和谐共处的思想,将阴阳鱼的图案、阴阳五行元素的色彩运用在傩舞服饰的制作中,以五行相生、万物和谐的思想创编了祈福傩舞,为观众带来别具一格的审美感受。傩祭仪式将生态文化思想元素融入其中,体现了傩文化对自然生态境界的不懈追求,展示出自身所蕴含的思与境和、人与道谐、天人合一的自然生态之美。贵州傩文化的不断发展创新、兼收并蓄,生动地展现出新时期的自然生态文化指向。

(一)植物崇拜

贵州傩文化中的植物崇拜主要体现在两个方面:一是崇拜的内容;一是崇拜的仪式。贵州彝族的传统傩文化中保存有一套系统的关于植物崇拜的价值观与伦理观。"森林中的居民以林木与他们的生活有密切的关系,尤常以树木为崇拜的对象。"①"彝族人认为,地球上先有树木,然后才有人类和其他生物,人是树变的,因此他们十分崇拜树木。"②"彝族人民崇拜的植物只有宗教植物,信仰植物,还有就是民俗植物。"③从现实生活来看,傩俗中植物崇拜可以具象化为生产性植物崇拜和生活性植物崇拜,信仰的植物可以是具体的植物,也可以是具体区域内的一片植物。以贵州威宁县为例,威宁的傩祭中,农作物占有重要地位。傩祭的对象主要是稻谷、苞谷、荞子和芋头等生产作物。受传统傩俗影响,彝族人生活中的重大仪式活动通常都与植物分不开。在小孩出生的过程中如遇到难产,通常会请毕摩进行法事活动,毕摩在念完《祭灶神经》后,会将烧红的小石头放入浸泡柏枝叶的水瓢中,蒸腾的水蒸气会使柏枝叶的香味充盈整个房间,成为催产的良药。彝族人去世后一般都用木柴进行火化,之后用竹或木做的灵牌"马都"挂于家中供人凭吊。"超度祖灵时需要杉、柏、杨柳、松、竹、蕨、蒿、滇杨、樱、栎、核桃、李树、桃树、楂、索玛、野八角、马桑等各三百根和带杈的树枝五十对,然后由祭师毕摩将树枝摆成十二个祭祀方阵,人们牵牛、羊、猪、鸡前来献祭。"④此外,贵州彝族还有崇拜祭祀神林、神树的习俗。总体来看,彝族傩俗中信仰对象的一个最大功能就是价值评判和生态维护、保护,通常都具有象征功能,并伴随着不同的傩祭仪式。⑤

1. 人与世间万物是共生同处的自然"血亲"关系,理应和睦相处

源于万物有灵和自然崇拜的传统傩文化,其基本内核之一便是强调人是天地生成的,人与天地的关系是部分与整体的关系,不是敌对关系,人与万物是共生同处的关系,应该和睦相处。傩文化倡导人们以原始信仰的方式祈求维持人和自身所处的自然环境之间的和谐有序。它倡导人与自然的有机联系,并通过祈求、服从或讨好的方式崇拜自然物,以此缓释内心的焦虑和表达对自然的渴求,在客观上对于调节人与自然的关系,具有一定

---

① 林惠祥:《文化人类学》,北京:商务印书馆,2002年版,第231页。
② 罗布合机:《凉山彝族的树木文化》,《大自然》,2001年第4期,第13~14页。
③ 王俊:《彝族原始信仰中的生态伦理观研究》,《毕节学院学报》,2009年第11期,第29~34页。
④ 罗布合机:《凉山彝族的树木文化》,《大自然》,2001年第4期,第13~14页。
⑤ 王俊:《彝族非物质文化遗产研究》,北京:民族出版社,2015年版,第54页。

的积极作用。贵州大部分地区地处山区,山水秀丽,但由于过去交通不便、信息闭塞,长期以来老百姓只能靠山吃山。于是,贵州民众对周围环境的依赖性很强,在衣食住行、生老病死等生活的方方面面无时无刻不与周边自然环境发生关系。在贵州先民看来,这片山水自然存在着一种超乎于人的神秘异常的力量,这种力量时刻制约人的活动,警示人的行为。久而久之,他们就对周围的动物、植物、山水等自然物形成强烈的崇拜敬畏习惯。在长期的生产实践中,贵州世居民众也深知,任意毁林开荒、乱砍滥伐林木、捕杀野生动物、污染水源和空气等行为,都是对自然的伤害,一旦自然受到严重破坏,人类必将遭到严厉的惩罚。所以,人类必须时刻约束破坏自然的行为,主动承担保护责任,消解与自然产生的矛盾。这些朴素的关爱自然、与自然和谐共处的理念体现在贵州各个地区的神话传说、民间信仰、乡规民约中,成为民众保护环境的共同心理机制和行为准则,有力地促进了当地自然生态环境的保护和自然资源的合理利用。①

2. 遵循自然法则,合理利用自然资源

人类生活在一定的生态环境中,就必须依靠自然资源求得生存,利用自然来维持社区群体的延续。自觉遵循自然法则,因地制宜,充分合理地适度利用自然资源,对维持生态平衡、促进生态恢复有着重要的积极意义。傩信仰以神灵的名义要求人们关爱自然,将自然视作人类的朋友、至亲、保护神,主张合理利用生态资源,以求得自然对人类的厚爱与呵护,实现人类与自然的和谐相处,促进社会的可持续发展。② 在傩信仰理念的影响下,贵州山区不少乡村的民众长期以来采用"技巧性模仿自然系统"为特征的生产方式从事生态农业耕作。这种方式从环境中索取的能量较少,对自然环境的改变有限,有利于自然生态的修复。例如,黔南罗甸县龙坪镇的稻田养鱼,还有多种作物间种和套种的方式,这种生产方法形成了多种作物组成的群体结构,使有限的种养空间得到了充分的利用。多种作物混种,由于不同作物的抗逆性不同、成熟期不一,即使在灾年也仍然有望收到"这边损失那边补"之效,而不至于颗粒无收。长期以来,贵州广大民众通过这种方式和手段,合理有效而又最大限度地开发利用了自然资源,做到了取

---

① 张祝平:《生态文明视阈中的民间信仰——浙西南传统信仰习俗考察》,广州:暨南大学出版社,2013年版,第200~202页。
② 张祝平:《传统民间信仰的生态蕴含及现代价值转换》,《广西民族研究》,2010年第3期,第64页。

之有度、用之得法,又保证了整个生态系统的良性循环,有利于生态环境的修复和自然资源的再生。①

3. 自然万物是人类的保护神和护身符

在传统傩文化广大信众的心目中,自然万物都是有灵性的,是人类的保护神。人类只有爱护并尊重自然,它们才会保护人们的人身安全,使人们的生活幸福安康。在民间,人们对森林、树木的崇拜由来已久,因其顽强的生命力,广大民众视其为生命的保护神和护身符,将其看作神圣之物而加以崇拜。尤其在一些偏远山区,森林资源更是维系世居民众生活与生产的重要生态资源,森林、树木与人们之间产生了生死相依的紧密关系。在贵州,传统村落大多有自己的神山,山上生长的葱郁阴森的森林被视为神林,神山通常坐落于村落的上方。村民认为山上住有保护村落人畜安全的神祇,因此在庆祝丰收、逢年过节、婚丧嫁娶、新房落成等重要活动仪式中,都会在神山上举行祭祀典礼。神山上的树木不能砍伐,神林中的鸟兽不能猎捕,早已成为村民约定俗成的习惯。在信众看来,触犯了家神、山神和树神,总有一天会遭报应,说不定什么时候就会给自己、家庭和村落带来不必要的麻烦或灾难。这种习俗在很大程度上保护了村落上方的森林和水土,维持了村落周围的生态平衡。目前,傩文化氛围浓厚的黔北、黔中地区的森林覆盖率均保持在80%以上,享有"贵州绿谷,天然氧吧"的美誉。②

贵州傩信仰所包含的内容是很广泛的,凡自然界中对人类有益的事物几乎都可以成为人们崇拜和敬畏的对象。当然,对于那些与人们的生产生活关系密切的事项,人们自然会倾注更多的崇敬之情。这些事象都与当地民众所依存的自然生态环境有着密切的联系。正是通过对日常生活中出现频率最高、与他们关系密切的自然物的崇拜,他们与自然同体、珍爱自然、保护自然、以自然为保护神的朴素生态意识才得以传承。③ 这种蕴含于传统信仰习俗中的强烈的生态意识通过对普通民众日常生活的渗透,对自然生态环境的保护和生态系统的及时恢复与平衡具有重要意义。傩文化信仰作为贵州民间传统文化的重要组成部分,一直以来是贵州民众的世

---

① 张祝平:《生态文明视阈中的民间信仰——浙西南传统信仰习俗考察》,广州:暨南大学出版社,2013年版,第201~202页。
② 张祝平:《生态文化视阈中的民间信仰——浙西南传统信仰习俗考察》,广州:暨南大学出版社,2013年版,第204页。
③ 令昕陇:《民间信仰中的生态意识——人与自然相互沟通的文化要素》,《连云港师范高等专科学校学报》,2008年第1期,第34页。

界观、宇宙观以及伦理价值观的集中反映。贵州世居民众在傩信仰中所表现出的爱树、敬树等生态智慧与技能,就其实质来说,是他们对自身与所处生态系统之间互动和相互制衡的过程进行认知,并把这些认知不断累积下来的结果。

国家有关林木保护的法律法规都是科学理性的,具有外在的强制性,而贵州傩文化中不成文的规矩、规范、禁忌等,是当地民众在长期的生活和生产中不断积累的实用性知识,是当地世居民众通过潜移默化的方式逐渐形成、不断内化的结果。这些知识与习俗世代相传,久而久之,便成为他们心中的一种自律,使当地的生态环境受到较好的保护。

贵州傩信仰民俗蕴含着大量的人与自然和谐相处、永续发展和相互促进的观念,只是这些观念因为和原始宗教信仰交织在一起,因此在历史上长时间被看作"迷信""落后"和"四旧"的余绪或代名词而备受排斥,处于社会主流意识的边缘状态。在新时代背景下,重新认识和发现傩文化中优秀的环保思想理念,具有重要的现实意义。在调研中可以发现,贵州的很多村寨都有本寨的神树,它们的所在之地往往象征着山神的栖息之地。在村民的心目中,神树是村寨的风水所在,是先祖灵魂的安息之所,神树关乎寨民的吉祥与安康,因此,人们总是格外关照神树,严禁人畜随意进出神树所在的神山,更不消说砍伐之。由于神树乃至神林受到了很好的保护,神山上常常是林木茂密,水流潺潺,只要是溪水的流经之地,便充满着绿色与生机。作为山地居民,他们只得靠山吃山,村寨的农业和人畜用水全靠树林中常年渗出的神水。此外,贵州不少地区的村民将泉眼等冒水口视为龙王或水神的居所。泉水汇聚形成的水潭也就变成了龙潭,成为村民祭拜和保护的对象。每逢立春之后,这些村寨都要举行隆重的敬天祭地的仪式活动,以保护水源地和水生态环境。贵州傩文化信仰中还包含有图腾崇拜,被作为图腾的有动物也有植物,通常以野生动物为主。老年信仰者基本上都认为,如牛、马、獾、蛙、猫、狗及蛇等动物同他们的祖先存在着某些共同的渊源,因此他们禁食这些动物。甚至在路上遇到这些动物,只能驱赶或避开,不能杀死。这样,在长期的生产生活实践中,由于受到傩信仰中一些不成文的规定、要求、禁忌等的约束,贵州傩文化信仰区的民众养成了与动物和谐有序相处的良好习惯,沿袭了尊爱生命、爱护生态环境的良好传统。①

---

① 袁礼辉:《敬畏与感恩》,北京:中央民族大学出版社,2017年版,第198~200页。

(二)傩的土地信仰

对土地神的信仰,在我国有着深厚的现存根基和悠久的民俗传统。《说文》载:"社,地主也。"《礼记·郊特牲》亦云:"社,祭土而主阴气也。社,所以神地之道也。地载万物,天垂象,取材于地,取法于天,是以尊天而亲地也,故教民美报焉。"《通俗编·神鬼》亦说:"今凡社神,俱呼土地。"由此可知,土地神最初被称为"社神"。在传统的民间信仰中,早期的土地神位高崇隆,后来由于种种原因被塑造成地位越来越卑微的民间小神。土地神在傩信仰中经历了由小神向俗神的嬗变,成为傩信仰者广泛接受和爱戴的祭祀神灵。在今天的傩戏活动中,仍可追寻到这种嬗变的踪迹。

1. 傩戏中的土地形象

在《请土地》里,土地一出场便唱:

> 土地:我这个土地,是天上的土地,地上的土地,山头坡头的土地,路头桥头的土地,寨门楼门的土地,猪栏牛栏的土地,管所有地方的土地。我这土地看见人间送瘟神,看见妖魔又捣乱,我要下凡来治理,收伏妖魔保平安。
>
> 都都:你这土地,来做什么?
>
> 土地:我来收伏妖魔。
>
> 都都:求你来保佑我们牲畜平安,人丁兴旺,五谷丰登,地方清吉。
>
> 土地:左赐金,右赐银,赐你五谷都丰登,我不报你你不信,我解灾又解人。①

从这里的说唱情节和口吻可以看出,土地被烙上了民间神灵的烙印,成为具有一定权力、管理一方的小神,但因其刚脱胎于古代的傩祭和傩仪,因此仍旧带着一定程度的原始宗教色彩。戏词和剧情也比较简单,缺乏戏剧里的矛盾冲突,出场人物一般只有两三个。从中依稀可以看到古老的傩舞、傩仪因子,剧情的主旨也只是单纯地局限在"驱鬼逐疫、祈福纳吉"上,还没有发展出世俗化的"娱神、娱人"情节。由此可见,《请土地》应该是从较为古朴的傩祭直接嬗变而来。

在《梁山土地》中,土地角色戴上了面具,企图从世俗的人性空间分离

---

① 林河:《中国巫傩史》,广州:花城出版社,2001年版,第340页。

出来,以回归由多种傩仪构成的神性空间。从剧情的内容来看,虽然剧中仍有"冲傩还愿"的内容,但都一语带过,它着力刻画的是土地神智慧、幽默、诙谐的性格,以此吸引更多、更广泛的受众,以达到娱人、娱神的目的。此时的土地更多的是以与民同乐的俗神形象出现的。

> 内白:笑是笑得好,笑长了一点。
> 土地:南方之长与？西方之长与？北方之长与？
> 内白:错了,是小人长"七尺"。
> 土地:你这个伢子开口文扯扯地,闭口文吊吊地,你也变过猪来？①

正如傩戏《梁山土地》对土地神的塑造,土地逐渐褪去了在其他民间信仰中的小神形象,更多地展现出向世俗的人性化转移趋势。按照傩戏专家顾朴光先生的推论标准——"驱鬼逐疫的目的是保存自己,祈福纳吉的目的是发展自己。保存自己是人的求生本能,是第一位的;而发展自己则建立在保存自己的基础之上,是第二位的,反映在剧目内容上,其先后顺序应是'驱鬼逐疫—祈福纳吉—娱人、娱神'的模式。"傩戏剧目的内容,其先后顺序应是"驱鬼逐疫—祈福纳吉—娱人、娱神"。回看上面两出傩戏,《请土地》应产生于土地神刚进入傩神之列时期,早于《梁山土地》。土地形象从《请土地》到《梁山土地》的嬗变,正是这一模式的反映。土地在伴随傩祭、傩舞向戏剧发展的道路上,逐渐摆脱原始宗教神祇的限制而实现了从神性向人性的转变。

2. 土地形象嬗变的原因

(1)民间信仰之滥觞。自然万物是民间信仰崇拜的原始对象。随着社会的发展,不同地区的人们有了更多交流的机会,不同的民间信仰亦随之融合,形成了"你中有我,我中有你"的局面,传统傩信仰区的人们在塑造土地"俗神"形象的同时,拉近了与土地的距离,密切了人与土地之间的关系。

(2)傩与民俗活动的融合。傩在由中原向西南传播的过程中,如欲吸引更多的受众,为普通大众所接受,获得更多的生存与发展空间,就必须放下身段,与当地的各种民俗活动相融合。反映在傩仪和傩戏上,其原初的

---

① 贵州省德江县民族宗教事务局:《傩韵——贵州德江傩堂戏》,贵阳:贵州民族出版社,2003年版,第45页。

神性较多融入了世俗化的人性。

（3）传统小农经济对土地的依附。自古以来，农耕一直是中国平民百姓的主要生产方式。土地是人们生存物资的主要来源。在傩俗中，土地由神性向人性的转变体现出人们对土地不分你我的挚爱之情。

从土地神信仰的渊源及其人格化的演变过程来看，起初人们对土地神的信仰源于古代先民对广袤大地的崇拜。土地进入傩神之列之后，又经历了从神性向人性的转变。在傩信仰中，人们人为地创设土地的俗神形象，使土地以民众更加喜闻乐见的姿态出现，拉近了土地与信仰者之间的距离。先民的生产生活皆取材于地，土地神的出现扰乱了原本和谐而又相互独立的人神关系。感恩于土地"教民美报"的恩赐，先民起初将土地予以神化，视土地为神灵。在人们的意识中，神具有超强能力，永远是高高在上，不可触犯的。然而在现实中，土地被人们踩在脚下，用于耕作、种植和收获，而且土地上也遍布污秽不洁之物。因此在其他民间信仰中，土地都是以小神的形象出现的，土地神的地位远低于其他神灵。而与此同时，人们对土地的依赖关系远超与其他自然物的关系，这使人们在处理与土地神的关系之时，始终伴随着思想上的矛盾与困惑。在傩民间信仰中，土地神被编入傩神之列，经过神性向人性的转变后，人们思想上的矛盾也随之转化，在心理上更容易接受。人们通过对土地形象的再塑造，注入接近世俗生活的剧目内容，使土地从神性的空间中脱离出来，复归到原初的"自然物"或"人格化"后的位置上。人们可以在土地俗神的境遇里，自由切换于神圣与世俗间，将自己置身于独属于自己的人神世界和空间，酣畅淋漓放飞自我。[①]

总之，傩信仰中的土地形象先是从自然物始，逐渐被神化，之后由神性逐渐向人性转换，经历了"物—神—人"的形象嬗变过程，土地形象的转变使其获得了更多民众的接纳。

（三）傩面具的自然生态元素

贵州地区因特有的生态环境形成了复杂的民族分布格局和民族构成，各少数民族的傩面具也呈现出多样的形式内容。在自然环境和民族源流交互作用下形成的贵州少数民族社区生态，呈现出两个重要的特点：一是

[①] 王金元：《从神性向人性复归——傩堂戏"土地"形象的文化嬗变》，载遵义市人民政府：《中国·遵义·黔北傩文化国际学术研讨会论文集》，成都：西南交通大学出版社，2012年版，第333~338页。

社会发展相对缓慢；二是民族文化具有支系差别和地域差异性，在很大程度上保持了原始性。除个别民族和地区外，总体上来说，贵州少数民族分布的地区，生存条件较为恶劣，长期以来经济发展相对滞后，以地缘和血缘关系为基础拓展开来的村寨社区组织，一般以父系或母系家庭为基本单位，生产力低下，加上山川阻隔，交通不便，直至近代，社会经济形态仍基本处于封建或前封建社会的发展阶段。这使各少数民族的民间信仰具有多样性的特点，崇拜对象漫无边际。同时由于交通不便，社会经济发展是在封闭的条件下完成的，所以各民族的文化特征具有显著的地域特点。"十里不同风，五里不同俗"正是这种现象的生动写照。同一个民族既有因文化特点不同而形成的支系差别，也有因社会生产力和经济发展水平不同而形成的地区差别。不同的民族，尤其是山地和坝区民族之间差异更大，这种差异产生了相互依存、互为补充的民族关系，这种关系在经济上表现为坝区对山区的吸引与辐射，在政治上体现为坝区民族对山地民族的统领与影响，在文化上体现为相互吸引和学习。

就各民族的傩面具而言，在族群生产力水平低下、征服自然能力非常有限的条件下，傩面具制作对当地的生态环境具有很强的依赖性，傩面具逐渐成为与之相适应的文化创意产品。傩面具作为当地民族或群体文化体系的重要组成部分，是当地民俗习惯、民间信仰、审美取向等精神内容的典型代表。各民族因为所处的生态环境不同，分别拥有各自独特风格的傩面具，这些面具具有浓厚的原生性及次生性特点，即本民族面具在初始内涵的基础上，在长期的演进过程中不可避免地受到了外部文化的影响，原初的意蕴不断丰富和变异，具有了新的特征。没有一个民族能够与外界完全隔绝而不受其影响，只不过存在影响的大小。贵州各民族的傩面具皆具有多民族文化融合的特征，如土家族的傩堂戏面具、毛南族的《跳肥套》面具、彝族的《撮泰吉》和《耍大刀》面具、安顺的地戏面具、水族的祈吉礼俗面具等。同时，不同民族的性格也会在傩面具的特征类型上体现出来，从某种程度上影响着面具的形态。一般来说，生态环境通过作用于族人的心理，进而影响一个民族的性格。生态环境的影响因素是多方面的，包括地貌、气候、食物结构、生活方式等。在每个国家或地区内，不同区域的自然环境是不同的，因此不同区域的人们不仅在体质上而且在性格上都具有显著的差异性。例如人们用水来概括傣族的民族性格，用火来概括彝族的民族性格。傣族一般傍水而居，性格具有水的特征，面具色彩柔和秀丽，形象亲切可人，如孔雀面具、蝴蝶面具等，体现出傣族民众柔美的气质和浪漫洒脱的生活气息。彝族是游牧民族的后裔，长期生活在寒冷的高海拔山区，他们的生活离不开火和火塘。追猎的敏捷、身体的强悍以及开山辟地的勇敢与尚火的文化交织，造就了他们热情奔放、如火一般的豪放性格，他们的傩面具绚丽多彩，红、黄、黑是主色调，色彩对比强烈，造型狞厉可怖。[①]

  贵州丰富的自然生态资源对区内面具文化产生了直接的影响。一般来说，面具制作多为就地取材，越是年代久远的面具，就地取材的特点就越突出。以木质面具为例：德江土家族、道真仡佬族傩堂戏以及安顺汉族地戏的面具原料常选用当地生长的白杨和银杏树、丁木、楸木；威宁彝族《撮泰吉》面具通常以当地生产的杨木和枧木为原料。其他质地的面具，就地取材的特点更为明显，如在荔波县布依族的傩舞中，舞者多使用以当地笋亮叶为原料制作的面具。除面具制作多就地取材外，区内各地木质面具的着色也多采用当地出产的矿物和植物颜料。影响傩面具艺术特色的最重要因素自然是生于斯长于斯的各个族群民众。任何文化都是人创造的，而不同的文化是由不同地域内的族群在所处的生态环境中创造的，面具亦不例外。生活在一定自然生态中的人们在适应和改造自然环境的同时，逐步形成了自己独特的生态文化环境，他们在这样的环境中不断进行文化的再创造和自我发展。傩面具制作在这样的文化氛围中，得以延续和发展，至今形成了多姿多彩的傩面具制作艺术。另外，各个族群的不同信仰与艺术审美、心理需求等因素也在很大程度上影响着傩面具的制作。由于贵州各民族处在相对封闭的生存环境中，生产力低下，生活条件相对恶劣，古人普遍对所处环境和其中的自然物心存敬畏，并将其幻化为神灵，认为万物皆有灵，对环境中的一草一木、一山一水都虔诚地顶礼膜拜。生存环境对人们的文化心理和社会意识的积淀还集中反映在地域认同感上。一个社区的群体，在相互联系与交往中，尤其是在与地域联系密切的经济活动和社会生活中，形成了共同的内聚意识和地域认同感。这种意识在傩信仰上的表现，就是同一社区各民族共同祭祀的山神、水神、天神和海神等。这些神灵往往亦成为各民族傩面具造型题材的源头，这在一定程度上加强了各民族的互动交流、团结共处。而在同一民族内部，傩面具可以直观形象地反映本族群深受环境影响的信仰习惯、审美倾向和民族特征，并随着社会的

[①] 赵心愚、罗布江村：《西南地区面具文化与保护利用研究》，北京：民族出版社，2013年版，第26～30页。

发展以神格和人格的形式进入其文化核心,成为其民族或群体的文化认同标志,影响他们的思维和行动,进而加强民族内部的团结与稳定。

(四)贵州少数民族对生态环境的依赖

贵州各少数民族与生存环境之间关系非常密切,不同的环境因为"耗能"差异,往往蕴含着与其大致相对的文化经济类型。杨廷硕等在《民族、文化与生境》中论述了人类社会迄今为止的五大经济类型,分别为狩猎—采集经济、刀耕火种的斯威顿经济、游牧经济、农业经济和工业经济。贵州少数民族在 20 世纪初大致分属的经济类型,是现在农村经济发展和生态文化的立足基础:苗族、仡佬族等少数民族属于斯威顿经济类型,彝族属于畜牧经济类型,布依族、侗族和土家族属于农业经济类型。[①] 经过百余年的发展,贵州的不同民族虽受到现代工业经济的影响,但透过其传统习俗,仍然可以看到他们大致的原初面貌以及环境与本民族生活生产之间的重要关系。

因为特殊的地理环境,贵州民族地区具有"十里不同天,一山不同族"的多元民族文化特征。贵州山多,洞穴也多,气候温和湿润,山川纵横,形成分隔成小块的地域空间。几大族系在漫长的历史交往中虽有融通但也保持了相对独立性,形成了具有共同历史文化特征又存在一定地域差异的文化。例如,居住在黔西北相对平缓的喀斯特高原上的羌族原是"随畜迁移"的游牧民族,后发展为"或土著或迁移"的农牧民族;苗、瑶族系"好入山壑,不乐平旷",在喀斯特山地中主要采取刀耕火种的生产方式,具有典型的山地民族特征;百越族系很早就从事水田耕作,迁徙而入贵州后,多居住在依山傍水的坝子区,男耕女织,聚族而居。[②]

贵州少数民族居住地还生活着种群数量可观的野生动物。除了与交通不便、人烟稀少的天然因素有关外,长期的社区生态文化观念使人们自发形成了保护野生动植物的习惯。生活在各民族聚居区的野生动物与无人区的野生动物的显著不同在于,在当地人的严格保护下,外来人员也不易于在当地民众的眼皮下滥杀之。在社区民众深厚的生态文化背景下,社区生物多样性有了广泛的存在基础和长期的保障。通过对当地生态文化的系统研究,可以摸索出适宜于当地社区的发展之路,并辐射到其他同类地区。在贵州,诸多关于民族主要特征的概括都与他们所生活的自然环境

[①] 杨庭硕等:《民族、文化与生境》,贵阳:贵州人民出版社,1992 年版,第 91 页。
[②] 屠玉麟:《独特的文化摇篮——喀斯特与贵州文化》,贵阳:贵州教育出版社,2000 年版,第 235 页。

有关系。以医药文化、森林文化、茶文化为特色,保护和开发自然生态环境,构建和创造有利于贵州发展的文化环境,挖掘和光大具有贵州特色的传统历史文化,发展和完善生态文化产业,形成一种生态与经济效益相统一、传统与当代文化相结合、物质和精神文明双丰收、环境幽雅清新、经济蓬勃发展、人民安居乐业的现代生态文化格局是贵州各族民众的共同需求与责任。①

(五)傩信仰的神性生态文化

傩是贵州许多民族文化的内核,在很大程度上影响着构成其文化的制度、习俗和文艺等的外在表现形式。人们通过傩的外在形式可以窥见其作为"集体意识"的深层结构。贵州本土的主要少数民族都有自己相对完整的傩信仰体系,这样的信仰体系在长期的历史发展中受到诸多外来文化的影响,发生了汉化和儒化的变迁。祖先崇拜作为傩信仰的一个重要内容,同时受到汉族文化的影响,孕育出独特的神性文化。傩的神性在生态文化层面主要体现在傩对宇宙起源的看法、人与自然之神的关系等方面。

1. 布依族傩的神性生态文化

布依族的傩信仰中流传着祖先造万物的传说:翁杰、翁嘎、力嘎、布杰造出了天地、河流、山川、风雨、太阳、月亮、田地、泥土、犁耙、刀镰、房屋、火、碓、筛子、锄头等。布依族傩文化中的几乎所有想象都与稻耕农业有关,从崇拜山川河流、日月星辰、土地树木到创造自然万物、田地工具,展示出布依族从无到有的水稻种植过程。布依族的傩信仰里亦有许多生态文化内容,例如对山川、树木、奇石、溶洞、山泉、水井、水潭的神性崇拜。大部分村寨都有护寨的神树,有的取名"龙王神树",常有雌雄之分。寨民对神树世代加以保护,并有很多禁忌。威宁县牛棚镇的布依族于每年农历七月都要举行祭龙山仪式。龙山上古树参天,一般选最粗的古树为龙树,又称"神树""祭树"。龙山上禁止砍伐和耕种。②

布依族的傩文化包含龙图腾崇拜和竹图腾崇拜,与人类的繁衍有关。举行相关仪式时,需择定吉日,设坛祭祀,按照传统,摆上鲜竹,象征神灵,求子祈福,消灾祛病;产妇临近产期,为使其顺利生产,要举行"改都雅"仪式,即由舅家派两名男性长者送来两枝鲜竹,表示生命旺盛,巫师致祭词求竹赐子,祈祷母子平安。在贵阳市乌当区水田镇一带还有生子栽竹的习

---

① 杨晓航:《发展与保护》,北京:中国言实出版社,2008年版,第240~250页。
② 罗剑:《毕节地区布依族》,贵阳:贵州民族出版社,2004年版,第136页。

俗,生得长子栽金竹一枝,生得长女种水竹一棵。老人葬礼上要栽一棵数丈高的带叶楠竹,作为死者灵魂的"升天器具"。葬后还要在坟头插上数枝金竹。楠竹喜温惧寒,一般生活在湿热地带的江河边,那里正是布依族喜欢居住的地区。可能是因为楠竹遍布布依族生活的地区,用途广泛,因此族民在长期的生活中对楠竹逐渐产生了信仰。布依族民对楠竹经历了从依靠、共生到敬仰的过程。楠竹在布依族民的出生到生命消失转化中皆彰显出神圣性,布依族民与楠竹的关系是人与自然和谐相处的典范,即人类个体的生命与自然的生命融为一体,人的生命来源于自然,人类个体的生命需要神性自然的护佑。布依族民对楠竹从生活性依赖到情感性依赖再转化成精神性依赖,在这个过程中,楠竹便具有了广泛的群体基础。族民从日常生活到精神领域都和楠竹融为一体,形成了稳固的生态道德、生态伦理和生态制度,世代相传。在布依族的傩信仰里,竹子不再是一个自然个体,而是具有神性的生命符号,随着符号能指范围的不断扩展,它的意义也不断多样化,融入人类的生活中便具有了多样的功能意义。这些意义不会在历史的流转中消失,只会不断加强。傩生态文化即使遭受异质文化的长期侵蚀,也只会发生形式上的改变,本质不会消失,被赋予新的符号意义,继续传承。即便在现代化的强势推进下,布依族傩本初的生态文化也只会被赋予新的意义而继续发挥作用,保持人与自然的和谐关系。

  布依族对疾病的理解也通常包含在对傩神灵的崇拜中,他们认为疾病由神灵所致,必须选择真正的神灵才能获其护佑,化解疾病,抵御疾病的侵扰。由于贵州大部分地区具有显著的喀斯特地貌,广泛分布着大量的山石和溶洞,因此布依族一般会将巨大的山石、溶洞中的各类钟乳石赋予神性意义予以祭拜,祈求"岩公、岩母"的保佑。祭拜时要留下拜年帖,也有的需在岩石上凿字。这些在布依族族民眼里具有神性的祭祀对象和场所自然不会被破坏,包括附近的物体以及山里所有的动植物也会被赋予相应的神性,而严加保护。在傩信仰的影响下,布依族还有祭河神、祭水神、祭虫神的习俗。一般而言,超度非正常死亡者的最后步骤是祭河神,即在河边设坛,由毕摩念经主持祭仪。祭祀虫神又称"赶虫",要扫田坝,念《虫神经》,大意为:百姓常年辛劳,庄稼为贵,虫神降临,愿以盛宴款待,望虫神享受百姓之宴后,带领众虫去别的地方,来年丰收再来祭拜。[①]

[①] 韦兴儒:《中国各民族宗教与神话大词典》布依族部分,北京:学苑出版社,1990年版,第34页。

2. 侗族傩的神性生态文化

贵州侗族傩崇奉天地万物，天上的日、月、雷、虹，地上的山冈、巨石、古树、田园，以及生活中的水、火等都可以成为族民崇拜的对象。侗族认为天地统揽一切，是主宰人间至上的善神，侗族先民认为宇宙来源于雾和风。

侗族除了祭奉人类始祖松恩、松桑以及自己的老祖母"萨岁"等傩神外，还信奉三类神：保护神、邪神和喜神。保护神有祖神、土地神、水神、山神、火神、地脉龙神等；邪神主要有瘟神、鬼、怪、妖等。侗族村寨几乎都建有祭祀土地神的土地祠，春天播种，敬香作揖，祈求保佑禾苗正常发芽生长；秋天收获，以示谢功。侗族认为山有山神，神山的命脉穴位被称为"地脉龙神"。山神主管飞禽走兽和森林树木，寨民上山打猎或伐木都要给沿途的土地山神焚香烧纸，求暗中相助。侗族世居林区，生活之所需主要是从莽莽的群山、茂密的森林中取得，因此他们热爱山林，尊敬山神。破土垦荒、砍伐林木、狩猎等活动，都要焚香化纸，祈求山神恩准。在侗族的传说中，山上的飞禽走兽等皆为山神所供养，因此要猎取务必先求得山神的同意。① 受此影响，村寨里以及周围的古树被认定为风水树，作为一个村寨兴旺的主要标志。侗民非常敬奉寨边和路旁常青的松柏、枫香、香樟和银杏等树木。寨民都对之爱护有加，古树不会受到损伤。枯枝断折，不可用作柴烧。因古树具有镇守村寨和美化环境的作用，亦不可砍伐。贵州侗族许多地区有以古树、岩石、山坡取名的习俗。"拜古树的男性多取名'树生'或'树保'，女性多取名'树妹'或'树花'；拜怪石的男性多取名'岩旺''岩保'，女性多取名'岩妹'或'石妹'；拜山冈的男性多取名'山保'或'山旺'，女性多取名'山妹'或'山花'。"② 被拜的古树、岩石、山冈在取名者的心目中享有极高的地位，以自然物取名的方式在意识上高度强化了取名者与这种自然物的渊源，因此他们几乎一生都对自己名字所指的古树、岩石、山冈怀有敬意，期许得到这些神性物的保佑，当然更不会轻易伤害与其相关的一切东西。侗族对果树崇敬有加，有用肉片肉汤喂养果树的习俗。每逢重要节日时，族人会拿一把刀，把每一棵树砍一刀，把肉汤灌入其中，夹一片肉置于破口上。喂果树肉汤肉片，意在祈求来年果实累累。侗族认为水有水神，每年正月初一零点开始，家家户户都要去井边挑水，祈求水神恩赐一年的生活用水。首次到河边或井边汲水，须带上香纸敬供。有的村寨全体

---

① 龙玉成：《中国各民族宗教与神话大词典》侗族部分，北京：学苑出版社，1990年版，第102页。
② 吴浩：《中国侗族村寨文化》，北京：民族出版社，2004年版，第297页。

寨民会自备酒肴,携带香纸,云集井边,祭供之余,围拢就餐,借着兴奋,绕井歌舞,唱诵水井的四季清凉和源远流长。

蛇在贵州侗族中地位极高,一般不会受到伤害。侗族通常认为自己的祖先为蛇样,所在家族系蛇种,延续于母系,蛇是自己的兄弟姐妹。如果登坟拜祖,遇蛇在坟边活动,便认为是祖先显灵,不可惊扰,随其自便。如果蛇进家屋,就说是祖先化身,立即焚香烧纸,希望能够安居故地。若遇久旱不雨,禾苗干枯,寨主就会召集全体寨民带香纸到附近岩洞祭祀,祈求蛇神兴云降雨。水牛也被侗族认为与自己的祖先同源,家有水牛会高门旺户,名声显扬。很多家庭将牛角挂在房屋的显眼位置,以显荣贵。家中孕妇如梦见水牛相伴,则预示将生贵子。每年的农历四月初八和六月初六,被分别定为牛生日和祭牛节。在这两天,族人要在牛圈前摆设供品,焚香化纸,祝愿家人平安吉祥。侗人普遍认为杀牛有罪,会招致牛的报复。万不得已要杀牛时,则要举行隆重的谢罪礼,表示敬畏,祈求原谅。与众不同的牛被认为是"保寨牛""保家牛"而受到特别尊重与优待,任其老死。蛇和牛都被侗民认为与自己的祖先密切关联,侗民一般会把它们与自己的祖先崇拜结合起来。侗民认为万物有灵,动植物和器物都有灵魂,祖先神灵与之相通。侗族人认为牛、羊、鸡、巨石、古树、果树、碓、灶、农具都具有一定的灵性,每逢重要节日都要虔诚祈祷,以求得百般顺利。①

3. 水族傩的神性生态文化

水族喜沿水而居,生产生活环境较优越。村寨通常依山傍水,多修建在山脚,周围河流纵横,无数沟渠交织成网络状,具有良好的水田灌溉环境。水族相信巨石和古树有生命、有灵性。村寨附近高大苍劲的古树、形状奇异的巨石、历史久远的古井都受到寨民的虔诚崇拜。在现在的水族聚居地依然经常可以看到古树、巨石下香烛纸钱的痕迹。水族视巨石为有灵性之物,认为巨石坚硬稳固,具有强大的生命力,对巨石深怀神圣的崇敬之情。族民祭祀巨石,以期获得它的护佑;祭供古树,希望庄稼也像生命旺盛的古树一样繁茂,祈求风调雨顺,农业丰收;生病时就到护寨树下烧香祈求保佑,病好后买红布挂到护寨树上表示感谢,村寨周围自然形成了高大秀美、葱茏蓊郁的风水树林。各寨习俗严禁寨民随意砍伐林木,如有违禁,会受到舆论的强烈谴责和村规民约的严厉惩罚。

---

① 杨晓航:《发展与保护》,北京:中国言实出版社,2008年版,第249~251页。

鱼在水族中具有特殊的重要地位。水族聚居地三都县水源丰富,是贵州富饶的鱼米之乡。都柳江贯穿县境,漳江在此发源,密如蛛网的支流沟渠为水族提供了可观的鱼类产品。三都县的水族不仅普遍利用稻田养鱼,许多家庭还挖有小鱼塘,蓄水养鱼,一些家庭的鱼塘还养有专为老人办丧事的养老鱼。水族的很多节日和歌谣都有歌唱鱼的内容:

河鱼:今天相逢,不夸你两句,觉得可惜;要夸你两句,我又不会。哎,管它的哟,我说句话你听吧。春水涨,你我相逢。涨春水,河里相遇。我两个,河中交友。要不夸,可惜你美。要不夸,辜负你好。我的田鱼友啊。

田鱼:涨春水,你我相得。春水涨,你我相会。反复想,我才赞你。赞不对,你别生气。我的河鱼友啊。

河鱼:你住苔,你最聪明。近稻谷,精通言语,住深水田,你很值得。春日暖,大家友好。我的田鱼友啊。

田鱼:我住苔,我最愚笨。我住土,浑浑浊浊。今遇你,我才瞪惶。瞪惶后,不知怎办。我为人,百事不成。我的河鱼友啊。①

在荔波县和三都县的部分地区,水族不过端午而过卯节,在其中的祭稻田仪式上,祭祀必须以鱼和螺蛳为供物。鱼在水族历史上及至现今,不仅是祖先的化身,还是民族团结和睦及子孙兴旺的象征。

水族爱牛,尤其爱水牛,有关于石牛、小白牛等的传说。这两则民间传说都属惩恶扬善的类型。在石牛传说中,神奇的石牛在吃了善良的弟弟一年才种出的一株小米后,便吐出一堆白花花的银子,让弟弟过上了富裕的生活;贪心的哥哥则被石牛紧紧咬住双手,直至用黑心占得的家产全部败光,才获解脱。在小白牛传说中,小白牛是龙宫里的神牛,在它的帮助下,勤劳善良的放牛娃和老祖母再也不愁吃穿,而贪心狠毒的财主一家则遭到落魄的下场。在这些故事中,牛被描述为神牛,它能彰善惩恶,帮助穷人摆脱苦难,让善良之人获得幸福而使恶人受到惩罚。透过故事中神奇的想象,不难看出水族先民在农耕生产中对耕牛的依赖与敬仰之情。水族在重要节日及婚丧、起房造屋中祭祀祖先、请神送鬼时,都要宰杀耕牛作为祭品。水族非常崇尚灵魂,相信灵魂的永存,认为人死之后是去另外一个世

---

① 刘之侠、潘朝霖:《水族双歌》,贵阳:贵州人民出版社,1997年版,第257~258页。

界生活。在那里亡灵同样要耕田要生产,因此也要耕牛。宰杀耕牛祭祖吊丧,既是让祖先亡灵享用祭品,也是将耕牛送往亡灵生活的世界,让他们有牛耕田犁地。① 在这一理念指引下,水族群众精心喂牛,当地水牛和黄牛数量都很多,带动了养牛产业的发展。

4. 土家族傩的神性生态文化

贵州土家族的傩戏剧本融入了较多生态文化内容。例如《衣罗娘娘》记述了衣罗娘娘用植物造人的详细过程:居住在武陵山区的土家族先民长期依靠农耕生活,种植的植物种类繁多,有葫芦、蚕豆、莲藕、竹子等。衣罗娘娘用竹子作骨架、荷花作肝肺、蚕豆作肠子、葫芦作脑袋,在脑袋上凿了七个眼,吹了口气就变成了人,创造了人类。《水杉的传说》讲述的是,在洪水灾难下高大的水杉树没有被冲倒,救活了兄妹二人,兄妹二人成亲后不断繁衍,才有了现在的土家族。由此土家族崇拜水杉。《衣罗娘娘》和《水杉的传说》分别讲述了用植物造人的过程和水杉救人复活的故事。这两则傩戏神话所承载的内涵都与自然有关,生动体现了人源于自然、依靠自然、离不开自然以及感恩自然的生态理念。《十八姓人的来历》记述:兄妹成亲后生下一个大雪球,观音菩萨将其砍成十八块,拌以泥土,分别寄存在十八根树丫上。七七四十九天后,每个枝丫上长出了一个活人,十八个活人成为后来土家族十八姓人的祖先。《余氏婆婆》叙述:在一个被打败的部落中幸存的女子余香香拼尽全力找到一个可以避身的山洞,并躲入其中,一只老鹰始终陪伴左右,为她叼来食物,使她得以活命。一天晚上,她梦到两只小鹰落入怀中,后来怀孕生下一男一女,将其抚养长大。她教育子女和后人永远不要忘记鹰公公的救命之恩。时至今日,余姓土家族民仍沿袭不准打鹰和食鹰肉的习俗。② 这两则神话故事通过阐述土家族人对动植物的崇拜与禁忌,体现出自然对人类的厚爱以及人与自然的同根关系和至深情感。

土家族对自然的崇拜还表现在傩俗中人们对岩神、风神、雨神、树神、电神、火神、水神、井神的祭拜。部分地区的土家族民还有对虎的崇拜,把虎当作图腾。他们把白虎与祖先联系在一起,认为人与虎是相通的,两种生命是合而为一的,白虎即祖先。这种观念根深蒂固,古已有之。"老百姓对大山上的动物、植物、大石、岩崖、山洞、山峰等,可说是一草一木都被视

---

① 刘之侠、石国义:《水族文化研究》,贵阳:贵州人民出版社,1999年版,第14页。
② 杨军昌:《区域人口与社会发展问题研究》,北京:知识产权出版社,2009年版,第179~180页。

为崇拜的对象,山神便具化为山石草木。"① 被土家族民敬仰的神性动植物,都会在他们的生活中被保护起来,不会受到伤害和破坏。

5. 彝族傩的神性生态文化

贵州彝族主要分布在黔西北毕节和黔中六盘水地区,除了信仰天神和地神外,还信仰山神、水神、岩神、石神。茅草、树、竹以及龙虎图腾崇拜等傩信仰习俗在彝族中也很流行。彝族人认为,凡人在山上受惊而精神失常或天降冰雹毁坏庄稼,都是触惹山神所致,所以每隔三年就要用牛羊去祭祀山神;凡过河、游泳时淹死者,都是因为水神作祟,过河时往往要默念水神的名字,以求得保佑,有时还需用鸭来祭祀水神。岩神住在岩洞中,故一人忌入岩洞,夜间更忌之,防止对岩神造成惊扰。人们认为形状奇特的巨石有神灵,忌击打。如果村寨有人久病不愈,家人就要带祭品祭祀石神,向石神许愿,求石神保佑。彝族人认为茅草是一种灵物,在丧葬、斋戒中都要用茅草祭奠死者的灵魂。《黑牛祭地献酒》有句台词:"德布死后变成草。"人死后会变成草,故后人要祭拜之。彝族崇拜的树主要有肤烟木、五倍子树、寨旁的千年古树等。肤烟木在彝族傩信仰里被认为是有灵性的植物,亦称"天神树",代表法杖、法刀,其木屑在祭祀中代表金银。灵桶作为彝族屋内的镇宅之物必须用肤烟木制作。彝族先祖笃慕在洪水泛滥时,得到天神启示,挖木为桶,避身其中,随水漂流,至悬崖边被竹挂住才免于坠崖,后代就祭祀山竹以示谢恩,族人去世后,以山竹制作灵桶,以求保佑后代。

彝族的生态文化在傩信仰中的表现,主要是敬畏自然神灵和期望神灵的护佑,也有因为谢恩而视自然物为神圣的成分在。自然本身具有一定的变化无常性,人们在生产生活中不可能做到与自然对立,而应适应自然。这种适应是虔诚而非完全功利化的,同时也是不得已的。自然供养了人类,人类从出生到离开世界,所需一切无不来源于自然,加之传统上对祖先的崇敬,对于彝族人而言,自然也就有了类似于祖先的养育之恩。在与自然共处的过程中,对自然的感恩作为人类对自然至亲的情感超越了人类自身,纯洁而真诚。彝族人对自然敬畏的至诚情感,使其在日常生活中具有一种发自内心深处的自觉集体意识来支配他们的行为,而非功利性的。②

6. 仡佬族傩的神性生态文化

贵州仡佬族崇信自然,崇拜祖先,信仰多神,受儒、释、道的影响较大,

---

① 章海荣:《梵净山神》,贵阳:贵州人民出版社,1997年版,第119页。
② 杨晓航:《发展与保护》,北京:中国言实出版社,2008年版,第255~256页。

民族早期积淀下来的傩信仰至今仍然深植民间。在仡佬族人的意识中,天上的风雨雷电、山上的飞禽走兽、家里的牛马羊等六畜都具有神性。古树、巨石、深潭、大河、水井也都具有无比的神力,成为族人祭祀和崇拜的对象。树神是仡佬族主要的自然崇拜对象之一,族人不但对枝叶繁茂的古树严加保护,还经常举行仪式顶礼膜拜。生长在村寨或墓地附近的树木被称为"风水树",被选定为山神的象征而加以祭献的被称为"献山树"。族人于每年农历三月初三都要在村寨附近的献山树下举行祭山节,祈祷山神保佑全寨风调雨顺、五谷丰登、六畜兴旺、老少平安。

贵州各民族的生态文化是基于共同的生态环境规约而产生的,是各民族的生产生活长期适应自然环境的结果,因此贵州各民族生态文化的共同特征为:以宇宙和人类起源为基础,所有的内容都围绕这个中心而展开。贵州少数民族大多认为宇宙是由具有人性的神所开创的。在宇宙产生的基础上,人类在自然中诞生。在这点上,几乎所有的创世论都如此,贵州少数民族也不例外,各民族的差异主要体现在具体的神与自然造人的方式上。在贵州各民族的生态文化中,神是从属于自然的。各族的人们都认为,自然创造繁衍了人类,自然崇拜与祖先崇拜相统一,承认人与自然同源。神造人的神话倾向于神借助自然创造了人,肯定了神具有一定的能动作用,这个神更多地被人们视为自然的一种外显形式而存在。贵州各民族的生态文化可概括为:万物有灵,人与自然同源,人是自然之子。人类应该尊崇感恩自然,共同遵守自然法则,合理利用自然资源。以此为基点,贵州各少数民族在长期的生产生活中切实领悟到自然支撑人类得以生存与发展的真谛。他们发自内心地热爱、尊重、感恩自然,视自然为父母、为己身,视自然万物为兄弟姐妹,在情感上真正实现了物我归一。贵州各民族的图腾和傩祭对象一般都与他们的生产生活密切相关,具有民族特性,受到地理环境的影响和制约,如苗族的枫木、水族的水牛和鱼、土家族的水杉、彝族的山竹、布依族的楠竹等。①

贵州各民族对自然的真情源于自然对各族族民的护佑,在各族的生态文化体系中,具有灵性的自然物已经具有了超自然特征,人离不开自然,人要用自己的方式表达对自然的崇敬和虔诚。祭祀仪式作为人们敬奉自然的一种形式,成为各族自己的文化传承手段,在这个基础上产生的民族规

---

① 杨晓航:《发展与保护》,北京:中国言实出版社,2008年版,第253~254页。

约与禁忌在很大程度上深化了生态文化的集体认同。现代人摒弃了长期以来人对自然神圣的敬畏与崇拜后,试图人为地建立人与自然和谐亲近的关系,并声称这种关系是科学理性的,即用科学理性的精神取代传统的人与自然的神圣关系,表达"人类既要改造自然,又要顺应自然,要调整自然使其符合人类的生存愿望,既不破坏自然,也不屈服于自然,而以天人相互协调为理想目标"①的观点,这就是当下的生态话语特征。无论时代如何变迁,社会如何发展,人类始终应把自然万物放在如同神灵一般的至高位置,这既是被迫的,也是应该的,是不以人类的意志为转移的。因为在自然面前,人类永远是渺小的,人类的所作所为必须建立在尊重自然的基础之上。

(六)社区组织结构与习惯法反映的生态文化

贵州少数民族傩文化中的神性及伦理是每个民族生态文化的核心内容,决定着这个民族的经济模式、生态制度、生态习俗、生态禁忌。生态文化表述的载体多样而具体,显示出不同的民族特色,形式包括神话传说、民俗规约、祭典仪式、文学表达、生产方式、生活习俗等。在各族民俗文化中居于核心地位的傩信仰派生出具有地域和民族特点的生态制度,这套制度在各族的社会组织结构和习惯法中得以体现。这里所指的社会组织结构包括贵州各少数民族的信仰组织、家庭组织、社区组织以及现行的行政组织;习惯法就是维护各民族的信仰和制度,承接其特有的社区生活方式的具有一定约束力的规约,这些规约具有明显的地域性特征,和民族传统紧密结合,并与其所经历的不同时代的大传统相适应后流传下来,通过一定的形式与现行的国家法律法规融合,达成默契后继续使用。这些制度与习惯一般以政府禁令、乡规民约、村规民约、宗族规约、碑刻等形式展现出来,但大多依靠文字形式在民间一定范围内通行,形式多样,内容丰富,条款具体,便于理解操作,赏罚适当分明,惩处严厉。

1. 侗族社区组织制度的生态文化

在维护生态环境方面,贵州侗族地区有家族制、寨老制、长老制、侗款制等传统组织制度。家族制一般以血缘为基础,以姓为单位,由聚族而居的同宗族成员推选家族中德高望重、办事能力强、修养好的男性长者担任族长,处理本宗族的重要事务;寨老制是贵州少数民族主要的村寨组织制

---

① 余正荣:《生态智慧论》,北京:中国社会科学出版社,1996年版,第5页。

度,寨老是村寨的主事者,是各个家族推举出的在长期生活中表现出一定才能和高尚品德的人,主要负责召集村寨中重大事务的商讨决议;侗款制是古代侗族地区的基层行政管理制度,是以地域或村寨为单位的政治军事联盟组织。传统侗款组织通过起款议事制定款约,并由款军作为款约在各寨施行的军事保障力量。款约范围很广,几乎囊括了侗族社会生活的各个方面,包括道德规范、法规条款等,具体内容包含开天辟地、人类起源、洪水滔天、兄妹成婚、民族形成、民族迁徙、破姓开亲等。侗族很多村寨流传有"古树保村庄,长老管地方"的古训,一方面说明寨老在村寨和地方中的地位和作用,表明长期以来侗族社区通过家族族长、村寨寨老依靠传统习惯法规进行有效运作;另一方面,表明古树作为村庄保护神的至圣地位几乎是任何人都承认和认可的。

侗款制度中有一系列关于林业及耕作管理方面的规约,这些规约或写于书中,或刻于碑石,以示村民,但大多数是经长期应用后被确定下来的口头之约。例如:立冬后,农民砍山;次年春,放火烧山;翌年撒下黄粟种,待苗长至尺把高时,进行田间除草,再待一个月后则除第二次草,立秋左右就可以收获了。在人口稀少、山林广布的贵州民族地区实行轮歇耕作,对于提高土地单产、减少劳动量具有重要意义。侗族民众还在传统侗款制的基础上创造了多种耕作方式。长期以来,侗族的耕田主要是水田,其次是旱地、火烟地等,侗民根据地势还创造了坝子田、山冲田、高坡梯田等田地形式。镇宁县扁担山大抵拱村传承至今的楼上田,为当地一罗姓侗族农民创建于清朝乾隆年间:将厚达 5 寸~1 尺的大石逐层垒砌成高 1~2 米的石柱,石柱的上层用当地开采出的大石板盖严,再上山挑来泥土覆盖到大石板上,就成为良田。① 良好的生态也为当地的种植业带来了充沛的水源,侗族居住区分布着许多大山槽和大坝、水车等,也有用大楠竹作引水管道灌溉农田的。

侗族人充分利用当地得天独厚的生态条件,不断改进耕作种植技术,在农作物品种上持续推陈出新,创造了先进的农业生产文化,在侗族的傩神话故事中被充分展示。例如,傩戏《洪水滔天》记录了侗族先民从事农业生产的方式,即刀耕火种的耕作方式:

---

① 贵州省地方志编纂委员会:《贵州省志·民族志》,贵阳:贵州民族出版社,2002 年版,第 170 页。

天开始形成的时候,大地的山岭已成形。世间出了主世老,主世老看中岛伟熙①高山,岛伟熙林海黑黝黝,遮天蔽日翠绿葱茏,青山林涛响哗哗。主世老来来去去观察,岛伟熙野鹿成群跑,鹿子野牛遍地游,山崖狮虎到处窜,深涧险谷雕鹰飞,主世老凝神沉思着,主世老心不屈服,主世老不甘心,主世老思量找对策,率众人搭棚住树梢,把开发林海的工具备齐,将磨好的斧头握在手中,把备好的弯刀系腰身。

　　一天主世老开始砍火地,砍得树响嘎嘎震山岗,铲得草木唰唰应山谷,砍了三天只砍一小片,砍了九天才现一小团,砍伐树木像割菜,割断树根似剃头。主世老砍树一片片,砍下的树木一团团。砍倒的草木日晒叶焦黄,主世老砍的苍木树干枯。

　　天空晴朗朗,一天,主世老点火把地烧,熊熊火焰腾空起,烧了一月没到边,烧了三月未相连。火地昼夜在燃烧,烧得岩羊、鹿子寻缝钻,烧得野鹿、野牛林外跑,烧得野猪直往深箐窜,烧得猛虎皮毛起火苗,烧得雄狮周身冒青烟,烧得蟒蛇皮焦鳞开绽,烧得飞禽无奈凄声叫,烧得猛兽难熬在嚎啕,飞禽走兽耐不住,大大小小全迁逃。

　　晴天晴朗朗,春天来到风习习,百灵鸟争春喳喳叫,昆虫闹春嘟嘟鸣,百灵鸟忙着报春喜,催促妇女快干活,催促男人忙耕种。划块火地撒小米,留块火地种黄瓜。小米萌芽叶吐翠,黄瓜露瓣叶儿圆,小米穗子沉甸甸,黄瓜粗如手膀子。主世老的幺女娥翠,每天都去地里守护,每天都去地里守看。②

　　侗族广泛流传的《青蛙南海取稻种》《狗取谷种》《螃蟹与牛》《神牛下界》《斗牛的来历》等神话故事,展示了侗族先民在野外采集活动中最早发现野生稻,并将其逐渐驯化成人工稻的艰辛历程。后来,他们驯养了野牛,发明了用牛踏田以及水稻种植由点种到育秧移栽的技术。侗族是具有悠久历史传统的稻作民族,种植的糯稻是栽培稻的一个自然变种,渐成族民的主食来源,如今在贵州侗族聚居区的播种面积已占到当地所有作物种植面积的90%以上。侗族人在长期的实践探索中总结出糯稻生长的最佳生

---

　　① 岛伟熙,侗语译音,意为"积石山"。
　　② 胡廷夺、李榕屏:《苗族古歌》第四卷,贵阳:贵州民族出版社,2015年版,第30~33页。

态环境与影响其生长发育的关键因素,选育出适应性广、生存能力和抗逆性强的四十多个优良品种,有适应冷水田的大白糯、适应干旱田的竹岔糯、抗鸟兽侵害的野猪糯等。糯稻米用来做糍粑、汤圆、甜酒等食品,主要在逢年过节时食用。糯米饭黏性大,捏成饭团便于携带,也不易馊变,且耐饥饿,适合山高田远的寨民田间耕作时食用。①

2. 布依族社区组织制度的生态文化

布依族主要依靠议榔制和寨老制维护当地的自然生态,议榔制是布依族村寨联合组织议榔大会,制订各个村寨自觉遵守的榔规榔约。通常每个村寨由全体寨民推选出办事公道、深明理义、见识广博、作风正派的男性长者担任寨老,主持办理村寨的日常事务。村寨间有溪流河谷或山岭阻隔,形成天然分界线,有的以路段或碑石为界,形成独属各寨的地域空间。在此范围内,外寨人不得轻易进入,更不得擅自迁入,也不得私自放牧、砍伐树木或开垦荒地,否则必然引起村寨间的纠纷。② 如有纠纷,寨老将依据榔规榔约代表全寨人出面协调解决。在村寨内部,森林资源的产权归全体寨民共有,任何人不得私自采伐,如有破坏者,不仅将招致舆论的谴责,也会受到寨老的严厉处罚,寨老或头人在村寨森林资源的保护中起着重要作用。③ 在传统寨老制和议榔制的基础上,元代朝廷根据布依族聚居区的实际情况将土司—亭目制度推行到布依族地区,取代了原来的峒官制度。这种制度将土地分为公田与私田两类,公田分为粮田、夫田、站田、马排田、魔公田、祭祀田六类。繁多的土地分类体现出布依族农村地区管理制度充分完善,也反映出布依族传统因地制宜耕作方式比较发达,是布依族在历史上就注重生态保护的直接体现。④

(七)傩戏的自然生态元素

贵州傩信仰的形成离不开贵州所处的山地文化圈的自然环境,贵州的生态环境复杂多样,包括丘陵、河流、高山、森林、草地、沼泽、高原等。贵州傩文化是农耕文化和山地文化等多元文化杂糅的产物,具有古老、动态流变、开放兼容和分布广泛的特点。以贵州傩文化核心区域的湄潭为例,当地傩戏在历史更迭、社会变迁中不断延续与传承,呈现出剧目丰富、演出形

---

① 杨晓航:《发展与保护》,北京:中国言实出版社,2008年版,第263~264页。
② 黄才贵:《独特的社会经纬——贵州制度文化》,贵阳:贵州教育出版社,2000年版,第261页。
③ 郑宝华:《谁是社区森林的管理主体——社区森林资源权属与自主管理研究》,北京:民族出版社,2003年版,第76页。
④ 杨晓航:《发展与保护》,北京:中国言实出版社,2008年版,第261页。

式多样、积淀深厚和保存体系完整的面貌,是一笔难得的文化遗产。湄潭傩戏的独特性源自湄潭的地理风貌。独特的地理风貌为傩戏的发展提供了得天独厚的自然条件。湄潭南部是云贵山,主脉磅礴、逶迤;东部是低山和丘陵,地势起伏连绵;北部为万亩茶园,风光旖旎;中部为湄江及其支流河谷,此外由于湄江的长期冲积,沿江地域还形成了溪谷平原和溶蚀平原。湄潭傩戏以抄乐乡最为典型,多年来由于地处森林覆盖的大山深处,抄乐乡人们的生活保留了较多的传统性,他们的居住地如同一个不与或很少与外界相通的世外桃源。在这样的生态环境中,抄乐乡傩戏的原生态才被相对完好地保存下来。面具是湄潭傩戏最迷人的部分,具有浓厚的楚巫色彩。抄乐乡的傩面具造型古朴夸张,经过岁月的积淀,显示出深邃的沧桑感和青铜般的狞厉,老的面具件件都是艺术品,具有很高的收藏价值。抄乐乡的傩戏表演经常出现击石取火的环节,即扮演者用手中的石块相互敲击,石块相互撞击后迸发出点点星火,当地的很多老人至今还在用这种原始方式取火,既原始古朴又有实用价值。

永兴镇是湄潭县另一个傩戏保护传承比较有名的乡镇。永兴镇是千年古镇,古色古香,自然景色与人文景观在这里完美融合。该镇地处丘陵地带,域内水资源丰富,大小溪流纵横交错,湄江两岸悬崖陡峭,雄伟壮观的湄江大峡谷就在境内。当地仍以耕地和林地为主要劳作对象,产茶叶、水稻、薯类、花生、烟草等作物。永兴镇虽然现在由于茶产业的兴旺,对外交往频繁,但历史上长期与外界联系较少,信息闭塞,受各种外来经济文化风潮影响较小。人们祖祖辈辈居住在这里,人与人之间依附性很大,民风淳朴,民俗文化历史悠久,加上独特的地理环境,造就了永兴神秘的傩文化。现今永兴镇主要的傩戏表演者谢保阳和潭祖运均为家传,祖辈在傩信众中影响很大。永兴镇的傩面具与抄乐乡有所不同,多为人面、兽面、鬼怪和神佛面。面具均为木质,涂有黑色、红色、灰色、绿色等颜料。面具表情夸张,做工精细。表演者所穿的棉质服装有毛蓝色、红色、黑色等颜色。

湄潭傩戏的表演主旨是通过演绎祖先劳动生产、生活与繁衍后代的经历和场景,讲述祖先的故事,表达对先人的怀念,同时也为后人驱邪祈福。湄潭傩戏演员本身就是普通的湄潭山民,现今他们的社区生产生活形态在很大程度上还保留了渔猎稻作和男耕女织的原生态特色。他们编排的傩戏剧目,无论故事情节、歌舞唱腔还是场景设置、服饰道具,都是从当地的生态环境中就地取材。①

（八）傩祭的自然生态元素

为了更好地适应社会发展需求，使自身在凡尘俗世间保留一份容身之地，傩坛祭祀的程序越来越规范和贴近生活，内容也愈加丰富多彩。在傩活动早期，人们在巫觋的带领下敬奉神灵，在歌舞中请神、敬神、祈神、谢神、送神。慢慢地巫觋们把人们敬神祈神的内容层次化、教条化，形成了较为明确的义理，使信众更容易接受。湄潭傩坛的经文义理在倡导生态理念的同时，也抚慰了人们的心灵，规范了社区秩序，其主要内容和意义如下。

第一，盘古创世。原初的世界含混一片，像个特大的鸡蛋，没有天，没有地，没有人，没有日月星辰、山川河流、植物动物。混沌的世界历经十万八千年，孕育出盘古这个人。他随天长一丈，地厚一丈而身长一丈，渐渐成为巨人。他挥出巨斧，把天地劈开使之相去九万里，盘古也因此而累死了，眼睛化成日月，髭须化成星辰，四肢五体化成四极五岳，血脉化成江河溪流，毛发变成森林花草，身上的虫子变成飞禽走兽，这就是上元盘古开天辟地；中元盘古，生儿育女，成双成对，繁衍人类；下元盘古种五谷养六畜，使人民安居乐业，是所有世人的源头祖先。

第二，万物有灵。日月星辰、山川河流、土地山石、花草树木、雷电风云雨雪，在世人眼中皆有相应的神灵。神灵有正邪之分，也有不正不邪、亦正亦邪的神灵。正神护佑人，妖魔邪神祸害人。不正不邪、亦正亦邪的神灵既可以保佑人，有时也可能害人。

第三，傩主神的诞生。在遥远的古代，有一年，雷公兄弟斗法，雷公兄长发了火，涨了漫天洪水，洪水过后世上只剩下兄妹二人。为了延续人类，兄妹不得不成婚。结婚一年后妹妹生下一个肉球，哥哥把肉球割成肉块抛向四方，这些肉块过了些许时日就变成了一个一个的人，这样人类又繁衍开来。后人把兄妹二人尊为人祖，称"傩公""傩娘"，并世代供奉起来。

第四，犬图腾的来历。天公派神犬给傩公傩娘送稻种，神犬从天上出发时，全身沾满稻种，但因沿途涉水，到达时只剩尾巴上的稻种了。傩公傩娘率领子孙把仅剩的几粒稻种种植了。禾苗长成后，只在顶部结稻穗，稻穗就是神犬尾巴的化身。傩公傩娘及其子孙后代牢记神犬的恩情，把神犬当作图腾世代供奉起来。

---

① 赵娟：《救赎与超越——傩戏的使命和价值存在的哲思》，载刘祯、杨润民：《傩道圆真——道真第二届仡佬傩文化学术研讨会论文集》，北京：时代华文书局，2018年版，第407页。

第五,神灵可以沟通,巫觋是人神的沟通者。人与神灵是可以相互交流沟通的,但须有中间人牵线搭桥,女中间人叫巫,男中间人叫觋。巫觋受事主委托,沟通神灵,祈请神灵护佑事主及家人平安健康,并把那些害人的邪神鬼怪全部赶至村庄以外去。

第六,敬神要诚。人对神要敬,人不敬神,神不佑人,人也就多灾多难。敬神要诚,心不诚,神不灵。诚而有信,神才显灵佑人。心中许愿,就要还愿,讲究诚信。请神、酬神、祈神、娱神、谢神,这就是敬神法事必经的完整程序。

第七,对丰足与安康的向往。祈求神灵保佑风调雨顺、五谷丰登、六畜繁衍、人丁兴旺、国泰民安。

第八,追求人与人的和谐。尊敬长辈,孝敬父母公婆,兄友弟恭,妯娌和好,夫妻和睦,家庭幸福,邻里互助,村社安宁和谐。

第九,做人准则。勤劳俭朴,诚实做人,不畏艰险,不惧困难。为了事主、他人、村社、民族和国家,刺床敢躺,刀山敢上,火海敢闯。

第十,人与自然共生共荣。网不捞细,猎不捕孕,春不伐木,珍爱自然,彼兴我兴,和谐共生。①

在贵州,社公殿、社坛、社庙、"老爷树"、古樟树及大柞树常作为人们祭祀傩神和土地神的场所和对象,傩神信仰与土地神信仰有着密切关系。由史前时期的原始社祭发展至城隍神及土地神的信仰,是中国乡土社会基本信仰的形成过程之一。土地神作为一方水土的守护神,尽管地位一直不高,却是民间供奉最普遍、知名度最高的神祇。而傩神往往就是护佑一座村庄、一个社区的福主,和土地神都具有和合担当精神的基因,因此土地神也成为贵州不少傩坛或傩庙的必供神灵。至今,土地神的祭祀仪式仍是贵州不少地区节日庆典的重要组成部分。湄潭乡间在每年农历岁首都要洁身净斋三天,择吉日,请道士,齐聚本寨社区令祠焚香点烛,列队虔诚祷祝:"社公社母,保佑今年全村人清泰,四季平安,五谷丰登,六畜兴旺。"②德江县春节期间祭祀土地神的情景更为动人,各村从头天到第二天黄昏锣鼓喧天,鞭炮阵阵,一人上妆胡须,反穿马褂,左手持杖,右手执扇,摇头摆手地唱赞"土地神,土地神,土地原是天上人",唱赞之后,以酒肉祭祀。傩信仰者通常将古树或大树视为土地神的化身或栖居之地,而对其保护有加,因

---

① 刘冰清、金承乾:《湖南辰州傩歌史料》,北京:中国文史出版社,2006年版,第236~238页。
② 刘华:《我们的假面》,武汉:长江文艺出版社,2015年版,第197页。

此"老爷树"、古樟树及大柞树遍布土地神信仰区。土地神的崇拜,反映了先民和后人对大自然的朴素认识和对生长万物、供养人类的土地的感恩和祈求。从历史发展来看,人类对自然经历了一个逐步了解的过程,自然崇拜是"万物有灵观"的意识反映,"万物有灵观"是由环境决定的。

二、社会生态功能

在中国传统社会,文化按接受的阶层可划分为大传统文化和小传统文化。大传统代表士大夫阶层主导的文化,小传统代表的是乡野民间普通民众的文化。据此,贵州傩文化显然属于小传统的文化范畴,具有乡村化、本土化、全民化的特点,其最核心的内涵是对神灵、祖先以及百姓中涌现出的英雄人物的尊崇。以德江傩仪为例,在"如酬还三冬人丁占愿""还大愿""主神巡游查访"等还愿仪式环节均体现出对傩神的虔诚敬仰。仪式中的歌舞表演,其原始的审美意识和艺术创作并不是静止的关照,而是一种狂热的活动过程,吸引了社区信众的广泛参与。傩祭仪式又被称为"调神",即与神灵嬉戏玩耍。经过长时间的不断吸纳,德江傩文化形成了庞大的神灵体系,为调神活动提供了多层次的神灵资源,如开山神、孟光文神、文门官使者、引关使者、功曹使者、土地神等上百个地位高的神灵以及民间群众的代表——掌管砍柴的搬柴童子、掌管挑水的运水郎君、掌管茶酒的茶酒三郎等,涉及百姓日常生活的方方面面。因此逢年过节,乡村社区民众会举行热闹的傩祭还愿仪式来表达节日里的欢愉心情,这也是平时忙碌无暇相聚的乡村民众重要的社交方式。在仪式活动中,居于主导地位的是傩堂师。傩堂师戴着象征神灵的面具,通过各种复杂的祭祀手段、特殊的舞蹈动作,虔诚热烈而又严谨地表达对帮助过村民的神灵的感谢之情。周围的信众也随之起舞,忘我沉醉,此情此景浓缩和积淀着人们强烈的情感、思想、信仰和期望。村民的还愿仪式在主观上起到"沟通天神,和合祖先,降福氏族"的作用,"客观效果在于凝聚氏族,保持秩序,巩固群体,维系生存"①。

(一)傩俗中的原始宗教

傩的多神信仰以深邃的融合力与亲和力不仅显著影响一地的经济文化,在"皇权不下乡"的时代,也在一定程度上控制当地的政治。时至今日,

---

① 李泽厚:《说巫史传统》,上海:上海译文出版社,2012年版,第15页。

傩仍是不少民族地区民俗事象的核心文化要素。傩文化下的土家族民众普遍存在鬼神观念和自然崇拜、祖先崇拜习俗。他们认为,人随灵魂而存在,灵魂时刻离不开人体,否则生命就停止了;神秘的宇宙中除了凡间外,还有一个能够左右人类的鬼神世界,那是一个为凡胎俗人所看不到的,却又与人间息息相关的世界。多神信仰是原始社会后期人类宗教意识的反映,与现今贵州土家族的民俗有着深刻的渊源关系。傩文化的原始宗教性是贵州先民维系所在族群凝聚力的重要因素,起源于万物有灵观。

1. 傩的原始宗教魅力吸引信众的广泛参与

土家族的《傩戏与放牛娃》《面具来历》《八部大神与牛角师刀》等传说,充满着神奇的幻想,内容积极,具有浓郁的原始宗教意蕴。这是傩戏剧情具有艺术魅力及历史资料价值并流传至今的重要原因。《迎神下马》等傩戏唱词集工整的对仗、优美的旋律、原始宗教的神秘性和最抚凡人心的人间烟火味于一身,吸引民众广泛参与傩活动。

> 青山缈缈向南开,八尺红旗大展开。手执开山霹雳斧,阳戏场中开五方。初分天地起人伦,先治山河后治人。未曾治下田和谷,三皇五帝到如今。昔日有一赵大郎,所生五子盛高强。大哥东岳做太子,二哥南岳管朝堂。三哥西天呼万岁,四哥北岳管豺狼。只有五郎年纪小,手执坛锣上戏场。早开场,慢开场,早早开场不用忙。忙人行往忙山过,几个忙人在商量。早开场,早开场,一场开往东岳庙,二场开往小校场,只有三场无开处,施主开个了愿场。早开场,早开场,早早开场早开场,一场开往泗州去,灌州迎请川主王;二场开往湖广去,璧山迎请土主公;三场开往陕西去,苏州迎请药王神;四场开往内江去,堂王迎请三伯公婆;五场二十四戏来上棚。早开场,早开场,早早开场不用忙。开个大场卖纸笔,纸笔卖送文官写。开个武场卖刀枪,刀枪卖送武官郎。早开场,早开场,早早开场不用忙。开个文场卖猪羊,猪羊卖送屠户行,开个武场卖牛马,牛马卖送庄稼佬。月里梭罗树东边,树一枝将来作锣打,不打等几时。①

---

① 朱恒夫、吴电雷:《中国傩戏剧本集成(贵州阳戏)》,上海:上海大学出版社,2016年版,第25页。

2. 原始宗教意识对傩戏音乐、舞蹈的影响

傩戏音乐具有原始宗教的传统风格,基本上都是在巫术仪式这样的特殊场合下进行的,颇具古代神殿音乐的色彩,曲调和缓,节奏平稳,音高起伏不大,形成了傩戏音乐独特的"九板十三腔"。很显然,这种结构形式和旋律形态,同傩坛祭祀时的气氛是相适应的。除了一般的锣鼓、丝弦、唢呐等伴奏乐器外,还有两件特别的乐器:牛角和师刀。每当傩坛中出现祭祀情节时,牛角和师刀之声就会随之响起。牛角奏出的声音基本上没有旋律,只为营造森严悲壮的氛围,加上师刀飞舞时发出的"嗖嗖"声,傩戏音乐立时蒙上一层神秘的色彩,使人听后自然联想到古代狩猎、打仗和祭典的场景,也能体会到阴森的巫术气氛,这在很大程度上反映出傩戏音乐的原始宗教特征。傩戏舞蹈起源于古代傩舞,是一种戴面具跳的宗教仪式舞,其始寓有驱鬼逐疫的观念意义和功利目的。傩戏舞步以夏禹祭祀时的"禹步"为规范,以阴阳为纲纪,以卦爻的方位为舞步行进的方向,用行定位,同巫词、咒语相结合,强调力度和力感,意欲通过强劲的气势使妖魔鬼怪、魑魅魍魉望而生畏,折服投降。现今贵州傩戏的表演与《周礼·夏官·司马》中记载的"方相氏身蒙熊皮,头戴黄金四目之面具,玄衣朱裳,挥戈扬盾",以及"十二神兽"驱魔赶鬼的情景基本上如出一辙,在一定程度上反映出中国戏剧艺术的原初面貌。这种把戏剧表演纳入宗教活动的手法,将傩仪原本的阴森可怖与戏剧表演的热烈喜庆融合起来,这也是贵州傩文化的一大特色。另外,傩活动中根据各个神祇的性格气质所刻画的古朴、典雅而洗练的面具,狰狞中蕴藏着神秘的美感,具有一种威严神奇的艺术效果和庄重慑人的宗教力量,在原始中显浑厚,在朴拙中见粗犷,从色彩到造型都具有典型的宗教艺术风格。①

3. 原始宗教熏陶下的祖灵崇拜仪式的再创造

虽然祖灵崇拜在贵州的乡村社区是深受原始宗教影响的人们天生具有的群体意识,但这并不意味着它绝对不会被违背。"人类的个体是主动地参与世界的。鉴于他们的力量决定了世界上一定的关系和对象的性质,个体可以被称作世界的创造者。"②任何一个群体意识都不是凝固不变的,每个群体成员从自身的特定利益出发,不仅可能忽视群体意识,还有可能违背它。正因如此,群体意识不断获得再创造和与时俱进。

---

① 田永红:《一个民族的生存与复兴》,北京:中国文史出版社,2002年版,第22~23页。
② 李岚:《信仰的再创造》,昆明:云南人民出版社,2008年版,第73页。

2008年9月,道真县玉溪镇某村死了一个八岁的男孩,名叫张德忠。他是为捞一个野果而被湍急的河水冲走的,对这个平平安安的家庭来说无异于晴天霹雳。张德忠的父亲和祖父请教了当地的傩坛巫师,才明白这场灾难的起因。巫师一共列了三条:其一,祭祀祖先的傩坛神位被擅自移动了。张家原来的神位是用木板做的,为了秋收水稻脱粒方便,就暂时拆了旧神位,打算秋收一过,用砖重新做一个。由于神位不安,得罪了神灵,张家受到门上将军的惩罚。其二,张德忠的父亲可能无意间说了对去世祖先的不敬之语。其三,张家没有在祖坟前栽松树。

这个事件表明,尽管祖先崇拜使这个群体拥有共同认可的符号体系,祖灵禁忌是这个群体长期一致遵守的具有制裁力的规则,但就每一个体而言,由于每个人的具体行为往往会受到不同动机的支配,日常生活中会不时遇到特殊情况,因此对这个符号体系的疏忽和对这个规则的违反是经常发生的。先看张家触犯的第一条禁忌:祭祀祖先的傩坛神位被移动了。对张家来说,移动神位出自一个现实的考虑:秋收之时,家里场地不足,暂时拆掉神位,以供秋收之需。在保证秋收与遵守神灵禁忌之间,选择任何一个利益都是对另一个的损害。禁忌的一个基本性质,是它的惩戒功能,违犯了禁忌的个体或群体很有可能自动发生不幸。[①] 根据这个性质,禁忌可以界定为一种消极的制裁,虽然没有人或超自然作为媒介,但违犯禁忌后会招致自动的惩罚。这种理念在世人的长期持守之后,渐渐融入人们的潜意识。因此禁忌对于影响所及的人们的行为具有很强的规制性。出于对惩戒的畏惧,人们一般情况下不会破坏禁忌。这是一种利益的考量,即以不触犯戒律为条件,换取既得利益不受损害。但是禁忌毕竟是人为设定的,多数情况下即使被人触犯,所谓自动惩戒也未必会发生,它的灵验往往具有很大的偶然性。也就是说,破坏禁忌与利益受损之间的联系,在人们的现实生活中,表现得并不那么明显。在触发惩戒的事件中,人们的行为与现实灾难之间的偶然联系,就被下意识地理解为必然的因果关系。

禁忌作为群体威慑力与多数情况下个人触犯体验的缺乏灵验性,使个体在遵守它的同时,也逐渐产生了违背它的潜在可能性。当遵守禁忌与个体行为没有利益上的冲突时,人们就会习惯性地不去触碰它。但是当二者发生矛盾时,个体往往会权衡利弊,比较两种利益损害。由于比较的基础

---

① 李华林:《德江傩堂戏》,贵阳:贵州民族出版社,1993年版,第324页。

是一虚一实,即在一种不确定的和一种必然的因果联系之间做比较,通常情况下违犯禁忌的选择会占上风。也就是说,在这个比较中,具有能动性的村民从追求利益最大化的角度出发,往往会僭越禁忌对他们的限制,作出违背常规的行为。由于这种违背并不必然会遭受惩戒,因此这种体验进一步强化了村民对禁忌的怠慢,无形中成为村民下一次破坏禁忌的合理由头。如果没有一场灾难的发生以示禁忌的显灵,禁忌作为一个群体意识也将不复存在。然而灾难的降临总是不可避免的,对于每一个体而言具有偶然性,但对于整个群体来说,几乎是必然的,如天灾、疾病、意外事故和死亡等。因此,尽管自动的惩罚并不必然地出现在每一个村民每一次触犯禁忌的行为之后,但是它迟早会出现。一旦出现,首先警戒的就是行为者本人,让他明白不是禁忌的制裁力不存在,只是时机未到;同时,也强化了群体意识,让整个社区的成员看到遵守禁忌的必要性,不要心存侥幸。实际上,禁忌正是在人类必须面对的灾难和困苦中获得生存的土壤,并在人们一次次违反禁忌的行为中找到证明自己存在的依据。

张家在拆除神位前,不是没有考虑过违犯神灵禁忌的后果,但是遵守禁忌需要付出的代价是:秋收无法正常进行。没有足够的场地脱粒、晾晒,就会影响秋收的进度,秋收不及时就会引起粮食的减产或品质的降低,少收粮食就会直接影响到一家人的经济收入和生活水平,这个结果是必然和确定无疑的。但是张家根据以往经验对触犯禁忌的后果抱了一种侥幸心理,即被惩罚的概率很低,一般情况下不会出现。他们在做了一番利害的比较后选择了破坏禁忌,但他们同时也承诺:秋收一过,马上造一面墙重新安置神位。这说明他们显然尊重祖灵禁忌,并尽可能把对禁忌的破坏程度降到最低。如果张德忠没有遭受此次的不幸,下次遇到类似的冲突时,张家可能还会做出同样的选择。可是恰好在这个当口,张德忠被河水冲走了。这场突如其来的灾难让张家直观地看到和铭记触犯禁忌与遭受惩罚之间的必然联系,把他们重新带回祖灵纯粹的原始象征意义和符号体系中。需要指出的是,这种"带回"并不是简单地返回到过去的禁忌认识中。事实上,对祖灵禁忌的强化和再创造就发生在这个返回过程中。在亲身体验了违背禁忌和自动受罚之后,张家对祖灵禁忌所代表的超自然的因果关系有了更加深刻的重新认识。这个因果关系不再是抽象的、含糊的,而是确定的。无视这个因果关系所造成的利益损害,也不再与其他的利益损害具有可比性。灾难能够改变一切,也有效地使个体在自己的意识中,更加深刻地理解了祖灵禁忌的意义。至少在对这个符号体系的重新理解中,个体加入了自己真实的经验感悟,使禁忌更易于为更多的民众所接受。这些经验丰富和扩展了祖灵禁忌的含义,同时每一代和每一个体生活经验和感悟角度的差异,也为祖灵禁忌的群体意识提供了变化的余地,使其具有了发展的可能性。正因为被持续破坏与再建立,祖灵禁忌才不至于完全僵化,在不断变化的社会现实中得以再创造。从这个意义上说,禁忌破坏比禁忌遵守更能强化祖灵崇拜在村民心目中的地位。

在禁忌再创造的过程中,傩坛巫师扮演了重要角色。他向委托人解释违背禁忌之行,地方术语称之为"神判"。在张家的问神仪式中,有两方面的参与者:委托人和傩坛巫师。委托人即问神者,是禁忌的破坏者。他的行为代表一种变化了的思想意识,从这个角度来说,他是再创造的原动力。尽管从形式上看,委托人前来问神的目的是要寻求一个对灾难可以接受的解释和及时解脱的办法,是一种背离以前符号体系后的回归,但他破坏传统禁忌的行为本身,可能对传统的文化习俗提出了新的变化要求。而傩坛巫师是禁忌的维护者,是村民群体意识的代言人,提醒人们禁忌依然存在,强调恪守禁忌的重要性,但这并不意味着傩坛巫师简单地代表着一种保守不变的力量。事实恰恰相反,傩坛巫师掌握着对灾难的解释权,灾难与禁忌之间本不存在的因果关系,正是通过他建立起来的。村民对禁忌的每一次破坏,都意味着这种因果关系的暂时中断,而对每一次灾难的解释,都是这种因果关系的重新构建。在这个过程中,傩坛巫师实现了对传统文化习俗的再创造。

玉溪社区流传着各种各样的禁忌,这就意味着每一个体可能触犯的禁忌的种类也很多。村民不仅可能破坏主要的祖灵禁忌,还有可能违犯其他禁忌。当一场灾难降临时,究竟哪种禁忌的违背引发了灾难,解释权在傩坛巫师的手里。灾难与禁忌之间本不真实存在的因果关系,为他的解释提供了充分的自由空间。但是,这种解释在很大程度上还是要受到社区习俗的限制,也就是说,傩坛巫师对灾难的解释,依旧要受到传统群体意识的支配。傩坛巫师所列的三条引发灾难的原因都与冒犯祖灵有关:挪动神位、说了对祖灵的不敬之语以及没有在祖坟前栽松树。这说明傩坛巫师并不是随意做出解释的,在玉溪社区所有可供解释选择的傩神中,违反祖灵禁忌、亵渎祖灵即使不是巫师解释的灾难发生的全部原因,也是最主要原因,这是与当地祖灵神至上的地位分不开的。选择触犯祖先神灵的解释更容易为广大民众所接受,巫师也不过是投其所好,为自己谋得一席生存之地而已。

祖灵崇拜在玉溪社区傩信仰体系中的重要地位,为村民的问神、巫师的占卜神判确立了一个前提,设定了一个范围。它使社区成员在遭受任何不可抗拒的灾难后,都自然地与祖灵禁忌联系在一起,也便于傩坛巫师迎合当地的群体意识,主要选择触犯祖灵的解释来应对村民的问神诉求。从个人动机上看,傩坛巫师执行其角色的直接目的是获取报酬。通常委托人问一次神要交50元钱。如果问神以后灾难减轻乃至消退,譬如疾病好转或痊愈,回神还要送数量不等的烟酒、肉、鞭炮等。玉溪镇大路村的大神刘全江①说,2019年底他主持了一次神判,事后委托人回神奉送给他的礼品有腊肉五斤、酒水两瓶、香烟两条、鞭炮三挂。2015年以来,平均每周有一两个人来问神,这样算下来,仅此一项他每年获得的实物报酬在15000元上下,再加上委托人给付的现金,在人均年收入不到10000元的当地,这个收入已经相当可观了。傩坛巫师很在意这份报酬,这是他们家庭的重要经济来源。为了保证每个委托人都能信服自己超自然的占卜技巧和准确的占卜判断,傩坛巫师随时都要能动地调整他们的占卜分析和群体意识的关系。在每一个村民的案例中,他们都在敏锐地揣摩着委托人的复杂心理,猜测着种种可能性,在灾难和禁忌的触犯之间寻找最具说服力的因果搭配。

一般来说,傩坛巫师事先并不知道委托人遭遇了什么灾难,更不可能知道委托人或家人曾经触犯过哪些禁忌,要想帮助委托人化解灾难取得其信任,就需要根据以往的占卜经验和委托人的面部表情、叙述口吻进行准确的猜测,这种占卜方式被称为"家猜"。在纷繁复杂的现实生活和各种可能性中进行"家猜",即准确地找出灾难和对应的禁忌触犯之间的因果联系,绝非易事。对于同属凡夫俗子并无特异功能的傩坛巫师来说,提高准确率的最好办法就是对禁忌本身进行分类,选择人们最容易触犯、一旦触犯后果严重的禁忌。正是在这个过程中,傩坛巫师针对祖灵崇拜的群体意识,实施了对它的强化和再创造,使禁忌要求更为严格,因为禁忌越严格,触犯它的后果就越严重。傩坛巫师为了保住既有的信誉和获得一份可观的经济收入,他们很自然地把祖灵禁忌作为首要选择。在祖灵禁忌的范围

---

① 为保护当事人个人隐私,此处的人名为化名。

内做选择时,巫师还要充分考虑村民触犯这些禁忌的可能性、频率和方式等。这个过程本身就是巫师把握社会变迁对村民的观念和行为所造成的微妙变化,分析传统习俗与这些变化的关系,能动地适应人们在变化了的社会生活中的需要。因此,所谓"家猜"从表面上看似乎是猜,但实际上并不是一种盲目的猜测。社区生活的每一个细微变化,新旧文化观念间的每一场或明或暗的冲突,人们行为的每一次突破常规,都是"家猜"实在的信息来源和可靠的分析依据。这个分析过程是需要巫师付出相当精力的,面对无路可走、问神祈求的村民,巫师以自己的智慧最大限度地减轻他们在遭受重大灾难后心理上的巨大伤痛,因此巫师的经济收入在很大程度上是自身付出的合理所得。面对村民不断变化的观念和行为,傩坛巫师既要尽力使当事人回复到祖灵崇拜原有的符号体系和象征意义中去,又要兼顾变化了的社会现实,使当事人在两种文化冲突中能够寻求到一个折中的解决办法。正是在这一过程中,傩坛巫师与当事人共同创造了祖灵崇拜[①],使其以不断更新的外在形式适应着社会形势的发展,满足民众日益升级的祈求需要,为傩在乡野民间的生存与发展提供一席之地,而使其不致失传。

4. 土家傩的宗教权威

土家傩礼将古老巫术的神秘、宗教的权威以及自身的娱乐性融为一体,为土家居民所乐于接受。土家傩礼主要包括以下几个方面。

(1)占方:土家人迷信占方,他们认为神鬼有可能藏在家里的任何角落。只要有人钉钉子、敲打房屋、拆散板壁就会引起占方,触怒神灵。如果这时家里有孕妇,重者会引起流产堕胎,轻者则会导致畸形怪胎;家里如有病人,会使病情恶化。每遇此灾,都要请傩坛师来家里冲傩还愿,化安胎神水放置于产妇床脚,只有这样,占方才能退去。

(2)掐时:这是土家傩坛师用以洞窥神秘、探知未来之事的手段,即以五个指头的指节分别代表乾、坎、艮、震、巽、离、坤、兑卦位,运用八卦原理推测病因,追寻盗贼,寻找失物,查找行踪,甚至推断个人前途婚事、官司成败、官途财运等。

(3)禁忌:土家人经常将灾难和一些自然现象联系起来,会下意识地把特定自然现象的出现作为灾难即将到来的预兆,例如母鸡学公鸡啼叫,家有祸降;猫头鹰叫,有丧事等。基于此,土家族中流行着特有的禁忌习俗:

---

① 李岚:《信仰的再创造》,昆明:云南人民出版社,2008年版,第162~165页。

不准将脏物放在灶台上;晚上不准在户外晾晒衣服;不准打蛇;夜间不准在家中吹口哨。

(4) 自然崇拜:土家人将多种自然物视为神灵,并将其形象化、人格化,赋予生命以威力并加以崇拜。思南土家族于每年三月二十六日都要上山祭拜风雹神,祈求风调雨顺,每逢端阳就到稻田里供奉田神,以预祝五谷丰登;印江自治县土家人在古历七月要带上祭品去木黄镇的一棵古树下祭拜风神,土地庙在土家山寨比比皆是;为使儿女健康成长,拜大树、巨石为干保爷的习俗在沿河土家族自治县广泛流行。

(5) 摆手舞:作为土家族祭祀土王的一种古老艺术形式,摆手舞虽与傩戏一样源于古代傩舞、巫术和原始宗教,但它的主要目的是祭祀土王,护佑山区土家族民的生产活动。宋代的《太平寰宇记》载:"巴之风俗,皆重田神。春到刻木虔祈,冬即用牲解赛,邪巫击鼓以为淫祀,男女皆唱竹枝歌。"①在原始宗教中,为讨好神灵求其保佑,歌舞是仪式的重要环节。在土家族传统的傩祭中,祭田神涉及农事生产的丰歉,与农业社会中人们的生活密切相关,因此仪式也较隆重。后来土司神加入之后,自然神与祖先神合在一起被祭祀,原始的田神以祖先神的面孔出现,但大部分祭祀内容仍是关于农事活动的。土家族摆手舞是由崇拜祖先、驱逐鬼疫的原始宗教祭祀活动演化而来的。摆手舞先是出现在田神的祭仪中,后来又扩展到土王神的崇拜中。黔东北的思南、印江、沿河、德阳一带的土家族民既要用肉食拜田神和风神,也要到土王庙祭祖,在其中都可以看到摆手舞的仪式环节。摆手舞的功能和目的主要是娱神,以求神灵的开恩。土家族普遍信仰土王神,各村寨都建有土王庙,在许多村寨土王庙也就是土司庙。"土司祠,阖县皆有,以祀历代土司,俗土王庙。每逢正旦后元宵节前,鸣锣击鼓,舞蹈长歌,名曰摆手。"②摆手舞作为傩的重要礼俗仪式,在土王神的祭祀中强化了其在土家族人中的至上位置,现实中的土司也就理所当然地成为当时阳世间的一方政治、军事、经济的统治者了。③

(二) 傩的通俗性

节庆不仅是世人企图打破现实世界一切等级秩序与规范的束缚,冲破严肃的日常生活法则与规定的压抑的产物,也是人们企图打通现实与幻想

---

① 贾大泉、陈世松:《四川通史》卷一《先秦》,成都:四川人民出版社,2010年版,第416页。
② 民国《永顺县志》卷八《建置志》。
③ 田永红:《一个民族的生存与复兴》,北京:中国文史出版社,2002年版,第17~20页。

的界限,实现彻底的自由理想的媒介。正如拉伯雷所说,在节庆期间,人们不仅战胜了对彼岸的恐惧,对神圣事物、对死亡的恐惧,而且还战胜了对任何权力、人世间的皇帝、社会上层、压迫人和限制人的一切恐惧。节庆狂欢是民众暂时进入全民共享、自由、平等和富足的乌托邦王国的第二种生活方式。① 在德江傩祭"酬还三冬人丁古愿"的大型群体活动中,全村连同邻村群众一齐参与,形成了与日常生活不同的欢庆氛围。在这种氛围中,社区到处充满了喜庆的嬉戏、打闹、游艺、歌舞等,具有广泛性、参与性、节庆性,将肃穆的祭祀活动与全民性的狂欢结合起来,提高了民众的参与度。平时的循规蹈矩在此时可以完全抛却,此时的村民没有富裕贫穷之分,没有社会地位的差别,就连神灵也在傩堂师的亦歌亦舞、亦戏亦仪中来到百姓间与民共庆,整个仪式散发着平等自由的和谐之美。祭祀娱乐活动拉近了村民间的心理距离,使平时忙于生计而积累的心理压力得到释放,同时仪式也可给村民积极的心理暗示,使他们能够以更加饱满的热情和积极的心态投入下一轮的生产奋斗中,为追求美好生活提供心理动力。② 社区居民共同参与的傩祭活动也促进了民族融合,原本独属于某一民族祭供的傩神,在各民族共同参与的节庆活动中,逐渐被其他民族所接受,出现在其傩坛或傩庙中。例如仡佬族的雷王、莫一大王,布依族的盘王等傩神就分别出现在对方的傩坛中,并且还影响到对方民族的手工面具、服饰造型与舞蹈动作。傩祭中融于一起的各族文化如同一条纽带,促进了当地的民族融合与民族团结,加深了各族间的文化认同感,体现出文化多元互补的社会生态文化指向。

1. 贴近生活

恋爱、结婚、生子是每个人的人生,也是融入社会的最基本之事。贵州很多傩剧的题材内容为人神恋爱,传承了先民的恋爱技巧,展现出古人忠贞不渝的婚恋观,为成年人的恋爱婚姻与家庭组建提供了生动直接的指导。人神恋爱剧通常讲述的是凡间女子与图腾神恋爱受孕得子的故事,具有原始宗教的特征。因为原始社会部落间充斥着争夺厮杀,为了从众多氏族部落中脱颖而出,在部落争战中立于不败之地,每个族群都渴望获得超

---

① [苏联]巴赫金:《拉伯雷研究》,李兆林、夏忠宪译,石家庄:河北教育出版社,1998年版,第10~11页。

② 韦海涛、唐韵萌:《桂林傩祭仪式的生态文化指向》,载覃广周:《2017广西群众文化论文选编》,南宁:广西人民出版社,2018年版,第12页。

凡的力量。因此在图腾文化的鼎盛时期人们选择了图腾神后，必然希望全族群都能像图腾神那样威力无穷。在原始思维中，人们自然想到了"从图腾受孕"的方法，以此来增强自己乃至整个族群的能力，反映在艺术上，表现为凡人与图腾神婚配生子。人与蛇、鸟、龙、鱼等神灵结婚的题材艺术广泛分布于世界各民族，如贵州《蛇郎》《螺蛳姑娘》《仙女下凡》等神话故事，希腊绘画《少女与雄狮》等。中国青铜器"虎食人卣"也是人与虎神交合受孕的象征性礼器。

今天的贵州傩戏《姜郎姜妹》仍然完整地传承着古老的人神恋爱情节，其中姜郎是水神的化身，一出场就是湿淋淋的。侗族所敬重的傩神多为雏雁一类的水鸟之神，水鸟多栖息在水中，故姜郎的台词中有"我从河中来"之语。戏中的姜妹为一村姑，整出戏表现的都是姜妹向水鸟之神求爱，从神受孕的情节。由于侗族许多地区一直保留了恋爱自由的原始婚制，男女双方一定要先通过对歌建立感情才能成婚。在这一过程中，姑娘不能主动去求男子，而是必须在木楼中等待男子行歌走寨，前来和她谈情说爱。姜妹把姜郎当成了大哥郎，原本应该相对拘谨的人神关系化为平等的人际关系。行歌走寨体现了侗族母系社会女尊男卑的遗俗，在对歌相恋中表现出女方的主动性。因为行歌走寨，主动权掌握在女方，只有女方中意了，女方才会挽留男子，加之姜郎是神，因此姜郎挽留她时也表现出异乎寻常的热情。整部剧中姜妹一直表现得很主动，从留烟、留茶到请求姜郎为她讲经，即歌唱侗族的历史，将人类求神赐孕这一古俗以戏剧化的形式表现得淋漓尽致。

封建礼教耻谈男女之事，而在原始图腾时代，阴阳交会则是天经地义的自然之事，这在傩剧《姜郎姜妹》中得到充分印证。姜郎讲经一开始就把天地比作男女，其中不乏幽默之语，但若稍作细究就不难发现在幽默之语的背后，实则蕴藏了原始的宇宙观和伦理观。耻谈男女之事在母系氏族社会是不可想象的。在阶级社会产生以后，男子把女子视为私人物品和繁衍后代的工具，要求女子守贞节。但在女权时代，女子对男女都一视同仁，不需要男子为女子守贞节。她们更看重的是男子的人品和力量，把心仪的男子像神一样看待，希冀从神受孕，多生子女，尤其是健壮的子女。因此，在表演中表演者绝不回避这一原始先民所看重的大事，相反还要请巫师帮忙，把这一切都完整详尽地展现出来。《姜郎姜妹》一剧中，姜妹故意问姜郎："你在河边看到了什么？"姜郎很自然地应答："看到了狗交尾。"剧情将天地交泰与阴阳会合联系起来,就是这一世界观的体现。到后来,姜妹主动要求从神受孕,最后"葫芦离蒂终得贵子"使剧情达到高潮,其礼神的目的性是非常鲜明的。①

2. 雅俗共赏

歌谣是在贵州各少数民族中广泛流行的一种民俗形式,歌谣之所以能够广泛流传不仅在于它口语性强,朗朗上口,还在于歌谣同时也是一种知识体系,包含着历代先民的自然和社会经验。例如风俗歌谣可以让人了解世俗人情,教人学习如何融入社群。贵州苗族、仡佬族等民族在民俗仪式场域吟唱的婚姻及丧葬歌谣通过形象演出的形式,使观赏者可以直观地了解各民族的婚姻和丧葬习俗,增加对族群历史的认知,维持族群文化传统的延续;情歌的演唱则可以使参与者学到必要的恋爱交友礼仪知识;劳动歌大多以传授具体生产知识为主。歌谣的这些功能促进了族民对本民族的历史、文化、科学知识的了解和掌握,增强了族群个体的道德修养和本领才干,提高了族群生存、发展、壮大的能力。为了吸引更多基层民众的参与和接受,贵州歌谣都力求口语化和韵律化,在很大程度上影响了当地的民俗语言风格,这在傩俗中表现得较为明显,例如侗族请祖先神傩亚傩娲的傩戏:

> 傩亚:大姐大姐,你是哪里来的?
> 傩娲:我是天心寨来的。
> 傩亚:你这么靓,我怎么没有见过?
> 傩娲:天底下那么大,你哪里个个都见过?
> 傩亚:大姐叫什么名字?
> 傩娲:我叫傩娲,你叫什么名字?
> 傩亚:我叫傩亚。今天难得在一起,交个"情久"好不好?
> 傩娲:穷人莫听富人诳,野草难配满山香,笨猫难配花斑虎,笨妹难配伶俐郎。
> 傩亚:情姐就是满山香,偏偏生在刺蓬上,一心只想拿过来,又怕刺蓬把手伤。
> 傩娲:山田难配大鲤鱼,山鸡难配金凤凰,井水难配长江水,

---

① 林河:《侗族傩戏〈姜郎姜妹〉试析》,载《楚文艺论集》,武汉:湖北美术出版社,1991年版,第17~20页。

小妹难配多情郎。

傩亚:天上星星配月光,地上情姐配情郎,情姐如若不答应,教我怎么收得场?

傩娲:我手帕没有好衣配,没有好衣难配郎;我花带没有银链配,没有银链难配郎。

傩亚:我只要"情久"手帕香,只要"情久"花带长;我只要"情久"共凳坐,只要"情久"共火塘。

接着就是表演侗族情人间谈情说爱的情节,傩亚向傩娲讨要定情的手帕和花带,傩娲在几次拒绝之后,最终还是把手帕送给了傩亚,二人在欢声笑语中携手而下。整出傩戏的台词犹如优美的情歌,充满韵味,情真意浓,塑造了丰满的人物形象,富含浓郁的民族风情。部分傩戏的台词则完全变成了口传歌谣的形式,例如仡佬族傩祭"求花"生子的几段唱词:

我是花神来撒花,哪人接得子孙旺,花朵沾身娘欢笑,明年生个胖儿郎。

我是花山花林婆,花林仙婆好心肠,谁人求花求到我,保你子嗣万代长。

一度木桥一度花,花桥架进你的家,男花女花结成对,无子夫妻今得娃。

我是雷王来护花,如今护送到你家,明年得子把愿还,还了花愿花才发。

天公地母仙林婆,去年送我花一朵。我得花朵地子嗣,夫妻来唱还花歌。

还花送礼给仙婆,摆上愿筵方方桌。凤凰鸡子敬地母,夫妻碰蛋子孙多。

这场傩祭中的《花歌》形象地展现出信众求花祈子的情景,而且在口传形式上也有着严格的押韵,如"旺、郎、肠、长""家、娃、发""朵、婆、桌、多"等,唱诵起来皆朗朗上口,韵味十足。这样既押韵又对仗工整的唱词,其文学价值也是很显著的。

此外,傩戏产生伊始的傩祭中已经有了一定的故事情节,这些情节有的通过祭祀吟诵展现,有的通过祭祀仪式中的角色表演体现,如布依族傩剧《莫一大王》《白马姑娘》《布伯与雷王》《冯远》等,其表演将祭祀歌舞与故事情节紧密融为一体。中原傩文化传入贵州后,贵州少数民族注重将本民族的神话与中国传统文学名著相结合,改编原有的傩剧内容,使傩戏的乐人色彩和文学色彩更加浓厚。① 傩剧在歌谣的影响下又增添了更多的口语化特征,唱词的口语化和原有的故事情节相结合,更凸显了傩剧的俗文化色彩,可以吸引更多民众参与。

3. 傩信众的现实需求

傩戏由傩祭发展而来,保留了大量傩祭的内容,傩祭的主要内容体现在严格的仪式规程上。从傩的分野来看,不管是驯化、拘谨、雅正、规范的宫廷傩还是野性、奔放、活泼、自由的乡人傩,都特别注重仪式的规整且有一套繁复细致的仪式。当然在仪式开始前,表演者或主持者穿戴就绪的面具及"玄衣朱裳"就已经为仪式的进行创造了必要的氛围。贵州的傩戏也是如此,作为古夜郎人的后裔,贵州少数民族把"愿"看作傩的重要内容,"许愿""还愿"往往成为许多傩活动的主要表现形式,呈现出傩愿合一的特征。

水族的许愿仪式,一般选在正月十五日举行。女子正常怀孕生子,保持村庄人丁的兴旺是水族族民最看重的共同愿望和诉求,因此求子仪式在水族的所有许愿仪式中显得尤为郑重。求子仪式以"安桥""拉线"环节为主要内容。在许愿活动中,久婚不育或无男孩的人家要选择吉日请祭师来家中设坛举行祭祀仪式,结束后要去村寨主要通道旁的小沟上搭建小桥,桥的中间放置石板,以梨、柿等果木贴护两侧,在桥上系上两根棉线牵至家中女人卧室。桥为渡魂桥,线为引魂线。游荡无主的灵魂在祭师法术的指引下,由渡桥沿线至女人卧室投胎。此外,还要在女人卧室和生育娘娘的祭坛上各安放一竹拱门,门楣两侧要插彩色纸人和贴"枚花"纸须条,以求生育娘娘送女送子。②

贵州侗族的还愿仪式被称为"跳南堂",是在傩坛师主持下的一种傩祭仪式。侗族还愿以"还花灯愿",即向花婆圣母送花而得子最为常见。其余的还有还灯愿,即在迎神赛会或安龙庆社仪式中"进灯"得子;还珠愿则是

---

① 蒋新平:《仪式视野中的广西少数民族口传文学》,桂林:漓江出版社,2013年版,第159~165页。
② 蓝鸿恩:《中国各民族宗教与神话大词典》水族部分,北京:学苑出版社,1990年版,第547~556页。

在傩祭中龙狮队"献珠"而获子;还桥愿是在傩仪中"架桥"而获子;还炮愿是在花炮节抢得花炮后而生子等。但是不管还哪种愿,侗族的还愿仪式均为一种,这就是跳南堂。跳南堂是侗族大型的傩祭礼仪活动,几乎囊括傩坛师所有的傩祭仪式,如安师、开坛请圣、荐家仙、祭经书、落师荐兵、请土王、跳功曹、拜鬼、迁花灯、落天公地母、殓瘟、合村、拜花神、踩罡舞、扫坛等,所祭之神有"三十六神七十二相"之多,仪式内容丰富多彩,仪式过程也系统规整。①

布依族的还愿仪式,布依语称之为"挑",仪式展演主要为"架桥—背鸡—送花—结愿"四个部分。毕摩在结束开坛请圣的请神仪式序曲之后,便率众人到野外架桥,意为祈神送子过桥,其中背鸡和送花环节是整个仪式的高潮部分。毕摩把一只公鸡放在求子者的背上,让其小心地背进屋里,意为公鸡引子进屋。其后,毕摩手持木棒,棒的顶端挂一条白布,嘴里念着挽花歌,手中用白布擦花,把落下的花瓣粘贴到白布之上,以示得子之意,最后把布装进一个准备好的竹筒里,这时参加仪式的众人一齐高唱送花歌。而结愿则含许愿和还愿两层意思,即既为未生之子许愿,也为已生之子还愿。结愿活动是布依族民人生过渡的礼仪中最隆重的仪式,整个过程通常要持续七天七夜,通宵达旦,酣畅淋漓。②

土家族的还愿仪式,土家语称之为"肥套"。肥套的法事分为"红筵"与"黄筵"两种,前者还的是雷王愿,后者还的是花婆圣母愿。前者的法事仪式一般举行一天即可结束,而后者的还愿仪式通常要持续三天三夜。土家族的肥套仪式几乎将他们信奉的所有善神与恶神都集中起来,使之进入法事仪式中,大大增强了仪式内容的丰赡程度。贵州土家族的每个族民在一生中都要举行一次还愿仪式,以答谢花婆圣母和雷王的恩惠。尤其女子生下孩子后,是一定要选择黄道吉日请师公来家中举行还愿仪式的。如果这一代因故没有还愿,下一代就要接着补还愿,补还愿所需祭品如同对银行付息,要加倍置办才可。③

---

① 蓝鸿恩:《中国各民族宗教与神话大词典》侗族部分,北京:学苑出版社,1990年版,第751~758页。
② 蓝鸿恩:《中国各民族宗教与神话大词典》布依族部分,北京:学苑出版社,1990年版,第33~36页。
③ 蓝鸿恩:《中国各民族宗教与神话大词典》土家族部分,北京:学苑出版社,1990年版,第408~416页。

贵州仡佬族的还愿仪式主要在他们每年的依饭节举行，仡佬语称之为"做依饭""还祖先愿"或"喜乐愿"。整个仪式一般要连续进行一天一夜的时间，师公做完依饭法事后，每位参与者都会分到一份礼物，即经师公喷洒过鸡血酒的供品，礼品带回家要放在神位上祭祀祖先，此即为还祖先愿。整个仪式的主题诉求就是祈望：人丁兴旺、五谷丰登、六畜兴旺。①

贵州傩的仪式内容相当繁复，其传承的时间跨度超出了常人的想象。它突出地表现了贵州少数民族在长期的生产生活中所构建的傩文化特殊的生存状态，也反映出贵州傩剧的口传文学特色，是探寻古老的贵州傩文化社会性的一条重要历史文化路径。

（三）傩坛神系的社会化

傩坛神系按神格划分，大体上可分为保护神、创世神、始祖神、农神、财神、战神、生育神、行业神等。保护世人是被请进傩坛的所有神灵都具有的共同神格。傩坛师把儒、释、道等诸教神灵，乃至过往神灵都请进傩坛，就是希望傩坛能够最大范围地满足前来寻求护佑的民众的祈求需要，吸引更多民众参与傩祭，因此赋予了傩坛几乎所有神灵保护神的神格。这是一个统一战线式的庞大的神灵体系，也是一个广泛的保护世人的神灵统一战线。

1. 一神多职

盘古在贵州人民的心目中，是开天辟地之第一人，贵州自古迄今一直流传着盘古的神话传说。神话大意为：远古时期，世界混沌一片，没有天没有地，朦胧之间慢慢孕育出一个巨人，这就是盘古。盘古力大无穷，他用一把利斧劈开混沌，将天地分开，上为天，下为地，天地由此形成。

盘古是所有世人的老祖宗，他以死为人类创造了必要的生存条件。盘古死后，气息化为风云，声音化作雷霆，眼睛变成日月，髭须变为星辰，四肢化为山脉，血液汇成江河，汗水化作雨雾，骨骼牙齿化为金银珠宝，肌肤变成田地，毛发长成森林，身上的虫子变为飞禽走兽。他因高大的身躯、巨大的力量和创造万物的奇功伟业，成为历代世人心目中至上的神。生亦神，死亦神。盘古死后，世人发自内心地赞美盘古、敬重盘古、祭祀盘古，把他作为创世神供奉傩坛。德江一带至今还流传着盘古驯服六畜、教人寻找幸

---

① 蓝鸿恩：《中国各民族宗教与神话大词典》仡佬族部分，北京：学苑出版社，1990年版，第487~488页。

福、与张果老比老的故事等。

盘古作为混沌世界孕育出的第一人和开天辟地的人物,被世人敬称为"人类之始祖"。中华民族的祖先观念异常浓厚,对祖先和始祖总是顶礼膜拜,加之他的伟岸身躯和创世奇勋,盘古自然成为人们公认的始祖神。有巢氏、燧人氏、华胥氏、伏羲、女娲、神农氏、炎帝、黄帝等人物只是盘古之后,中华民族于不同历史时期的先祖,其源头都可以追溯至盘古。由于盘古在民间超然的影响力,盘古也就自然成为当地居民的始祖神了。在道教所奉的三清神中,"元始天尊"被更多地赋予了盘古的创世和始祖神格。正因如此,深受道教影响的傩信众把以"元始天尊"为代表的三清神搬上傩坛,奉为至尊。贵州的许多傩坛还把"三元盘古"即上元盘古、中元盘古、下元盘古直接摆在与最高傩神傩公傩母同等的位置,高挂傩堂之上。

盘古还是人类的保护神,人们神化这位创世者和始祖,希冀他英灵不散,以其神奇而伟大的力量,永远保佑子孙后代幸福安康。人们在合家安宁、无病无灾、五谷丰登、六畜兴旺、国泰民安之时,就自然想到盘古,虔诚地感恩他所带来的一切,同时也祈求他继续保佑自己及家人。当人们身遭疾病灾难与坎坷曲折时,更希望盘古拯救自己、保护自己。这样,盘古保佑世人的神格在世代民众的由衷认同中一直传承至今。①

2. 傩坛神格的多样化

在贵州的傩坛神系中,有一尊位置最突出的神灵,这就是傩坛师的祖师神,尤其是已故的师父神。已故师父神以木雕骑马神像的形象供奉在司桌后方的正中央,这是傩坛师在做法事时接触最频繁、最直接的神灵。祖师神备受傩坛师尊敬的神格在于传法的无私、对徒子徒孙的保护和对神灵关系的调和。傩坛师的掌坛知识、经验、法术等都来自师父,傩坛界有一条不成文的规定,就是不敬师父法不灵,自己的一切言行都必须听师父的。师父是傩坛师传道解惑的师尊,祖师是行业的传法神。已经传法度职的傩坛师一般都要请在世的师父光临,现场指导。在傩坛师的心目中,已故师父、师祖等帅父系统的神祇都具有保护神的神格,师父即使不在世了也会同师祖们一起保护弟子,成为弟子们作法的保护神,是弟子一生一世的平安保护神,祖师神每时每刻地护佑成为师门弟子作法的底气之所在。师父

---

① 刘冰清、王文明:《沅陵傩坛神系的神格构成》,载刘冰清、金承乾:《湖南辰州傩歌史料》,北京:中国文史出版社,2006年版,第232~233页。

不在世不能现场指导,弟子每次作法也要征得师父神的支持,协调神灵之间的关系。判断师父是否支持作法,通常需要弟子于每次作法前进行投筊,以投筊所得卦象予以识别。圣筊是调和筊,调和的是神与神、阴筊与阳筊的关系等。投筊问卦省心许圣筊,就是祈求师父调和神际关系,支持本次傩法事顺利办完,请求师父通过圣筊以示支持。如果投筊总是得不到圣筊的卦象,则表示师父不支持,这就要百般哀求师父的神灵,甚至哭泣着跪求,直至圣筊卦象出现,得到师父的支持性神谕为止,否则傩法师就不应再进行下去。因此,傩坛离不开祖师神和师父神的护佑,傩法事离不开师父的指导。师父神、祖师神在傩坛神系中的神格是非常突出的。此外,傩坛神系中还有判官神和姜女神,他们的典型神格就是勾簿了愿。判官专司判定与勾簿之职,是勾簿神。孟姜女作为神祇被引入傩坛后,在供奉的所有神灵中居于较高地位。从整个傩事活动的程序来看,姜女戏以其娱乐性把傩坛法事推向高潮,是压轴戏。时间往往安排在参与人员容易犯困的后半夜,以便振奋人们的精神。在还愿傩坛活动中,从地位和作用上看,有"姜女不到愿不勾"的说法,姜女是非到不可、不能缺少的神祇。了愿之后,就可以送神守坛了。

从傩坛神系的主要神灵的神格可以看出,傩坛师和傩民之所以把一尊尊神祇请上傩坛,就在于他们拥有这样或那样的神格,也就是有被请来傩坛的符合傩民纪念和祈求所需的各种理由。傩坛正是借此汇聚天下神灵,用各个神灵之所长,建立起各路神灵的神格的互补系统。傩神的原型人物在世时有哪些方面的功勋业绩,死后神化了,傩坛师和信众就会赋予他相应的神格。因此人们会根据自己注重的愿望层面,有选择地凸显神灵的神格层面,体现在整合型的神灵、再生重塑的神灵身上,其神格的多层面性非常明显。创世神、始祖神、农神是傩坛神系中各个主神所同时具有的神格,例如在贵州傩坛中,傩公傩母既是始祖神,也是农神,还是仅次于盘古的创世神。傩是农耕文明的产物,农神是傩坛主神必须具有的神格。贵州傩坛在崇拜傩公傩母的同时,也非常敬重盘古,盘古的神格仅局限于创世神和始祖神,尽管下元盘古种五谷养六畜,但这不是盘古的主要神格。进入农耕社会之后,贵州先民没有把盘古看作农业生产神,而把盘古定位为农耕时代之前的神灵。这样在以农耕为本的傩俗下,盘古神像没有被供奉在司桌上,只是挂在中堂正中的背景神灵之中。由此可见,创世神,尤其是始祖神与农神是傩坛主神必须具备的神格,在傩坛神灵神格系统中居于关键和主导地位。傩坛神灵的其他神格也被傩民认为是不可或缺的,各个神格之间是互补的。贵州傩坛除了具有多重神格的主神外,更多的是具有单一神格的神灵,有的神灵只有唯一的保护神的神格。而正是众多神格较单一的神祇的集合,才使傩坛神灵的神格丰富多彩,有不同祈求需求的世人都可以在傩坛找到属于自己的心灵归宿。一种神格就是一种神秘的力量,众多神格凝聚在一起,傩坛的神灵力量就强大了。

综上所述,贵州傩坛神系的神格结构表现为:以保护神为基本的共同神格与以创世神、始祖神、农神为主导的多层面神格的统一。[①]

3. 傩坛对女神的崇拜

贵州土家族的祖先崇拜没有性别歧视,女性祖先在傩民中也居于同样重要的地位,这实际上是母系氏族社会的一种遗风,如被傩民广为信奉的梅山女神、阿米妈妈、唐氏太婆、傩神娘娘等。梅山女神是猎神,由傩坛师搬自民间传说,其神位通常位于山路旁,猎者需于猎前夜半敬之,敬时必须衣着整洁,不得袒胸露背。每猎所获,必先取兽头供祭,方能平均分配猎物。阿米妈妈,民间传说她是南海龙王的原配,被龙王遗弃后专替人家看护幼儿。傩神娘娘、唐氏太婆均属傩戏中很受敬重的女神,敬奉女神的傩俗也吸引了越来越多女性傩民的参与。贵州思南县大同岩民族乡有敬奉"打儿洞"的习俗,怀孕妇女都要前去投石于崖壁石洞,否则就生女。又如思南县老店子民族乡土家族妇女的"娘娘会",农历三月三日,全乡妇女带着饭菜聚集在一山坡上。烧香纸后,就餐所剩饭菜要全泼在地面上以示祭苍天,保佑妇女生命安全,健康长寿。贵州傩坛对女性的崇敬也塑造了世人尊重女性的良好风尚,并使之作为一个优秀的文化传统传承至今。

(四)傩坛教义的正义性与平等性

相比我国传统宗教,傩坛虽有自身的一系列特点,但也有很多相似之处,例如都具有扬善抑恶、讲究诚信的价值追求与处世准则等。傩坛与传统宗教的根本不同点在于崇信对象的不同,另外傩文化是农耕文明的产物,在乡野民间的崇奉更为普遍,傩坛义理也更具灵活性和包容性。在原始社会后期,傩神的信仰者就遍布社会各个层面,包括氏族与部落首领、祭司和氏族普通成员等;到了阶级社会,信仰者除了帝王将相、王公贵胄、达

[①] 刘冰清、王文明:《沅陵傩坛神系的神格构成》,载刘冰清、金承乾:《湖南辰州傩歌史料》,北京:中国文史出版社,2006年版,第233~235页。

官贵人、士大夫、文人墨客,还有广大的平民百姓;现代社会,傩文化主要在传统傩俗氛围浓厚的封闭山区村寨的村民以及巫觋世家的传人中流行,这些人年龄大多在五十岁以上。在地理区域上,这些村寨主要分布在古西南黔中一带,从历史长河和社会整体来看,中国古代南方居民以崇奉巫傩者居多,这些傩神信众世代承袭,合族共祭。傩坛义理的主要传承者傩坛师更是不怕艰难险阻,即使面对刀山火海刺丛,也会毫不犹豫地闯与拼,甚至不惜以生命为代价维护傩神的至高地位,可谓执着一生。有的信众为一条傩坛义理,几年甚至几十年如一日地持守。有的信仰者年轻时向傩神许了愿,年老之时还念念不忘此生此愿未还,心愿未了,甚至死不瞑目。信仰者的多层次性、普遍性和执着性是傩的民间崇信的突出表现。

傩事活动的固定性、程序性和多样性是傩神信仰的又一重要特点。汉代以降,除了官方的春傩、夏傩、秋傩和冬傩,更有大量的乡傩、村傩与民傩,傩事众多,活动频繁。巫傩起源地之一的苗瑶聚居的古黔中一带,至今巫傩之风依旧盛行,村村有,寨寨办。秋收以后,从十月直至腊月是傩事活动最多的时节。傩事活动如祭祀傩神的活动等,都有其既定程序,包含请神、敬神、酬神、娱神、谢神、送神等基本程序。具体的傩事活动严格按法事的先后顺序依次进行,体现出傩神信仰的规范性和傩坛义理实施过程的有序性,给予信众一种威严感和正式感。当然傩事活动的具体形式和程序、敬奉的神灵是多种多样的,这种多样性体现出傩神信仰外化的超强灵活性和柔韧的适应性。傩坛义理义规总体上打着傩神的旗号,披着神灵化的巫衣,奉行着彰善除恶、伸张正义的原则。傩虽在本质上是唯心主义的,是以对傩神的信仰形式表现出来的,但展现出来的却都是正神的形象。巫入傩坛,如鱼逢水,颂扬的是人间正气,追求的是丰足安康和谐的农耕幸福美景,驱逐的是凶神恶鬼灾殃等,贬斥和鞭挞的是为害一方的邪魔。正因如此才有那么多的信众为之终生坚守,虔诚信仰它,不懈追求它,并愿意为之上刀山下火海,甚至不惜为之捐躯证心。诚信和彰善瘅恶是傩坛义理之本,是傩神信仰的灵魂,是傩文化最内核的传承基因。

傩民之间、傩坛师之间是平等的,没有教阶的差别。傩民作为傩神的信仰者,没有官阶辈分之分,没有财产多寡之别,没有文化水平的差异。在傩的世界中,信众完全是平起平坐、地位平等的。信仰傩神,尤其那些矢志不渝笃信傩神的,大多为村寨农耕之民,他们没有接受过系统的正规教育,没有财富,更没有官衔。他们之间除了性别、年龄、阅历、经验之外,没有本质上的区别。他们的共同点只体现为都是傩神信众,以及都具有淳朴善良的道德品质和老实本分的处世规则。傩坛师之间有师徒之别,有男女之分,有能力水平高低的差异,其中年龄大、辈分高、法术强、经验老到的称为"大法师"或"大巫师"。古黔中一带,从未见过傩坛师有明确的阶层地位之别,更多的是师徒二人分工合作共同出师传法度职,最多也只是帅父在现场对弟子稍加指导,没有明显的高下之分,更不必评所谓高级、中级、初级的"技术职称"。师徒之间,虽有辈分的差异,但在傩神面前地位完全平等,体现在名字上则都以"法"命名,中间一律为"法"字,第三字为自己的名。"姓""法""名"三字合起来即为法名称呼的模式,无论哪个辈分都是"×法×",体现了"傩神面前人人平等"的师徒关系准则。①

(五)傩坛义理传播传承的社会化

贵州傩坛义理体现于傩法事的说唱与道白中,通过师徒传承、戏剧表演、人际口传、社会舆论、心理自觉等多种形式得以传扬和实施。

1. 师徒传承

傩坛师选择接班人坚持唯贤不唯亲的原则,是否真心实意是傩坛师的一个重要选徒标准,这也是傩坛义理传承社会化的主要标志。一个人想成为掌坛师,要在具备先天的基本生理条件下拜老傩坛师为师父,行叩拜礼,诚心诚意地做徒弟,潜心研习义理经文。开始学徒宜从少儿开始,因为大本的手抄唱本或经书需要背得烂熟,大量的傩戏剧本需要背得烂透,这需要学习者具有很好的记忆力,能够背得快、背得多才行。此外,相当数量的符箓、口诀、诅语、手诀要记、要画、要会,需要徒弟具备较高的领悟能力。少儿不仅记忆力好,对所习得的知识与技术印象最为深刻,而且在养成特定的思维与行为习惯后,很可能将掌坛事业作为其终生的心之所向。所以掌坛师乐于选少年,尤其是年龄较小的少儿为徒。徒弟要随坛学、坛外背,不能只是机械地背唱本的唱词、符箓咒诀的式样,关键要理解其中的精义,领会当中的精神内涵。培养一名合格的徒弟需要耗费大量的心血,为保证学徒质量,维持并不断提高师门的声誉,掌坛师一生不会带很多徒弟,往往只带两三个,有的只带一个。大概是"物以稀为贵",会的人多了,自然也就不可能"贵",更不可能那么神奇玄秘。在师父带徒弟的过程中,傩坛经文

---

① 王文明、刘冰清:《沅陵傩坛教义及其崇信特点》,载刘冰清、金承乾:《湖南辰州傩歌史料》,北京:中国文史出版社,2006年版,第241~244页。

义理也就代代相传。这些经文原为口头唱词,后来为便于学习背诵与传承,就以文字的形式被记录下来。这样在傩坛作法时,万一忘记某个句段,还可以打开手抄本照着唱或念,而不至于当着众人的面卡壳出丑,造成法事的中断。如果不太熟练,旁观者中同样对书面经文感兴趣并能背诵的帮腔调者也可以提醒或帮唱,如此一来,原本掌坛师的独唱变成了合唱,个别失误也就被掩盖了。熟悉了傩坛经文义理,反复诵唱,久而久之也就很容易领悟其中的要旨,并经融会贯通落实到作法活动中。傩坛义理就这样内化为一代代傩坛师的自觉意识与行为,使他们不仅坚信傩坛义理,而且终生笃行其旨。

图 7-1　师徒传法授牌仪式(由湄潭傩的传人杨志刚提供)

2. 傩坛说唱

每次的傩法事都分若干场或科,每场基本都有说唱部分。掌坛师边舞边唱,形式上是唱给各位神灵听,实际上是唱给各位在场的参与者听。他以舞蹈、器乐伴唱等观众喜闻乐见的形式着力增强义理的感染效果,尽力使每位观众听清唱词并领会义理。参与者听得多了,不只是记得,也自然能讲会唱。掌坛师在傩坛演唱、舞蹈中使自己愈加坚信的同时,也使观众在潜移默化中更加崇信傩神,这样在很大程度上达到了多向度宣扬傩坛义理的效果。贵州很多地区的傩坛师不只是在本地设坛说唱,还因其高超独特的技艺、良好的口碑,经常被邀请到周边州府县设坛作法,使越来越多的人相信傩神、崇信傩坛义理,促进了傩的广泛传播,为傩文化在民间的生存发展开辟了日渐广阔的领地。傩坛师在传播经文义理的同时,也注重自身的意念强化,保持和深化对傩神和师父的虔诚。他们把傩公傩母和祖神神像供奉在中堂的神龛上,每天早晚都要雷打不动地面向神像祷念。每逢重要节庆日或傩神寿诞日,还要焚香烧纸叩拜傩神和逝去的师父。农忙时节即使没有时间在神像前郑重说唱祷念,每天也要在心中默念傩神和师父神。经过傩坛师的代际传承与代内切磋、纵向弘扬和横向传布、个体默祈祷念和傩坛说唱，傩坛经文义理铭刻于傩坛师的心中，更在广大傩民中扎根。

3. 传播形式的多样化

人际口传是傩坛义理重要的社会传播方式，傩坛义理是人类由采集、渔猎过渡到农耕社会之后，人们对傩神崇拜意念的系统化。这种体系化的观念与要义就是通过代内和代际口传的形式使信奉傩神的人逐渐增多，崇信的程度逐步加深。社会舆论通过对傩坛神灵、傩事活动以及傩坛师等的评价，对傩坛经文义理的理性区分与褒贬，使人们明确地知道要坚信什么、去除什么，有选择地采纳，而不是盲目崇信。在神灵氛围浓厚的社区，社会舆论使人们自觉地崇拜神灵，坚信义理，敬神请神，吸收、借鉴和弘扬傩坛真、善、美的义理内涵，自主排除其中不合理的内容。大型傩事活动，如傩庙会、十月明香大会、龙舟赛祭祀大典等，是人们对傩坛义理的重要崇信方式，也是傩坛扩大崇信面，加深傩民崇信度的良好时机。每举办一次这样的重大傩事活动，吸引的参与者少则数百人，多达数万人，傩坛横向传播的社会崇信效果是显而易见的。

人际口传、社会舆论和重要傩事活动是人们崇敬傩神的宏观方式和群体机制，而自身的经验积淀、内心自觉和付诸行动，则是人们崇仰傩神的微观方式和个体机制。在傩信仰区，一个人从懂事起，经成年期一直到老年，经历多少事情历练，遇到多少困难坎坷，产生多少困惑，就要相应地接受多少外界事物的影响、刺激、教育、熏陶。其中就包括万物神灵、傩神、傩坛义理等或多或少、或直接或间接的影响，程度不同的巫傩活动和事象的感染与熏陶。这些经刺激、影响、教育、熏陶而获得的经验积淀成个体的知识宝库，升华为人们对傩事活动及其精神内涵的真正理解和看法。亲身经历过傩事的人，比从书本上了解到或听别人谈论过傩事的人，对傩的印象会更深刻。浓厚的傩文化氛围可以加深和强化人们对傩神和傩坛义理的崇信度，这是外在因素内化于个体观念的结果。在科学文化和社会生产力水平相当低下的古代社会，一直到水平相对低下的近代，个体的心理自觉始终是个体崇信傩神与傩坛义理的深刻原因和主体依据。人们在艰难困苦中，很容易把困难产生的原因同接受的傩神观念相结合，同傩坛义理的合理内涵联系起来，使其成为自己渡过难关的精神指引，这在很大程度上强化和加深了对傩神和傩坛教义的崇信度。在无路可走的困境下，人们即使对傩坛及其义理不甚了解,也可能怀着尝试的心态向傩神靠拢,祈求傩神的保护。心理自觉会支配外在行为,引起行为的自觉,这是崇信傩神和傩坛义理的个体在微观层面的外在显现:一是积极地观看傩事仪式;二是积极地参加傩事活动;三是自觉地评议、宣扬傩神观念,宣传巫傩法行,传扬傩坛义理;四是自觉地组织、举办傩事活动等。傩坛义理通过巫傩界、社区群体和个体心理行为机制,扩大社会的崇信面和提高人们对其的崇信度。在古黔中等地自古以来傩神观念就深植人心,巫傩之风盛行不衰,至今还孑遗留存,活性不减。①

三、精神生态功能

傩事活动的举行不仅可以改善人与人之间的关系,也能够丰富和显著提升人们自身内在的精神境界。古时农耕社会下的乡村生活是非常繁忙劳累的,人们为了生活各自奔波忙碌,没有一个合适的由头让全村相聚,而举行傩事活动就是一个将所有村民都聚集在一起的合适契机。在傩事活动中,全村甚至附近村寨的男女老少可以欢聚一堂,促进了邻里、乡民和村庄之间的和谐与融合。傩坛义理对诚实守信准则的肯定、对英雄祖先的崇敬、对道德规范的传扬以及对人性本质力量的弘扬都能对寨民,尤其是处于身心发育时期的少年儿童起到显著的心理教化作用,有效地提高了世居村民的思想道德水平,实现了寨民之间关系的和谐相融。随着现代社会经济的快速发展,人们的物质生活极大地丰富了,但住在钢筋水泥建造的城市中彼此隔绝的生活方式使人与人之间原本的融洽关系正变得日渐淡漠。为此,许多社区自发组织了"邻里节"来促进住户之间的相互交流,意在丰富他们的精神生活,达到改善居民精神状态的目的。这种具有群体性、参与性、娱乐性的"邻里节"与传统傩事活动有着异曲同工之妙,都具有精神生态调节的价值取向。傩事活动的这种价值取向,直到今天对于提高时人的精神层次,改善他们的精神状态仍具有重要的借鉴意义。②

（一）傩事活动的威严与神秘

"冲傩还愿"是贵州傩俗精神生态功能的重要表现形式。"冲傩"有"太

---

① 王文明、刘冰清:《沅陵傩坛教义及其崇信特点》,载刘冰清、金承乾:《湖南辰州傩歌史料》,北京:中国文史出版社,2006年版,第238~241页。
② 韦海涛、唐韵萌:《桂林傩祭仪式的生态文化指向》,载覃广周:《2017广西群众文化论文选编》,南宁:广西人民出版社,2018年版,第13页。

平傩""急救傩"和"地傩"三类。凡家宅不宁,有恶鬼作祟、人畜不旺者,要冲"太平傩";凡家人重疾缠身、死阴复阳、垂危多时,须请傩坛冲"急救傩";凡遭遇奸淫、盗窃、诈骗、投毒、凶杀等犯罪案件,疑惑难解,则要请傩坛师冲"地傩",请傩神断案裁决。"还愿"也有三类,即"过关愿""子童愿"和"寿愿"。为使孩子免灾除疫,顺利成长,十二岁之前需请傩坛师还"过关愿";夫妻无生育能力或未有男孩,许愿生子后,要请傩坛师还"子童愿";凡曾为老人许以高寿,在满寿那天,要请傩坛师还"寿愿"。"冲傩还愿"仪式种类繁多,程式繁杂,内容宽泛,涉及神灵甚多,活动持续时间较长。傩坛师把祭一日者称作"跳神",祭三日者叫"打太保",祭五日者称为"冲大傩"。在还愿仪式的傩戏表演中,狰狞凶悍的面具、玄秘怪诞的诀法手语、旷古绝今的原始舞姿、夸张骇人的鬼怪动作,给人以粗犷豪迈、肃穆典雅、想象飘逸的感觉,充满了神秘色彩,洋溢着浪漫气息,充分显示了古代傩文化的风骨与特色,在傩民中形成了一种难以解脱的震慑心理,使其对傩的崇敬更加虔诚。所以,当地人看傩戏与其说是看戏,不如谓之求神,在傩民看来,看了傩戏总会得到傩神的眷顾和求得几分慰藉。

傩坛除了"冲傩还愿"的祭祀仪式规模较大外,其他祭祀通常规模较小,但活动项目较多且具体,涉及村民日常生活的方方面面,如"钉胎""隔门""送阴人""解七煞""打丧车""取替胎""打邪癫"等,这些法事不设坛供斋,带有更多的原始宗教意味。

"钉胎":思南很多群众患上疾病就会认为系魂魄不归体所致,称之为"走脚"。凡"走脚"者均全身无力,面容憔悴,只有请傩坛师"钉胎"才能解救。傩坛师"钉胎"时,要"观师请圣",焚香化纸,写符念咒,还需作"口衔红齿"的跳神程式:掌坛师把耙田的铁耙齿烧红,衔于口中,在病者家堂屋正中画一圆圈,圈内画一小人,跳神结束后将"红齿"钉在圈内的小人上,撒上草木灰,连续七天用水浇之。其意为将已失落魂魄召回钉住,巩固七天不会再跑,病也就自然痊愈。

"取替胎":对于被"恶鬼缠身"而阳寿未尽的重症病人,傩坛师要作令人毛骨悚然的跳神仪式。跳神的场景犹如阴曹地府一般,傩坛师装作向天神禀报的样子,禀报完毕后再用讳用诀。接着,事主拿着茅人前面走,傩坛师提着公鸡随后跟。主人边走边喊病人姓名,傩坛师则在后面高声代为应答。走到岔道或河边,傩坛师烧掉茅人,砍下鸡头。

思南傩坛在设坛斋醮与供神祈祷的祭祀过程中,有时还要穿插一些原始且惊险的法术,诸如踩刀、溜铧、翻叉、悬碗、钉牛角、接舍身刀、过天桥等,这些法术都是根据愿主所要求的法事内容而进行的。什么法事对应什么法术,实现什么诉求,都有严格规定,法术是不能随意施展的。施展惊险法术的目的是最大限度地以正压邪,以高超的技艺和强制性的手段迫使邪魔鬼怪服从愿主和傩坛师的意志。这种仪式对傩坛师来说操作风险较大,甚至有生命危险,所需的费用也较高,通常是愿主遇到了很难克服的困难才会有如此要求,一般的傩坛祭祀是没有这些法术内容的。

如踩刀法术就是为孩子顺利闯过成长旅途中的劫难扫清障碍,在法术表演之后,妖魔鬼怪不再侵扰,孩子能够健康长大成人。踩刀仪式有"踩天刀"和"踩地刀"两种类型。"踩地刀"是把装在刀架上的大刀置于地上,刀刃朝上而且一定要锋利。表演时,傩坛师表情严肃庄重,不苟言笑,赤着脚,拉着过关童子从刀刃上踩过。"踩天刀"则要将十二把或二十四把、三十六把大刀,刀刃朝上装在刀架上,再将刀架一端靠在墙上斜放,其下置一磨盘象征八卦之神案,上摆祭品。身着法衣的傩坛师背着过关童子,手执牛角,一边念咒画讳,一边赤脚迎刃而上,至顶端墙壁处又顺刃而下。有多少把刀就要上下多少次,最后在刀架顶端吹角三声。此时,愿主请来的刀斧手迅速将刀架砍断,傩坛师面不改色,迅速撑开雨伞,随后,轻松自如地跳到地面,至此一场惊心动魄的法术仪式在一阵热烈的锣鼓声中结束。

图 7-2　踩天刀表演(由湄潭傩的传人杨志刚提供)

溜铧又叫"杀铧",它是事主在家人重病缠身、久治不愈,或家宅不宁、恶鬼作祟的情形下请傩坛师用烈火强行驱逐鬼蜮瘟神的巫术活动,其程序是:傩坛师先把犁田的铁铧用炭火烧红,念咒语后用手脚去摸和踩。在仪式中,傩坛师用口向通红的铧口喷烈性酒、桐树油脂,燃起几尺高的火苗后,他端起燃烧着的铧口沿四周冲杀,嘴里发出尖锐的喊叫声。现场气氛惊险、紧张、热烈、刺激,观众不时发出嘘嘘的惊叹声,纷纷向后躲退。

翻叉是又一种驱魔赶鬼的傩坛法事仪式类别,它比溜铧更惊险,对傩坛师本人来说也更危险。翻叉表演始自残酷的祭祀仪式,很久以前举行翻叉仪式前皆要用童男童女祭祀,这实际上是远古人牲遗俗在傩坛中的反映,后来才逐渐改用杀鸡取代。由于翻叉仪式危险系数高,傩坛师只为自己的父母、儿女或兄弟、姊妹作翻叉之法,否则谁也不肯冒此风险。作法时,傩坛师为了收斩恶鬼,要用十二把钢叉向另一个代表恶鬼的傩坛师的喉部、胸口、脑袋、胯下等身体要害部位猛刺,对方必须单手一一地将钢叉准确无误地接住,稍不留神就有丧命的危险。因而过去在举行翻叉仪式前,事主都要为傩坛师备好寿衣,以防不测。若不出事,主家除了要支付一定数额的银钱外,还要给付马匹和衣服。

图 7-3　上刀竿(由湄潭傩的传人杨志刚提供)

悬碗、钉牛角、藏身等一般难度的法术则根据傩坛祭祀的需要而施展,皆具有惊险、玄秘、原始的特点,属远古尚武之遗风。据傩坛师的说法,这些法术能够流传至今,是咒语、字讳、诀法在起作用,傩神的旨意不以人的意志为转移。现今,贵州等西南地区仍有不少民众对此深信不疑。

字讳是一种似符非符、似字非字的傩坛独有的奇特符号,在法事中具有重要作用,包括紫微讳、青龙讳、收闭讳、天地人皇讳、速收邪精讳、海水波浪涌齐天讳、五方风雨雷电讳等。其中紫微讳最重要、最复杂,它由二十八画组成,代表天上的二十八宿星辰,无论傩坛师采用什么讳都要将其排在前面。字讳一般写在巫书中或法器上,作法时需由傩坛师举香在傩坛中画出来。由于笔画太多,傩坛师通常难以记住复杂的字形,只好象征性地用香朝着"神碗"等什物挥舞一番,便算写出字讳了,故贵州傩界有"举手为诀,动步为罡,提香是讳"的说法。

咒语是将神力以密码的隐晦形式潜藏于特定语言中的一种法术。为了保持师门独有的神秘性,咒语多以口传心授的方式相传,不留存书面记录。常用的咒语有藏身咒、金刚咒、五雷咒、步罡咒、致雨咒、巡坛咒、回师咒等几十种。傩坛师念咒的语速很快,呢呢喃喃,既是故弄玄虚,也是为了不使天机泄露。咒语之句长短各异,内容荒诞离奇,末尾通常还要加上"吾奉太上老君急急如律令"之语,以增强咒语的权威性。土家族傩坛仪式就是在傩坛师"喃喃"的咒语中和龙飞凤舞的画符之际进行的。绘符念咒是土家族傩坛法事的灵魂,傩坛师的大小活动都离不开它们。原始先民相信咒语具有魔力,语言对他们来说,既是一种实用的工具,又是实现寄托的力量来源,甚至就是愿望本身。如金刚咒:"天地玄中,万气本根,广收意吉,正无神通,三界四位,五帝师行,万神伏礼,殁死雷霆,鬼妖丧胆,精怪亡形,内有霹雳,洞会交择,五气腾腾,金光速现,道法常存。"咒语多为口语,是历代口耳相传的,语言含混,喃喃不明,有无差错也无人计较,若意思太明了,反而会让事主因为感受不到神灵所特有的玄秘性,降低对傩坛的信任度。由于咒语不需要作法者准确地记忆,因此作法者通过其可以相对容易地营造出傩坛法事所必需的神秘玄奥氛围。贵州土家人称傩坛为"吃阳间饭,做阴间事",专与神鬼打交道。傩坛中不画符念咒等同于驱鬼逐疫没有武器。有了这些,傩坛师才能获得神灵相助,洞察到人间一切灾祸的根源,并根据鬼神作祟的具体情况分而治之,因此画符念咒是贵州傩坛不可或缺的法事程序。①

诀法是傩坛师用手指比画特定的形状来体现自己意念与实现愿望的一种法术,是其镇妖降魔的绝招,也称"手诀"或"手挽"。诀是傩坛法事中人与神、神与鬼、鬼与人相互沟通的媒介,是神灵通过掌坛师向事主传达信息的外显符号,是表达感情和意愿的图像标识。贵州傩坛常用诀法有七十二种,如剪刀宝剑诀、大小剪刀诀、五湖四海诀、雪山草地诀、铜泥巴诀、太白驾千斤榨诀、斩妖除魔诀、黑斑卧虎诀、麒麟龙凤诀、闪光诀、木船过河诀、铁草鞋诀、二郎神诀、五雷诀、八大金刚诀、开山诀、三元将军诀、土地传

---

① 田永红:《一个民族的生存与复兴》,北京:中国文史出版社,2002年版,第39~44页。

城诀、船头艄公诀等。贵州傩坛诀法名称稀奇古怪,多种多样,据说为太上老君所创。各种诀法均以手部姿态表示,或用单手或用双手,基本姿势有勾、按、屈、伸、拧、扭、旋、翻八种。如灵官诀的具体手部姿势为中指竖立,拇指弯曲压住中指第一个关节,无名指从右向左弯至中指后,食指压住无名指,小指弯曲。捆鬼诀先使两只手背相互交叉,冉翻转,左手拇指与食指伸直并叉住右手。各个动作姿势均有一定难度,傩坛师借以展示自己的神秘奥妙。

(二)虔诚与亵渎在傩坛中的交织

包括傩神在内的许多民间神祇往往横跨于不同的文化范畴,它们在不同文化体系中所受到的祭祀礼遇也是不同的,即使是同一位神灵也会受到不同的祭礼待遇。在雅文化范围内,从宫廷到寺庙道观所举行的祭祀神灵的活动通常都非常庄重、肃穆、神圣。但民间傩坛在祭祀傩神之时,往往是另一番景象。傩是处于俗文化范畴的一种民间信仰,傩坛活动有其自身的一些特点,那就是神秘而鄙俚、庄严而诙谐、虔诚与亵渎并存。傩坛师对傩神的祭祀与傩戏表演经常是混融在一起的,呈现出一派"祭中有戏,戏中有祭"的雅俗共赏的场景,如傩坛神案前,烛光摇曳,香烟缭绕,傩坛师在法事和傩戏中荒诞不稽、倜傥谐虐、风流洒脱,皆尽兴发挥,习以为常。其他参与者也早已见怪不怪,他们甚至认为在这种场合越是表演得粗鄙、猥亵,越能起到驱邪纳吉之效。

在傩祭和傩戏中,不少情节在用语上充满农村生活的情趣,诙谐幽默,令人忍俊不禁。例如在傩坛"造桥"的法事中,就有傩坛师以戏弄、调笑、揶揄的口吻请神的祝词:"祖师!鸣锣三阵,晓报何神,晓报何主?晓报本境土地,若有邪魔妖怪,找瞎子来牵你,找柄子来扶你,将你乌纱戴起,眼睛鼓起,眉毛立起,牙齿龇起,肚子挺起;我们小小端公、幺司儿找你。"另外在傩坛活动中,神案上面满是神像,香案上供奉着傩公傩母及其他神灵,按常理说这应是一个庄重神圣之地,可是傩坛师在作法时竟可以随性放肆,或把腿跷到神案边,或失态狂笑,前仰后合,或索性坐到香案上,毫无顾忌,调弄、谐谑、亵渎神灵的鬼脸、动作和语言不时出之,甚或偶有两性交媾的示意性动作等。傩坛中这些轻浮的行为对傩民来说,并没有轻慢神明的意思,他们反而认为这是傩祭活动的必要之举。

第一,从仪式的举行方式和活动的本质来看,傩属于典型的民间信仰,具有原始宗教和巫术的性质。在古代巫术和原始宗教的祭仪中,有许多在今人看来难以理解的怪诞现象。在万物有灵、图腾崇拜、神鬼敬拜习俗影响下的傩坛受非理性、非逻辑思想的支配,保存了许多巫术成分,因此一些在局外人看来是轻慢神灵的举动却被当事人视为合理。这种现象也出现在其他国家和地区,例如在非洲和大洋洲的一些现存部落,土著人在祈求神偶后愿望不能实现时,会对神偶施以言语谩骂等侮辱手段,就是一种佐证。特别是在性和生殖崇拜表演中无拘无束的洒脱之举,令后世文明人颇觉荒唐不解。傩坛当事人在多数情况下也是照传统惯例行事,刻意回避理性思维。傩坛活动追求的是尽兴发挥,在神灵的护佑下彻底抛却人世间的现实烦恼,而理性就是要面对现实。傩坛师每次作法,事主都要支出一笔可观的开销,在傩坛活动中如果依旧刻意坚持理性认识,那也就失去了花钱作法的意义。

第二,傩在长期的历史演进中,逐渐成为世人借以宣泄情感和肯定自我的主要民间信仰品类。傩与正式宗教有着显著不同,宗教强调的是信仰者的归从和理性,而傩注重的是人们情感的自由发泄与释放。掌坛师和事主与其信仰对象之间的联系,不是建立在理性认识的基础上,而是建构在对某种具体困厄疑难的排解之上,浅近而又显明。傩事活动的每一位参与者的心目中都有一个独属于自己的理想国,在那里人世间的神祇与鬼蜮、生与死、爱与仇、希望与失望、现实与虚幻等都被染上了一层特殊的情感色彩与判断标准,置身其中的信仰者在感情的宣泄中寻回了久违的内心平静与慰藉,这也是傩民最为看重的傩的基本功能。正是在傩坛所营造的情感世界里,傩民排解宣泄情感的目的促成了傩事活动的非理性化倾向,而傩事活动的这种倾向又吸引了越来越多的信仰者,这样傩事活动的举行与傩民的参与形成了良性循环,傩在民间就具备了广泛的群众基础。贵州傩坛界流行一句俗语:"不怕胡说,只怕不说。"可谓一语道破傩的真谛。

第三,傩事活动也是广大民众乐观豁达精神表达外显的一种理想载体,傩仪中的生活小戏和神话传说都有很多令人解颐的情节片段,这除了是傩坛师为了吸引更多民众参与而刻意为之,更主要的是满足广大民众的精神所需。在傩事活动中,观众的思绪会不知不觉地融入傩的特定氛围中,受其牵引,以傩戏所传达的美丑、好恶、是非判定标准重新审视自己面临和遭受的困苦,顿生豁然开朗之感,随之心里平静,内心满足,如此一来,整个傩事活动也处于亲切、诙谐和有趣的气氛中。随着傩事活动中娱人因素的逐步增强,在以傩祭为目的的前提下,在戏谑、调笑的环节发生一些亵渎神灵的言行,也自然是情理之中的事情。傩事活动的这种特点在贵州傩戏中表现得特别明显,广大农村小镇的社会成员在参与的过程中也获得了娱乐享受,改善了精神状态。①

(三)世俗与神鬼在傩世界中的沟通

傩坛神鬼的双重结构在本质上对应着傩信仰者的双重人生构成。所谓傩信仰者的双重人生,即指傩民同属本质不同的两个世界:一是现实的世俗人间;一是超现实的神鬼世界。二者互为补充,相互依存,共同构成对傩信仰者来说很重要的有机整体。长期以来,广大乡民在现实生活中,日出而作,日落而息,春种秋收,生老病死,世代相沿。人们不得不完全依靠自己的力量去努力认识、探索自身面对的严酷现实,顽强地争取生存所必需的物质与环境条件。在艰苦而又漫长的历程中,人们要经历无数磨难与不幸,例如天灾、人祸、疾病、瘟疫、战争、饥饿等,而这些磨难是人们靠一己或一个群体的力量根本无法抵抗或不可预测的;恐惧、忧虑、失望、焦灼、迷茫始终伴随左右。在严峻的现实面前,人们渐感自身力量的弱小,越来越趋于向另一个神鬼世界求救,推测灾难的缘由,祈求可期的顺达,以获得内心的解脱与安宁,原始巫术由此而生。

一切宗教都寻求心灵的超越与升华,实现困苦的解脱,以另一个虚幻的世界和精神意识作为超脱现实的理想境界。傩信仰者的双重人生区别于宗教的显著特点在于,不管傩民怀着何等深厚的虔诚之情对待傩,傩始终保持在随性的民间信仰的范畴内,而没有上升至有着严格教规教义的宗教高度,虽然许多傩信仰者的满腔热忱比许多宗教教徒有过之而无不及。傩信仰者立足于现实的世俗世界,努力获取自己力所能及的物质与精神财富,在傩的世界中有所期待、有所企望地生活着。在傩神的护佑下,人们在尽力扩展世俗生活空间,即使是在古老而蛮荒的时代,也能在异常艰难的生活中获得心灵的欢乐与希望。在世人的期盼与祈求中,傩为人们预设了另一个可以解救人类的神鬼世界。相比其他宗教,象征傩民双重人生的世俗世界与鬼神世界有着自身独特的联系方式。

首先,傩信仰者不是寻求世俗世界的超越,不是希冀灵魂升入幻想的另一个完美世界,也不是求得理性引导下的超然解脱。在傩民看来,人间的世俗世界和想象的神鬼世界是相互混融和叠加的。虽然在傩界有天、

---

① 李子和:《信仰·生命·艺术的交响》,贵阳:贵州人民出版社,1991年版,第103~105页。

人、地之分的说法,但三者没有高下之分,而是层层递进的关系。傩民虽然认为神在天界,但始终立足现实,以世俗世界为中心。在他们的意识中,神灵是为世人服务的。他们希望另一个世界的神鬼能够帮助世人摆脱现实中的苦难,弥补世俗世界的不足,通过举行傩祭仪式感化神灵,使期待和希望加速转换到现实中。如果说宗教的指向是带领信众脱离世俗人生,那么傩的引领指向却恰好相反,即引导世人基于现实,增强适应与改造世俗世界的能力。换句话说,傩致力于以虚幻的神鬼世界对世俗的现实世界进行改造和施加影响,所以傩民在每次冲傩还愿仪式中的目的皆十分具体且现实。

其次,傩民面对双重人生,把人世间的所有灾难、厄运和苦难等非人力所能预测、控制和解决的情况,人为地理解为来自鬼蜮邪神等超自然体,为排解自身的恐惧、无助和绝望等情绪找到了重要的发泄承载物。对此,傩民采取了以人的意志与力量为主的手段,那就是赶恶鬼、打邪神,认为这样就可以排除现实世界中的灾难与厄运,实现人们的期待所愿。把与人对立的恶鬼清除,人们的世俗人生就会拥有鲜花和充满阳光。这也是由于傩文化中保留了许多巫术成分,"在这巫术中,人的单纯意志显然就是支配自然的上帝"①。费尔巴哈在阐述宗教与巫术的区别时说:"基督教徒的上帝为了证明他的神性,亦即证明他的权力可以满足人类的一切愿望,仅仅用他的圣言使狂暴的海洋平静,使病者痊愈,使死者复生,这种情节,正和在巫术中单纯的意志、单纯的愿望、单纯的语言表现为统治宇宙的力量一样。其分别只在于巫师以反宗教的方式实现宗教的目的,而犹太人、基督教徒则以宗教的方式实现宗教的目的,因为被宗教推在上帝身上的东西,巫术把它放在自己的身上,被宗教当作一个平和柔顺的意志的对象、当作一个虔诚的愿望的对象的东西,巫术把它当作一个坚决的意志的对象、当作一个命令的对象,总之,凡宗教借着上帝、和上帝同做的事,巫术是单凭自己独立地做。"②傩就是引领世人调动自身的意志力,发挥潜力去和另一个世界的鬼蜮针锋相对。

再次,傩事活动发展到一定历史时期,巫觋在其中扮演了重要角色。最早之时,人们认为人和鬼蜮可以共处,后来又认为人与鬼神殊途,不能直接对话交流,需由巫觋充任人神沟通的中介,这时巫觋就成为傩事中特别

---

① [德]费尔巴哈:《宗教的本质》,王太庆译,北京:商务印书馆,2010年版,第36页。
② [德]费尔巴哈:《宗教的本质》,王太庆译,北京:商务印书馆,2010年版,第37页。

重要的人物。他将鬼神与世俗二重世界接通,以通神与降神仪式驱鬼逐疫,祈求世间的安宁、平静与谐美。降神驱鬼是巫觋以鬼神世界改善现实世界的具体途径,巫觋在傩事中的重要性自然不言而喻,巫觋的仪式操作既是改善又是改变的过程,因此傩事活动非常注重仪式也就不足为奇了。当然后来出傩事活动演变而来的傩戏仪式也绝不是游离于傩事活动之外的、次要的和附加上去的形式。傩戏和傩祭一样都是傩事活动不可缺少的仪式构成。傩戏是傩仪式的内在延续,是巫师将神鬼世界转换为现实世界操作过程中的一个部分与环节。在傩戏表演中,巫师同时还是演员,这不仅仅是一身二任的问题,其深刻的意义在于,巫师就是演员,职责是拉开隔在两个世界之间的帷幕,如此一来,两个迥异的世界顿时失去了界限,消泯了时空距离而连在了一起,达到了改善或改变世俗世界的效果。从傩民两重的人生境遇可以看出傩与传统宗教的本质差异,更为重要的是其决定了神鬼体系的双重结构。①

傩所具有的一个极为重要的功能就是能够适时地调适人们的心理,使其保持饱满的精神状态。每当受到外界力量所迫,感到自己在现实生活中的权益受到损害,依靠自身又难以很好地解决之时,人们内心往往会产生被剥夺的不平衡感,导致心灵受到程度不等的创伤,严重者会留下心理隐患,而此时傩都能及时地为人们送上精神的支持与力量,使其能够化解内心的焦虑、恐惧和罪恶感。②

贵州仡佬族民众在长期的生产生活中,受各种社会因素的影响,要么就业机会不均等,要么付出与所得不成正比,要么族民之间贫富差距不断拉大。当遭遇各种社会不公时,心理不平衡和心情烦躁的精神状态就会呈现。一方面,如果依靠自我理智或亲力亲为仍不能消解压抑沮丧的不正常心态,他们就会本能地移情,寄希望于神灵力量,希冀老天开眼,以"善有善报,恶有恶报,不是不报,时候未到"的除恶扬善的心态来宽慰自己,消解烦闷,把不正常的心理调理至正常状态;另一方面,当遇到无论如何也无法排解的身体上、物质上和精神上的不幸与痛苦时,他们也会很自然地将其归结为神灵对自己命运的既定安排,并且死心塌地地认为靠人力是无法改变的,坦然接受自己的不幸,获取内心的安宁与平静。一般情况下,仡佬族民众把各种天灾人祸归结为邪鬼所致,如遇村寨不宁、灾祸不断等情况,族民

---

① 李子和:《信仰·生命·艺术的交响》,贵阳:贵州人民出版社,1991年版,106~108页。
② 孙尚扬:《宗教社会学》,北京:北京大学出版社,2007年版,第136~144页。

就会请端公禳灾祛祸、驱鬼逐邪。家人患病也常求助神灵,如孩子生病,就会拜古树为宝爷;每年三月族民都要祭拜古树,祈求树神护佑孩子一年之内健康平安;家中妇女多年没有生育,户主就要架桥或拜山求子;家人身患重疾则要请傩坛师做冲关煞、冲傩等驱病法术。这些治病消灾的方式,从形式上看好像有些不可思议,但事实上也不乏所求疾病痊愈、所求灵验之例,究其原因,可归结为端公所做法事心理的暗示效应。患者在自我良性心理的暗示下产生了良好的躯体反应,由于对心理、躯体互动方面的知识欠缺,对于心情抑郁等致病因素的排解与消除而带来的疾病痊愈,他们就会归因于神灵护佑。因请了端公作法,病患认为自己会得到神灵的护佑,有了心理上的依靠,消除了原有的焦虑感、恐惧感和无助感,心态也渐趋安宁平和,自然也就有利于疾病的好转,甚至痊愈。现代医学已经有力地证明:良好的心理状态对生理机能可以起到很好的调节作用,具有显著的驱病强身效果。每当贵州仡佬族民众面对自身无法解释和驾驭的困境时,他们便会习惯性地向超自然的神灵求助,希望借助于神力战胜困难、消除疾患,并深信在神灵的超自然之力下,一切灾祸和不幸都将成为过眼浮云,以此找到精神上的慰藉,形成积极稳定的情绪状态。

傩信仰不仅能为仡佬族人提供安全感和心理上的慰藉,使其消除不安与恐惧,还可以协调人际关系,消解族人之间不可避免的摩擦与怨气,使其在社会生活中遭遇不公时可从精神层面获得一定程度的平衡感。傩在很大程度上满足了仡佬族人的心灵抚慰之需,很好地发挥了心理调适的作用,其中端公施法是维系族人精神和谐的重要渠道之一。除此之外,傩信仰还能满足仡佬族人对爱的渴求和施与。在物欲横流的时代,社会在飞速发展的同时,也在一定程度上造成了人情的日渐淡漠。不少世人只能独自面对生活中方方面面的压力,时常感到心有余而力不足,他们热切地期盼能够获得更多的人情关怀与温暖,同时也希望能把自己的爱心通过合适的渠道释放出来。在这一点上,傩事活动可以在一定程度上或在某些方面成为渴求爱与被爱的仡佬人抒发和释放情感的一种合适选择。①

(四)传者与受者在傩仪中的热烈互动

傩的最初形态表现为纯粹的祭祀仪式,傩事活动场所也被限定于傩坛内。这时虽有简单的悦神歌舞和请神颂神的唱词,但对于整场傩事祭仪来

---

① 袁礼辉:《敬畏与感恩》,北京:中央民族大学出版社,2017年版,第196~198页。

说这不是主要的,傩坛师才是傩的核心要素。其时,傩事活动的参与人数较少,主持者只有一名祭司,他们在仪式中发挥着重要作用,其职责主要表现为以自己的超凡智慧与"特异功能",沟通人神关系,取悦神灵,降福世人。他们日复一日、世代接续地营造祭祀活动所必需的庄重神秘的氛围,不断强化自己在当地傩祭活动中的威信。傩事活动发展至今,贵州毛南族的"肥套"仪式由三四名巫师共同完成;侗族的还傩愿仪式既有多名师公轮流主持,还有多名人员给师公打下手。仪式中的歌舞情节,则由师公以外的人来表演。如果算上器乐和仪式的后勤准备工作,整个仪式的参与人员就更多了。这种状况出现的原因首先在于随着傩仪举行场域的不断扩大,仪式的举行规模也越来越大,要求为仪式做准备和维持仪式展演规模的人员数量也越来越多,一名或几名祭祀主持根本就应对不了。其次是每场仪式持续的时间越来越长,侗族的一些傩愿仪式要持续十二个昼夜,毛南族的"肥套"和瑶族的"还盘王愿"仪式一般至少也要连续举行三天三夜。这样长时间的仪式主持不是一两名巫师的精力体力所能应付得了的,需要多名巫师接续滚动进行。再次,较多数量的参与人员不仅便于仪式的顺利进行和成功举办,也是事主和祭司良好人缘和广泛的社区影响力的直观证明,因而这是当事者所乐于见到的。由于傩事活动场域的扩大和参与者的增多,展演过程中巫师与观众的联系互动越来越紧密和频繁,仪式的氛围越来越浓烈,娱乐性也愈加浓厚。整场表演宛如一场狂欢的庆典,给人以强烈的震撼。在贵州毛南族的"肥套"仪式展演中,对于其中一些惊险场面,观众不时大声叫好或发出尖叫,现场高潮迭起,巫师也表演得更为卖力,双方形成密切互动。侗族法师在还傩愿的进村仪式中,要对在村口迎候的村民大声说喻示人丁兴旺、家和业兴的笑话,以示问候。村民大笑之后,需由其中一老者出面应答:"法师说得好,大家接他进村吧。"这时男女老少在欢歌笑语中将法师围起,有的随声附和,有的惊诧大叫,还有的索性当场与法师对起荤歌来。随着人们收入水平的提高,更多的事主有能力也有意愿负担规模较大的傩事活动的费用。

在贵州苗族师公于外坛跳的"斑鸠舞"的仪式场面中,三名师公上戴斑鸠头具,下穿开摆裙,左手指缠着简笏,右手指系上铜铃,整齐列队于供桌前。另一师公戴着地方乡佬面具,于一旁专事逗笑。扮"三元"的师公站在桌边独自奏乐伴唱。仪式开始时,三师公各持香走八字罡步,分别将香插进米碗中。此时,逗趣者翩然出场,走"禹步"打转,亦插香,接着"三元"跳傩舞拜请阴间师傅助力,请过阴师后,至桌旁拜祖宗。桌上置满各家各户捐集的祭祀祖先的供品,地方乡老代仙家各取一点后,众村民一哄而上,迫不及待地将供品抢走,他们把收获的供品当成是祖宗赐的福。其后,随着"三元"的伴唱,"斑鸠"们依次跳起"戏水""求爱""出水""摆翅""揉嗉""耍尾""耍翼"等一整套完整的舞蹈动作。"斑鸠舞"仪式是通过展现对以斑鸠为代表的鸟的崇拜,来体现族人求子及追求永恒繁衍的主题,整场仪式的参与人员包括师公、地方乡老、众村民,几乎在场的每个人都有进入傩仪表演中心场域展示自我的机会,而且在仪式展演的过程中,表演者与观众之间频繁地密切互动,如"师公逗趣"一节,既是师公表演角色所需,也是与观众互动的必要性使然。最后,众村民一哄而上争抢供品的情节使互动达到高潮。这种狂欢性的仪式展演增强了表演者与观众之间的默契度,也提高了现场的热烈气氛。① 这说明,在傩从娱神发展至娱人阶段之时,祭司或师公再也不需要靠冰冷的权威和等级来吸引和征服观众,而要通过表演技巧如音调、语调、语速、韵律、修辞的通俗化、戏剧性以及接地气的交流互动来取悦观众。

(五)傩戏意义和主题表达方式的多元化

贵州部分地区傩戏的主题诉求起初以求子增进繁衍为主,后又发展出祈福避祸的功能。这些意义与诉求有的通过带有口传文学意味的歌词来表达,有的通过通俗的戏谑对白来表现,还有的以具体动作、器乐、服装、道具、扮相来展现。这使傩戏的意义和主题表达呈现出多元化、个性化的特点,更贴近民间大众不断发展的现实需求。

1. 展演道具的制备

傩戏作为一种艺术形式,既源于生活又高于生活。高于生活的直观表现之一就是表演者于外在形式上与日常生活迥异。在傩戏中,表演者通过夸张地化妆和佩戴面具,将自己与常人区分开,以突出自己身上的神性。傩面具因出演角色的不同而各不相同,现今贵州土家族师公祭祀仪式所需的面具达三十九面之多,其形态和颜色各异,表情丰富。毛南族的"肥套"祭祀仪式,展演中的面具样式也较多,各具特色。傩仪面具为表演者罩上了一层超脱世俗的神圣与庄重,使参与者在不断变化的傩仪情节中进入神秘的意境,这样就可以顺利地沟通人神关系,实现事主的祈求心愿。除了

---

① 蓝鸿恩:《中国各民族宗教与神话大词典》苗族部分,北京:学苑出版社,1990年版,第754页。

必要的面具,傩仪的正常举行还需要各类其他道具,在贵州铜仁苗族聚居区,祭仪开始前,祭司除了准备面具外,还要预备法铃、法刀、法印和法服等。有的苗族社区的傩事活动还要制备蜂鼓、高边锣、大小钹、长短剑、竹杖、玉简、符笈、师鞭、令牌、令旗、油灯、灯笼、神画像等。这些道具的配合使用,可以营造出一种神秘玄奥的场域氛围,使整场仪式内容丰富多彩、引人入胜,傩仪的举行意义及主题诉求也于此得到了充分的表达。

2. 各种艺术形式的相互渗透和有机融合

贵州傩以自身的包容性吸纳了各路神灵,傩戏展演融各种艺术形式于一身,包括各种奏乐与傩坛师歌唱的音乐艺术,说词、唱词所体现的口头文学艺术,集原始歌、舞、乐、法术于一体的表演艺术。由于傩与时俱进,始终贴近广大民众的现实需求,参与人数日渐增多,活动场域逐渐扩大,单一的艺术形式越来越难以准确传达傩的主旨意义和具体诉求。这时,突破这种局限的艺术融合和渗透应势而生,这使傩戏的演出技法丰富多变,具有相当的不稳定性。傩戏与其他民间戏剧演出不同的是,它与仪式结为一体,傩戏班子成员通常边做法事边演出,剧情与仪式交互穿插,这使傩戏的情节内容更为生动,形式更加活泼,表现更为自如,能充分发挥参与者的表演技能和创造力。傩戏剧目以短小型为主,灵活多样,常见的组合方式为独角、双人、三人,四人以上同台表演的节目比较少见。傩戏的演出,还穿插着不少特技表演:上刀山、走刀刃、捞油锅等。这种仪、剧、技穿插表演的形式,在表现方式上给主持和参与人员留下了更为自如的发挥空间。①

3. 傩戏以仪夹戏为主要结构模式

"傩戏是中国傩文化的一个重要组成部分,它是由种种祭祀仪式形成的一种文化现象。通过'祈福禳灾''驱疫辟邪'这条祭祀纽带汇集在一起,形成'雅乐'和'俗乐',各自代代相传,代代丰富衍变。"②傩戏这种"其词鄙俚"的悦神歌舞,在贵州一直传承不息。在傩祭活动中,祭师在布置好所需祭品后,一般以歌舞表演迎请神灵的降临,而后,一名或若干名祭师身着特殊服饰,口中念念有词,表演玄秘动作,装扮神鬼形貌,表示神灵降临己身,神仙附体。如此一来,肉胎凡身的祭师就变成他所恭请的神灵本身,身份

---

① 蒋新平:《仪式视野中的广西少数民族口传文学》,桂林:漓江出版社,2013年版,第207～208页。
② 寒声:《从三晋傩戏看中原傩戏的流变》,载黄镜明:《中国傩戏学国际学术讨论会论文》,1990年版,太原:山西人民出版社,第230页。

立时由主体转为客体,由主动的施祭者变为被动的受祭者,由祭仪的主持者变为戏剧中的角色,以自己的言行,描摹出原本虚无缥缈的神界情景。于是傩民便向着神灵附身的祭师虔心祈祷,当完成人神对话、实现人求神应的祈求目标后,再由祭师向神灵施以供品,娱以歌舞,最后将神灵安然送走。在这一过程中,祭师通过只有他自己通晓的法术,使自己从神界返回人间,由客体转变为主体。从表演艺术的专业角度说,这是戏剧角色的双重转换。在转换过程中,祭神与演戏相互混融,无法确切分辨。在这种戏中有祭、祭中有戏的活动模式中,祭是主体,也是傩事活动达到最终目的的主要手段;戏是祭的重要辅助成分,是祭的另一种存在形式。虽然经过了漫长的历史进化过程,但黔东北地区的傩戏仍主要是为傩祭服务,从属于傩祭的。每一名傩戏角色在上场时,都先声言自己是为事主扫除邪鬼,勾愿消灾而来。演员在演出中语言、唱词、声腔、动作等各个方面的搭配都是为了娱神而不是娱人。在长期的历史进程中,傩一直最大限度地保留原始宗教色彩,使自身不因时代的变迁、影响而发生质变。娱神始终是傩事活动的主要目的,娱人则是副产品。

4. 表演形式服从于祭祀的目的

傩戏内容丰富庞杂,有的来自神话传说,有的取材于汉文献中的历史典故,有的从其他地方戏曲移植而来,也有的是根据现实生活素材即兴创作的,或歌颂劳动者勤劳朴实的高贵品质,或传授知识,增长人们的智慧,或抨击旧时代的不合理制度,尤其是婚姻制度,或触发傩民对祖先的追思与怀念,或寄托参与者对美好生活之向往,均具有显著的社会教育启发意义。能够在很大程度上满足信仰者祈福消灾的心理需求,是傩事活动长期存在的重要原因。远古之时,先民们认识改造自然并从自然界获得生存资料的能力非常有限,面对无法克服的灾难时,人们只能寄希望于超现实的神灵。在万物有灵的观念下,许多自然之神、冥界之鬼,被习惯性地认为是人类的致祸之源,人们想当然地认为祖先神灵和人最为亲近,一直在无声地护佑着自己的子孙后代。于是,对祖先神灵的崇祀成为历代子嗣后人的坚定信念和行为,这是傩祭产生的思想根源。这种信仰和行为一直延续到新时代的文明社会,如今在一些经济相对落后、生活条件艰苦的边远山区,以祭祀祖先求得消灾纳吉之效的民众需求仍在很大程度上存在着,这为傩祭在一些偏僻乡村依然存在奠定了一定的群众基础。只不过原先单纯对祖先神灵崇拜与祭祀的仪式,现今加入了更多先辈艰苦创业和辛勤劳动的具体内容，突显了傩祭活动的教化功能。在贵州苗区的傩戏演出中，无论正戏还是插戏，剧目的角色在正式演出前，要在傩坛中反复申明事主为筹办这场仪式是如何不易，又是如何尽力，在一些情节中还要唱《迁徙歌》，引领参与者追忆祖先跋山涉水之艰难、开疆拓土之艰辛，凡到动情处，在场观众无不潸然泪下。

5. 傩戏语言诙谐，动作滑稽

傩之所以长期扎根民间，重要一点在于傩戏剧目多以社会底层人物作为主角，描述乡野民众所熟悉的生活场面，再现劳动人民真实的生活状况。在《师娘》这出戏中，徒弟陪师娘代师父去主家冲傩还愿，一路上二人打情骂俏，荤话不绝，全无尊卑贵贱之别，表现出下层民众狂放不羁的豪爽性格。在《判官》这出戏中，判官佩戴黑色面具，高声喝问："本官今日坐堂，尔等有无冤情？"接着将手中的惊堂木断然一拍："有仇报仇，有冤报冤，如有冤屈还请速速递上状纸，本官将为你做主。"结果，周围的观众立即七嘴八舌，上告的都是一些滑稽可笑的鸡毛蒜皮之事，但即使是这些小事，判官也很当一回事，装出正式立案审判的正经相，通过妙趣横生的断案手法，作出一些似是而非，甚至是令人忍俊不禁的判决，但立足点都是维护弱势群体的利益。

傩戏多采用喜剧、闹剧的艺术手法叙事说理。在《八郎》这出戏中，秦童邀约八郎一起为主家买猪还傩愿，八郎先是不肯去，理由是老婆刚生完小孩需要有人照料，然后又表示实在要去只能用背筐背着老婆孩子一起去。一旁的秦童坏笑着说："我可以帮你背老婆。"在《算匠》这出戏中，自称无所不知的算命先生实际上什么也算不出，落得一脸窘相，只能靠"一算天上有太阳，二算水中有鱼虾"这一自欺欺人的方式为自己解围，引得众人哄堂大笑。《开山》中的开山一出场就吹嘘自己是一名无所不能的神将，然而却连自己的斧头丢在何方都不知道，请算匠掐算完结后却不肯给付算卦钱，请师娘一起为主家酬祖还愿却调弄师娘，并与师弟争风吃醋。《土地》戏中的土地为主家送来了农具，亲自栽下所谓"摇钱树"，教现场观众精耕细作，却涎皮赖脸地向主家讨要利市钱。这种降低神性、抬高人性的艺术手法，赋予威严的神灵更多人的性格和情趣，使神灵亲切可人，使现实生活中很多不可能发生的事情在傩戏中成为可能。诙谐的语言和滑稽的动作使原本枯燥的日常琐事变得生动有趣，提升了观众的参与度，给人们的平淡生活增添了许多乐趣。在对待神灵的态度方面，村民对所信仰的傩神及其他神灵,在敬畏中可以嬉笑怒骂。而对恶鬼邪神或鞭打痛骂,或将其驱逐出境。傩坛之中,神灵与人同乐,共享丰收成果。傩民亦载歌载舞,与神同欢。神人之间还可以谈情说爱,直至成双成对,结为夫妻。人可以挑弄神、引诱神,实现神附人身,人神交欢,傩神显灵说话等。傩戏剧目具有显著的人本理念,迎合了基层民众的心理需求,每一次演出都会博得他们的共鸣与喝彩。

6. 傩戏音乐的丰富性

(1) 祭祀音乐。在贵州苗区,傩事活动常见的乐器有信冬、铜鼓、小锣、铜钹、师刀、牛角等,有的还配以唢呐及其他一些富有地方特色的乐器。这些乐器虽然种类不多,但以其富于表现力和渲染力的音调变化,同样是傩戏不可缺少的重要器具。

(2) 民间歌谣。傩戏包容了大量种类各异的民间歌谣,包括《迁徙歌》等古诗歌,劳动歌、情歌、叙事歌等山歌,采茶调等民间小调。民间歌谣多属分节歌体,四句或六句为一节,采用押韵对仗形式,朗朗上口,口语化格调较为突出。如傩剧《张打鱼》中的唱词:

打马扬州请木匠,又请张郎和鲁班。张郎名叫张道全,鲁班名叫鲁道宣。

张郎开口三万五,鲁班开口五万三。三万五,五万三,不要阳钱要阴钱。

钱到手,马蹄翻,阴比阳同是一般。张郎抡起一把斧,鲁班提的是把锹。

张郎看到不敢砍,鲁班砍倒困山间。大锯将它截了头,小锯将它锯了巅。①

(3) 民间舞蹈音乐。在黔东侗区,民间舞蹈向来不发达,不仅种类少,而且音调起伏也相对比较简单,通常采用规整的上下句结构,段与段之间采用单一的打击乐过渡,歌唱以主唱众和为主。

(4) 宗教音乐。贵州傩戏中蕴含着大量的佛教和道教音乐元素,旋律舒缓柔和,以吟诵节律为主要表现形式,即在宗教音乐节奏下演唱一段戏词,或讲述一节故事,推进剧情。

---

① 朱恒夫:《中国傩戏剧本集成》第十四辑,上海:上海大学出版社,2017年版,第42页。

(5)民间戏曲音乐。傩戏吸收和融合了本地区流行的其他种类戏曲的声腔音调,形成了自身独特的角色唱腔。傩戏唱腔虽然尚未自成一家,但已初步形成了不同的行当唱腔和相对稳定的基本调式,规范的傩戏唱法初具雏形。

傩戏声腔经历了法师腔、傩坛正戏腔和插戏腔三个发展阶段。法师腔是傩坛师作法时所唱诵的调门,旋律随性,节奏明了,基本上属朗诵体,只是偶有唱腔曲调。唱腔种类单一,调门平直变化不大。除傩坛师独有的唱腔外,其他角色或在花灯调的基础上演化出各具特色的杂腔,或将各地通用的民间采茶调、龙灯调等与当地的方言说唱道白杂糅使用,专用的行当角色曲调并不多。乐器主要是打击类,无持续演奏的管弦。锣鼓、钹等打击乐器仅用于段落的过渡;傩坛正戏腔多出现于具体的作法程序,正戏腔是傩戏腔的基础,其旋律与节奏虽较原始简单,但现代音乐形象已渐趋鲜明,行当已具雏形,唱腔结构也日趋严谨。傩坛插戏随傩堂小戏、大本戏的形成而产生,它在很大程度上保留了巫傩音乐的古朴风格,同时又具浓郁的地方特色,成为自成一家的声腔系统。巫傩艺术有着时间较长的封闭性历史,相互之间很少进行跨地区的横向交流,基本上都以当地方言作为舞台演出语言。因此,显著的地方性就成为傩艺术的重要特征,虽有不同程度的局限性,但也鲜明地体现出丰富多彩的音乐性,常见曲调有姜女调、范郎调、下池调,在少量的特殊情节中亦有差兵调、过关调,多徵和角调式,亦还有特殊场景中的羽调式和角商交替调式,情调各异,旋律颇具多样化特色。①

(六)傩神灵体系的多种功能

贵州傩坛敬奉的各路神灵的功能是不一样的,不同的功能在不同的法事中被有所侧重和有所选择地呈现出来,以更好地发挥相应神灵的特定作用。神灵的功能与作用即神灵的神格。神格不同,神灵在神格系统中所处的地位与层次也不一样。有的处于神灵系统的顶端,居于至高无上的地位,贵州大部分地区以傩公傩母为至高的主祭神;有的为某一领域的首位神;有的处于傩坛神系的中间位置,居于中间位次;而那些无名无讳的神灵则处于较低位次,只是庞大的傩坛神系家族中的普通成员。

1. 傩坛神系的庞杂

神灵的神格决定了它在傩坛和傩信仰者心目中地位的高低,贵州德江

---

① 吴国瑜:《傩的解析》,北京:中国戏剧出版社,2011年版,第74~82页。

地区傩坛神系庞大,层次众多。德江县傩坛世家唐守业保存的《十月明香大会》中就罗列了大量的各路神灵:"弟子三宝位前炉中,重重烧香、重重拜请,拜请三十三天昊天金阙玉皇上帝、紫府上微上帝、东极清虚少微大帝、南极天皇长生大帝、西极杜令度命大帝、北极星君紫微大帝、中央雷祖伏魔大帝、太上真君、道君、老君、龙虎十二斩邪真君、南朝北斗九曜星君、二十八宿、本命元帅星君、左边献花童郎、右边掌扇玉女、三桥元女、七桥仙女、上元一品赐福天官大帝、中元二品解厄洞阳三官大帝、开平大王、铲平大王、神农大帝、五谷之神、公安大神、公安二神、小龙王三神、伏魔四神、四神八宝五佛如来、五湖四海行雨龙王、左街飞天赤马大娘、右街飞地白马二娘、龙女三娘、祝氏四娘、天仙得道水仙七娘、米仙七娘、罗红四娘、骑虎四娘、养虫二娘、收虫一十三娘、雷公、电母、合闪三娘、云头土地李进三郎、传茶的七位姑娘、左手托天右手托地两手托天平等大王,拜请高神大庙、低神小庙、沿江七十二庙各庙神祇,西部龙神、天门土地、云头土地、大堂土地、殿门土地、田丘里社苗家之神。"这段请词共涉及神灵一百多位。

这些神灵各自的神格相差很大,在傩坛和傩民心目中的地位相差也很大。祈求六畜兴旺的《安下坛》敬奉的是潘、兵、葛、石、周五岭都头及看牛童男、养猪玉神等神灵;祈求逢凶化吉、遇难成祥的《安五神坛》敬奉的是五猖神;祈求财源广进的《安娘娘坛》敬奉的是云霄、琼霄、碧霄三姐妹神;祈求防止火灾水灾的《安五龙坛》敬奉的是五位龙神;祈求家庭人丁兴旺的《安丁坛》敬奉的是生殖神;祈求五谷丰登的《接龙谢土》敬奉的是地母龙神、五谷神、农神;《打洞求雨》中傩坛师请的神有把殿阴魔阳魔老司,九溪十八洞洞上蛮王、洞下蛮王、洞下姣妹美人,雷公雷婆,合闪三娘,天仙得道赤马大娘,金花仙姑,白鹤仙娘,呼风唤雨七娘,杨泗将军,梅山三十六教大法仙师,求风讨雨杨公真人等。在傩的世界中,这些傩神都住在自己的洞府,其中主神傩公傩母住在桃源仙洞。请傩神只需在意念中派低层次小神去桃源仙洞等洞府就可以了。在布置傩堂扎彩门时,中间圆门顶部横批贴上"桃源仙洞"字样,这就是傩神请到家后的居住和休息之地。

2. 傩坛神系的两大分类

德江傩坛所供奉的神灵,有名称的约五百尊。无名讳的和普通兵卒等神灵,更是不可计数。一路神兵少则五百,多达一万,各路兵马神灵合计数十万之多。德江傩坛神灵从人与自然的关系看,可分为人神和物神两大类。

(1) 人神

人神是指神之原型为世俗凡人，人神之原型多为历史上的名人，他们死后被后人崇奉为神。有的人虽然在历史上没有留下真实的姓名，但因为他们在世时对国家和社会的重要贡献，后人永远铭记他们的功绩，也被当成神灵崇拜、祭祀。贵州傩坛人神可分为帝王神、官神、英雄神、祖先神、祖师神、宗教神等。帝王神是人们将历代帝王和能人，尤其是对社会历史发展有卓绝贡献的人物当作神灵崇拜，如伏羲、女娲、神农、炎帝、黄帝等。官神是指历史上为人民、为社会做过一些重要事情并为人们所尊敬和崇拜的官员的神灵，或为宗教所神化之人的神灵，例如比干、姜子牙、关圣大帝、杨泗将军、尉迟将军、秦叔宝将军等。英雄神是历史上曾经叱咤风云的英雄人物被神化后的神灵，如关羽、杨泗、尉迟敬德等。祖先神分三个层次：一是整个人类的始祖，如盘古、傩公傩母、伏羲、女娲、炎帝、黄帝等神灵。二是社区姓氏宗族的祖先，或一姓氏宗族集体迁徙到某地定居、创业的先祖的神灵。三是事主的家先，主要是上溯五代以内的家先的神灵。祖师神在傩坛中指的是掌坛师历代师父、师祖的神灵，尤其是对已传法的故去的师父的神灵，也包括已故去的师伯、师叔、师兄、师弟、师友的神灵。祖师神还泛指行业神，即对某一行业起过开创性作用，或做出其他重大贡献的人物被神化后的神灵，如木工行业的鲁班神、养蚕业的马头娘神、酿酒业的杜康神等。宗教神主要是指儒、释、道各教所敬奉的神灵，随着这些宗教的形成和不断传播，其中的神灵也逐渐渗入傩坛，成为其供奉和敬仰的神灵。对傩坛神灵体系影响最大的非道教神系莫属，道教神灵直接而大量地成为傩坛神系最为重要的组成部分。德江静潭坪村唐宅雷坛"十月明香大会"傩法事经文所列举的重要神灵中，道教神灵不仅数量过半，而且地位突出，处于傩坛神系的主导位置，道教之三清大帝在其中居于至高无上的地位。

(2) 物神

物神是由人们对自然物和人造物的欣赏、崇拜、恐惧、敬畏而供奉的神灵。动物神是人们把动物当作本民族的图腾加以崇拜而形成的神祇，如鸟神、狗神、虎神、马神、狮神等。虎神和犬神是原始渔猎时代，由先民在狩猎过程中对猛虎和护卫犬的畏惧与喜爱而形成的崇拜意识的产物。在历史上，尤其是七八千年前的德江一带，到处是茂密的森林，潜伏着凶禽猛兽，先民必须时刻同这些禽兽殊死较量，他们的生存与忠实的伴侣——狗关系密切。这一带的先民早在远古时期就将狼驯化为狗，使其成为人类的忠诚伙伴。人们喜欢狗,由喜欢发展为崇敬,再到把狗神化,形成狗图腾崇拜,犬神也由此进入傩坛神系。植物神在原始采集时代逐渐形成,于农耕时代得到丰富和发展。人们在长期采集果实的活动中,对那些维系自身生存的香甜美味的植物果实逐渐产生了由喜而爱而敬的情感。在培植过程中,人们对容易种植、产量较高、营养丰富的植物更喜更爱,将其予以神化,形成了植物神的神灵观念和崇拜意识,把植物神搬进傩坛敬奉,如稻、豆等五谷神,梅、菊、荷等花神,以及松、樟、柏、枫等树神。粮食谷物直接支撑了人类的繁衍生息,五谷神祇成为傩坛必敬必奉之神。除了动物神、植物神之外,大量无生命但为人类的生存提供重要支持的自然物也被神化,这是万物有灵观念在无生命自然物中的泛化体现,如山神、水神、雷神、电神、火神、雨神、风神、崖神、土地神等,这些神灵也归于傩坛必敬必请的神灵系列。人造物神是人们把自己的劳动创造物神化后的神祇,如灶神、屋神、窖神、井神等,这些神灵也是傩坛活动中经常出现的,为人所敬奉。

从主客观关系看,任何神灵都是人为想象和杜撰的,由此可以把贵州傩坛神系分为原型直接神化和整合神化两大类。人们在设想神灵的过程中,有的直接把人和物神化,或把物拟人后神化,此类神灵归属原型直接神化的傩神体系。有的神灵没有完整的具体原型,是人们把诸人之长或诸物之长汇聚于某人、某物之上而形成的,此类神灵统称为"整合型神灵"。在盘古神话中,人们就是把人类社会初始时期若干代人,至少是上元盘古、中元盘古、下元盘古的长处与功绩全部归结于盘古一人,称其为"开天辟地第一神"。在七千多年前,古德江境内人们崇奉的农神图腾即为象牙、鸟爪之形象。在他们看来神灵具有了农事中鸟与象的特征,就成为农耕之神了。[①]

3. 傩事活动的功利性

傩坛法事具有很强的功利性,首先请神的直接目的是利用神的威力护佑人。请来诸神之后,除了要把神位安置好,用各种供品、酒水把神灵招待好,还要表演傩戏使神灵高兴,即"献上神戏一供,以酬神恩",如此诸神才可为法师施力,驱除邪鬼疫疠,帮助信众消灾解难,保佑家宅平安、财源广进、子孙兴旺、富贵悠长。傩事活动形式多样,傩祭仪式虽有现实和非现实、写实与夸张、具体与抽象之分,但是表达的主题不外乎驱鬼逐疫、祈福消灾、敬畏生命、家人安康、招财进宝及科举进仕几大类。这些朴素的祈求

---

① 刘冰清、王文明:《沅陵傩坛神系的神格构成》,载刘冰清、金承乾:《湖南辰州傩歌史料》,北京:中国文史出版社,2006年版,第228~237页。

是先民在古时萌发的征服自然、繁衍生息的生命内蕴主体。贵州傩坛神灵的功能作用主要有五点：一是帮助傩民驱鬼逐邪、解除劫难、逢凶化吉；二是保佑风调雨顺、五谷丰登、六畜兴旺；三是保佑信众夫妻恩爱、家庭和睦、邻里团结、国泰民安；四是护佑傩信仰者健康长寿、添子添孙、多子多福；五是保佑信众事事顺利、万事如意。从举办傩坛法事的目的来看，傩坛仪式主要分如下几种。

(1)还愿傩

还愿傩是黔北仡佬族傩事活动中最常见的仪式，因为这片土地自古以来盛行巫风傩俗，许愿必还，"一傩驱百鬼，一愿了千神"。还愿仪式分不同种类，有的是还当下愿，有的是还过去愿。不同的愿，还的形式与内容是有所区别的，包括所祭供品的大小与数量都是不同的。

(2)平安傩

平安傩最常见的就是举行打保福的傩坛仪式。有的是遇上了危险但是已经化险为夷了，有的是处于危险中，有的是担心遇到危险，凡此种种，都要举行平安傩祭仪式。

(3)财富傩

人生在世，大部分困难都是跟钱财密切相关的，因此傩坛常见的祭祀目的是实现财源广进。傩祭中的敬财神仪式有可能是专门举行的，也可能是在别的仪式中加入的。

(4)急救傩

急救傩是人生急病，生死难卜之时，认为有鬼作祟，延请傩坛师来家中禳除之的傩祭仪式。天有不测风云，人有旦夕祸福。遇上突如其来的灾难、疾病，偏远山区的农民往往会把傩坛法事看作唯一的救命稻草。

(5)延寿傩

人生苦短，尤其是当生活过得相对顺心的时候，祈求长寿成为世人的共同心愿。古人认为"人生七十古来稀"，如果寿缘高过古稀之年，就要冲傩还愿祭神以示感谢；如果没有达到高寿，也要祭祀神灵，希冀神灵保佑长寿安康。这种习俗直至现今仍为贵州傩民所沿用。

(6)求子傩

古代社会有"不孝有三，无后为大"的说法，因此对古人来说，生儿育女延续祖上香火是一件很重要的事情。但是能否生育，生男还是生女，人们是无法左右的，只能祈求神灵保佑，因此久婚不育的夫妇会在家里供奉梓潼菩萨,也会在经济条件具备之时专门做一场延续香火的傩坛法事,希望通过傩祭得到自己的孩子,使内心获得一种信念支撑。①

(7)过关傩

过关傩是为使十二岁以内的小孩健康顺利成长,驱逐缠绕在其身上的鬼怪而举行的傩祭仪式。作为贵州古老文化事象之一的傩文化,在贵州今天的社会主义新农村建设中,主要通过三种渠道发挥着自身的文化功能:其一,从纵向历史来看,傩坛对神秘玄奥传统文化的承续,促进了旅游产业的发展,提高了当地村民的经济收入;其二,从横向空间来看,傩文化以其内在的包容性整合了民族地区的其他文化事象,充分发挥了多种文化的优势与活力,抢救了一批小众化的文化遗产,使其不至于随着时代的发展而失传;其三,从扮演的文化角色看,贵州傩文化通过自身扮演的最贴近基层群众生活与心理需求的文化角色而发挥作用,正如小传统是大传统延展出来的一样,傩文化是贵州各民族主流文化扩展的产物。傩信仰不是传统意义上像正统的道教和佛教一样的伦理宗教,它既没有传统宗教高深艰涩的仁爱心性理论,也不具有宗教层面上虚无缥缈的精神向往与追求,其所倡导的主旨是教化乡野民众忠孝节义、积善成德、和谐友好及乐于助人。同时,傩文化还与当地的一些其他文化事象保持着千丝万缕的联系,尤其是在戏剧演出方面。一般情况下,傩信仰越是盛行的地方,演艺文化也就越繁盛,它助推着文化事业的发展,极大地丰富了所在地各民族的精神世界和文化生活。②

(七)贵州傩的娱神性和娱人性

1. 傩戏的娱乐性体现在艺术形式的综合性上

贵州傩坛戏的表演具有固定程式,在很大程度上是一种民间信仰的仪式演示。整出戏的演出开合有度,"开"是指铺路搭桥,差遣各路神灵,为其安营扎寨,直至临坛;"合"是指过关扫荡,安神送神。如此一来,首尾呼应,形成一个完整闭合的叙事结构,唱演事主发文请神、祭牲祀神、驱邪逐鬼、扫荡送神的内容。傩坛仪式的内涵与傩戏艺术形式并不相悖,因为"从历史上说戏剧和宗教是密切相关的","可以把仪式看作是戏剧性的、舞台上演出的事件,而且也可以把戏剧看作是一种仪式"③。仪式在傩戏中只是

---

① 罗中昌、冉文玉:《黔北仡佬傩仪式大观》,北京:民族出版社,2013年版,第60~62页。
② 袁礼辉:《敬畏与感恩》,北京:中央民族大学出版社,2017年版,第192页。
③ [英]马丁·艾思林:《戏剧剖析》,罗婉华译,北京:中国戏剧出版社,1981年版,第19~20页。

一个基本架构,整出戏中间还要穿插诸如《陈幺八娶小》《傻二赶场》一类调笑性质的民间小戏,以活跃现场气氛。傩坛戏的每场演出程序基本一致,即第一步吹牛角号、摇师刀开场;第二步戴法冠,穿法裙、法衣;第三步颂神、执行神职;第四步祀神、烧纸钱;第五步唱跳,再脱下法衣和法裙,摘掉法冠,最后在锣、钹、令牌齐响声中结束整场演出。其间,唱跳的动作贯穿于傩坛戏的全过程。傩的世俗戏演出更显程式化,如人物出场,唐氏太婆右手执扇半遮面,左手捏毛巾轻舞,呈典型的青衣形象;武将出场有"架子桥""跑马路""拉凤尾""照鼓房""掸凤毛"等固定动作;兵卒出场则有"蛤蟆摸肚""倒挂垂柳""弟子拜观音"等标准程式。

傩坛戏艺术的综合性主要体现在表演形式和内容上。根据表演方式的不同,傩坛戏可分为仪式正戏、世俗插戏和坛外傩技等。仪式戏有二十四出,傩技表演有"上刀山""下火海"等多种,世俗小戏更是难以计数,其表演方式灵活多样,具有较强的随意性和较大的创作空间,有田间小调、乡野民谣、快板锣鼓、拾柴山歌、说相声、讲绕口令、竿打金钱、杂技魔术等。表演者载歌载舞,嬉笑打闹,唱白自如,相互配合,演唱者与现场观众形成了默契的互动,产生了情感上的共鸣,观众获得了精神上的愉悦享受。

傩坛戏娱神娱人的艺术性质体现在其语言的调侃性和动作的滑稽性上,如《开山猛将》中的开山神在整出戏中一直保持无所不能、威风十足的严肃形象,然而洗澡时不慎丢了神斧,却连找回自己斧头的本事都没有,结果遭到儿童的肆意戏弄;《搬师娘》为师娘母女的丑旦对子戏,二人借用夸张、比喻手法,巧用谐音词汇,互相逗趣,营造出诙谐、充满情趣的生活场景;《搬土地》一折戏中,地公、地婆、癫子和幺儿媳妇四个角色插科打诨,场面风趣生动;《搬算匠》着重表现算匠夫妻相互间的揶揄戏弄,他们还把遭地痞流氓殴打、被小偷盗窃等出丑之事拿来自嘲;《搬铁匠》为丑旦对子戏,铁匠夫妇开炉打铁,动作滑稽,并用飞白的语言腔调相互戏弄。傩坛戏中的丑角表演更能直接体现其娱乐性,丑角们五官歪斜,表情夸张,在演出中故弄玄虚、装疯卖傻、滑稽可笑,其中丑生秦童、丑旦秦童娘子、秋姑等角色最有特色。《秦童挑担》中的秦童挤眉弄眼、好耍无赖、时哭时笑、诙谐幽默,极富喜剧色彩。秦童娘子嘴歪眼斜、脸施红粉、头梳歪髻、髻插素花,丑态百出,令观者忍俊不禁。《安安送米》中的秋姑浓眉细眼、大嘴长鼻、嘴眼歪斜、表情夸张,头上一缕发髻,给人心术不正、狡黠奸诈之感。由于傩戏对人物形象的刻画和剧情的发展要求并不严格,是粗线条的,演出中表演者只需把握基本的剧情,至于具体的唱词、台词则可以临场发挥,演出者与现场观众可以随时进行直接的随性对话。这样的表演基调始终是轻松的,缓和了原本压抑沉闷的傩坛气氛,使观众忘记了威严神灵的存在,更为洒脱自如。

由此观之,傩坛戏看似娱神的仪式,实为娱人的戏剧演出。傩坛演剧,剧中伴舞,舞中做戏,傩戏的文学成分较为突出。它融合了音乐、舞蹈、美术、文学等多种艺术因素,体现出表演艺术的综合性。

傩坛戏是一种娱神仪式性、戏剧艺术性和民间通俗性兼而有之的戏剧形态,由于受贵州的区域地理环境、历史传统以及传播方式偏乡土性、观众的文化素质水平较低等因素的影响,至今没能成为具有完全成熟形态的戏剧。但是,它至少从三个方面体现出戏剧特征:一是傩坛师亲自装扮角色,当众表演一系列具有或冲突情节或舒缓情节的戏剧故事,并且傩坛戏具有相对固定的观众群体和固定的演出场所,具有演员、角色、观众、故事情节四位一体的戏剧特质;二是傩坛戏在服饰道具、音乐唱法、舞蹈动作等方面具有较高的戏剧艺术性;三是傩坛戏演出具有鲜明的象征性、现实性、程式性和综合性。因此,傩坛戏既有原始祭祀仪式的仪轨构架,又有丰富的现代戏剧艺术,它是古老的傩祭仪式向现代戏曲演化的过渡形态。[①]

图 7-4　傩的娱乐性表演(由湄潭傩的传人杨志刚提供)

2. 阳戏在梵净山区的盛行

自古以来,梵净山地区深受楚地影响,巫风浓厚。楚人十分迷信鬼神,巫风盛行。《汉书·郊祀志》载:"楚怀王隆祭祀,事鬼神,欲以获福助。"屈原的《九歌·山鬼》就是一组祭祀鬼神的乐歌:"若有人兮山之阿,被薜荔兮

---

① 朱恒夫:《中国傩戏剧本集成》第十四辑,上海:上海大学出版社,2017年版,第7～9页。

带女罗。既含睇兮又宜笑,子慕予兮善窈窕。乘赤豹兮从文狸,辛夷车兮结桂旗。被石兰兮带杜衡,折芳馨兮遗所思。余处幽篁兮终不见天,路险难兮独后来。表独立兮山之上,云容容兮而在下。杳冥冥兮羌昼晦,东风飘兮神灵雨。留灵修兮憺忘归,岁既晏兮孰华予?采三秀兮于山间,石磊磊兮葛蔓蔓。怨公子兮怅忘归,君思我兮不得闲。山中人兮芳杜若,饮石泉兮荫松柏,君思我兮然疑作。雷填填兮雨冥冥,猿啾啾兮又夜鸣。风飒飒兮木萧萧,思公子兮徒离忧。"①东汉的王逸在《楚辞章句·九歌序》中言:"九歌者,屈原之作也。昔楚国南郢之邑,沅、湘之间,其俗信鬼而好祠。其祠必作歌乐鼓舞以乐诸神。屈原放逐,窜伏其域,怀忧苦毒,愁思沸郁。出见俗人祭祀之礼,歌舞之乐,其词鄙陋,因而作九歌之曲。"朱熹亦说:"荆蛮陋俗,词既鄙俚,而其阴阳人鬼之间,又或不能无亵慢淫荒之杂。屈原放逐,见而感之,故颇更定其词,其去泰甚。"

巫术表演具有显著的娱乐性,演出时傩坛师身穿法袍,手拿法器,头戴法冠,形成对鬼神的震慑力,对观众亦具有感官刺激之效。"尤其是在'还愿'仪式的傩戏表演中,那狰狞凶悍的面具,神秘怪诞的诀法手语,原始粗犷的舞姿,简单模仿的鬼怪动作,给人以粗犷豪放、端庄典雅、想象飞扬的感觉,充满了神话色彩,洋溢着浪漫激情。"②傩祭仪式经常会穿插一些原始惊险的法术表演,如踩刀山、下火海、悬碗、过天桥等,皆显傩坛师的神奇之力,颇具刺激性。掌坛师此举的主要目的是以正压邪,威服鬼神,使之遵从自己的旨义。正是因为傩的神秘性与娱乐性,长期以来每逢傩戏演出,乡野社区民众才会纷纷出动前往观看。"不管哪家'冲傩还愿'演傩戏,村里男女老少,争先恐后,观者络绎不绝,庭院里挤得水泄不通。端公的表演和念唱不时逗得观众大笑,这显然是娱人的功效。"③民众对傩的痴迷与热爱也使其易于成为朝廷的靶向目标。道光《铜仁府志》卷十二详尽记载了万历年间铜仁都督邓钟用计镇压六龙山苗民起义之事,其所施之计为"令民延巫赛神于山下"④,苗民起义军为之吸引,纷纷下山观看赛神,对政府军丧失了必要的警惕。傩坛师主持的赛神场面想必是非常热闹玄秘的,正

---

① 梦桦:《国学精粹》,北京:北京联合出版公司,2015年版,第361页。
② 思南县民族事务委员会:《思南傩堂戏》,贵阳:贵州民族出版社,1993年版,第9页。
③ 喻帮林:《试论铜仁傩戏的渊源》,载贵州省德江县委宣传部:《傩魂——梵净山傩文化文选》,贵阳:贵州民族出版社,2003年版,第146页。
④ 黄加服、段志洪:《中国地方志集成·贵州府县志辑》第45册,成都:巴蜀书社,2006年版,第548页。

是在这种超然的观赏性和娱乐性的吸引下,身处险境的苗民才会忘乎一切地欣然前往观看。邓钟正是利用了傩祭赛神表演强大的吸引力而诱使起义军上钩,从而一网打尽,成功地镇压了六龙山苗民起义。

娱神的傩事活动被称为"阴戏",是指生者为逝去的父母、祖父母或其他长辈许愿还愿或为家中驱鬼逐邪而演出的戏剧。据统计,明清以来贵州梵净山地区流行十余种功能各异的傩事活动,包含六十多个阴戏剧目,有"五谷愿""六畜愿""生子愿""长寿愿""平安愿"等多种傩祭仪式,涉及多个领域的祭祀对象,比较典型的有三十六堂神、七十二堂鬼,每堂鬼神又分若干支,每支又有若干组。大量鬼神供奉在人们的思想意识与现实场景中,使得梵净山地区的祭祀活动十分频繁,"跳给神看的戏剧"被大量创作出来,以至于当地的土家族和苗族民众事无巨细都习惯性地通过傩祭活动来解决,大到宗族不睦、争讼难息,小至遇见异象等。他们坚定地认为,阴戏重在协调人神关系,傩神能够解决现实生活中的一切困难和问题,意在通过娱神实现自己的现实利益。

娱人的巫傩活动被称为"阳戏",是指事主为了祈求全家身体健康、生产生活无灾无忧、家庭平安和睦、长辈驱病延年、五谷丰登、六畜兴旺、节日喜庆娱乐而请傩坛师组织演出的戏剧。阳戏不以祭祀神灵、冲傩还愿为主要目的,侧重从艺术角度展现行傩时的欢乐和表达对生活的美好愿望。阴戏主要在古代贵州的梵净山地区流行,而阳戏是在近现代人们对巫傩的神秘性逐步有了了解,知识文化水平提高的基础上出现的。自古迄今,随着梵净山社区民众思想观念的进步、国家政策的指引和社会形势的变化,尽管传统阴戏在梵净山地区的傩戏演出中还占有一定比重,但现代阳戏的比重已经明显加大,傩戏的戏曲成分日益突显。"巫师为了充实宗教活动的内容,吸引更多的人参加,充分利用当地群众喜闻乐见的其他文艺形式为其服务。因此,黔东北地区的傩戏里,就插进了花灯、山歌民谣、薅草锣鼓、摆手舞、快板、金钱竿、说相声、讲绕口令、吟诗作对乃至杂技、魔术等,使之成为具有综合性、娱乐性的一种表演艺术。"[①]乡野民众也从傩俗活动的精神盛宴中获得了充分的娱乐享受。

改革开放以来,阳戏创作与演出重又进入兴盛期,许多新生代民间艺人进行了阳戏创作的大胆尝试,题材大为拓宽,有的取材于古代文献典籍

---

① 庹修明:《巫傩文化与仪式戏剧研究》,贵阳:贵州民族出版社,2009年版,第27页。

或民间传说故事,有的取材于各族远古神话、传说故事或现实日常生活之趣事,相对成型的有《哨子打鱼》《三白秀才》《采茶》《送郎参军》《灵官》《叹宝坛花》等,此外还从"韩信追霸王""陪桃园""古城会""韩信点兵""下关""桃园结义""薛仁贵征东"等传统故事或"孟姜女哭长城""打梅花""和事佬""平凤二姐""柳毅传书""秦童"等民间传说中截取一些片段,构成形式多样的小戏或小折子戏在小众场合灵活演出。这一时期,规模较大的阳戏通常以灯戏的形式在公众场合演出,小规模的许还愿阳戏一般在民众自己的家中举行。参加阳戏演出的人员主要为民间艺人,专业的文艺工作者也时常现身其中。阳戏表演者皆头戴面具,造型各异,栩栩如生,演出服饰、面具、道具等在制作工艺、造型特征等方面具有独特新颖的审美价值。如开山莽将的装扮在保持蓝绿主色调的同时混杂以白、红、黑和黄等颜色,给人以强烈的视觉冲击,在一定程度上刺激了人们的观赏欲和好奇心。另外,傩戏面具的纹理样式和颜色搭配是根据角色的性格与气质等严格雕饰描绘的,可以全方位多角度刻画人物角色所处的复杂环境背景和丰富的内心世界,具有较强的韵律,和谐、统一、完整的美感,构成对观众的强大感染力。阳戏表演人物角色众多,均按照标准的程式演出,气势强,场面大,给观众带来强烈的震撼。一场傩坛戏至少有二三十位傩神演员参与其中,有时多达上百位。每位傩神的性格特质都有差别,面具的制作工艺和特征也各有不同。傩戏音乐也独具特色,说唱搭配、声调变化具有浓郁的生活气息,同时亦具有较高的艺术审美价值。所以,傩戏能吸引众多观众欣赏与参与,人们也欣然乐于观看之。近年来,梵净山周边各县市,尤其是思南、德江从传承民族文化和旅游开发的角度出发深入发掘傩戏的潜在价值,傩戏的表演形式已基本上实现了由传统阴戏向现代阳戏的时代转变①,使古老的傩文化在新时代背景下重新焕发出勃勃生机与活力,这对于梵净山地区旅游资源的开发与利用具有重要的现实意义。

(八)贵州傩文化对中国传统宗教的包容

1. 傩文化起源于巫风

梵净山区原属楚地,巫风较重。当地民众行傩的直接目的是驱疫除病,摆脱现实世界的困苦和烦恼。长期以来,当地居民只要生病了,就会习惯性地选择信巫而不去看医生,通过延请巫师举办祭鬼神仪式以求祭到病

---

① 王路平:《贵州佛教文化的典型图像》,北京:光明日报出版社,2012年版,第250~253页。

除之功效,这在历代《贵州通志》和梵净山周边县市的方志中都有所体现。"屠牲祭鬼,贤豪亦所不免,颇有楚风。"①道光《思南府志》卷二载:"冬时傩亦间举,皆古方相逐疫遗意,墟市间又有因斋醮而扮者,惟所属沿河司安邑、塘头为盛。"②民国《沿河县志》卷十三载:"沿河人习染巫傩之风,由来已久。男巫曰端公,谓之跳端公,城乡均染此习,冬季则无时不有。"③贵州德江、思南、印江等地,巫傩之风同样盛行。尤其是德江、思南两地的傩坛戏久负盛名,仍具较高的文化价值。"苗人每岁五月寅日,男女大小并牲畜俱收藏,虎至即掳去人口亦并拘挛。是夜,夫妇各宿一处,不敢言语,不出户门,以避鬼祟,恐触犯致虎伤命。"④梵净山区的少数民族大多居于高山深菁之地,虎多伤人。明清时期,梵净山区的老虎不仅频繁出没于山林,还时常跑到人口相对集中的城镇街市上来,对民众的生命财产安全构成了严重威胁。嘉靖四年(1525),有老虎跑到郡治城内,啸声震天,人心惶惶。虎患只是梵净山区各族民众遭受的各种灾难之一,为了应对这些现实苦难,人们多信巫,意在借助于巫傩侲子术求得幸福平安,由此涌现出了一批当时有名的巫师。钱珍便是其中之一,传说他神通广大,上通天地,下达鬼神,几乎无所不能。现存的道光《思南府续志》卷八记载了他的神异之术,其时的地方官吏称赞他,"虽汉张道陵无以过也"。据说他具有驱病、祷雨、消灾等神通。"钱珍,得道士李天真术,以符水治症,辄验。有祈晴、祷雨、退星、禳火、平瘿开哑之异。"另外,与钱珍同时期的陈百宣、萧正声等有名法师也精通祈晴祷雨之术。江口县梵净山区多山洞,当地居民有崇信洞神的习俗。如果有人经过洞口或附近而生病,便会认为是被洞神勾走了灵魂,均要请傩坛师作法赎魂,称之为"打锣鼓"。掌坛师不管各路神灵来自何方派系,只要能提高自己所行法事的威力,就把他们统统请到傩坛中来,这在很大程度上反映了巫傩信仰的实用主义特点,有利于人们焦虑心理与祈愿需求的释放和满足。

---

① 黄加服、段志洪:《中国地方志集成·贵州府县志辑》第45册,成都:巴蜀书社,2006年版,第324页。

② 黄加服、段志洪:《中国地方志集成·贵州府县志辑》第46册,成都:巴蜀书社,2006年版,第52页。

③ 黄加服、段志洪:《中国地方志集成·贵州府县志辑》第45册,成都:巴蜀书社,2006年版,第655页。

④ 黄加服、段志洪:《中国地方志集成·贵州府县志辑》第47册,成都:巴蜀书社,2006年版,第325~326页。

2. 与佛教、道教关系密切

梵净山区浓厚的傩文化氛围与当地悠久的佛教、道教信仰关系密切，早在宋元时期当地已受佛教影响，沿河、铜仁、印江、思南等地兴建了大量佛寺，这势必影响到梵净山区的文化信仰。明朝时期，佛教已向梵净山区显著推进。① 宋初，道教开始由四川等地不断传入黔东北地区，在明朝时期传播速度加快。宋代德江建有洞佛寺，乾德年间印江县建成三清观。明嘉靖《贵州通志》载："宋开宝年间，铜仁瓮篷寨人杨再从，崇尚修炼。"清道光《松桃厅志》载："天龙相公即杨再从，幼好道术，袭平头司长官，觐归旋殁，葬正大营将军山，屡著灵异，至今土人虔祀之。司城内有步天梯、养马城遗迹。"道光《铜仁府志》载："回龙寺，在便水门外，祀天龙相公。按：神姓杨，名再从。"由于傩文化在封建社会长时期被统治者视为异端，轻则不被支持，重则被打压，甚至被直接取缔，故为寻求合法存在，同时为尽可能争取更多层次民众的信奉，傩事活动中掺杂了佛教、道教、儒教等官方支持的正统宗教元素。佛教神灵如佛祖、如来、和尚、观音菩萨等，道教神灵如玉皇、三清、五岳大帝、财神赵公明、王灵官、马元帅、阎罗王等皆被归入傩坛神系，这使梵净山区傩文化直接受到佛教、道教的影响。梵净山区傩文化是本地原有的巫鬼信仰与外来的佛教、道教文化相结合与包容的产物，展现出佛、道、巫合流并为当地居民广为信奉的历史事实。②

3. 傩文化中的佛教特色

梵净山区傩文化杂糅了较大的佛教元素，佛教对梵净山区傩文化产生了较大的积极影响。"这种影响集中地表现在傩坛神系、傩舞、傩祭辞、傩戏等方面，佛教文化因子在极大丰富傩祭活动内容的同时，也增强了傩戏的艺术表现力。"③梵净山区傩文化具有较多的佛教特色，与当地长期以来仙佛不分，儒、释、道三教融合的传统文化发展趋势密切相关。宋代佛教开始传入梵净山周边地区，明清时期梵净山区的佛教文化已非常兴盛，铜仁府、思南府、思州府、石阡府及所属县、长官司等处均兴建了大量佛教寺庙。地方军政长官、大小土司和普通民众包括傩民都对佛教相当崇拜。他们斥资修造佛寺，历史上著名的赞襄高僧曾在此地长期弘法。佛教自始至终所

---

① 王路平：《贵州佛教史》，贵阳：贵州人民出版社，2001年版，第356页。
② 王路平：《贵州佛教文化的典型图像——梵净山佛教文化研究》，北京：光明日报出版社，2012年版，第244~246页。
③ 吴国瑜：《梵净山佛教活动对黔东北地区傩文化的影响》，《铜仁日报》，2008年12月20日，第4版。

宣扬的轮回转世等观念体现了其先天的世俗化基因,佛教开展的超度亡灵的"七七斋戒"道场,使梵净山区的各族民众理解并接受佛教信仰,佛教同样具有实用的现实主义价值,信仰佛教有利于世间凡人,佛教能够帮助世人摆脱现实之苦,获得精神上的慰藉与快乐。佛教与傩坛虽有形式上的差异,但在信仰的最终归宿上如出一辙,因此佛教的信条教义被梵净山区的传统傩坛广泛纳入,当地的傩戏展演吸纳了大量佛教元素。"有叩许戏文,届期搬演者。"[1]人们坚信,通过傩戏表演时的全身心投入使神灵高兴了,就能得其护佑;鬼神快乐了,就不会为害人间。

佛教丰富了梵净山的傩坛神系,大量的佛教神灵与人物出现在傩坛中。傩坛的传统主神是傩公傩母,他们是梵净山区早期傩事活动中敬奉的祖先神灵,在整场傩祭活动中处于傩坛的中心位置。由于受实用的功利主义影响,人们在行傩时选择的崇拜神灵五花八门,只要所选神灵具有对己有利的神力,皆不排斥,"常常不分门派,不分哪路神灵,只要有用就顶礼膜拜"[2]。明代中叶以后,傩坛中除了傩神塑像之外,还出现了画案形态的神祇,其位置居于傩公傩母神像之后,其主要功能是保护傩坛及傩祭活动的顺利开展。佛教神灵和人物大致以四种形式出现在梵净山区的傩坛中:一是佛祖、观音、如来、罗汉等佛教神灵出现在傩坛画案中;二是傩戏表演时,有和尚、尼姑等佛教人物参与其中;三是在傩的说唱文词中经常出现佛祖、弥勒佛、菩萨、金刚、罗汉、和尚等佛教神灵和人物;四是巫傩符箓中有了大量佛教神灵名号。佛教神灵与人物进入傩坛后,丰富了傩坛的神灵结构,使傩信仰形式发生了一定的改变,由原来主要为祖先神形式的神灵崇拜转变成道、佛、儒三教并存的多神崇拜,但根本特征和主要目的还是酬神还愿和驱鬼逐疫。

佛教对梵净山区的傩祭仪式产生了重要影响,在几乎所有民间信仰的构成元素中,仪式是最重要的基本要素之一,是崇奉者的信仰意识和观念的直观表现形式。神圣的礼仪也是祭师用以赢得信众和扩大影响的有力手段,是祭师与信众合力建立人鬼神之间规范化关系的言行模式。仪式借助于标准的程序展现信仰的崇高与神圣,并使人们在心理上形成虔诚的信仰情愫。佛教传入梵净山区以后,传统傩祭的诸多仪式往往与佛教仪式结

---

[1] 徐铉主修,萧琯纂修:《松桃厅志》,龙云清校注,贵阳:贵州民族出版社,2006年版,第115页。
[2] 余大喜:《中国傩神简论》,《北京舞蹈学院学报》,1999年第3期,第49页。

合举行,最典型的是牛角道场祭祀活动。这是傩祭与佛教仪式完美结合之祭祀活动的典范,是傩坛与佛教道场活动杂糅一起的复合型祭祀品类,是一种变异创新的傩祭仪式。牛角是傩祭师最常用的法器,道场是佛教举行祭祀活动的场所,二者相结合不同于纯粹的佛教超度亡灵的道场及打醮活动,与傩的酬神拜祖仪式也不同,而是兼具了两者的功能与目的。在举行牛角道场祭祀活动的过程中,傩事活动与佛教法事穿插进行。为使二者在内容和形式上能够相互兼容,牛角道场祭祀活动对单纯的佛教与傩祭活动做了部分改动,剔除了佛教法事活动中与傩相抵触的宣扬生死轮回的内容,也删除了《先锋》等强调酬傩还愿、驱邪纳吉的正戏和插戏。

  佛教的传入也改变了梵净山区傩戏的传统面貌。自古以来,黔东北各族就形成了独具本族特色的傩戏群,主要有土家傩、苗傩、侗傩、仡佬傩和汉傩。[1] 各族先民在举行傩祭活动时,已经开始有目的、有意识地创作娱神歌舞,并在乐器的伴奏下进行傩戏演出,傩的文化生境孕育出梵净山区丰富灿烂的民间神话传说。历史上由于梵净山区各族人民一直没有本民族文字,先民们在傩祭活动中"以乐诸神"的"歌乐鼓舞",除了千百年来口耳相传的古歌、古老神话故事,今人已经无法得知其他具体形态和内容了。巫师作法时借助于自己的记忆和歌舞仪式叙述展现神话故事,其中神灵的主要职能是为主家消灾祈福。在这一过程中,娱人是表象,娱神是宗旨,消灾是希冀的最终效果。人们常以各种事由祷告傩神,事成后还要请傩坛师表演傩戏感谢神灵的护佑。为了完成事主托付的祈福消灾、接福纳财等任务,掌坛师综合运用歌、舞、戏、对白、独白等多种形式取悦神灵,每位傩坛师出场时都要先声明自己是奉了某神之命来傩坛为主家驱邪纳吉,退场时不忘表明自己已为主家勾销了愿。佛教用具木鱼等成为傩戏的必备表演器具,为传统傩戏增色不少。梵净山区傩戏展现了佛祖、观音菩萨的神奇本领,宣扬传播了佛陀、观音信仰。德江傩坛戏《上元和会》还对佛陀的事迹进行了简单叙述和一个片段的演出,虽然略显牵强:"天皇元年生下佛""灵鹫山前生下佛""磨氏夫人生下佛""生佛原是周定王,四月初八卯时生。生佛原在净苑宫,九龙吐水洗全身"[2]。贵州其他地区的傩文化也具有较多的佛教元素,例如岑巩县平庄乡仡佬族"清水科"的傩坛过职仪式就演了

---

[1] 庹修明:《贵州黔东北民族地区的傩戏群》,载贵州省德江县委宣传部:《傩魂——梵净山傩文化论文选》,贵阳:贵州民族出版社,2003年版,第27页。
[2] 李华林:《德江傩堂戏》,贵阳:贵州民族出版社,1993年版,第173页。

傩坛师做请水法事请四海龙王吐水浴仙,众弟子束装登坛,龙王菩萨降水人间、滋润大地的温馨场景:

> 南无云来集菩萨摩诃娑
>
> 所奠泉泽远,渭涧泽于人间湖汪泽沟,常兹于世界,尚来礼迎圣真以荷光临,信士虔请,香茶普神奠献,一心虔备香茶献。香茶献毕,聊表寸诚,今有牒文,恭对宜,念牒奉诰安位,尚来。牒文宣已毕,于就井泉,用凭火化。水名八注,水便三才,水能离垢,水能消灾,水能洗尘,埃埃德奇哉。水自坎中来,五湖圣主,大海龙王,井泉童子,水府龙王,同愿显威灵。盖世人民,难报水司恩。
>
> 南无龙藏王菩萨
>
> 穿山透海莫辞劳,地远方知处处高。溪涧岂能留得住,终归大海作波涛。器皿两江滩金否,布为甘露滔群生。九龙吐水漱金仙,万古漕溪无尽缘。化财已毕,上祇圣真,下保延龄,请水方来,茂宁景况,唯奠。皇图巩固,帝道遐昌,佛日增辉,法轮常转,运动乐音,迎水入坛。①

梵净山区的傩戏表演活动中,每个固定表情的面具或脸谱代表一位神灵,娱神活动通常由傩班成员戴上面具或画上脸谱在傩坛内进行。按傩神在傩坛中的不同地位,其又分为三个不同层次种类:正戏神、插戏神、花招戏神。这些神灵统称为"戏神"。"戏神"指的就是面具所代表的神灵,是演出活动中的傩剧角色。时至今日,梵净山区的各民族傩戏仍在传统傩文化大架构之内,傩戏祭仪相杂,艺术与程式结合为一个有机体,以傩祭活动为基本载体,坚守佛、道等宗教的内容及形式,有时还要根据傩戏演出的具体需要对宗教内容有所取舍。在傩戏的正戏中,正戏神包含众多具有佛教色彩的角色,包括观音菩萨、扫地和尚、九州和尚等。在傩戏《扫地和尚》这折戏中,可以听到傩祭师以和尚的口吻,唱诵祝词理词、古老史诗,唱述民族史话或农事歌谣,讲述离奇的民间传说故事,甚至穿插一些风趣的笑话俚语。"扫地和尚奉傩神之命,降临傩堂,打扫清洁卫生,和尚利用歌舞打击乐节奏,艺术地表演了扫地、打水、端水、浇水、洗脸、洗手足、清除污秽等劳

---

① 朱恒夫:《中国傩戏剧本集成》第十四辑,上海:上海大学出版社,2017年版,第346页。

动过程。幽默滑稽,夸张简练,具有浓厚的生活情趣。"①在这一过程中,神灵的神性降格了、残缺了,但其贴近民众的艺术形象却完整了、增强了,生活气息更为浓厚。傩坛中神灵神性的完整性通过神灵角色的生动言行感染观众,又以神与人、演员与观众同台共舞、互动与协作构建出和谐优美的境界,对和尚这一宗教角色进行富有人情味的渲染处理,形成强烈的艺术感染力和凝聚力。这也是傩的艺术能够长期深植于广大乡野民间的重要原因,从这个层面来说,佛教的传入不仅丰富了传统傩的内容,也为傩艺术的活化提供了理想的载体和素材。

在贵州的傩坛活动中,真实的历史人物如唐代李靖、武则天和宋代李琪等也被经常请入。他们作为地方官员、统治者和英雄的杰出代表,不仅为国家和人民做出了杰出的贡献,而且也为后人树立了光辉的榜样。不管是李靖的勤政爱民、武则天的施政有方,还是李琪的忠君爱国,皆值得贵州人民感怀与纪念。今人将这些人物典型化、仪式化,使其成为傩坛的主神,以高规格的祭祀仪式纪念他们,表现出民众朴素的佛教因果观念,民众希冀卓著的历史人物去世后能化为神灵继续护佑一方。同时,定期举办针对性的傩祭仪式也是对其伟大事迹的不断传扬与歌颂,让代代铭记他们的故事,并将表演者自身感念恩德的美好品质不断地传递下去,帮助所有参与者树立正确、积极的价值观,实现精神层面的生态和谐。傩文化是贵州民俗中颇具代表性和独特性的一项非物质文化遗产,所蕴含的生态文化指向对今天的生态文明建设与和谐社会的构建仍具有显著的借鉴意义,重要性不言而喻。为更好地保护与传承这一历史悠久的民俗活动,社会各界应广泛参与,加大宣传与重视力度,立足现实,综合创新,将古老的傩文化与当今的社会发展密切结合,以新形式、新技术、新模式助推古老的傩文化焕发出更加灿烂的生机与活力。

四、经济生态功能

当今,傩信仰的经济功能主要是指其直接或间接对农村经济发展所起的促进作用,在社会主义新农村建设、人民生活富裕及社会生产发展等方面所具有的积极作用。一般而言,贵州傩信仰活动没有固定的组织和明确的制度,系当地社区民众的自发行为。例如遵义仡佬族的傩信仰组织很多

---

① 贵州省土家学研究会:《贵州土家族百科》,贵阳:贵州民族出版社,2018年版,第465页。

都拥有一定的财富和具备一定的经济实力,无论是遵义下辖的务川县还是道真县,在仡佬族供奉的庙宇,尤其是香火兴旺的傩庙中,一些民间傩信仰组织几乎每年都可以收到数量可观的香火钱、许愿还愿钱。当然,这些傩信仰群体作为一种相对独立的经济组织,其存在的主要意义并不在于通过募集香火钱提高群体成员的收入,而在于以募集的资金完善傩坛傩庙等傩文化的硬件设施,吸引更多民众加入傩事活动,接受思想上的洗礼,丰富精神生活。这在一定程度上对当地社区经济的发展产生了积极正面的间接影响。这种影响通过对参与者的态度和行为的无形塑造来实现,主要体现为三个方面。

第一,傩坛活动以长期锤炼的伦理道德观塑造当地生产者和经商者的思想品德,使他们成为诚实经营、懂得感恩、回报社会的具有优良道德品质之人,具备新时代发展农村生态产业,振兴乡村经济需要的基本品质要素。

第二,贵州傩戏常以具体的劳动情节演出声情并茂地再现民众一年到头辛苦劳动的场景,体现出对劳动者的尊重。以傩剧《铁匠科》为例:

> 正月打铁是新年,左手拿锤右拿钳。上街打来买白米,下街打来付油盐。
> 二月打铁百花开,说起打铁难安排。你把炉子来支起,破铜烂铁尽管来。
> 三月打铁是清明,后院阳雀叫沉沉。一来催动杨春早,二来催动打铁人。
> 四月打铁四月八,打了锄头打钉耙。打把钉耙上田坎,田坎脚下挖蛤蟆。
> 五月打铁是端阳,打把尖刀杀猪羊。大猪杀了千千个,小猪杀了万万双。
> 六月打铁暖洋洋,说起打铁难要钢。①

演员相互间的打情骂俏与随意调侃不仅凸显了劳动者的乐观主义精神,而且也是对观看者的一次生动的劳动光荣理念的阐释教育。还是以《铁匠科》为例:

> 老婆:快开门,张三哥来请你打铁了。

---

① 朱恒夫:《中国傩戏剧本集成》第十三辑,上海:上海大学出版社,2017年版,第534~535页。

铁匠：我从哪里出来？

老婆：随你从哪里出来。

铁匠：我从狗洞里爬出来。

老婆：不夹死你。

铁匠：啊？我由哪里出来？

老婆：随你由哪里出来。

铁匠：我由窗子门里出来。①

老婆：铁匠，快拿钱来吃凉水。

铁匠：我那钱是拿给你的。

老婆：我没收，你快拿出来，你不拿出来给我，跪起学鸡叫。

打破柴头分了伙，羊子不和鸡扯伙。

铁匠：打破柴头分了伙，你是你来我是我。

老婆：你穿不愁来吃不愁，裤子扯像马笼头。

铁匠：我裤子扯像马笼头，屋里有布你不缝。

老婆：屋里有布我没缝，肚皮饿了难做工。

铁匠：你肚皮饿了难做工，屋里有米你不舂。

老婆：你楼上还有几黄桶，五黄六月喂蚊虫。

铁匠：这个婆娘真个恶，骂我家穷米子空。②

第三，傩文化作为非物质文化遗产的重要组成部分，有着显著的旅游开发价值，如利用得当可以在很大程度上促进当地旅游产业的发展，通过旅游开发，吸引游客，促进消费，带动一方经济的繁荣与发展。

第四，各族各具特色的傩文化往往成为分散于全国各地的各族民众拉近距离、相互联系的精神纽带，承担了各民族文化认同的载体作用。新时代具有民族特色的傩事活动的经常举办，对整个贵州尤其是民族地区吸引在外的本族成功的创业者回报故里、投资创业，带动家乡民众致富，促进乡村振兴具有重要的示范意义。贵州傩文化强大的经济功能并不是于当今才显示出来，早在古代社会就促进了黔商群体的产生和壮大，发展至今，黔商已成为中国产业经济中的耀眼群星。

（一）傩文化的商业规范性

黔商是根植于贵州本土的贵州籍企业家，是在省外创业发展的贵州籍

---

① 朱恒夫：《中国傩戏剧本集成》第十三辑，上海：上海大学出版社，2017年版，第534页。
② 朱恒夫：《中国傩戏剧本集成》第十三辑，上海：上海大学出版社，2017年版，第536页。

企业家和进入贵州创业发展的外省企业家的统称。今天的黔商已成为全国重要的经济引擎群体。他们以顽强拼搏的精神,凭借创新、务实、胆略、合作、学习、柔制的群体特质,担负起振兴一方的经济责任。经过历代黔商的艰辛打拼和积累,现代的贵州产生了一大批像茅台、天马、老干妈等本地名企集团,也走出了许多白手起家的企业家,如陶华碧、任正非等,他们为贵州以及其他产业所在地区的经济社会发展做出了重要贡献。贵州商人在现代经济舞台上的卓越表现,使"黔商"成为愈加靓丽的名片。长期存在、广泛分布于贵州各地的傩文化以超强的文化感染力,必然影响到黔商群体的形成。黔商群体的精神特质与贵州傩文化所倡导的价值理念如出一辙,他们的精神载体在傩祭的神灵体系中皆可以找到原型,这种精神品质对于经商创业来说尤为必要,使他们心之所向,无往不前。

傩文化随着时代的发展而不断进化,现今在贵州商界仍发挥着重要作用。贵州傩信仰本是民间祭祀兼消遣活动,由傩文化衍生的民间习俗在诙谐幽默中传递出直观的言行规范法则以及品格提升与塑造之要义,例如信用、义气、团结、忠诚等,这使当地居民具有了更多的经商必备品质,对黔商群体的生活习惯和事业经营产生了明显影响。这种影响是指傩信仰通过作用于人们的心理,规范约束人们的言行,对创业兴业和商业经营发挥其效能。只有充分认识并把握傩信仰的影响力,才能更好地发挥它对现代社会的服务优势。傩文化以其广泛的民众接纳度不仅作用于人们的行为方式,更直接影响着人们的价值观与精神心理。随着时代的发展,商人的生存环境发生了很大变化,他们的精神心理也需要发生相应的变化,傩文化以灵活多变的先天优势适时地满足了现代商人的心理需求。新时代的傩信仰较之古代在外部特征上已有了较大变化,社会功能也有所改变,但本质没有变化,对文化传承与社会发展仍具有重要的促进意义。

从对傩神的崇奉到傩禁忌的言行规范,傩文化在精神心理层面对贵州广大民众予以约束,发挥了维持社区秩序必要的品德规范作用。从世界范围来看,各个国家长期流传的民俗文化总会以其适时应变、基于民众喜闻乐见的外显形式上升至道德规范的高度,对民众的思想和行为予以约束和塑造,使他们能够适应并推动社会的发展进步。民间道德规范的产生,在很大程度上源自接地气的民俗信仰本身所具有的启蒙教化功能。一旦信仰的启蒙教化内容被认可和接受,人们就会自然而然地形成一种心理上的自觉,文化信仰的道德规范价值便显现出来。作为协调人与人、人与群体、人与社会之间关系的一种特殊的言行准则,道德规范的特殊性在于:"不是由政治的、行政的机构所制定,也不靠强力的、威胁的手段去维护,而是由人们约定俗成,并且是靠人们的内心信念和社会舆论来维护的。"① 这种"约定俗成"使人们的为人处世准则逐渐由他律转变为自律,并使自律成为一种良习。自律成为人们的习惯后,也就变成人们思想意识中的思维定式,一代代传续下去。在贵州的傩坛与傩庙中,孔子、孟子的神像都放在突出位置,此举将中国传统文化中的忠孝节义、知恩图报、诚实守信、积善成德等真、善、美的精神主旨以傩祭的神圣形式予以传播和弘扬,相形之下,假、丑、恶等反派人物的品质则受到唾弃和批判。"约定俗成"从根本上来说是一种文化行为模式,透过各种民俗方式启迪教育世人,影响塑造他们的价值观和道德观,使他们能够融入并适应社会,形成促进社会发展的合力。

  商人于很早之时便成为一个行业群体,自古迄今无论何地,商场如战场,以一己之力很难在竞争激烈的商战中脱颖而出,这需要商人们有一个可靠的心理依托,获得心理上的支持与能量,有一个可以抱团取暖、相互帮助的群体组织来维系自身的生存。靠血缘与友情组建起的群体组织规模毕竟有限,力量薄弱,而对于在外创业的黔商来说,组建一个较大规模的行业群体组织对于自身的生存和发展非常必要。傩事活动以它的广泛群体接受性和娱乐亲切性往往成为商人们参与组织活动的首选,通过雅俗共赏的傩事活动的举办,一定区域范围内的黔商群体得以紧密联系,群体成员可以在此觅得一份心理归属感。这种归属感会使黔商潜意识地遵守与傩事活动传递出的伦理道德相一致的商业规范,获得市场的认可,形成货真价实的群体品牌效应。商业规范是商人应该共同遵守的行业准则,只有人人遵守行规,才能创建有序、公平竞争的营商环境,不搞零和博弈的恶性竞争与厮杀,商人之间才能和谐相处,共同发展。黔商自幼身处傩文化环境,于耳濡目染中深受傩文化熏陶,这为他们后来迎战激烈的市场竞争做了必要的思想品质准备,使他们可以在商战中游刃有余,开辟出属于自己的一番天地。黔商多到傩庙祭拜关公,将其奉为财神,关公还是公平正义的化身。黔商通过对关公的敬拜不仅可以获得财源广进的期待所寄托的踏实感,而且也被赋予了心理上自我约束的神圣正能量。中国人一贯认为厚德载福,笃信积善行德定能获得丰厚的回报。这种心态的存在一方面系受佛

---

① 罗国杰:《伦理学》,北京:人民出版社,1989年版,第7页。

教文化因果报应之说的影响,另一方面则是出于人们提高自身社会威望地位的心理需求,积善行德逐渐成为商人们遵守的一种行为习惯。新时代身处各地的黔商沿袭了这一优良传统,很多黔商在事业有成之后不忘为家乡的脱贫致富和慈善事业做出自己的贡献。

(二)傩文化对黔商群体的心理抚慰作用

黔商是贵州历史上的一个新兴群体,从产生发展至今经历了跌宕起伏的过程,在今天全国各地已成为一支不可小觑的力量,具有举足轻重的地位和作用。傩文化作为贵州重要的地域文化给黔商打上了浓重的傩的烙印,他们的傩文化信仰受到了中国传统文化的深刻影响,是一定历史时代背景下社会文化的产物。黔商在历史舞台上活跃的时间不过区区百余年,作为千百年来重农抑商政策下的一个商人群体,他们无法成为封建社会统治阶级的一员,无法跻身实权阶层,更不消说拥有话语权了,只能艰难地在古代和近代社会苟延残喘。历代黔商的生活与经营始终处于各方的压力之下,傩总是源源不断地为他们送去精神上的给养,提供心理上的支持。长期以来,黔商因所处时代背景和经营权力所限而颇为艰辛,虽然他们只是中国漫漫历史长河中的一叶小舟,但他们的傩信仰不会随处境的起伏而有所改变。黔商的傩信仰核心来源于传承了数千年之久的中国传统文化,并受到贵州山地文化的直接影响。他们汲取各种文化之精华,使自身在贵州相对贫瘠以及省外艰苦的环境中能够生根发芽,并不断发展壮大。黔商是中国传统文化生命力的一个典型缩影。傩文化在贵州山民中代代相传,并随着时代的发展而不断发展变化,在新时代依然发挥它的光和热,对信众的生产生活和社会发展产生各种影响。

心理调适的方式多种多样,日常生活中的各种娱乐活动都具有这种功能,但很多娱乐方式的调适效果是短暂肤浅的,傩文化等民间信仰可以从人们的内心深处入手,有效地排解各种忧愁。人们最初对祖先等神灵的崇拜是在面对未知、不确定性感到惶恐、焦虑不安的心理状态下进行的。傩信仰的选择在很大程度上也是人们出于此心理状态而做出的。傩发展至今迷信色彩已被破除,人们在傩文化的祭祀仪式氛围中对祖先等神灵的崇拜依然传承,这说明无论何时何地人们都有一种渴求获得神圣力量护佑的心理需求。一方面,在傩的世界中,人们积极参加各种民俗活动,举行祭祀仪式,供奉各路神灵,酣畅淋漓地表达美好的愿望和诉求,期盼能够化解灾祸、逢凶化吉、紫气东来,傩充分展示了温暖的心理抚慰作用;另一方面,傩俗为群众的相聚交流提供了合适的契机与理想的平台,使单家独户的村民可以走出家门更好地融入社区生活,培养集体主义精神,关心村寨的事务与发展,使村民们具有了适合经商的品质基础。黔商发轫于清朝封建社会的没落时期,力量薄弱的他们需要独自面对各种压力,如商业本身的经营压力、政府的腐败盘剥压榨、社会地位的低下、频繁的战乱和多发的匪徒抢劫等,大部分时间处于难以安定、焦虑惶恐的情绪状态,他们选择并坚持傩信仰深刻地反映了迫切改变现状的心理需求。傩文化传承至今,虽在外显形式上发生了较大变化,与新时代的其他文化逐渐融合,但它的内质并没有因为相互融合而发生根本改变,仍以它所蕴含的顽强生命力适应着新的社会形势,发挥独特的功能和作用。在新时代的社会背景下,商人群体的心理需求与旧时已有很大不同。相当部分的黔商已有了规模可观的资金积累和产业基础,但商业经营和日常生活的压力依旧客观存在着,傩依旧以至暖的温情呵护着信仰它的广大民众,缓解他们的焦虑情绪,及时滋润他们干渴的心田,给予心理上的安慰和支持。

(三)傩文化和黔商群体的与时俱进

改革开放后,贵州的商品经济迅速发展,商业贸易日渐繁荣,黔商的各项实力也大大增强,涌现出一大批以陶华碧为代表的商业大腕。黔商开放包容、勇于拼搏的商业精神也成为各地商人学习的典范。黔商的很多商业信仰都得到了保留,并代代传承下来,成为现代黔商继承和发扬的宝贵精神遗产。现代社会的商业环境与封建社会相比,有天壤之别。虽然古代和近代的很多为商之道流传至今,但其所体现的主体心理需求已大为改变。现代黔商的傩信仰不再只是当年的那些行商在各种压力下做出的自我安慰的精神选择,更多是一种文化意义符号,承载了黔商的精神依托。当然,新时代的傩信仰最终反映的还是黔商侧重个体目的与功利的心理诉求,只是具体内容形式及迫切程度与以前有所差别。现代黔商在继承传统傩信仰精髓的基础上不断实践,产生了新的体验,验证和丰富了符合新时代要求的行业规则,并使其上升为现代黔商所应遵循的商业规范。在傩的神灵信仰和祖先崇拜方面,除了一些过于迷信的祭祀仪式被破除外,大部分被黔商传承下来,其中最突出的是对财神的祭拜。他们对财神的供奉,从未间断。黔商秉承了信奉关公能进财的理念,现今的铜仁和遵义街头依然可以看到开店商家供奉关公财神的场景,不少居民在家中亦会供奉关帝。对关公的敬奉反映出的是商人亘古未变的逐利本性,从根本上看仍是商人寻求心理慰藉的一种方式。

黔商的傩信仰能够代代相传,一直延续至今,并有了进一步发展,主要有文化环境、社会背景、心理和术数等多方面原因,最主要的促成因素为文化环境和心理需求。在文化方面,傩信仰蕴含着丰富的中国传统文化价值观。傩信仰能在黔商群体中不断传承,很大程度上在于它根植于具有强大生命力的中国传统文化,并随其发展而不断完善自身以适应不断变革的时代。在心理层面,傩文化具有满足商人趋吉避险的基本心理需求的效应。趋吉避凶、好生恶死是人之天性,它基于人类对生存和安全的自我保护本能,没有一个民族能够例外,区别只在于表现形式上的不同。各种神灵崇拜、傩的禁忌,最初是因为民众认识水平低下、生活艰难困苦而产生的,发展至今,这些信仰习俗对商人来说更多的是一种心理层面的习惯。傩文化在满足人的基本心理需求的前提下,早已融入人的骨髓基因中,成为息息相关的至亲伴侣。傩信仰可以催生出强大的心理功效,满足人们对安定、吉祥和成功的心理需求。虽然传统傩文化中的部分元素和习俗具有荒诞色彩,与科学相矛盾,但这并不妨碍人们对这些习俗内容的选择继承和包容。相反,这些所谓荒诞的内容还为今人送去自由、纯真、至爱、至善的感性温度,成为他们生存发展的重要精神支撑,这也是傩深居世人心灵深处,不仅没有随日新月异的时代变迁而衰落和消亡,反而愈加具有生命力的重要原因。现今的黔商习惯性地承袭了传统傩信仰的价值观,更注重生活质量的提高和社会地位的提升。同时他们也清醒地知道,追求目标需要依靠自己的努力,傩信仰给予黔商更多的是精神上的支持和心理上的抚慰。

五、社区治理生态功能

社会控制,指人们借助于社会力量,通过各种途径和形式,采取一定的方法对社会生活的各个方面施加影响,通过协调个人与社会以及社会各群体之间的关系,建立整个社会秩序并维护其正常运转的过程。社会控制的手段是多种多样的,其中最为主要的是行政、法律、道德以及宗教手段。[1]乡村社会治理在很大程度上基于对乡村社会的有效控制,傩信仰的乡村治理是指傩民间信仰组织及其权威人士参与乡村管理以及与村民委员会共同管理乡村事务,立足点在于协调乡村的矛盾冲突和不同群体的利益摩

---

[1] 蒋传光:《论社会控制与和谐社会的构建——法社会学的研究》,《江海学刊》,2006年第4期,第143页。

擦。新时期,我国的乡村治理已呈现出明显的多中心态势,数量可观的民间组织日益成为乡村社会主导管理功能的来源,并逐渐形成新的乡村治理体系,这些功能主要来自:乡村经济能人、村庄政治精英和乡村宗族势力、乡镇政府及普通村民。① 多中心治理是有利于实现乡村善治的,即"政府与公民对公共生活合作管理,社会管理过程可以使公共利益最大化"②。近年来,遵义仡佬族傩信仰组织正逐渐成为仡佬族乡村治理的重要一极,在治理中发挥着积极作用。其一,傩信仰组织或权威人士参政议政、参加选举和立族规活动是比较常见的管理形式。在遵义的一些仡佬族村寨,傩事活动场所也是村委会处理村内事务的机构之所在,是国家权力在基层社会发挥作用的一个重要窗口。其二,遵义仡佬族的傩事活动并不存在严密的组织体系,严格的教规教义以及专门的神职人员,甚至也没有固定的举行时间,松散灵活,具有一定程度的随意性。傩信仰不成文的仪式、规定及禁忌等由于缺乏理性的强制,更易于为寨民所接纳,以特殊的神圣威严无形地渗透于乡村社区治理中,在一定程度上有效地约束与规范寨民的日常言行。例如为体现对树神的尊重,仡佬寨民建房时,要在房屋的堂顶上安装梁木,选择做梁木的树最好是"母子木",就是同根而生的多干树。砍梁木树时不能让树干倒于地上,人要用肩接住,且抬梁木不能换肩,抬回工地后要架于木马之上,上梁时木匠师傅要在梁上抛撒高粱粑和糖品等。在仡佬族的传统习俗中,大年三十祖先神会被请回家中与家人共度春节,因此大年初一不得将用过的脏水直接泼出房门,任污水在院中横流,孕妇亦不能坐在门槛上,让祖先见到污秽之物是对祖先神的不尊。大年初一至初三不许下地做农活,此举会惊扰到同样在过新年的土地神。上山砍柴忌污言秽语、高声大喊,以免惊扰山神。无论树神、祖先神还是山神都归属仡佬傩坛所供奉神灵之列。仡佬傩的习俗与禁忌是寨民最质朴、最原生的行为约束形式,是历代仡佬寨民在长辈的言传身教中潜移默化地习得的,他们在自身所从事的生产生活中自觉地遵照执行。在遵义仡佬族傩坛所供奉的神灵中,有一些是由世俗凡人升格的,这些凡人包括古圣先贤以及各行各业的杰出人物。在仡佬寨民的心目中,能够升格为神灵的人物都有着崇高的精神品质及感人的人格魅力,要么大公无私、廉洁自律,要么兢兢业业、

---

① 周大鸣、杨小柳:《社会转型与中国乡村权力结构研究》,《思想战线》,2004 年第 1 期,第 87 页。

② 俞可平:《治理与善治》,北京:社会科学文献出版社,2000 年版,第 5~11 页。

勇于开拓,要么勤劳智慧、造福一方,要么善良仁慈、尊老爱幼,他们身上展现出强大的道德感召力,是后人道德教化的榜样和学习的楷模,对这些神灵的敬拜与祭祀本身就是一个道德教化的过程。神灵所依托人物的道德因素在傩事活动中内化为信众的道德规范与行为约束,增强了信众的自律性。仡佬族人经常说"离地三尺有神灵""老天有眼""人在做,天在看"。他们认为法力无边的傩神时刻都在关注人世间的一切,所有世人的言行都收于傩神的法眼之内,行善之人会得到上天的护佑,作恶之人会遭受上天的惩罚。仡佬族傩信仰中善恶终有报的观念,促使族人向善弃恶,增进了村民间的和睦友好关系,促进了仡佬族乡村社区秩序的和谐稳定。

第一,傩信仰构建了仡佬族人日常生活交流所需的文化语境。作为社会一员的人是离不开思想情感交流的,交流必须以特定的文化背景为支撑,也就是说,交流者需要处于一致的文化语境中,交流才可以顺畅进行。每个民族的信仰文化都是其精神文化的灵魂与核心,因此族内深入融洽的交流很大程度上构筑在共同的信仰背景之上。仡佬族是个古老的民族,在贵州的居住环境是山高路险、偏僻闭塞。特定的地理条件和历史原因使仡佬族在社会现代化的进程中发展相对滞后,社区群体形态保留了较多原始色彩。在相当长一段时期,他们进行着以家庭为单位,以血缘和宗法关系等天然情感为基础的日常交往活动,交往圈狭窄、小且封闭。在仡佬族的交往圈中,传统习俗和信仰往往是人与人之间交流的主要话题,人们在共同的傩信仰所营造出的交流氛围中获得相互认同的情感共鸣。例如,对于祭拜姓氏祖先、门神、灶神、坛神以及谢坟等传统民间信仰活动,他们几乎都是各自于私下单独进行的,相互之间并没有多少交往的契机。不过,在祭拜仡佬族共同的"九天母石""宝王"以及"古树"等傩神时,族人之间就有了较多接触的机会,他们会共同交流同神灵沟通的感受,相互分享神灵如何灵验等。交流感悟增进了村民间的相互了解与信任,消除了平时彼此间不可避免的隔膜与摩擦,收到了化解矛盾、增强凝聚力之效。

第二,仡佬族傩信仰与传统宗教在终极价值追求目标上有着显著不同。宗教追求的是来世的极乐,要求现世之人忍受凡间的痛苦,使他们坚信现在所受的磨难都是在为将来享受彼岸世界的快乐做准备。而傩信仰的出发点是为实现现世的美好生活祈福,具有明显的功利性,世俗化和娱乐化倾向较明显。例如,每逢清明时节仡佬族寨民都要前往自家的宗族墓前祭扫,虔诚地祭扫既是感恩先祖、追思怀远的严肃行为,也包含有亲人团聚、踏青游玩之意味。此外,仡佬族人原本单家独户举办的祭祀宗祖的活动也在日益演变成大型的宗族祭祀节。遵义务川仡佬族人于每年清明时的祭天朝祖节除举行十分隆重的祭天朝祖仪式外,还要进行别有风味的民族风情演出,开展民族体育比赛、傩戏表演、舞狮表演等文娱活动。其间,不仅活动的直接参与者尽情释放了愉悦洒脱的心情,而且大量的观众被吸引而来,现场气氛热烈。

第四节　巫术的心身康复机制及对现代医学的启示

巫术通过作用于人的心理,产生一系列心理暗示,左右和改变着人们的思想和行为。巫术的效力在古代流行的巫师逐鬼巫术和打鬼活动中有着显著的体现。人们将鬼逐除之后,即卸掉了沉重的精神枷锁,内心倍感轻松愉悦,引发了躯体和生理方面的良性改变。"古代巫师常常手持桃枝、桃棒为人驱邪,相信桃木有辟邪威力的病人在得到'桃木已将恶鬼逐走,疾病一定会好'之类的自我暗示或他人的暗示之后,也许果真渐渐痊愈。然而取得这种效果绝不是由于桃木真正蕴含着神秘的威力,树木仍然是普通的木头,桃木辟邪术仍然是'没有成效的技艺',起作用的只是那种认定桃木可以逐鬼的观念和由此产生的精神力量。"[1]中国传统医学早已认识到人的精神活动与身体健康状况之间的关联性,认为"七情"紊乱是疾病的重要诱因,因此精神疗法是古代医家治疗精神和躯体疾病的重要方法。在古代很多时候,有名的医生往往身兼巫师的角色。在巫术盛行的时代,心理暗示的治疗方式在"愚而善畏"、笃信巫术的病人身上疗效最为显著。"巫术活动中的心理暗示和情感宣泄能够发生效力,离不开特定的文化背景。巫术只有在普遍信仰巫术的群体中才能生效,巫术效果主要不是来自巫师个人而是来自一种集体意识和文化氛围。"[2]现今,医生和心理健康专家已广泛认识到心理暗示的重要意义,更加重视身心交互作用。

一、心理与生理的辩证关系

物质和意识的辩证关系在人们的生命运动结构层次上,直观具体地表现为心理和生理过程相互影响作用的辩证关系。人的心理是人的感觉、知

---

[1]　胡新生:《中国古代巫术》,北京:人民出版社,2010年版,第74页。
[2]　胡新生:《中国古代巫术》,北京:人民出版社,2010年版,第75页。

觉、思维、情感、意志、性格等心理外显形式及过程的统称,心理发展的最高层次是意识。人的生理过程是在中枢神经系统主导下,各组织和器官依靠神经调节和体液交换相互协调,紧密配合,共同完成人体内部的统一精密运转过程和适应不断变幻的外界环境的新陈代谢需要。人的生命运动是在心理和生理过程的统一协调下持续进行的:一方面,生理活动为心理活动的产生提供了必要的物质基础。人们的意识和情感等心理活动皆基于以大脑为核心的整个神经系统的生理活动,没有人的生物器官和生理过程,心理过程也将无从谈起。另一方面,人的心理过程总要反作用于人的生理过程,产生有利或不利影响。人的意识活动不仅可以调节提升较低级的心理体验,如振奋精神、活跃情绪、改变不良性格等,而且也可以控制某些生理活动,对相当一部分疾病产生积极或消极作用。我国传统中医理论与实践在这方面有着独特实用的见解和贡献,如《黄帝内经》载:"心者,五脏六腑之主也。故悲哀愁忧则心动,心动则五脏六腑皆动摇。"古人早就认为,"心之官则思",这里的"心"指大脑。在长期的医学实践中,中外的医学前辈们早已明确意识到,人的各种情绪活动都会直接影响和作用于人体五脏六腑的正常生理运行。

现代神经解剖学、生理学和心理学等相关学科的迅猛发展,不仅以更加科学的实验方法有力地证实了这一点,而且凭借先进的仪器设备逐渐明确地揭示出各种心理活动原本抽象的神经生理机制。尤其是自二十世纪五十年代以来,德国化学家沃尔夫和美国哲学家霍尔姆斯等在美国生理学家坎农的情绪生理学和苏联心理学家巴甫洛夫的高级神经反射活动、加拿大生理学家塞里的应激学说基础上,借助于现代科研设计方式和数据处理手段,经过三十多年的潜心研究,基于大量事实确证:个体在与客观世界的交互作用中,冷热酸甜等躯体感受,噪声、病菌、病毒等造成的躯体损害,挫折、焦虑和抑郁等不良的心理体验,紧张的人际关系,遭受的重大不测事件,社会政治经济关系的剧变,工作方式的改变和文化环境的变迁等应激源一旦作用于个体感官,经过主体对客观刺激的认知、判断和评价后,会立即引起一系列情绪和应激反应等心理活动,并通过神经生理、神经内分泌、免疫系统直接或间接地引起人体生理、生化机能的变化,最终影响整个机体的生理功能和过程。例如人们在处于备考、愤怒、悲伤等应激状态时,会产生一系列交感神经系统紊乱过激的生理反应:心跳加速、面红冒汗、血压快速升高、胃肠蠕动变慢、胃液分泌减少、呼吸短促、手脚发凉等。而当人们情绪高涨时,胃黏膜血管充血,胃液分泌增多,人的各项生理机能会维持较佳状态,有利于加速人体的新陈代谢。无论积极的还是消极的情绪体验都会通过一定的途径,引起神经反应和体内多种激素平衡的变化,影响生理功能的发挥。

现代生命科学的成就已从各个方面有力地证明:"人的心理活动既必须依赖于生理过程,同时又在不断反作用于生理过程,必然会对生理机能产生程度不等的或积极或消极的影响。"①

二、心理因素的治病和致病作用

心理对生理正反两方面程度不等的能动作用,是心理社会因素治病与致病机制运行的依据之所在。在人们的现实生活中,任何情绪变化都会引起一系列相应的生理变化。当个体长期处于不良的应激状态时,人体原本平衡的化学保护机制就会被打破,身体的免疫力随之下降,最终导致疾病的发生。以临床常见的冠心病的发病为例,一段时间的压抑、愤怒、焦虑、自责情绪体验会造成肾上腺皮质激素和拟交感能的儿茶酚胺释放增加,心肌内钾离子减少,局部心肌缺氧,因此不正常的消极心理会明显促进冠心病的发生或恶化。美国霍普金斯大学医学院的医生曾于1948年开始对当年毕业于该校的1337名学生进行长期实地跟踪调研,根据当时对发放的问卷所作的回答,将他们划分为三种性格类型。三十年后发现,在那些性格孤僻、喜欢独来独往、情绪缺乏稳定性、脾气暴躁易怒的毕业生中,77.3%已患上癌症、高血压、糖尿病等严重的情绪诱发类疾病;而在那些具有稳重、知足、安静等性格特征以及外向活泼、开朗乐观、积极主动的被调查者当中,情绪诱发类疾病的发病率则要低得多,患者分别占调查人数的25%和27%。这项调研较充分地确证了个体性格心理特征与各种严重的急慢性疾病之间的密切关系。国内外医学界对各类癌症患者的研究也进一步表明,相当一部分患者于患病前曾经历过长时间强烈压抑的精神应激反应,心理社会因素是癌症的重要致病因素之一。随着社会的快速发展,人们生活节奏的不断加快,社会关系的日益复杂化,社会心理因素诱发的身心疾病发病率呈显著上升趋势。早在二十世纪九十年代,著名心内科及医学心理学专家杨菊贤、张锡明在《实用心身疾病学》一书中就明确指出:

---

① 程传贤、韩跃红:《医科哲学概论》,昆明:云南科技出版社,1996年版,第78～89页。

"心身疾病并不指的是精神病或神经症,而是有着科学的界定和明确的疾病特征,是一类心理社会因素在疾病过程中起到重要作用的躯体疾病,其发病、发展、转归和防治都与心理社会因素密切相关。综合国内外有关心身疾病的流行病学资料,临床各科的心身疾病约占 25%～35%。内科领域中心身疾病比例在 32.2%～35.1%,而内科循环系统住院病人中心身疾病比例在 50% 以上。"①三十年前,心身疾病在总病例中就达到了如此高的比例,不难推知当前社会中心身疾病的严重性。目前公认的与精神、心理因素有关的心身疾病多达数十种,如肠胃炎、三叉神经痛、银屑病、厌食症、多汗症、哮喘病、甲状腺功能亢进症等。当然,我们不能主观片面地把心理致病因素简单化、扩大化。同其他疾病一样,心身疾病的发生也是多种主观和环境等因素长期综合交互作用的结果,心理社会因素在其中起到了扳机触发作用。

良好的心理因素能够治病,早就被我国传统医学所认可,传统医学基于"喜伤心、怒伤肝、思伤脾、恐伤肾"的理论认识,提出"善诊者,先医心,后医身"和"以情治情"的治疗原则和方法,并用以指导具体医疗实践,收到良好的疗效。现代医学借助于科技手段已经明确地揭示出:良性的刺激可以在心理上鼓舞和振奋人心,使人精神焕发,充满活力,各项生理功能保持相对平衡和良性运行,勇敢乐观的精神会赋予人体显著的抗病能力,开朗豁达的性格能够促使疾病的痊愈。美国的一名医生在《笑有益于血液》一书中列举了大量事实,对笑能治疗多种疾病的理论进行了独特的论述。书中叙述了这样一个真实而又生动的故事:一名叫卡普斯的美国记者,由于体内缺乏胶原,患上了严重的"结缔组织严重损伤"的疾病,行动十分艰难,全身疼痛不已。按照往常的治疗经验,有的医生甚至就直接告诉他没有治愈的希望了。但卡普斯是个十分坚强的人,他没有绝望,他要坚持活下去,他想起不知在哪本书上看到过"悲伤会引起疾病,高兴有助于治疗疾病"的论述,于是他就找人带来一些喜剧影片,让护士放给他看,看到好笑处就开怀大笑。他发现,即使十分钟的大笑,在他身上也会产生明显的镇痛效果。疼痛缓和一些后,每次还可睡两小时,这是以前所不敢想象的。随后,他索性搬出医院,住进旅馆,开始独自摸索适合自己的新的治疗方法。每天的治疗内容就是"看喜剧片—笑—吃饭—睡觉—笑"。经过一段时间的调理,

---

① 杨菊贤、张锡明:《实用心身疾病学》,乌鲁木齐:新疆科技卫生出版社,1992 年版,第 1、13、25 页。

他的病情大为好转。十年之后,他已是一个完全健康的人了。①

有证据表明器质因素——基因、大脑、神经递质的异常可以诱发精神分裂症、重度抑郁症和双相情感障碍等心理疾病。心理因素会影响人们对疾病的易感性和抵抗力,虽然传统医学一直试图在特定疾病和单一病因如基因、病菌、病毒和情绪之间建立联系,但是随着研究的深入,现代医学在致病原因分析和临床医疗中越来越持系统论的观点。这种观点认为,人类的存在本身就是多种次级系统组合的产物,人类自身就是更广阔的系统不可分割的组成部分。因此在理解健康和疾病的关系之前,生物、心理和社会系统之间的作用机制是必须考虑的基本问题,例如在心身疾病的研究中,研究者发现,身处复杂的社会系统,不良的情绪应激反应可以影响人体的免疫系统,降低人体的免疫力和对应激因素的抵抗力。当然在强调应激等心理因素与心身疾病的联系时,重要的一点是不能超越科学和各种奇思怪想之间的界限,夸大心理因素在心身致病方面的作用。应激可能并不会直接导致疾病,确切地说,应激会削弱人体免疫系统,使人们更容易生病,应激因素的致病机理主要在于:首先,在情绪低落时,抑郁、焦虑等负面心理过程不仅可以抑制人们采取有效的保健措施的积极性,而且还会促使人们通过过量吸烟、喝酒、服用药物,甚至不惜抛弃长期养成的良好健身和饮食习惯以应对之,造成身体的肥胖和抗病力的下降;其次,在紧张的应激心理状态下,人体的免疫系统会出现功能减退的现象。研究表明,婚姻不幸或离异女性的多种免疫细胞数量要远少于婚姻幸福的女性。越来越多的证据显示,人们可以通过改善和加强自身的思想、态度和情绪等心理因素来提高应对应激和疾病的抵抗力。一些心理学家将人格划分为五种主要类型,分别为开放型、勤奋尽职型、温和型、外向型和情绪稳定型。研究人员发现在这五种人格类型中,具备开放型、外向型和尽职型人格的人群一般身心健康,而情绪不稳定的人群则通常伴随欠佳的身心健康状况。②

近年来的临床实践显示,不仅癌症的发生发展与心理因素紧密联系,而且治疗效果和预后同样与心理因素密切相关。国内一组对照统计资料显示,在白血病的治疗中,如果病人情绪稳定乐观,能积极配合治疗,正确对待疾病,则使用的药物剂量会逐渐减少,血常规指标也容易控制,缓解期

---

① 伍后胜、佟海:《笑与健康》,北京:中国广播电视出版社,1990年版,第11页。
② [美]卡伦·达菲、伊斯特伍德·阿特沃特:《心理学改变生活》,北京:新世界出版社,2011年版,第121页。

延长；否则相反。浙江大学主任医师连长贵在 1982 年报道过两组转移性晚期乳腺癌病例，治疗观察表明，一组重视药物和心理治疗相结合，患者存活期较长，平均达 22.8 个月；另一组忽略心理效应，患者存活期较短，只有 8.6 个月。① 因此，心理因素在心身疾病的治疗中是不容忽视的，它提示医务工作者应重视心理因素对疾病康复的作用机制，积极采用心理和生理相结合的医疗手段应对癌症等恶性心身疾病的治疗。

　　心理对生理的能动反作用表现为心理因素既能治病又能致病。心身疾病的治疗是一个综合性的社会问题，任何一个环节都不可缺失和忽视。对于患者来说，把治愈的希望仅仅寄托在医生身上是远远不够的，不仅加大了本已超负荷的医生的劳动强度，而且加大了自身和国家的医疗开支，提高自身战胜疾病的信心，以乐观阳光的心态积极配合医生的治疗对于疾病的缓解与康复更加重要。充分认识这种能动作用，在医疗实践中趋利避害对于广大医务工作者来说具有显著的理论意义和现实意义，它能帮助人们正确认识人的自然生物属性和社会属性之间的辩证统一关系，达成并保持生理和心理的协调平衡，逐步构建起生物、心理、社会因素有机结合的医疗新模式。这一模式需要人们有针对性地扩充具有正能量、能够带来愉悦心理体验的人文社科知识，以便从生物、心理、社会层面的综合因素中去考察疾病的诱发、发展、转归和预防等一系列问题，最终达到从根本上治愈疾病的目的。

三、传统巫术的心理暗示力量

　　法国文化人类学的代表人物斯特劳斯曾对巫术的特殊效应作过深入的分析与探讨。他认为这种效应是个人和集体多重心理因素综合交互作用的必然结果，是整个社会信仰体系在某一历史时期的必然产物。他指出，巫术效应的产生必须具备三个方面的必要条件："首先是巫师对于自己法术效果的笃信，其次是病人或受害者对巫师法力的信任，最后还有公众对巫术的相信与需要。"②这三个方面要素相辅相成，形成相互促动的联合体，产生一种奇特的"引力场"效应，显示出令身处文明社会的人们叹为观止的神奇魔力。由于巫术具有特殊功效，巫术意识和习俗仍保留和传承于现今的一些原始部落。"一个人如果知道自己是巫术加害的对象，那么根

---

　① 杨菊贤、张锡明：《实用心身疾病学》，乌鲁木齐：新疆科技卫生出版社，1992 年版，第 315 页。
　② ［法］克洛德·莱维-斯特劳斯：《结构人类学》，谢维扬、俞宣孟译，上海：上海译文出版社，1995 年版，第 3 页。

据他那个部落人的最神圣的传统,他便会坚信自己在劫难逃,他的亲友对此也深信不疑。此后社会公众开始回避他,在任何场合、任何行动中,社会公众都会把这位不幸的受害者当成死者。而他本人也不再希冀能逃避已被视为他的不可抗拒的命运。结果往往是'体格健全并不能抵制人的社会性的瓦解',巫术的受害者不久就会在极度的恐惧和困顿中死去。"① 斯特劳斯注意到了巫术效应与社会文化体系、大众信仰意识三者之间的互动关联机制,这对于理解巫术的作用原理具有重要的指导意义。端公的巫术作法是大部分傩仪不可缺少的重要步骤,巫术作用机制的探讨对于从参与者深层次的心理层面入手把握傩文化的内涵是大有裨益的。

巫术在诸多场合下都会产生实际作用,例如使被诅咒之人患上严重的疾病甚至死亡,使病重患者逐渐好转并最终痊愈,都可以从巫术对人的心理作用机制方面获得有力的解释。英国著名人类学家马雷特曾说过:"只要一个土著人认为刺伤他伤口的武器曾被在'阿隆奎尔瑟'上用过,因而就具有了它的力量,即使他只受了很轻的外伤,也会死的。他就会躺倒,绝食,慢慢死去。"② 他通过大量的心理学实验得出结论:"当一个人处于某种虚拟而又让他感到真实的模拟状态下时,其情绪的变化往往导致生理上的相应变化,而这种变化对人体的影响是非常巨大的。"③ 正因如此,原始人或者一些笃信巫术之人在察觉或相信自己正在遭受他人的致命性法术诅咒之时,往往会郁郁寡欢,甚至生病乃至死亡。马雷特用"对死亡的积极性狂热"来概括这种人类中常见的心理现象。这种在表面上看起来恰似唯心的现象,然而却展现着事实上的因果关系。

人们在日常生活中所遭受的疾病,有一部分是由于对某种事物产生错觉或幻觉,疑神疑鬼而产生的心理障碍造成的,这种疾病俗称"心病"。因患者本身并无器质性的病变,因而药物的疗效甚微,这时给予患者积极的心理暗示往往对于疾病的驱除具有奇效,这是巫术治疗疾病机制的原理所在。古人很早就注意到心理疗法在治疗心病方面的显著疗效。除人人皆知的"杯弓蛇影"这一历史典故外,宋代的《梦粱录》中亦载:"齐公出于泽,

---

① [法]克洛德·莱维-斯特劳斯:《结构人类学》,谢维扬、俞宣孟译,上海:上海译文出版社,1995年版,第18页。
② [英]马雷特:《心理学与民俗学》,张颖凡、汪宁红译,济南:山东人民出版社,1988年版,第182页。
③ 詹鄞鑫:《心智的误区——巫术与中国巫术文化》,上海:上海教育出版社,2001年版,第301页。

见衣紫衣,大如毂,长如辕,拱手而立。还归,寝疾,数月不出。有皇士者见公,语惊曰:'物恶能伤公?公自伤也。此所谓泽神委蛇者也,唯霸主乃得见之。'于是桓公欣然笑,不终日而病愈。"①明代焦竑也在《焦氏笔乘续集》卷二中记载了类似的事例:"有僧中夜起,误踏一茄,疑其鼠也。恶伤生类,还坐懊恨不已,诵《往生咒》度之。须臾,一鬼来,索命甚急。僧曰:'我非有心杀汝。'辩论间,东方已曙,视之,则一茄耳。于是疑心顿尽,鬼亦不见。"②卷六亦载:"唐时一妇人,从夫宦南中。误食一虫,常疑之,由是成疾,频疗不愈。京城一医,忘其名,知所患,乃请至姨奶中谨密者一,预诫之:'今以药吐,但以盘盂盛之。当吐之时,只言有一虾蟆走去。勿令娘子知是诳语也。'其奶仆遵之,此疾永除。"③这样的事例还有很多,无法一一赘述。可以确定的是,通过积极的心理暗示给予病人必要的心理治疗是古代医师治疗疾病的重要方式。

由于心病在患者身上体现为无法排解的心理障碍、郁闷沮丧的精神状态,因而对于以言语方式进行的心理治疗而言,重要的不在于言语本身的真假,而在于设法使患者确信言语是真的,患者对施治者的笃信对于疾病的痊愈至关重要,这条治疗规则无论古今都是适用的。对于现代的患者而言,他们更易于听从医生或者专家的言语,极少会采纳江湖游医或社会人员的治疗建议。同样对于相信巫术的古人而言,相同的话唯有出自巫师、端公、占卜师、解梦师之口,才会显示出治疗效果。春秋时期的晏子就曾用这个方法成功地治愈了缠扰齐景公多时的心病。"景公病水,卧十数日,夜梦与二日斗,不胜。晏子朝,公曰:'夕者梦与二日斗,而寡人不胜,我其死乎?'晏子对曰:'请召占梦者。'出于闺,使人以车迎占梦者至,曰:'曷为见召?'晏子曰:'夜者,公梦二日与公斗,不胜。公曰:寡人死乎?故请君占梦,是所为也。'占梦者曰:'请反具书。'晏子曰:'毋反书。公所病者,阴也;日者,阳也。一阴不胜二阳,故病将已,以是对。'占梦者入,公曰:'寡人梦与二日斗而不胜,寡人死乎?'占梦者对曰:'公之所病,阴也;日者,阳也。一阴不胜二阳,公病将已。'居三日,公病大愈,公且赐占梦者。占梦者曰:'此非臣之力,晏子教臣也。'公召晏子,且赐之。晏子曰:'占梦者以占之言对,故有益也。使臣言之,则不信矣。此占梦之力也,臣无功焉。'公两赐

---

① 吴自牧:《梦粱录》,刘坤编,哈尔滨:黑龙江人民出版社,2003年版,第569页。
② 焦竑:《焦氏笔乘》,李剑雄点校,上海:上海古籍出版社,1986年版,第247页。
③ 焦竑:《焦氏笔乘》,李剑雄点校,上海:上海古籍出版社,1986年版,第371页。

之,曰:'以晏子不夺人之功,以占梦者不蔽人之能。'"①晏子最后的一句话道出了治愈齐景公心病的真正玄机,这表明晏子不仅是一位出色的政治家,也是一位优秀的心理医生。在民间也不乏这样的心理医生,民间心理医生的角色更多时候由巫师来充当。"大凡高明的巫师多是出色的心理医生。不仅纯粹的心病可以通过心理疗法来治愈,即使是其他疾病,当巫师充分调动病人的精神积极性之后,也可以转化为肌体和生理上的协调以达到治疗疾病的目的。"②

巫师在施法驱鬼治病时,口中总是念念有词,在默诵咒语的同时伴随种种夸张怪异的动作,如果不理解巫术的深层内涵,武断地认为这些咒语和动作都是毫无意义和毫无根据的,那就犯了严重错误。巫师的这些做法都是针对患者所进行的积极心理暗示,即通过看似不重要的重复动作和咒语,逐渐改变患者原有的束缚身心的观念和意识,灌输并强化主持者预设的健康的观念和意识,以达到恢复患者正常的心理秩序,实现身体器质性痊愈的目的。首先,不断重复的动作和咒语有利于患者摒弃原有的致病的观念和意识,加深对巫师动作隐含的正常观念和意识的印象,并快速地认可和接受;其次,巫师不为常人所理解的玄奥咒语和动作构成一种非语言传播体系,这种传播体系虽然只可意会难以言传,但充当了巫师意念与患者心绪感应与互动的最适宜媒介,更有利于患者的心理康复。"非语言传播是一套精致的代码,未见诸文字,无人通晓,但人人都能意会。非语言传播超越了语言的范围,进入了深不可测的情感和情绪,不容易用语言来描述。"③巫师的施术作法,抛开其中的药物、针灸作用不谈,从现代科学角度来讲就是一种正常的心理疗法。在施术的过程中巫师运用了巫术的心理暗示功能,尽力使所有的诵辞和动作形成强大的合力,产生"引力场"效应,吸引患者的病态思想和意念向巫师预设的正常思想和意念靠拢。对常人来说,巫术心理暗示功能的力量之强大是难以理解和远超乎想象的。

巫术在疾病治疗中的心理暗示功能早已引起有关学者的关注,并获得了充分肯定。英国著名人类学家基思·托马斯引述过一则被认为是颇具代表性的心理治疗案例:"一位法国医生的病人坚持相信自己是被魔鬼缠

---

① 孙彦林:《晏子春秋译注》,济南:齐鲁书社,1991年版,第284页。
② 詹鄞鑫:《心智的误区——巫术与中国巫术文化》,上海:上海教育出版社,2001年版,第304页。
③ [美]威尔伯·施拉姆、威廉·波特:《传播学概论》,何道宽译,北京:中国人民大学出版社,2010年版,第64页。

上了,于是这位法国医生请来了神父和外科医生,同时自己也带了装有一只活蝙蝠的袋子。病人被告知说,要对他施行一次小手术来治愈他。神父举行了祈祷,外科医生则在他的胁上割了一道小口子。正值外科医生割切时,法国医生便放开蝙蝠,让它飞入房间,并喊道:'瞧啊,魔鬼跑掉啦!'于是那个人便认为自己被治好了。"①在这个治疗过程中,蝙蝠充当了巫术活动的道具,如果离开了它,巫术的心理暗示功能就难以实现。

看似荒诞怪异的巫术行为实则蕴含着充分的合理性,巫术在展现其心理暗示力量的过程中体现出施术者独特的思维逻辑。这种特殊的思维逻辑作为巫术的基本运行规则贯穿于每一场巫术活动之始终,使形式复杂神秘的巫术活动表现出某种程度上可循的规律性,巫术研究者也可以从理性的科学角度出发对这种玄奥的古文化事象做出合理的解释。

四、巫术心理暗示功能的实现

远古时期,整个社会的科学文化处于原始的水平,人类征服自然和理解自身的能力还很有限。此时的巫师则一枝独秀,成功地发挥了巫术活动的心理暗示功能,以它的实用性和应验性征服了不同地域、不同阶层的民众,并使之成为一种文化传统长久地流传下来,巫文化也成为当时整个社会文化体系的主流。马林诺夫斯基曾指出:"人们只有在知识不能完全控制处境及机会的时候才有巫术。"②巫术并不是为某国所独有的文化事象,它在世界各国的历史进程中曾广泛存在。由于巫术的功能与作用主要是通过对受传者的心理暗示实现的,因此研究巫术的作用机制宜从其对受众心理层面的影响开始。

巫术心理暗示功能的实现必须具备一定的前提条件。法国著名的结构主义人类学家斯特劳斯指出:"我们没有理由怀疑某些巫术实践的效应,不过我们同时也看到,巫术的效应须以对它的迷信为其条件。后者有三个互补的方面:第一,巫师相信他的技术的效应;第二,病人或受难者相信巫师的威力;最后,共同体的信念和期望,它们始终像一种引力场那样起着作用,而巫师和受术者的关系便存在于和被规定于其中。"③首先,施术者或

---

① [美]基思·托马斯:《巫术的兴衰》,芮傅明译,上海:上海人民出版社,1992年版,第41~42页。
② [英]马林诺夫斯基:《文化论》,费孝通等译,北京:中国民间文艺出版社,1987年版,第52页。
③ [法]克洛德·莱维-斯特劳斯:《结构人类学》,谢维扬、俞宣孟译,上海:上海译文出版社,1995年版,第178页。

医生在实施心理疗法时,自身必须自信。患者的信任感往往并非出自理性,其情绪和意念受视觉可见的外部因素影响较大。"自信通常和快乐、充满活力、心情愉快以及总体上能控制生活等的感觉联系在一起。"①自信之人的外部形象和动作会焕发出较强的魅力,更能获得别人的信任,他们的言语也会有更强的说服力和感染力。其次,不管巫师或医生如何自信,心理疗法的效果最终还是要通过患者自身表现出来,因此治疗的关键还是在于患者密切配合,相信巫师或医生的能力。唯有如此,巫师或医生的自信和患者的信任两种分力才能产生一种相互促动的"引力场"效应,快速在患者身上显示出明显的疗效。

所有的巫术都有一套针对患者不同病因和症状的特定解释系统,斯特劳斯将这种解释系统称为"虚构的解释体系"。他认为,"从诊断到治疗,构成了疾病的状态。这种真实性本身就不明的虚构,是由一些操作程序和表述所组成"②。斯特劳斯的理论见解有着深刻的含义,透过"虚构的解释体系"理论,有必要在认识上达到这样的高度,即不仅可以用它来解释巫术灵验性的奥妙之处,甚至也可以用其来解释整个人类历史上曾被提出的所有假说对于推动当时社会进步所起的巨大作用和影响。斯特劳斯所言的"虚构"在一定程度上就是指"假说"。毫无疑问,现代科学离不开假说,然而古代巫术同样需要假说。这两种假说的区别主要在于,现代科学把未经证实的学说或现象都统称为"假说",而巫术的主持者端公或巫师则不进行严格条件限制下的重复实验和论证,他们通常把那些能够自圆其说的说法都当成是真实确切的存在。由于"假说"被当成了真实的存在,在巫术的说辞中并没有"假说"的提法。巫术和科学的运行机制却因此具有了较多的相通之处。在人类社会的初始时期,巫术主导着人类的文明体系,那时还远没有现代意义上的科学。科学是巫术熏陶下的文化体系在后续发展中的衍生物,现代科学起源于古代巫术。今天人们称巫术中具有切实合理性的解释系统是"虚构"的,原因就在于过分地崇尚现代科学,这使人们容易忽略巫术本身的重要功用与价值,不利于它的传承与发展。虽然巫术的解释系统里有许多是巫师为获得患者的充分信任而编造出来的成分,但其出发点是充满善意的,他们的所作所为都是为了使患者更快更有效地恢复健康,

---

① [美]菲利帕·戴维斯:《增强自信》,冯羽译,上海:上海科学技术出版社,2003年版,第6页。
② [法]克洛德·莱维-斯特劳斯:《结构人类学》,谢维扬、俞宣孟译,上海:上海译文出版社,1995年版,第191页。

摆脱疾病的折磨和困扰。从这点来说,巫术比科学具有更直接的人文关怀。因而,巫术中诸多虚构的解释系统,就它的认识背景和最终归宿而言,不仅合情合理,也是十分必要的,就如晏子教占梦师对齐景公所作的解释一样:太阳属阳性,景公所患疾病属阴性。景公梦见自己与两个太阳相斗而失败,正体现了一阴不胜二阳之理,这预示着景公就要摆脱水病的困扰,身体即将痊愈。晏子就两类不同的事象进行了相关联的想象发挥,予以临时的编造,成功地治愈了缠扰景公多时的顽疾,这说明巫术在某些方面确实有着比科学更合理的成分和更强的威力,其中的缘由是目前善于解释论证的科学体系所无法从根本上予以解析的。

心理暗示功能的有效发挥关键在于使患者产生对医生或巫师充分的信任感。原始民族的巫师尤其注重通过一系列精心安排的造作程序提高患者的信任度,使其切实感受到疾病的驱除带来的畅快感。然而托马斯却注意到另一种特殊的情形,即在某些时候或场合,巫师的魔咒不仅可以治疗信任者,在对巫术持怀疑态度的患者身上同样可以显示出不错的疗效。他对此现象的解释是:"在一个轻信的时代,即使怀疑论者也有着受压抑的信仰心,这种信仰心在适当的环境中会摆脱束缚迸发出来。"[①]托马斯的解释颇为贴切,人的心理世界之复杂,情感状况之丰富着实令人难以捉摸和揣测。"当人们观看电影或电视故事时,它明明申明'本故事纯属虚构',观众也非常明白它是编剧编出来的,演员演出来的,但就是常常被感动,为之紧张、为之扼腕、为之悲伤、为之忧愁,或唏嘘流泪,或咬牙切齿,甚至心脏病发作。由此可见,在某种模拟真实的状态下,即使明知真假,人的心境情感也会被唤起,被牵动,于是其影响客体的功能也就实现了。"[②]优秀的巫师相当于出色的导演兼演员,他们能够充分运用服饰、言语、腔调、动作和表情等多种艺术手法营造出具有浓厚感染力的场景氛围,形成种种具有较强心理影响力的诱导和暗示,不仅可以激活信仰者正常的心理体验,也可以改善怀疑者不正常的消极心理状态,使患者能够切实地感受到显著的疗效。

通过上述分析,要明确断言巫术是科学还是非科学是十分困难的。那些在事实上起了切实作用的巫术从专家学者专业研究的角度来看也许是

---

① [美]基思·托马斯:《巫术的兴衰》,芮傅明译,上海:上海人民出版社,1992年版,第42页。
② 詹鄞鑫:《心智的误区——巫术与中国巫术文化》,上海:上海教育出版社,2001年版,第311页。

非科学的,而从患者和群众非常规的角度来看却是具有充分科学性的。真正科学的最终目的是将其理论有效地应用于实践,指导实践,使实践向着人们期待的方向发展,在这一点上,巫术与科学如出一辙。可以肯定的是,即使经过现代科学严格的概念和意义界定,优秀的巫师也完全可以与出色的医生相媲美,甚至远超部分专业医生。"人类医学的早期形态是巫术医学,这是一个历史事实。随着人类理性的进步和经验的积累,医学才逐渐告别其巫术形态,进入经验医学、实验医学等阶段。"[1]传统巫师与现代科学意义上的医生的区别主要在于,除心理医生之外的大部分医生主要从躯体等方面的生理病变着手施治,而传统巫师不论其举着什么幌子,实际采用的基本上都是心理方面的治疗方式。心理疾病对古人造成的危害往往比生理疾病严重得多,由于古代科学文化水平较低,因而古人的理解力和领悟力也相对较弱,一些在现在看来比较容易理解和接受的自然或社会现象对古人而言,却易于变成精神枷锁,对其造成难以摆脱的精神困扰。"古人动辄怀疑遭到他人的巫蛊之害,或者常常把某些本属正常的生理现象当作不祥之兆,或者把某些与人事无关的自然现象当作害人的怪物,久而久之就会导致精神性的甚至转化为生理性的疾病。"[2]因此,古人面临的心理困惑及由此直接引起的生理疾病在某种程度上要比现代民众严重得多。针对这种类型的生理疾病,如果只是单纯着眼于缓解生理方面的疼痛,而忽略深层次的心理方面的根本病因,则无疑是治标不治本的权宜之举,收效甚微或易于复发。此时的药物治疗反而不如心理治疗更具针对性和显著效果。相形之下,由于古人深处无污染的自然环境和竞争压力小的社会氛围,食用纯天然的绿色食品,呼吸着新鲜纯净的空气,他们所受到的来自原发性生理疾病的威胁远没有心理疾病这么严重。因此,传统的巫术心理治疗方式在古代社会是十分适时和必要的,它在维护古人的身心健康方面发挥了重要作用。当然同样的工具如果被别有用心之人所利用,则会是另一番结果。由于巫术对人的心理具有较强的感染力与控制力,在政治基础薄弱的边远地区如贵州的异端邪士经常用其迷惑群众,骗取钱财,结伙作乱,敲诈勒索,为害一方,这也是需要我们正视的。

---

[1] 何裕民、张晔:《走出巫术丛林的中医》,上海:文汇出版社,1994年版,第418页。
[2] 詹鄞鑫:《心智的误区——巫术与中国巫术文化》,上海:上海教育出版社,2001年版,第312页。

五、现代医学中的暗示疗法

暗示尚无明确定义,通常来说,暗示是指施暗示者通过一系列语言、动作、预设的背景等信息,使受暗示者不需经过强意识的思维逻辑判断,就可在无意识中本能地对暗示的信息附和、接受和遵从,产生施暗示者所希冀在受暗示者身上出现的观念、意念、情感和行为的方式与手段。暗示与催眠紧密相连,催眠以暗示为基础,暗示往往是在催眠的过程中进行的,两者相辅相成,不可分割。

(一)暗示的功能

1. 暗示可以调节人的心理状态

研究表明,人的知觉、感觉、情感、意志、个性、注意力、记忆力、想象力、理解力等皆可受到暗示的影响。积极的暗示可使人精神振奋、头脑清醒、意志坚定、动作敏捷、注意力集中、记忆力增强、工作效率提高和痛阈值提升等;消极的暗示可使人懒散颓废、精力涣散、反应迟钝、意志消沉、记忆力变差、工作效率和痛阈值降低等。

2. 暗示可以增强随意肌的活力

现实生活中经常可以发现,老年人愈是暗示自己年老不中用,记忆力就愈差,腿脚愈发不灵便,行走也愈加困难,严重者索性瘫软在床,整天愁眉苦脸、唉声叹气,如此一来,形成恶性循环,所谓病情也就愈加严重。因此临床上常出现这种情况:消极的暗示导致老年人神经性瘫痪,而积极的暗示往往使神经性瘫痪的病人行走如常。

3. 暗示可影响植物神经功能

恐怖暗示会使胃肠出现不规则蠕动;愤怒暗示可使血压升高,脸色发红;悲伤暗示可使胃肠活动降低,胃黏膜不同程度脱落,胃液分泌减少,食欲下降。此外,消极的暗示可抑制神经系统及大脑的功能,甚至可使全部脏器活动功能丧失,导致人的死亡。

国外的一位心理学家曾做过一个有名的试验,他对一名即将执行死刑的犯人说:"你已经被判处死刑了,为了让你在无疼痛中离去,我们将割断你的动脉,让血液缓慢地流出体外,这样你就可以无痛苦安心地走了。"犯人欣然答应,心理学家让他坐在椅子上,蒙上双眼,并假装割破他的手腕,以滴水声代替滴血声。这位学者于一旁不断施以语言和语气暗示,强化他的死亡意识,绘声绘色地告诉他:"你的桡动脉已经被割断,血液不断往外流,你的血液已经流掉三分之一了,你很快就要头晕了;你的血液已经流掉二分之一了,你的意识马上就要模糊不清了;你的血液已经流掉四分之三了,你很快就会不省人事离开人世了。"数十分钟后,犯人果然安静地离去。这个试验虽然缺乏人道主义精神,但却鲜明地展现出暗示对人的生理机能和器官功能的显著影响,促使世人对这一关联的关注。①

(二)暗示疗法在临床上的实施

在临床上实施暗示疗法时,医生一般会先设法使病人进入催眠状态,然后通过语言等各种暗示方式减轻或消除患者的病态心理和躯体障碍。暗示手段多种多样,单就临床来说,医护人员的语言、手势、表情、开出的药物、各种检查等都可构成心理暗示。他们的一言一行,一举一动,甚至点头、微笑、皱眉、愣神等都可对病人产生程度不等的暗示效应。另外,在日常生活中各种暗示现象也会随时随地于人们的有意无意间经常出现,如:遇陌生人紧张、做坏事心虚、疑神疑鬼等自我暗示;美食共鸣、痛感共鸣、害怕共鸣、情感共鸣等相互暗示;一朝被蛇咬十年怕井绳、望梅止渴、杯弓蛇影、草木皆兵等物品和环境暗示;商品广告的明星暗示等。

鉴于暗示在人的身心健康方面所发挥的强大作用,临床医护人员通常谨言慎行,重视自己的举止、言行、表情、手势等,尽可能摒除无意间的言行举止给病人造成的不利影响;给予病人良好的心理暗示,充分发挥暗示的积极作用为病人治病,促进他们的早日康复,如针麻止痛,针灸一次治愈急性腿扭伤,针灸治疗神经性瘫痪、癔症性失语、神经性厌食症等。治疗机理除了传统中医经脉学说外,心理暗示也是重要的因素。药物的暗示作用在疾病的治疗中也很明显,通常那些价格高、包装精美、医护人员暗示此药疗效特好者于同等条件下会产生更好的治疗效果。

在人类文化的漫长历程里,向来就包含着原生态的感性文化,也囊括着所谓成熟的理性文化。过去一向认为,这两种文化是有高下和先后之分的,然而通过今天对贵州傩文化的研究可以发现,文化是没有先进和落后之分的,每种文化都有它存在的合理依据,更不应有淘汰"落后"文化的想法和做法。大量事实证明,多种性质品类的文化是可以合理分流和长期共存的。原生态文化不仅先于理性文化产生,而且可以待"先进"的理性文化

---

① 杨菊贤、张锡明:《实用心身疾病学》,乌鲁木齐:新疆科技卫生出版社,1992年版,第74~77页。

成熟后与之并存。两种文化互衬互依互渗,甚至可以具有很多相通的表现形态。原生态文化除了保存自己原始的表现形态和形式外,还以强大生命力世世代代沉淀于社区民众的意识深处和社会的心理机制层面,于无形中潜移默化地干预和影响着人类一切更高层次的思想意识和情感思维活动。原生态文化的特征主要有功利性、非理性、模糊性和随意性等,不同形态的原生态文化虽然具有多种意义和功能,但都具有真、善、美的意义本质。在崇尚自我、竞争、速度与成果的理性文明日渐开阔并占据主流地位的现代社会,原生态文化仍然执着地保持实用、真诚、友善、愉悦、美感、分享等多种品格是难能可贵的。无时无所不在、尽人皆知的原生态文化,虽然不同地域、不同时代、不同民族、不同国度对它的称谓有所不同,但本质是大同小异的,中华民族早就从汉字的形、声、意出发,以"傩"来称呼界定这种悠久的古老文化。

关于文化的定义很多,但几乎所有的文化定义在内容范围上都包含如下三个方面:首先是思想意识形态方面,包括人们的思维习惯、精神信仰、价值理念、道德认知、认识水平、心理素质等;其次是生活态度和方式方面,即人们对日常生活、家庭生活、社区生活、社会生活中的衣食住行、婚丧嫁娶、生老病死等所秉持的态度,以及在这方面所采取的应对方式;最后是精神的实体物化,即倾注了并能反映时人精神观念的实体物品。从这三个方面所概括的完整文化范围来看,傩作为分布广泛的民间信仰文化已具备了作为一大文化品类的各方面特征。贵州傩文化所保留的古代神道色彩,不仅反映在傩坛庞大的神灵体系上,也反映在民间的种种禁忌和敬拜上,这既透露出人们认识能力的局限与质朴,又表明了他们思维取向和价值理念的情感走势。在贵州各地各民族的傩活动中,隆重的冲傩还愿仪式,为求孩子顺利成长还"过关愿"而进行的"踩刀"表演,驱鬼逐疫的"穿刀祭""衔红铧""取替胎"等程式,都是傩文化下的常见民俗行为。这些程式都具有典型的傩艺术表征,成为傩的载体和外衣,以审美的艺术魅力构成傩的精神层面的外在物化形式。

贵州的傩文化作为一个有机整体、一种连续的流程,涵括了贵州悠久的历史积淀,展示了不断丰富和更新的人类心路历程。贵州的傩活动绝非傩祭、傩仪、傩戏、面具以及鬼神巫术的简单机械叠加。在傩特有的场景氛围中,人们惯常的心理状态、行为准则、思维理念和生活观念等都会顺势发生变化,这些变化多是靠纯粹的现代科学逻辑所无法解释的。深处傩文化的感性氛围中，人们可以透过种种看似荒诞的逻辑和无可理喻的程式，直观地感受到先人对世界的淳朴理解和朴素的抗争，尤其可以领悟到先人在自然崇拜下改造和利用自然，在鬼神观念下讨好神灵、驱逐恶鬼，在祖先崇拜下剖析自身、肯定自身的不懈努力及改变操控命运的不安分的执着与艰辛。这种在对大地、神鬼、自然和命运的敬拜中所体现出的不屈不挠的抗争精神，使傩更多地展现出贵州乡野各族民众积极乐观向上的天性本质和亘古以来所具有的真、善、美的品质特征。傩文化在贵州民众物质和精神生活中的渗透和影响是广泛且深远的，它在运动发展中呈现出自己的生机与活力，不仅以新的形态适应新时代的要求，而且也在很大程度上保存了传统的形态与价值。无论从纵向的时间跨度，还是从横向的现实世界来看，贵州傩都不是静止不变的，这正是傩自古迄今的顽强生存之道和生机与魅力之所在。当下的傩虽然有着相对稳定的剧目、台词、唱腔、动作、仪式等，但仍是在缓慢发展。从纵深的时间维度来看，傩所处的每一个"当下"都是紧密相连的，呈一个层累交叠的状态，而非可以被割裂为有明确边缘界限的单纯对象，更何况傩早已深嵌于贵州的广大地方社区，成为乡野民众民俗生活不可或缺的重要组成部分，将它从所依附的具体环境中强行剥离而去分析和理解也是不恰当和不完整的。热闹的傩戏、烦琐的仪式和奇异的面具虽是贵州傩活动极具震撼力和吸引力的重要组成部分，但这不是最主要的。回归到傩的本质，它不只是一种单纯的祭祀活动，傩作为一种完整的文化事象，着重在于体现人与天地万物等自然实体、人与鬼神等未知玄秘的世界之间彼此呼应、相互往来的密切关系。由于每位傩活动参与者的处境不同，其身处的傩世界亦随之时而呈现出蛮昧的、神秘狞厉的、骗局似的氛围，时而幻化出可信赖的、充满人情味的、质朴拙钝的、神圣虔诚的气氛。然而无论傩坛如何神圣、场景如何庄重，傩都已在事实上步下神坛，迈入尘世，与世人心心相印、息息相关，不断赋予人们新的安全感和可以期待的梦想。

对傩的信仰是人类本能的先天倾向，傩在人类的心理层面赋予了十分强大且复杂的力量，逐渐成为人性中不可分割的一部分，不仅是人类对自身生命存在和威胁生命存在的不可预测的神秘力量的一种感知方式，也是人类对于外在世界一切不可知的自我解释与说明的宇宙观来源。人们在傩的感性氛围中以高度的忠诚、自发的敬畏和自觉的自我约束等，笃信这种超自然存在的解释与结论。时至今日，在人们日渐意识到理想与意志在冰冷现实面前的失落、孤立无助的生存危机和种种急功近利的焦虑时，傩也愈加深入人心。它游刃有余地变体于不同地区不同民族的文化中，成为人们紧张心理的柔情慰藉和冷酷的理性科学的温情补偿。尽管现代文明前途无量，科学唯物主义已为众多事物的存在与发展提供了一个无可辩驳的真理性解释，但人类的求知欲、解释欲、征服欲、娱乐需求是永无止境的，理想的完美与现实的缺陷之间的矛盾永远存在。在人类无限的探索欲和需求欲面前，现代科学对人类的满足不仅颇为有限，很多时候连起码的解释都是苍白无力的。科学文明使人们愈加清醒地认识到，人类永不可能达到在自然界中为所欲为的地步，充裕的物质生活也并不能给人们带来精神上的通透、明朗与充实。迷茫的人类常常会把关注的目光移向遥远蛮荒的文化源头，去追寻未曾被污染过的纯净的原始主宰与生命之源，古老神秘的傩文化适时地在人类的内心深处赢得一席之地，为人类的欲求提供了终极的解释和答案。傩是人类失落之时的精神支持根基，既是人们对生命本质的感性领悟，又是对被现代文明扭曲异化的心灵的安抚。在一切所谓正统、主流的文化陷入无可奈何的失重状态之时，人类便可以从这种更加出自本能的原生态文化中寻找到勇敢面对艰难生存环境的精神支撑，因此傩经常成为人类生存活动中的一个可靠的参照、背景和依据。傩无时无处不在，它以撼人心弦、充满温情的情感魅力调剂着现代社会中人们的危机感与失落感，冲淡理性科学的冰冷无情和缓解时人面对众多未知和不可知而产生的焦灼和无奈心理，傩因此成为贵州时人必要的自我宣泄与自我满足的文化。

第八章　贵州傩文化的交流与互动

贵州傩文化能传承不息,很大程度上得益于其自身的开放性与包容性。贵州傩文化本身就是不同地域不同民族的各类文化在长期的历史进程中相互融合的产物。其不仅在省内不同地区拥有活跃的交流群体,而且与周边其他省份之间的相互交流也相当频繁,逐渐形成一个具有相对固定形式和相当数量群体及较大地域规模的文化共同体,为其自身的长期传承发展奠定了坚实的群众基础和文化底蕴。

第一节　汉族傩文化对布依族等贵州少数民族文化的影响

从文化交融的角度来看,贵州布依族文化是由多种文化元素交织孕育而成的。布依族主要分布的黔西南州,自秦汉以来就有几次大规模的省外移民迁入。尤其是明洪武时期的"调北征南""调北填南"运动使中原移民大量入境,汉族人口不断增多,与布依族居民形成了"成片聚居,交错杂居"的混融局面。"全境之民,多明初平黔将卒之后,来自江南,尚有江左遗风,士习淳朴。"[①]这种"你中有我""我中有你"的现实状况,必然促使各民族在经贸、文化等各方面互相交流与融合。一般来说,历史悠久、处于较高发展水平的民族文化必然会对处于较低发展水平的民族文化产生较大影响。相对落后的民族通常是在继承本民族传统文化的基础上,学习先进民族文化的长处,从而使自身文化得到发展。"布依族是善于吸收汉族文化的少数民族,这与布依族人民入学读书有很大关系。几百年来,读书人逐渐增多,他们读汉文,习汉礼,仿照汉人排列字辈,修家谱。婚丧礼仪,部分地区也局部改从汉俗。富裕人家的室内陈设,神龛上供奉的神位,过年时张贴的春联、门神等,都仿照汉俗,是吸收汉文化的具体表现。"[②]

---

① 张锳、邹汉勋:《兴义府志》序,咸丰四年(1854)刻本。
② 《布依族简史》编写组:《布依族简史》,贵阳:贵州人民出版社,1984年版,第145页。

一、端公活动的传入对布依族民俗文化的影响

黔西南地区兴义市布依族的傩文化历史悠久。《兴义府志》对清代布依族的傩祭活动予以了详细记载:"二月初行春傩以逐疫。三月初将祈灵于东岳之神,首士鸣钲告众,三月二十日散花,二十一日行大傩于东岳庙,谓之'出会'。或以小木采楼顶之于首,曰'顶案',或作乞丐状,或作罪人状,以酬神愿,喧阗盈途,至二十八日止。"①据此记载,一年一度的"春傩"活动从农历二月初开始,一直持续到三月二十一日,以"行大傩"的程式收场,活动时间长达两个月,至于平时民间举办的傩戏表演活动,则更是常见不鲜。

明清之际,四川端公戏的传入,为该地区的傩文化增添了浓厚的宗教色彩,这段史实在贵州史料中多有记载。清代乾隆中期,端公主持的巫术活动以轻盈优美的舞姿、扣人心弦的说教、神奇玄秘的氛围、别具一格的娱乐性而为当地民众所接受和喜爱,吸引了日益增多的参与者,深刻改变和充实了当地群众的民俗生活。"黔蜀之地,风教之至恶者莫如端公。不悉禁,必为大害。吾尝观其歌舞,跳跃盘旋,苗步也;曼声优亚,苗音也;所称神号,苗祖也,是盖苗教耳。而人竞神之,何哉?或谓此巫教。巫教虽古圣人亦不禁,且楚巫之盛,自周秦来非一代矣,何伤乎?嗟乎!以吾道论,即楚巫亦不可尚,何况苗教!而人之神之者,浃肌肤,沦骨髓,即訾以媚苗,亦不自愧也。可哀也哉!彼苗之言曰:'吾有疾,勿药,神能疗之;吾有仇欲报,祖能杀之。且吾蛊食以召人,杀牛以祭神,得失吉凶,吾师皆能先知之。'于是群跃曹歌以灵其神,且以其术惑汉人。而为端公者,亦不自知为苗所惑,遂群起而效之,以为衣食计;而又引古之巫以自尊,决祸福假于神以讹煽妇女;小民无知,亦信其家人妇女之言,遂烧香许愿,敬其神,畏其鬼,争迎端公至家,歌舞以祷焉。"②由于端公在该地区具有较强的号召力,因此其称号经常被叛乱头目用以招徕信徒,扩大割据势力。叛乱势力的发展构成了对政府统治的严重威胁。"郡苗嘉庆二年之变,始亦托于跳端公。知府曹廷奎以跳端公禀覆大吏,遂不设备,以致祸延数千里。方今天下多事。端公之术,以食案斜侧一足,插于升内,实米于升,案即不倒。又以纸条悬斗米不坠,以此愚夫愚妇多异而信之。然终近邪术,防患未然,自宜严

---

① 张锳、邹汉勋:《兴义府志》卷四十《风俗》,咸丰四年(1854)刻本。
② 张锳、邹汉勋:《兴义府志》卷四十一《苗类》,咸丰四年(1854)刻本。

禁。"①因此,清政府取消了一切形式的端公主持的巫术活动,布依傩仪、傩祭活动从此由公开举行转为秘密流传。

虽然清代律法对端公主持的傩俗活动严加禁止,但由于黔西南布依族聚居区生存条件相对恶劣,广大民众迫切需要寻求精神方面的力量支持。面对日益高涨的群众呼声,加之地理位置偏僻,政治基础薄弱,只要民众不利用"端公"的名号集结反叛势力,当地政府往往对民间傩活动视而不见。"布傩"活动的主要目的是驱鬼治病、求祥纳吉、祷还愿事及祈求神灵保佑全寨五谷丰登、六畜兴旺。在整套活动程序中,还穿插一些小型的娱人杂戏,这些娱人小段大都由贴近布依族民俗生活的民间小故事改编而成,整套"布傩"仪式融严肃的祭祀性和亲民的娱乐性于一身,在很大程度上满足了布依族民众的现实和心理需求。因此,道光时期兴义地区的傩活动又兴盛起来,兴义副贡生张国华作诗描述了当时布依族聚居区傩活动的盛况。在一年一度的东岳庙会期间,包括社会最底层的愚夫愚妇也欣然前往许愿还愿,傩的集会活动俨然已经演变成一场隆重的全民大联欢。"二月春浓雨露多,各街乘隙遍行傩。迎猫迎虎求丰岁,台阁妆成讶彩蛾。"②"三月春深看会场,神迎东岳竞拈香。纸枷木案纷偿愿,愚妇愚夫势若狂。红颜争庆佛生辰,惹得萧郎顾盼频。求子还将钱打子,如来岂是爱钱人。"③

二、端公影响下的布依民族起义

布依族民俗文化受到汉族傩文化的深刻影响,渗透了浓厚的跳端公遗俗之风。端公在傩仪式中的形体动作和吟诵的巫经与布依戏中表演者的动作和唱腔台词等虽有很大的差异,但在本质上是基本相同的,都属于巫文化体系。在某种程度上说,布依戏就是在传入的端公戏的基础上形成的。"两百年前,布依族人民在自己固有的艺术形式的基础上,融汇了汉族端公戏的艺术形式,从而发展了具有本民族语言、歌舞、音乐、打击乐、器乐特色的苗俗跳端公,产生了古老的受本民族群众欢迎的布依戏。布依戏的活动,在当时不光给布依人民精神享受,寄托向往,而且发挥了团结群众,反抗压迫的作用。嘉庆二年的苗族农民起义就是借用布依戏的活动而发起的。由于封建统治阶级害怕农民起义,为了巩固其统治地位,便于乾隆

---

① 张锳、邹汉勋:《兴义府志》卷四十一《苗类》,咸丰四年(1854)刻本。
② 张锳、邹汉勋:《兴义府志》卷三十九《艺文志》,咸丰四年(1854)刻本。
③ 张锳、邹汉勋:《兴义府志》卷三十九《艺文志》,咸丰四年(1854)刻本。

嘉庆年间下令禁止苗人跳端公。清乾隆时期布依戏在黔西南就已经很普及了,是历史上的极盛时期。而布依戏的形成与汉文化的端公戏有联系,因此从布依戏的历史来看,应推至三百年前。"①

其他民族的民间宗教的主持者和参与者一般为男性,而布依傩的突出特点在于其主角多为女性,这是布依族聚居区保留下来母系氏族公社的显著遗俗。同时,在汉族端公主持的傩活动中,参与者只是将端公视为神灵的代言人,而不是神灵本身。与之形成鲜明对比的是,在布依傩中,崇奉者往往将主持者当成神灵的化身,歇斯底里地予以敬拜,这使布依傩比汉族傩具有更为直接和强大的号召力,在特定的历史情境下,其更适于充当集结农民起义军的号召工具。布依族历史上著名的民族女英雄王囊仙即为清乾嘉时期某个布依傩派别的执掌者。她所生活的年代正值统治者在贵州厉行"改土归流"政策之时,各地大小官吏、地主、放贷者纷纷进入布依族聚居区,与当地的土目相勾结,共同欺压布依人民。为了反抗清廷的昏庸残暴统治,王囊仙与韦朝元等人以行傩的名义号召布依农民起义,取得各族人民的积极响应与支持。起义军势如燎原烈火,发展迅猛,以至于朝廷不得不紧急调集重兵予以残酷镇压。"嘉庆元年十二月二十三日黄昏,南笼府城雷大震,自西南向东北,人畜俱惊。明年,有仲苗之变。仲苗,《元史》谓之仲家蛮,其种族自广西迁黔,而南笼府最多,性愚而犷。有女仲苗王囊仙者,以邪术诱惑其种族,仲苗翕然从之。囊仙性诡诈,又其家素习巫觋,故颇知巫术。既得石,遂言天赐异符,为人治疾,偶有效,愈自诧为神。其父文学与其党王抱羊、韦朝元又为之附会,囊仙愈自矜异,恒持白纳扇往来诸寨,传教仲苗。囊仙本解禁蛇蚁术,乃诡曰天仙下降,蛇蚁咸可使作阵;又私置米于山洞,绐仲苗能祈仙米活人,仲苗视洞,果得米,于是,群奉以为仙。其父文学遂自称大王公,囊仙名其习术。苗男曰仙大,女曰仙姑,又有法仙、光仙诸称,皆令白巾白衣,执白纳扇,曰习术,则白巾扇能御枪炮,术成则仙。分命其弟子杨博外、杨阿角传术于册亨之砦年洞,韦阿信、王阿报、王显明、李阿六、韦抱堵等,及女苗韦阿寒等,各传术于其寨,徒党日繁。"②"乾隆六十年,署知府事曹廷奎闻仲苗有逆谋,颇廉知其党羽姓名,令经历祝云书捕杨博外、杨阿角、王阿报下之狱。已而惑于浮议,或释

---

① 黄理中:《布依戏初探》,载贵州省民族事务委员会编:《贵州省少数民族戏剧资料汇编》,贵阳:贵州省文化出版厅,1985年版,第81页。

② 张锳、邹汉勋:《兴义府志》卷四十一《苗类》,咸丰四年(1854)刻本。

或禁,逆党益无忌惮。嘉庆元年,北乡土目贺占鳌告变,廷奎已中浮议,不之省。大吏又令兵备道周纬至南笼,释谋逆党,惟留王阿报于狱,而以苗俗跳端公上闻,大吏乐于无事,遂信之。端公者,仲苗谓巫也,巫聚祷谓之跳端公也。"①最后,终因寡不敌众,起义失败,王囊仙被清军押至京城,英勇就义,年仅20岁。"勒保命送逆首王囊仙等入都献俘,尽磔之。"②

王囊仙领导的农民起义虽然最终以失败告终,但是沉重打击了清政府的腐朽统治,使清政府加强了对黔西南布依族聚居区的控制。因王囊仙以行傩为名义集结力量,此后布依傩便为清政府所严加禁绝,致使这一宝贵的民俗文化遗产在民间几近绝迹。现在所能看到的留存在民间祭祀活动中的布依傩只剩下简单的"打老摩"程式和穿插其中的傩戏片段,与传说中完整的布依傩形态相去甚远。

从汉族的端公傩与布依傩二者的关系可以得出如下结论:一个民族的传统文化在相邻地区和民族的文化影响下,会产生一定程度的变异;几个民族的几种文化在同一地域范围内的长期传承、相互汲取、相互袭用,会形成"我中有你""你中有我"的混融局面,每一种文化只有在与其他文化交流融合的过程中才能生存发展。"每一民族文化都是与其他民族相互联系中形成和发展的。"③每个民族的文化特点都具有相当程度的稳定性,很难在不同民族文化的交融中完全泯灭。实际上在很多情况下,一个民族的传统文化随着外来文化的加入,不仅原有的民族特色得以保留,而且其全新的面貌更能迎合本族民众求新求变的心理需求,从而为其自身赢得越来越多的群众支持,进而更牢固地扎根传予于乡野民间。"民族特点在艺术作品的形式中表现得更为广泛和明确,因为在这里民族传统、艺术手法和手段的特色、艺术语言中的民族成分都非常有力而又稳定。"④外来的其他民族文化的融入还有利于本民族文化的成熟,布依戏就是布依族原有的傩祭仪礼和汉族的端公戏相混融的结果。黑格尔曾说:"哪个民族有戏剧,就标志着这个民族走向成熟,戏剧是一个民族开化的民族生活的产物。"⑤他还

---

① 张锳、邹汉勋:《兴义府志》卷四十一《苗类》,咸丰四年(1854)刻本。
② 张锳、邹汉勋:《兴义府志》卷四十一《苗类》,咸丰四年(1854)刻本。
③ [苏]康斯坦丁诺夫、[保]安盖诺夫:《音乐美学原理》,北京:中国文联出版公司,1987年版,第286页。
④ [苏]康斯坦丁诺夫、[保]安盖诺夫:《音乐美学原理》,北京:中国文联出版公司,1987年版,第286页。
⑤ [德]黑格尔:《美学》第三卷下册,北京:商务印书馆,2011年版,第243页。

说:"戏剧是一个已经开化的民族生活的产品。"①当然,有必要指出的是,文化交流不等于文化入侵,双方没有强势弱势之分,呈对等的关系。"文化的交流不是单向的,而是双向的,并具有强烈的选择性,两者并没有主从关系。一种文化一时被交流媒介带到另一个地方,除了保持原有的特色外,又必然要接受当地文化的熏陶,不只是从外形上,而且从内涵上发生了新的变化。"②布依族傩文化的变迁史就确切地证实了这一论断。"跳端公"本是汉族对端公主持的傩活动的传统称谓。端公活动传入兴义布依族聚居区后,布依族将"端公"称为"摩公",将"跳端公"称为"打老摩",这种称谓一直沿袭至今。这说明,传统布依傩仪的主持者一直坚守本民族的文化本色,并没有因为强势汉文化的传入而改变本民族的文化本质。

第二节 贵州与湖南傩文化的民间交流

湖南傩文化历史悠久,南宋时期文天祥在《衡州上元记》中写道:"及献酬,州民为百戏之舞,击鼓吹笛,斑斓而前,或蒙倛焉,极其俚野,以为乐。游者益自外至,不可复次序。其望于燕坐之门外,趑趄而不及近者,又不知其几千计也。当是时,舞者如傩之奔狂之呼,不知其裛也。观者如立通都大衢,与俳优上下,不知其肆也。予与侯颓然其间,如为家人之长坐于堂,而骄儿呆女充斥其间,不知其逼也。"③这说明当时湖南民间的傩戏场面已具相当规模。俳优身着彩衣,头戴面具,在鼓笛等乐器的伴奏下进行狂欢表演,虽"极其俚野",却备受群众欢迎,观者云集,热闹非凡。著名文学大师沈从文在《湘西·凤凰》一文中描述了民国时期他的故乡凤凰县的傩戏场景:"男巫用广大的戏剧场面,在一年将尽的十冬腊月,杀猪宰羊,击鼓鸣锣,来做人神和乐的工作,集成人民的宗教情绪和浪漫情绪。"④沈从文笔下凤凰县的傩戏场景在当时的湖南各地非常普遍。"湖南的傩从跳傩再发展到目连戏和傩坛戏,内容也从原始崇拜的天地神灵鬼怪传说发展到历史典故等,其作用从单纯的驱疫消灾发展到后来的看剧娱乐,走出了湖南傩

---

① [德]黑格尔:《美学》第三卷下册,北京:商务印书馆,2011年版,第243页。
② 郑重:《中国古文明探源》,上海:东方出版中心,2016年版,第85页。
③ 文天祥:《衡州上元记》,载《文天祥集》,太原:三晋出版社,2008年版,第186页。
④ 沈从文:《沈从文随笔精选》,武汉:长江文艺出版社,1994年版,第152页。

文化发展的道路。"①

湖南傩文化的盛况是当地古老的楚文化与周边地区的民间文化长期交流融通的结果。湘西紧邻黔东,该地水网密布,水运发达。中国古代西南各地的戏剧文化在传播交流的路径上具有"水路即戏路"②的特点。在当时西南地区陆路交通非常落后的情况下,水路是当地不同地区之间文化交流的重要通道。如此一来,湖南楚文化对贵州民间文化产生影响就成了必然。"自古以来,黔东北铜仁地区巫术、鬼神信仰盛行,这与巴、楚文化有渊源关系。"③《汉书·地理志》最早记载了楚人中盛行的崇鬼信巫的民风:"(楚人)信巫鬼,重淫祀。"④清道光《松桃厅志》明确阐述了黔东傩文化具有显著的楚文化风格:"人多好巫而信鬼,贤豪亦所不免,颇有楚风。"⑤同时期的《铜仁府志》描述了当地其时已经相当成熟的傩戏表演片段:"巫觋棰锣击鼓,以红巾裹首,戴观音七佛冠登坛歌舞,右手执有柄铁环曰师刀,上有数小环,摇之,声铮铮然。左手执牛角,或吹或歌或舞,抑扬拜跪,电旋风转。"⑥铜仁位于黔东北,靠近湖南,当地盛行的傩俗难免受到湖南楚文化的影响。同时由于文化交流的双向性,黔东地区原有的傩文化也必然会影响湘西的民俗文化风格。

同为民间傩的贵州傩和湖南傩在明清以来的传承中,互相影响,共同进步,呈现出相似的艺术风格和民俗特色。民间傩又称"乡人傩",指在民间百姓中流行的傩事活动,是相对于宫廷傩而言的一类傩。早在先秦时期,乡野民间的傩事活动就已经十分盛行了。《论语·乡党》以"一国之人皆若狂"⑦之言,反映了当时民间傩事之兴盛。傩活动是源于中原地区的文化事象,在其后的传承演化过程中,入乡随俗,不断变异,逐渐分裂为乡人傩和宫廷傩两大类。乡人傩由于根系民间,没有宫廷傩所必须遵守的陈规套数,可以根据不同地域民众的不同需求,随时变换外在形态,因而具有

---

① 刘芝凤、徐辉:《湖南傩戏的文化内涵及艺术价值——从沅陵庙会傩戏论湖南傩戏》,载遵义市人民政府编:《中国·遵义·黔北傩文化国际学术研讨会论文集》,成都:西南交通大学出版社,2012年版,第207页。
② 李鸣镝:《中国古代歌唱的历史与审美》,郑州:河南人民出版社,2006年版,第295页。
③ 王路平:《贵州佛教文化的典型图像——梵净山佛教文化研究》,北京:光明日报出版社,2012年版,第245页。
④ 班固:《汉书》第十册,北京:中华书局,1962年版,第107页。
⑤ 徐铉、萧琯:《松桃厅志》卷六《风俗》,道光十六年(1836)刻本。
⑥ 敬文、徐如澍:《铜仁府志》卷二《风俗》,道光四年(1824)刻本。
⑦ 陈戍国点校:《四书五经》上册,长沙:岳麓书社,2014年版,第589页。

较强的包容性和生命力。乡人傩积极从宫廷傩中汲取有益成分,还借鉴了军傩中的一些为民众所喜闻乐见的外在表现形式。例如:从汉代之后,乡人傩中的打斗场面日渐增多,并具有了模仿宫廷傩讲究排场气势的倾向,规模和人数日趋扩大,此时的乡人傩以荆楚之地最为兴盛。与乡人傩的日益壮大形成鲜明对比的是宫廷傩的故步自封,墨守成规,宫廷傩不仅脱离了平民大众的需求,而且也不讨达官贵人喜欢,逐渐退出历史舞台。

乡人傩的主要活动内容是诸神不停地追逐疫鬼,其高潮部分是村民在傩神的带领下,将疫鬼彻底逐出村寨,使之永不骚扰凡人,整个活动场面充满激情。其中的歌舞表演更是尽显楚巫文化的浪漫色彩。到了明代,贵州、湖南两地的傩事活动具有了较多的娱乐成分,已将娱神、娱人、喜庆、消遣、驱鬼、逐疫等功能和形式有机地融于一体。明嘉靖《常德府志》载:"岁将尽数日,乡村多用巫师,朱裳鬼面,锣鼓喧舞竟夜,名曰'还傩'。"①明嘉靖《思南府志》载:"俗以六月二十四日、七月二十二日为土主、川主生辰,至日有庆神之举,居民盛装神像,鼓行于市,谓之迎社火。"②明代之后湖南、贵州的傩事活动,世俗化和娱乐化已成为其主要的发展方向,神性逐渐退居次要地位。清道光《清平县志》载:"二十七日,俗传'五显灵官诞日'。集百戏,具金鼓、旗盖迎赛,观者云集。"③乾隆时期《泸溪县志》载:"虽无当街扎台专演孟姜女,但入冬迎傩神还旧所许愿时,也必须唱一本孟姜女。演至寻夫时,必向来宾索路费钱。"④同时期的《溆浦县志》载:"祈赛听命于巫,神有桃源仙洞、云霄娘娘、梅山诸称,昼夜嬉戏,声轷四境。"⑤《永顺县志》载:"永俗酬神,必延辰郡巫师唱演傩戏。至晚,演傩戏。敲锣击鼓,人各纸面一:有女装者,曰孟姜女;男扮者,曰范七郎。"⑥光绪时胡奉衡在《黎平竹枝词》中记载了当时傩活动的热闹场景:"巫师戴面舞傞傞,岁晏乡风竞逐傩。彻夜鼓铮村老唱,斯神偏喜唱山歌。"⑦可见到了清代,两地的民间傩事活动已高度世俗化和娱乐化,人们经常把历史上品德高尚的著名人

---

① 丁世良、赵放:《中国地方志民俗资料汇编》第六册,北京:国家图书馆出版社,2014年版,第650页。
② 洪价、钟添:《思南府志》卷一《地理志·风俗》,嘉靖十六年(1537)刻本。
③ 万承绍:《清平县志》卷二《风俗》,嘉庆三年(1798)刻本。
④ 顾奎光、李涌:《泸溪县志》卷四《风俗》,乾隆二十七年(1762)刻本。
⑤ 陶金谐、杨鸿观:《溆浦县志》卷三《风俗》,乾隆二十七年(1762)刻本。
⑥ 李瑾、王伯麟:《永顺县志》卷二《风俗》,乾隆十年(1745)刻本。
⑦ 俞渭、陈瑜:《黎平府志》卷八《艺文志》,光绪十八年(1892)刻本。

物搬上傩坛,拜他们为提供正能量的傩神,祈求他们为民众驱鬼逐疫、消灾除难、纳吉还愿。

在苗族的民间传说中,傩公、傩母原为一对兄妹,大洪水过后,世间生灵除兄妹二人,全部灭绝,为了使人类能够继续生存繁衍下去,他们只好结为夫妻,成为今日世界所有人类的始祖。汉族中也有类似的传说,苗族传说中的始祖神傩公、傩母和汉族中的伏羲、女娲如出一辙。苗民在遇到五谷不收、六畜不旺、财运不济、疫病流行等不顺之事时,皆举行仪式许愿酬神。清乾隆《辰州府志》载:"疾病服药之外,惟听命于巫。幸而愈,则巫之功;不愈,则医之过。又岁时祈赛,惟僧道意旨是从。有上元醮、中元醮、土地寿、梓潼寿。又有桃源仙洞、云霄娘娘、梅山诸神之称。又三五岁一祀钱神,其祭一小瓦罐,插六七寸竹管于内,用五色绸条十余层裹于管头,置于正寝。割牲延巫,或一日、三日,名曰'还傩愿'。"①苗族文学大师沈从文在《还原》一文中亦详细记述了民国时期他的家乡"还傩愿"仪式的隆重场景。"锣鼓喧阗苗子老庚酬傩神,代帕阿娅花衣花裙正年青:舞若凌风一对奶子微微翘,唱罢苗歌背人独自微微笑。傩公傩母座前唢呐呜呜哭,在座百人举箸一吃两肥猪。师傅白头红衣绿帽刺公牛,大缸小缸舀来舀去包谷酒。"②"还傩愿"亦称"腊祭",多在秋后举行。清陆次云在《峒溪纤志》中载:"苗人腊祭曰报草,祭用巫,设女娲、伏羲位。"③陆次云是汉族诗人,其笔下的伏羲、女娲即苗族的始祖神傩公、傩母。

"还傩愿"是湘西苗族地区始祖神祭拜中的重要仪式,祭祀时巫师还要唱傩歌、演傩戏、跳傩舞,以示对始祖神的虔诚敬仰之情,场面隆重且庄严。"还傩愿,苗谓'撬弄'。傩神是普通之代名词,并非神号。其神号,是谓天下之名山大川,五天五岳圣帝、五宫五盟皇后夫人,东山圣公大帝、南山圣母娘娘,俗谓圣公为傩公,圣母为傩娘,故有傩神之名称也。此神根始,出于桃源,在湘西边县,占最强大之势力,不仅苗人信奉已深,而文明汉族亦已深信崇奉也。惟无庙宇为祭祀所,人们祭时,往往是就家庭中,设神坛,安神像奉之。秋冬祭之独盛,春或有之,夏时极少。小村落,至少年还二三堂;大村落,至少年还七八堂,或十余堂亦不等。社会上,几乎造成还傩愿

---

① 席绍葆、谢鸣谦:《辰州府志》卷三《风俗》,乾隆三十年(1765)刻本。
② 沈从文:《沈从文全集》卷十五,太原:北岳文艺出版社,2009年版,第13页。
③ 丁世良、赵放:《中国地方志民俗资料汇编》第四册,北京:国家图书馆出版社,2014年版,第217页。

之一种风俗。有因病痛而还者,有因求嗣而还者,有因生育而还者,有因发财升官而还者,其情形固属不同,其耗费实属同样。有单愿双愿之别:单愿需费无多,双愿需款甚巨;单愿猪羊各一,双愿猪羊各二。鸡鱼三牲肉粑香米亦同。经马神纸大同小异,必须二夜三天之陪神工作。"①

湘西傩活动中祭祀傩公傩母的"还傩愿"程式传入贵州后,就成为黔东地区民间傩俗仪式不可或缺的组成部分,并在当地广泛盛行。清道光时期的《思南府续志》载:"祈禳,各以其事祷神,逮如愿,则报之。有以牲醴酬者,有以彩戏酬者。"②"傩公""傩母"在贵州汉族的傩活动中分别被称为"圣公""圣母"。"辰州俗供神像,有头而无躯者,名猡神。一于思红面,号东山圣公;一珠络窈窕,号南山圣母,兄妹二人为婚。不知其所自始,楚、黔之人,皆崇祀之。辰州之人,信巫尚鬼,皆虚中堂供佛。"③民国时期《施秉县志》载:"愿有消愿、傩愿之别,许者必还,如履行债务,然有一年一还,有三年两还者。还时,延巫多人,作剧于家,然言辞必极亵淫,而神乃喜乐。所供之神,曰'圣公''圣母'。每还一次,约消费数十串之金钱,只博二三日之喧嚷,殊不可解,但冲锣为病者酬神而设,还愿则无病亦必按年举办也。"④

第三节 贵州地戏对云南关索戏的影响

关索戏是云南古老的傩戏剧种,具有傩戏的典型特征,如:多在岁首举行演出活动;宗族内部因袭相传,基本上保持原始风貌;在驱鬼逐疫的傩祭活动中佩戴面具。关索戏主要在云南澄江市阳宗小屯村一带流行,既无专业社班,也无专门剧团,长期以来一直作为当地村民世代相传的带有祭仪性质的活动而存在,一般仅在每年农历正月初一至十六日期间演出,仍保留着原始古朴的演出方式。关于小屯村关索戏的来历,据该村传人周如文介绍,清代初期小屯村一带连年遭受瘟疫,人畜大量死亡,村民颇为惊恐和无奈,后有高人指点,只要族长组织族人按时到当地的五显庙中祭祀关索,以及在每年岁首安排关索戏演出,就可以保人畜平安。族长采纳了这一建议,并吩咐族人认真落实,果然见效,因此,演出关索戏和祭祀关索的习俗

---

① 石启贵:《湘西苗族实地调查报告》,长沙:湖南人民出版社,2008年版,第486~487页。
② 夏修恕、周作楫:《思南府续志》卷二《风俗》,道光二十一年(1841)刻本。
③ 席绍葆、谢鸣谦:《辰州府志》卷三《风俗》,乾隆三十年(1765)刻本。
④ 朱嗣元、钱光国:《施秉县志》卷一《风俗》,民国九年(1920)稿本。

一直流传至今。当然,这只是一个缺乏有力佐证的民间传说,那么云南关索戏究竟是如何而来的呢?作为一种具有相当成熟度的傩戏品类,关索戏在云南这样偏僻的地区靠当地的原生态文化演进而来的可能性微乎其微,实际上和其他地区的文化品类一样,一般是由相邻的文化较发达的省份或中原地区传入的。通过比较云南和贵州两地的史志和相关遗迹,可以得知,两地的傩事活动具有很大的相似性,而贵州又是云南与中原诸省进行经济文化交往的必经之路,因此云南关索戏由贵州传入的可能性较大。

一、两地的傩事活动都有敬拜五显神的程式

清嘉庆《清平县志》载:"二十七日,俗传'五显灵官诞日'。集百戏,具金鼓,旗盖迎赛,观者云集。"①《施秉县志》载:"二十七日,'五显会'。他处多装戏跳舞。"②"五显会装戏,即庆坛,端公以木制面具化装演戏之意。"③清代词人毛贵铭在《黔苗竹枝词》中云:"九月曾迎五显神,正月山魈又到门。一路鼓歌男女笑,逐班挨挤到前村。"④嘉庆时张澍作《黔苗竹枝词》:"田歌处处乐升平,芦曲吹时社鼓声。送得山魈迎五显,大家齐上竹王城。"⑤自注曰:"岁首择迎山魈,逐村屯以为傩,妆饰如社,击鼓以唱神歌,所至之家饮食之。"⑥以上所列的史志和词文反映了清代贵州人在傩事中祭拜五显神的热闹场面。五显神在贵州傩事活动中的重要地位同样体现在云南的关索戏中。在关索戏的演出前,演员必须到五显庙中祭拜包括关索在内的五显神。演出结束后,扮演者所用的全套行头均应放到五显庙中统一保管。"云南省澄江关索戏:祭祀神像、戏装等自来存放于阳宗小屯的五显庙中。"⑦

二、两地的傩戏演出中都有祭祀药王的情节

清道光《遵义府志》载:"歌舞祀三圣,曰'阳戏'。三圣,川主、土主、药

---

① 万承绍:《清平县志》卷二《风俗》,嘉庆三年(1798)刻本。
② 朱嗣元、钱光国:《施秉县志》卷一《风俗》,民国九年(1920)稿本。
③ 朱嗣元、钱光国:《施秉县志》卷一《风俗》,民国九年(1920)稿本。
④ 潘超、丘良任:《中华竹枝词全编》,北京:北京出版社,2007年版,第78页。
⑤ 潘超、丘良任:《中华竹枝词全编》,北京:北京出版社,2007年版,第69页。
⑥ 潘超、丘良任:《中华竹枝词全编》,北京:北京出版社,2007年版,第69页。
⑦ 李子和:《信仰·生命·艺术的交响——中国傩文化研究》,贵阳:贵州人民出版社,1991年版,第7页。

王也。近或增文昌，曰'四圣'。每灾病，力能祷者则书愿帖，祝于神，许酬阳戏。既许后，验否必酬之。或数月，或数年，预沽羊、豕、酒，择吉招巫优，即于家歌舞娱神，献生献熟，必诚必谨，余皆诙谐调弄，观者哄堂。"①关索在关索戏的"领圣"词中被尊称为"药王"。"关索药王关索经，传与世上众生听：刘备关羽张翼德，桃园结义万古名。东奔西逃无基业，三请诸葛佐圣君。四川成都兴王室，五虎大将保朝廷。只因刘家天下满，忠臣义士枉费心。忠臣去世归天界，上帝封为三圣君。十八大将封成神，保护人民得安宁。哪处顶戴保哪处，善男信女要齐心。若有不信冒犯处，当时灾星降来临。善男信女齐定心，保佑人畜得清平。"②在这里，作者将关于"关索"的演出词本奉为经书，并且强调唯有关索才能保佑人畜清平，这反映了关索实为傩事中巫觋所祭祀的神鬼，而这个神鬼又是与疾病瘟疫相联系的，由此体现了关索戏祛病逐疫的演出目的，这明显是与贵州傩戏的演出目的相吻合的。

三、云南关索戏很可能来自贵州地戏

关索戏的剧目将近一百个，皆为歌颂三国时期蜀汉兴盛史的题材。例如，《三请孔明》《过五关斩六将》《张飞夺山寨》《战长沙》《取桂阳》等，体现了尊蜀汉、贬曹孙的封建正统思想。关索戏的取材特点与传说中关索的蜀汉名将身份有关。清赵翼在《关索插枪岩歌》中云："万仞危崖拔地起，磴道盘空有遗垒，土人相呼关索岩，云是汉前将军子，曾从诸葛征南来，丈八铁枪插于此。我读蜀志典可征，髯翁二子平与兴。此外不闻更谁某，毋乃荒诞未足凭？然而滇黔万里境，到处俱有索名岭。若果子虚无是公，安得威声至今永？"③清雍正时期《云南通志》载："旧传索为汉关壮缪子，从武侯征南，凡凿山通道，多赖其力。其在寻甸者称英烈侯，在江川者称龙骧将军。黔中安庄卫亦有关索岭，而碑记又有忠顺之号，《蜀志》称壮缪与子平同被难于临沮，子兴嗣，无所谓索也。说者谓，索即兴也。夷人呼父为索，关索者，犹关父也。"④清彭而述《关岭汉将军碑记》载："今将军名索，汉前将军子，轶事不少概见，见荆州之役，既已父子殉难，无以名索者，史失其名欤？

---

① 郑珍、莫友芝：《遵义府志》卷二十《风俗》，道光二十一年（1841）刻本。
② 王兆乾：《关索和关索戏》，载玉溪地区行署文化局、澄江县文化局编：《关索戏志》，北京：文化艺术出版社，1992年版，第152页。
③ 华夫编：《赵翼诗编年全集》第二册，天津：天津古籍出版社，1996年版，第507页。
④ 鄂尔泰：《新纂云南通志》第六册，李春龙点校，昆明：云南人民出版社，2007年版，第95页。

且中原徐、泗、宛、邓之间,为前将军百战之地,何以竟无在也! 既而思之,将军父子所事者,刘氏耳,南郡之后,刘氏既西,将军随之,黔志称建兴之始,将军从诸葛丞相南征,将军先驱拔山通道,为此岭开先,宜血食于此。"①关索戏的演出题材亦见于贵州地戏中,民国《平坝县志》记载了平坝县城民众每年举行的迎傩神、跳地戏活动的盛况,自正月初八开始,一直持续十数日。"此十数日中,城乡各地跳神。跳法:每组以数人击鼓锣,数人扮演《封神》或《三国》中等类人物,戴面具,执戈矛,作不规则之唱跳,近戏剧。每剧呼'一堂'。接神人家以堂计,每堂酬些微金钱。"②不过地戏的剧目要比关索戏丰富得多,其三国时期的题材并不限于蜀汉,还包括曹孙。地戏剧目所涉及的历史时期也要比关索戏更广泛,基本涵盖了从东周到明朝各个历史时代,例如《封神演义》《东周列国志》《楚汉相争》《前三国》《后三国》《大反山东》《四马投唐》《薛仁贵征东》《薛仁贵征西》《黄巢造反》《二下南唐》《三下河东》《九转河东》《五虎平西》《五虎平南》《杨家将》《精忠传》《岳雷扫北》《英烈传》《沈应龙征西》《黑黎扫五关》等,均为崇武征战题材,颇具"金戈铁马"之气概。关索戏的另一个重要特点是所有佩戴面具的表演者在演出时必须手执武器,目前最常用的面具角色类型为二十种,均为杀气腾腾的武将风格,这与贵州地戏的表演格调如出一辙。"明初征南军队在云南屯集的村寨,至今仍然有一些保留着与安顺农民几乎相同的口音、服饰和脸子戏。澄江县阳宗乡小屯村的农民保留下一堂《三国》面具戏,而且将面具放在庙里,与安顺地戏的习俗相同。"③这一事例更是直接表明了地戏与关索戏的亲缘关系。

  关索戏虽然在表演风格和艺术特色上与地戏有着较强的相似性,但明显缺乏地戏恢宏的气魄和震撼的气势,远没有地戏成熟。关索戏的剧目内容均包含在地戏剧目中,只占地戏剧目总数很少的一部分。由于云贵两省互为邻省,距离较近,传统文化又较为相似,因此关索戏很有可能来自地戏。安顺地区扼中原至云南交通之咽喉,自古以来,人员往来、经贸活动频繁。中国古代戏剧文化的交流传播有"商路即戏路"的特点,并且在清代,

---

① 薛若琳:《关索的由来和关索戏的缘起》,载玉溪地区行署文化局、澄江县文化局编:《关索戏志》,北京:文化艺术出版社,1992年版,第175页。
② 江钟岷、陈廷荣:《平坝县志》第四册《祀祷志》,民国二十一年(1932)铅印本。
③ 薛若琳:《关索的由来和关索戏的缘起》,载玉溪地区行署文化局、澄江县文化局编:《关索戏志》,北京:文化艺术出版社,1992年版,第182页。

两省均归云贵总督统辖,因而两省的戏剧文化交流具有良好的地理和政治条件。为了便于搬运,每个地戏剧目的全套行头都放在一个戏箱里。有可能在装载不同朝代地戏剧目的戏箱中只有三国蜀汉戏箱流传到云南澄江市小屯村,并被很好地保存传承。也有可能是当年地戏多个剧目的戏箱同时传入云南不同地区,唯独在小屯村三国蜀汉戏箱站稳了脚跟,而传入的其他地戏戏箱在云南别的地区逐渐失传。

四、云贵间都有以关索命名的山岭等自然景观和庙宇等历史遗迹

关索自明初以来就被广大滇黔民众当作神灵予以崇祀,这与明洪武十四年明军顺利平定云南有很大的关系,明军借关索塑造自身英勇威猛的形象,以此壮大声威,形成对被统治者的震慑力量,巩固新生的政权。明代王士性言:"霸陵桥,即关索桥。水从西北万山来,亦合盘江而趋粤西以入海。关索岭为黔山险峻第一,路如之字,盘折而上。山半有关壮缪祠,即龙泉寺。中有马跳泉,甘碧可饮,相传壮缪少子索用枪刺出者。西巅即顺忠王索祠,铁枪一株,重百余斤,以镇山门。"[①]清代的王士禛在《池北偶谈》中云:"云贵间,有关索岭,有祠庙极灵。云明初,师征云南,至此见一古庙,庙中石炉插铁箭一钹,其上曰:汉将关索至此。云南平,遂建关索庙,今香火甚盛。"[②]贵州的彭而述《关岭汉将军碑记》亦载:"是祠之建,肇前代通道都督马公置守御所,正统麓川之后,靖远王公拓之,又大司马松月伍公登诗告成,祠之起皆以边圉有警,行师克振。"[③]一时间滇黔各地广建关索祠庙,并以"关索"命名山岭等自然景观。清康熙《澄江府志》载:"滇黔有关岭四。"[④]康熙年间使者徐炯途经贵州镇宁时记载:"上坡五十四盘,始达关索岭,与鸡公坡两悬相对而陡险盘曲,此岭更甚。"[⑤]乾隆三十七年(1772),吴大勋赴云南寻甸任职,对当地的关索庙作如下记载:"云贵间有花关索祠,相传一巨绠常夜作声,时人以为灵响,于此立祠,名曰花关索,香火千年不断。"[⑥]《古今图书集成·职方典·安顺府永宁州》载:"关岭在州城西三十

---

① 王士性:《黔志》,张新民点校,贵阳:贵州人民出版社,2010年版,第202页。
② 王士禛:《池北偶谈》,文益人点校,济南:齐鲁书社,2007年版,第466页。
③ 顾峰:《古滇艺术新探索》,昆明:云南教育出版社,1992年版,第108页。
④ 李应绶:《澄江府志》卷一《地图》,康熙五十八年(1719)刻本。
⑤ 高凤翰、徐炯:《南阜山人枕文存稿》,上海:上海古籍出版社,1983年版,第213页。
⑥ 吴大勋辑:《滇南见闻录》,载方国瑜主编《云南史料丛刊》第十二卷,徐文德校订,昆明:云南大学出版社,2001年版,第13页。

里,上有汉关索庙。《旧志》:'索,汉寿亭侯子,从武侯南征有功,土人祀之。'"①清赵士麟作诗《题关索岭》:"岧峣孤嶂锁咽喉,奕世歌思庙貌修。父子雄风传广诏,君臣鱼水播千秋。祠同伏腊黔山接,地压乌蒙汉日浮。正史当年俱失载,仲谋终自愧箕裘。"②而关索戏虽以关索命名,但实则其中并无关索的角色。虽然关索在民间被广泛地传颂,还进入文人墨客的文学作品中,又被标印在大量地理景观和庙宇祠堂的命名中,但历史上是否真有关索其人这一问题,在明清学者那里一直有很大的争议,主要有以下几种观点。

(一)关索乃关羽之子

明徐弘祖在《黔游日记》中云:"二里,有观音阁当道左,阁下甃石池一方,泉自其西透穴而出,平流池中,溢而东下,是为马跑泉,乃关索之遗迹也。由阁南越一亭,又西上者二里,遂陟岭脊,是为关索岭。索为关公子,随蜀丞相诸葛南征,开辟蛮道至此。"③明谢肇淛于《滇略》中称:"庲降都督随丞相亮南征,大破蛮兵,功最居多,封汉兴侯,时左将军关羽子索亦有战功,开山通道,常为先锋。"④

(二)关索实乃关兴

陈寿在《三国志》中指出:"壮缪长子平从死宁沮之难;次子兴为侍中,数年殁,未有名索者。意者建兴初,丞相亮南征,从者其索乎。有功于黔,土人祀之,黔人呼父为索,尊之至,而以父呼之耶。"⑤明诸葛元声在《滇事纪略》中云:"建兴三年五月,武侯渡泸水,进征益州,从征自赵云、魏延外,如张翼、王平、句扶及云长少子关兴,即关索,尤以骁勇前驱,多建奇功。"⑥清康熙时,学人徐炯在《使滇日记》中载:"关索岭有关索庙,相传为壮缪幼子,从丞相南征,戡略要害,恩信覃孚,立庙世祀之。案壮缪二子,长平同死临沮;次兴为侍中,逾年卒,不载索名。岂有从武侯南征功绩彰著,史反失之哉? 愚谓此岭,高隐难登,设关挂索以引行人,故名之耳,沿讹既久,后人

---

① 余嘉锡:《余嘉锡论学杂著》,北京:中华书局,1963年版,第384页。
② 薛若琳:《关索的由来和关索戏的缘起》,载玉溪地区行署文化局、澄江县文化局编:《关索戏志》,北京:文化艺术出版社,1992年版,第176页。
③ 徐霞客:《徐霞客游记》,朱慧荣译注,北京:中华书局,2009年版,第261页。
④ 薛若琳:《艺苑丛谈》,沈阳:春风文艺出版社,2007年版,第282页。
⑤ 陈寿:《三国志》,文强译注,北京:中华书局,2007年版,第202页。
⑥ 王士性:《黔志》,张新民点校,贵阳:贵州人民出版社,2010年版,第168页。

辄据永历碑文为证谬矣。"①

(三)关索为关隘之绳索

明代地理学家王士性在《黔志》中云:"关索岭,贵州极高峻之山,上设重关挂索,以引行人,故名关索,俗人讹以为神名,祀之。"②清王士禛于《池北偶谈》中云:"云南平彝过曲靖,晋宁过江川,皆有关索岭,上各有庙。盖前代凡遇高埠置关,关吏备索以挽舁者,故以名耳。传讹之久,遂谓有是人,而实妄也。"③

由此大体可以推断出,很可能是明朝统治者杜撰关索这样一位具有超然性的蜀汉英雄人物作为人们崇奉的榜样和范例,以此强化封建忠君思想的正统地位,达到控制人们思想的目的。"盖西南彝族早有关索武勇之传说。故南宋武夫健儿,竞取以为号。山川形胜,亦以索为名。至明初略定云、贵,利用彝族信仰,从而立庙祠祀。以慑其人民,使不敢背明神怀二心。此古帝王将相愚民之故智,不足为异。其时关壮缪之威灵,早著于民间,诸葛亮南征之故事,又盛传川、滇各地,故举关索之故事,与羽、亮相比传,于是关索遂为云长之子,武侯南征时之名将矣。"④明清时期,云南一直存在着顽固的割据势力,对社会稳定和中央统治构成了严重威胁,为此在当地无论是官方还是民间都推崇尚武精神,以给予这些割据势力有力的震慑,因而云南此时兴起的关索戏才会注重吸取和保留较多的贵州地戏中的武斗题材。

虽然贵州山高路险的地理条件在一定程度上阻碍了不同地域文化的交流,但是由于贵州水网密集,水运发达,各地经贸往来频繁,文化交流也随之兴盛,这在很大程度上弥补了陆路交通的欠缺。同时随着明政府"调北征南"政策的实施,大量军民由省外移入、屯驻云贵地区,促进了具有不同地域特色的傩文化的交流。傩活动不仅丰富了贵州各族人民的民俗生活,而且也为贵州各族民众提供了反剥削、反压迫的精神支持,促进了贵州社会的进步。

---

① 高凤翰、徐炯:《南阜山人杶文存稿》,上海:上海古籍出版社,1983年版,第214~215页。
② 王士性:《黔志》,张新民点校,贵阳:贵州人民出版社,2010年版,第156页。
③ 王士禛:《池北偶谈》,文益人点校,济南:齐鲁书社,2007年版,第466页。
④ 余嘉锡:《余嘉锡论学杂著》,北京:中华书局,1963年版,第384页。

第九章 贵州傩文化遗产的保护与传承

贵州地处中国西南地区,境内山高谷深,交通不便,自古以来居全国经济欠发达、欠开发地区之列。然而贵州独特的地理环境和悠久的历史,却为孕育和保存自成一体、别具一格的地域文化提供了广阔的空间等有利条件,贵州文化也因此具有显著的山地特色。傩文化作为贵州传统文化的典型代表,广泛分布于贵州各地,并以其独特的传承方式和强烈的地域性著称于世,其深厚的文化底蕴与丰富的表现形式具有重要的研究价值,是贵州非物质文化遗产的重要组成部分。然而在经济全球化的大背景下,贵州的傩文化遗产如全国乃至世界非物质文化遗产所面临的威胁一样,在不断遭受着现代文明的侵蚀与破坏,脆弱的贵州傩文化的活态保护刻不容缓。自二十世纪八十年代中国实行改革开放以来,社会经济环境发生了史无前例的巨变,各地的工业化与城市化进程大大加快。贵州虽地处偏远地区,经济社会发展相对滞后,原生态文化保存较好,但悠远的农耕文化仍无法抵挡现代文明咄咄逼人的冲击,特别是随着城镇化步伐的加快,传统村寨的整体搬迁,大量农民的外出务工,交通、通信的不断进步,信息化水平的不断提高,掌握民间传统技艺的老艺人的不断离世与后继乏人,原本连续的"文化记忆"出现严重的断档局面。基于原有的自然环境和社会土壤的贵州傩文化,在新形势下亦发生了较大的变异。面对来自现代文明和外来文化的多重影响,以及贵州社会各界上至政府下至民间积极改变欠发达、欠开发的社会面貌,实现历史性超越发展的迫切需求,贵州傩文化遗产的保护、传承和发展作为一项重要议题摆在了研究者面前。

第一节 贵州傩文化遗产的保护

当前,关于傩文化遗产本身的价值以及做好对其保护工作的重要意义,已经在贵州各级政府以及广大群众中形成共识。人们普遍认为,傩文化遗产是贵州古代劳动人民在长期的生产生活实践中直接创造出来并世代积淀下来的,真实地反映了先民生产生活的实际状况,充分展现了其在悠久历史进程中逐渐形成的厚重价值理念和审美理想,承载着贵州人民世代的宝贵记忆,凝聚着贵州传统文化的深层基因和精髓,体现了贵州各族民众先进的文化创造力和想象力,因此傩文化是今人必须守护好的精神家园和一方净土,必须采取一切可行的政策与措施将因客观环境的改变而日益萎缩、濒临消亡的傩文化遗产充分保护起来,为其持续健康发展创造必要条件,使傩文化血脉永续。

一、傩文化遗产保护的意义

傩文化遗产是贵州传统文化的重要组成部分,是贵州人民不可再生、无可替代的宝贵精神财富和文化资源。贵州的傩文化遗产体现了贵州各族世代民众高超的创造力,是贵州各族文化的深层基因,是贵州社会全面可持续发展的重要推动力。在长期的历史进程中,贵州的各种文化受到富有生命力的傩文化的深刻浸染。从某种程度上说,保护傩文化遗产就是在保护各民族悠久的文化精髓,就是在维系各民族于长期共同奋斗的过程中形成的情感共鸣与精神归宿。当前,世界经济、科技一体化的加速发展造成了文化同质化、标准化的不良现象。现代文明正以空前的力度和速度强力吞噬着与人类的精神、情感世界紧密相连的傩文化遗产。在现代社会,人们在追求物质利益与快餐文化之时,亦应从促进文化发展的战略高度来认识傩文化保护的重要意义。经济社会的快速发展可以为文化产业的建设提供必要的物质基础,强大的文化产业的打造则能在很大程度上反哺经济社会的健康发展。"经济上的优胜劣汰,就是文化上的优胜劣汰;经济竞争就是文化竞争,文化的多元存在是人类的共同理想,要靠人们的理性去面对和实现。"①

(一)保护傩文化遗产,有利于发扬各民族的优秀文化传统和维持文化的多样性

丰富多彩、仪态万方的傩文化遗产是文化多样性生动而直接的体现。保护傩文化遗产的核心就是保持其精髓内质的稳定性和外在形态的多样性。近年来,传统傩文化的保护与传承已经引起政府有关部门的高度重视,已被纳入省政府的重点文化发展战略。傩文化遗产作为一个庞大的历史悠久的文化体系,在民间拥有广泛的群众基础。一方面,傩文化在促进

---

① 高鑫:《经济·文化与现代电视传媒》,北京:北京师范大学出版社,2009年版,第15页。

人们身心全面发展的同时,也促进了社会发展与自然环境的和谐,有利于社会主义物质文明与精神文明建设;另一方面,傩文化在促进文化认同与集体主义教育方面具有重要作用。正是由于傩文化世代相传的群体价值理念,在官方政治统治相对薄弱的地区,社会秩序才得以稳定,民间纠纷才得以化解,人与人之间才能融洽共处。而在全球经济一体化的大背景下,"确保民族特性、民族精神的代代相传,就是每一个民族无法回避的重要任务,而非物质文化遗产作为人类文化传递和保存的生动有效的手段、工具和载体,能够很好地将民族精神等文化信息传递到每一个人、每一代人这些活生生的载体上,从而造就一个有独特个性和崇高民族精神的伟大民族"[①]。因此,傩文化作为贵州非物质文化遗产的典型代表,对其进行严格保护势在必行。

(二)保护傩文化遗产,是创新和发展贵州文化事业的必然要求和前提条件

保护傩文化遗产的最终目的是促进贵州社会的文化创新,掌控当代贵州文化创新的主导权。新时代对傩文化等传统文化遗产的保护实质上是对其外在形式的创造性转化,具体说来,就是以中国特色社会主义文化所具有的道德价值、思维观念和行为规范为指导,在不改变传统文化内核精髓的前提下,改造更新传统文化,使之在自我升华中不断获得新鲜血液,始终保持旺盛的生命力,更适应现代社会的发展需求。唯有如此,传统文化遗产才能在多元的文化格局中始终占有自己的一席之地。保护是创新的前提,创新则有利于更好地保护,二者是相辅相成、互为促进的关系。

贵州傩文化中有许多堪称天才的艺术创作、无可比拟的艺术技巧、神秘玄奥的艺术形式,能从不同方面深刻打动人们的心灵,触动人们的情感。置身傩文化的氛围中,人们不禁会油然而生一种超凡脱俗的归属感与安全感。傩文化遗产中的艺术作品形象地再现了当时的历史情景,包括古人的生存状况、生活方式、思想情感、艺术思维以及不同民族的生活习俗,堪称一部承载了历史上各时期贵州文化的百科全书。此外,傩文化的诸要素还为新时期的文艺创作提供了取材的重要来源。当代贵州的许多舞蹈、戏剧等文艺作品中含有传统傩文化的意蕴,很好地发挥了傩文化遗产的审美再造功能,充分体现了其艺术审美价值。在傩文化遗产中,口头说白、傩戏剧本、表演动作、服装染织、红白礼仪等民俗与艺术形式均具有重要的审美等

[①] 贾银忠:《中国少数民族非物质文化遗产教程》,北京:民族出版社,2008年版,第23页。

实用价值,对今天积极健康生活方式的倡导颇具借鉴和指导意义。

(三)保护傩文化遗产,有利于贵州和谐社会的构建

推动傩文化遗产的保护与开发,可以为构建社会主义和谐社会奠定必要的思想道德基础,是实现社会和谐的重要举措。和谐思想是中华文化的基因内核和优良传统,傩文化能够经过长期的磨炼传承至今,牢固地扎根民间,原因就在于其自身蕴含着大量的和谐思想准则和行为规范,并在长期与社会现实的磨合中,逐渐形成了一套相对完美的能够迎合广大民众审美与心理需求的适应方式,使人们能够适时化解日常生活中相互之间不可避免的矛盾与摩擦,自觉遵守集体主义要求,从而维持社区正常的生产生活秩序。"要建立和谐社会,关键是找出群体或集体得以生存的基础,即群体或集体的文化身份。实践表明,一个国家、民族、地域的人如果能够自觉地认同和保护那些标志自己文化身份的非物质文化遗产,他们内部往往会形成和谐、密切的关系。这是因为绝大部分非物质文化遗产都是各民族、族群、社区人民在自己特殊的生活方式中为解决某种特定的社会问题或规避某种可能产生的问题而创造形成的,它们在规范人类社会秩序方面有着独特的问题处理技巧。国家、民族、宗教、行业等群体间共同的文化身份体现在其共同的非物质文化遗产中,认识和传承共同的非物质文化遗产,既是对文化身份的确认,又是对和谐文化的认同。在某种意义上,优秀的非物质文化遗产不断化作民族凝聚力和亲和力,成为维系各民族生存、发展的重要纽带。"[①]因此,保护和开发傩文化遗产是建设贵州和谐文化体系的重要要求和途径。例如,贵州省湄潭县抄乐乡上甲村自新中国成立以来无一例刑事案件发生,也无打架斗殴、恶语相向的情况出现,村民们互敬互助、和谐融洽,全村一派祥和气氛,这在全国是非常少见的。这一现象的出现在很大程度上得益于该村世代传承的弘扬正气、重视道德的傩事活动。傩事活动的传承举办,不仅丰富了村民的生活,愉悦了身心,缓和了情绪,而且起到了团结群众、凝聚民心的作用,从而有力地维持着当地和谐友爱的民间秩序,杜绝了不和谐事件的发生。

(四)保护开发傩文化遗产,有利于促进贵州文化产业经济的发展

当前,贵州傩文化产业的发展状况堪忧,一些地区傩文化产业开发中的商品化、碎片化、拼盘化、非民间化现象较突出,诸多地方政府部门急功

[①] 申茂平:《贵州非物质文化遗产研究》,北京:知识产权出版社,2009年版,第239~240页。

近利,为了满足消费者的需求,刻意追求经济利益最大化,不惜大幅度改变传统傩文化的原生态特色。这种千篇一律的单纯迎合旅游者初级趣味的做法,歪曲了傩活动历经千百年的漫长实践检验所形成的稳固的文化精髓,使原本千姿百态的傩文化外在表现形式逐渐趋同化、商业化,这种"丢西瓜,捡芝麻"的做法从长远来看是不利于傩文化产业发展的,甚至有可能促其走向消亡。因此,应着力提高相关政策的制定和执行水平,以促进傩文化产业的良性发展。傩文化产业发展理念应建立在对其本真性、原生态保护的基础上,应达成以开发促保护的思想共识。"要敢于树立产业化的发展思路,进行科学的品牌定位、制定合理的营销策略,集中力量培育优势文化品牌,将文化资源优势转化为经济优势,充分实现非物质文化遗产的经济开发价值。"[①]唯有如此,才能以更充足的资金与实力保护好傩文化遗产。

二、傩文化遗产的保护原则

傩文化遗产的保护对贵州文化产业的发展具有重要意义,空有满腔热情是远远不够的,必须以严谨的原则方针作指导。傩文化遗产的保护应坚持"政府指导、社会参与、明确职责、形成合力;长远规划、分步实施、点面结合、讲求实效"[②]的方针,遵循"保护为主、抢救第一、合理利用、加强管理"[③]的总原则,在具体落实中贯彻以下几条原则。

(一)原真性保护原则

为了维持傩文化的原真性,应着重从以下几个方面着手:一是保护和鼓励傩文化传承者。非物质文化遗产自身的特殊性决定了其很难通过文字材料的形式准确地表达、记载下来,必须通过师傅对徒弟声情并茂地口耳相传,徒弟心领神会的方式才能实现正常的传承,因此传承者是傩文化遗产保护的重要因素。只有师徒间配合默契才能减少傩文化在传承过程中的失真,使其在很大程度上保持原生态色彩。目前,掌握传统傩技艺的艺人普遍年龄偏大,生活状况也不好。有关部门除对生活困难的艺人给予必要的经济援助外,还应向傩技艺精湛者拨付一定的资金,视情况授予其"艺术大师"的荣誉称号,在官方层面肯定其艺术实力与成就,提高他们招徒传艺的积极性。政府相关部门也应遴选一批合适的学艺者,解除其工作

---

① 马知遥、孙锐:《文化创意与非遗保护》,天津:天津大学出版社,2014年版,第42页。
② 申茂平:《贵州非物质文化遗产研究》,北京:知识产权出版社,2009年版,第241页。
③ 王肖宇:《辽宁前清建筑遗产区域保护》,沈阳:辽宁科学技术出版社,2015年版,第182页。

的后顾之忧,使贵州的旅游产业与傩文化的传承实现良性互动,在壮大旅游经济的同时,使傩文化得到有力的保护和顺畅的传承。

(二)活态保护原则

实践证明,活态保护是傩文化遗产保护的最佳方式。所谓活态保护是指利用民间社会自发的原生态传承力,使傩文化遵循自身的发展规律,尽可能保持原始风格,以活态的形式传承下去。当然在目前的社会大背景下,傩文化的传承发展与大众的欣赏口味是密切相关的,如果脱离社会需求,其很容易萎缩甚至消失。在现代社会中,某些文化品类因脱离市场需求而消失的例子不胜枚举。通常情况下,恢复一种已经消失的非物质文化品类是极为困难的,即使勉强恢复,也很难还原其本真色彩。唯有政府部门发挥引导作用,发展相关旅游产业,发挥造血功能,傩文化的长远发展才会具备必要的经济支持和物质基础。

(三)整体性综合保护原则

整体性综合保护关键有两点:一是注意傩文化遗产保护中实体与虚拟形态的紧密结合。傩文化的虚拟和实体两种形态不是孤立存在、截然相反的,而是在共同的内在文化基因基础上,相互作用,相互依存,构成了一个完整的文化空间生活场。在傩文化遗产的保护中,无论偏于哪种形态,都将使傩文化丧失完整性和原真性,如此也就无法称其为傩了。二是防止因领导喜好而出现傩文化碎片保护的现象。所谓"文化碎片"是指某一文化品类内部原本紧密结合的呈整体性的文化结构,变成支离破碎的状态。傩文化遗产作为一个庞大的文化体系,包罗万象,其中既包括一些引人注目的内容,也包含诸多平淡无奇的素材,一些领导往往根据个人喜好擅自将这些看似多余的材料剔除。实际上这些材料蕴含着许多为现代人所暂时不能理解的文化含义和古人深邃的思想观念。任何经过千百年历史积淀传承下来的文化事象都有着较强的存在合理性。"非物质文化遗产的一大特点,就是文化的不单一性,即非物质文化遗产的品种或类型不是单一独立,而是混同一体的,所以,非物质文化遗产的保护也不应该是文化的碎片。缺乏文化整体性的理念,人为地把它撕裂开来,单独将其中一部分作为一种类型的文化保护,形式上实现了保护,实际上却破坏了文化固有的整体风貌和遗产的价值。"[①]这样的所作所为在很大程度上改变了傩文化的原始风貌,不

---

① 申茂平:《贵州非物质文化遗产研究》,北京:知识产权出版社,2009年版,第242页。

利于傩文化产业的长远发展,是对古人的亵渎和传统文化的不尊。

三、傩文化遗产保护中存在的问题

随着非物质文化遗产保护活动在全国范围内的广泛展开,贵州省的傩文化遗产保护也由以往碎片化的单个项目保护,进入系统性和整体性的全方位、多元化保护阶段。同时,随着人们对傩文化认识水平的不断提高,贵州民间对傩文化保护的意识也在不断增强,傩文化保护工作呈现出明显的"文化自觉"特征。但也必须看到,新形势下傩文化遗产保护工作依然面临着严峻的挑战。首先,全球经济一体化和现代化进程在强力冲击和消解着传统傩文化的生存土壤;其次,有关部门在傩文化的保护中仍存在着"重申报、轻保护、重开发、轻管理"的问题,缺乏长远规划与针对性措施,一些地区为满足短期的市场需求,不惜违背传统傩文化的内核特质,大搞破坏性开发,虽获得了眼前可观的经济收益,但从长远来看,是不利于傩文化的传承与发展的,这种饮鸩止渴的做法应坚决取缔。

(一)傩文化保护中存在"重申报,轻保护"的不规范管理现象

当前,在贵州传统傩文化面临严重生存危机的状况下,有关部门认真发掘和整理当地的傩文化遗产,主动申报不同层级的非物质文化遗产,使脆弱的傩文化遗产得到国家的有效保护。这是重视傩文化遗产保护、对傩文化保护尽责的一种积极表现,是值得充分肯定的。一些地区通过申报非物质文化遗产显著提高了地方傩文化品牌的知名度与美誉度,获得了较高的市场认可度和有关部门在资金方面的大力支持。但在经费的具体使用上,这些贫困地区政府部门并没有严格做到专款专用,将相当一部分用于自认为更重要之处。同时,一些主管部门由于财力吃紧,很难保证资助资金一次性到位,只能多次发放,后续经费往往不能及时跟上,如此一来,文化遗产保护缺乏连续性,导致保护工程建设中的"半吊子"现象比较突出。另外,一些掌握精湛傩技艺的民间艺人,特别是身怀绝技的老艺人,由于经济上没有得到切实的资助与支持,缺乏招徒传艺的积极性,不利于傩文化遗产的保护。这种"重申报,轻保护"的尴尬状况,需要引起政府有关部门的重视。

(二)傩文化遗产旅游产业化"重利益,轻内涵"

傩文化的旅游产业化确实能为傩文化遗产的保护与传承提供必要的经济支持,但也带来诸多问题。近年来,一些地方政府为了发展经济,竭尽

所能地挖掘本地的傩文化资源以吸引外界的注意,甚至不惜生搬硬套,牵强附会。政府官员并非真正欣赏和重视傩这一民间艺术,只是将其作为形象工程和生财之道,以提升自己的政绩,而最终的结果是严重破坏了傩的文化内涵,劳民伤财,收效甚微。据了解,许多所谓"傩民俗文化活动"并没有真正发挥通过相关旅游项目带动地方经济发展的作用,反而破坏了傩文化遗产的原生态面貌,事倍功半,得不偿失。

"非物质文化遗产原本是地域、民族文化生活的形象再现,负载着民族习惯和精神寄托等丰富内涵,有着不可替代的表现形式和特定的社会功能。但当某种文化样式转变为一种经济方式时,便容易在本质上发生变异。"[1]近年来旅游经济火热,为了吸引更多游客,有关政府部门不惜花高价请来明星助阵,美其名曰"土洋并举",使原本地道的民俗活动变得既不传统也不现代,显得不伦不类。这种无中生有的伪民俗改变了傩文化的原本面目,造成了民众对传统民俗文化的误读。在这种浮躁的市场营销氛围中,与傩有关的工艺品也变了味,同样处于被扭曲和异化的境况之中,一批粗制滥造、打着傩的幌子的民间工艺品趁机大量流入市场。缺乏傩文化含量的旅游活动,低俗化、低层次的破坏性改造与所谓"创新布局",在很大程度上冲击了传统纯粹的傩民间工艺品市场,阻碍了傩民间工艺的正常发展。

(三)傩文化遗产的保护开发中人为破坏现象比较严重

在傩文化遗产的保护开发中,一些地区和部门为了牟利,存在破坏、歪曲、捏造和滥用傩文化遗产的现象。将傩文化遗产构成要素,如服装、音乐、舞蹈等改得面目全非,甚至将傩俗中不宜轻易示人的东西恣意展示给旅游者,以满足其好奇心。这种所作所为严重伤害了傩文化传承人的感情,只能招致他们对政府工作的抵制情绪,不利于傩文化遗产保护工作的开展。一些地方政府在傩文化的建设开发中,随意更改傩俗节庆活动的内容,如传统的五显庙会都在二月份举行,但是为了迎合旅游者国庆假期的观赏需求,被人为地改到十月举行。傩文化作为一个庞大复杂的文化体系,是由诸多基本要素有机结合而成的,任何一种要素均有着严密的存在合理性,都是在长期的传承过程中所形成的根深蒂固的思维理念的体现,五显庙会的举行时间作为一个重要的傩文化要素同样存在于傩俗活动中。

---

[1] 杨晓辉:《贵州民间美术传承与发展》,贵阳:贵州人民出版社,2006年版,第46页。

传统的五显庙会活动只有在与周围的自然环境和其时的物候条件构成一个完整的傩生活场的条件下,才能显示出其深邃的意蕴,这样随意更改举行时间的做法,未免显得过于轻率。在这些地区傩文化遗产的保护与开发中,商业性已经远大于传统性,人们距离真实的傩已经越来越远。

四、傩文化遗产保护的可能性

尽管贵州傩文化遗产的保护与开发存在诸多问题,但是作为贵州非物质文化遗产的亮丽名片和招牌,傩文化的生态与经济价值仍具有较大的挖掘潜力,其保护与开发具有良好的前景和当代价值,主要体现在以下几个方面。

(一)傩文化遗产的保护受到普遍认同

现代社会高度发达的生产力为人类提供了日益充裕的物质享受条件,过分追求物质利益的人们与传统的精神家园渐行渐远,倍感压抑与彷徨,因此回归文化传统与生态自然,逐渐成为人们自觉的精神追求。"非物质文化遗产是各民族传统文化的珍贵记忆,是人类滋润心灵世界、值得倍加珍惜的精神家园,它对于人类的生存与发展具有独特的价值。在经济社会高度发展的今天,非物质文化遗产之所以受到关注,是由于物质化的生产运动高速运转,带来精神世界失落的结果。"[①]今天人们开始意识到人与自然、人与社会保持平衡与协调关系的重要性。中国传统文化强调人们的思想修养应力求达到"天人合一"、和谐共处的境界,讲求人与自然万物的亲和关系,重视自然生态与人文生态的兼容调和。傩起始于自然,与自然始终紧密依存,在促使人与自然万物建立和谐关系的先天动能中充分表达人们的自由意愿,具有使人们在思想上摆脱和超越现实困境的精神激励作用。从某种意义上说,傩的这种功能与机制,正是它参与改善现代社会人们精神状况的生命潜力,也是它足以超越时空,回归生命本质的前提条件。在狂热地追逐物质利益、满足物欲后,重新定位物质与精神的理想契合点,回归生命本体,回到原来的淳朴与自然,是人类的本能欲求。在浮躁狂热的现代社会,人们逐渐认识到这一点,开始回头重新关注曾经不屑一顾甚至斥为封建迷信糟粕的傩文化,这不仅反映了人们对历史和传统的敬重,而且也体现出人们日渐成熟和理智的心态,这是社会的一种显著进步。所有文化创造的最终归宿都趋向于追求本真,傩文化以其质朴纯粹的精神内

[①] 申茂平:《贵州非物质文化遗产研究》,北京:知识产权出版社,2009年版,第246页。

核,可以超越时空的局限,在喧嚣浮躁的尘世中重新还原和塑造朴实无华的社会风尚。生产力越发达,社会愈现代化,人们这种先天固有的内心需求便愈加强烈,这是文化反哺经济,物质依托于精神的有力实证。

(二)贵州傩文化的生存仍具备相对完好的自然环境和文化生态环境

现代社会市场经济的冲击与震荡使传统的非物质文化遗产面临着被遗忘和损坏的严重威胁,但偏远的地理位置条件所造成的相对封闭的状态,使贵州所受外界影响相对较小。在贵州大部分地区的乡间村寨,传统的民俗习惯仍在很大程度上主导着人们的生活方式和思维观念,傩文化遗产也相对完整地保持着原生态风貌。由于国家加大了在贵州退耕还林政策的实施力度,外出打工者日益增多,贵州的自然环境较少受到人为的干扰与破坏。如此一来,优越的自然环境加之浓厚的文化氛围,为傩文化提供了得天独厚的生存空间。这里绝非强调唯有偏僻闭塞的地理位置才适宜傩文化生存,事实上贵州特定的自然环境和地理条件,确实在很大程度上为传统傩文化遗产的保存创造了必要条件,这充分体现出社会结构形态与文化生态、人与自然之间相互依存和影响的紧密关系。同时,近年来人们对非物质文化遗产价值认识的不断提高、相关旅游产业的火热、政府部门的重视等因素,都为当前贵州傩文化遗产的生存与发展提供了良好的外部条件,使其得到有效保护与开发具备了较大的可能性。

(三)贵州傩文化的生存状况目前仍处于稳定的延续传承期

目前,贵州傩文化的生存状况总的来说处于稳定的延续期,支撑其运转的民俗习惯和传承机制仍在民间广泛存在,传统的傩文化遗产基本被完好地保存下来,并持续地在特定的地域和人群中发挥作用,成为民众文化生活重要的组成部分。同时,随着现代社会交流沟通手段的进步,傩文化亦逐渐走出狭小的生活圈,融入社会经济大潮中,并取得了可观的经济效益,其经济与文化意义日益受到人们的重视,这在很大程度上为傩文化的生存与传承创造了有利条件。从贵州各地区各民族的现实情况看,傩文化依托的民俗与自然环境保存情况尚好,傩文化遗产因民众传统的生活方式与状态而得以维持其原生态面貌,在内容和形式上基本保持了传统特色。例如,相关的民间美术作品的创作手法与手工品的制作工艺仍沿袭传统风格,虽然因现代技术和审美观念的影响而产生了或多或少的变异,但本质未变;生产面具艺术品的作坊广泛分布于傩文化盛行地区的乡镇和村寨,面具制作者以傩的世家传人为主;傩民间艺人的身份地位基本没有改变,仍在从事与傩相关的手工品制作的民众也不在少数。一些传统的傩工艺品，如面具、服饰等在市场上有着可观的销售量，经济收益有力地反哺着傩文化产业的发展。从目前贵州的社会环境来看，除非外部环境剧变带来不可预知的危险或受到强势的外来文化的侵蚀，在可预知的时空范围内，传统的生活方式及依附其上的傩文化还将持续存在相当长一段时间。

总之，从整体来看，贵州傩文化赖以生存的基本环境条件仍然存在，傩艺术的创作主体亦没有改变。傩工艺品的制作手法基本沿袭原生态风格，仍不失傩文化的传统基因与内核。当然在市场经济的大环境下，与以往不同的是，贵州傩文化不再只是局限于满足人们的自身需求，不少地区的傩文化产品已经逐步脱离原生环境，而作为独具特色的艺术品进入市场流通领域，成为当地得力的创收产品。具有经济与文化双重价值的傩文化遗产，逐渐融入现代人的生活圈子，成为人们可靠而稳定的精神家园。因此，在当前的形势下，完好地保护贵州傩文化遗产具有较大的可能性。

第二节　贵州傩文化遗产的传承

贵州有着丰富多彩的非物质文化遗产品类，这些非物质文化遗产以其特有的文化内涵与艺术魅力，从不同角度向世人展示着贵州各族民众的发展历史、伦理观念、文化心理、审美意识及图腾信仰，堪称我国乃至世界文化遗产中的艺术瑰宝。傩文化作为贵州非物质文化遗产中的重要一员，是在特定的历史条件下孕育和形成的。从漫长的原始社会到长达数千年的农业社会，贵州傩文化集合不同地域和民族特征，具有生动鲜明的艺术形态和风格，成为传承民俗风尚、审美情趣和价值理念的重要载体。无论从内容到形式，还是从实体到精神，贵州傩文化均表现出丰富的个性特质和深邃的文化积淀。然而自进入现代社会，贵州傩文化所依托的自然与人文环境均发生了巨大变化，即使是傩文化原生环境保存相对完好的地区也受到了现代文明的严重影响，这使贵州傩文化的传承与发展面临着严峻的挑战。

一、傩事活动的模式性

傩事活动自身所固有的稳定的强大生命力和感召力，使其能在新旧不同历史时期的不同地区和不同民族中以基本相同的模式传承不息。傩事活动的模式性是指人们在长期的傩事活动中约定共同遵守的程序模式，它是傩事活动的主线和本质要求。其总是以固定的形式贯穿于具体的傩事活动之始终,不因历史或社会的变迁而改变。虽然随着社会的发展,傩事活动的模式会发生一定程度的变异,但其本质属性一直没有改变。模式性是傩的灵魂,是傩之所以为傩的根本特征。模式性一旦消失,傩也就不再是傩了。傩事活动的模式性主要体现在如下五个方面:

其一,傩事活动按请神—酬神—送神的模式进行,虽然现存傩戏中的娱人成分大大增加,但其演出内容仍不失庄重的酬神祭神的内蕴,或多或少地保留了傩的古老韵味。

其二,古今傩事的基本活动内容和目的大致相同,即主要用以驱鬼逐疫。现在贵州的傩事活动,不管是"许愿"部分还是"还愿"部分皆保留了这一传统习俗。

其三,傩事活动必少不了傩坛师的参与。傩坛师是贯穿每一场傩事活动的核心人物,整场傩事活动的具体事宜皆由傩坛师组织和领导,他不仅担当主持傩仪的法师,还扮演仪式中的具体角色。

其四,每一场傩事活动,几乎都有歌、舞、乐的程式,其中不乏"唱""跳""念""做"等歌舞表演成分。

其五,参与人员需佩戴面具。这是古今傩事活动的重要特征,是傩事活动区别于其他民间信仰活动的主要标志。

二、傩事活动的变异性

傩事活动的变异性是指傩事活动在长期的流传过程中,由于受到不同社会形态下政治制度、民俗文化、生活方式和民间信仰等因素的影响而产生外在表象的变化。傩事活动作为一种分布广泛的民俗事象,在民间主要通过口耳相传的方式传播传承。这种集体性和随意性的民间传播方式决定了傩事活动的表象自古迄今一直处于不断变化的状态之中,这种变化也必然带有深刻的历史性和鲜明的地域性。"从文化发生学角度考察傩的产生和流传时,人们会注意到这样一个简单的事实,即这种充满原始宗教习俗的仪式、戏剧只能在一定的生产方式和一定的生产力下生存繁衍,这种历史的社会背景变异后,其组织结构也会相应产生变异,决非原来的文化质变。当然,某种情况下就形成了新的变体。"[①]正是这种永恒的变化,才

---

① 彭晓勇:《傩,千古文化之谜》,载王恒富编:《傩·傩戏·傩文化》,北京:文化艺术出版社,1989年版,第174页。

推动了傩事活动的不断向前发展,同时也促进了傩文化艺术表演形式的不断创造创新,使其在不同历史时期都能呈现出丰富多彩的姿态。因此,变异作为傩事活动的恒定状态,为傩事活动的发展提供了持续的动力。贵州傩事活动的变异主要有以下原因。

(一)傩事活动传播方式的限制

在古代很长一段时期,文字教育专属社会上层阶级,广大底层民众文化水平较低,无法使用文字表述,同时傩事活动的神秘玄奥意境也很难通过文字表述出来,这就大大制约了文字传播传承方式在傩事活动中的实际应用。因此,傩事活动主要依靠口头和行为的方式在民间传播,凭借记忆世代相传。很显然,这种传承方式往往具有很大的主观随意性,很难保持傩事活动的原有风貌。

(二)不同地域文化环境的影响

俗话说:"一方水土养育一方人。"地域不同,人们的生产生活方式、性格特征、风俗习惯亦不同,在傩的地域传播中傩事活动唯有入乡随俗地变换自身的表现形式和结构组合,才能在新的地域环境中与当地的文化习俗和谐共处。

(三)不同历史时期社会发展阶段的影响

傩事活动作为一种基于具体社会形态的民俗文化事象,必然要不停地变化才能适应新的社会形势需求。社会形态发生变化,出现诸多新的内容,必然要求相应的民俗文化事象与之相适应,因而傩事活动也要随之发生变异。

(四)外来文化的影响和冲击

乡土观念和民族感情是人们在民族和地域文化的长期熏陶下所产生的思想意识,它们是在特定的自然环境中经一定的生产和生活方式相互作用而形成的。自古以来,人们传统的乡土观念和民族感情决定着傩虽在外显形式上不断发生变异,但在本质上一直保持着稳定性。在地域文化的交流中,傩事活动总是本能地吸收外来文化的精华,剔除其糟粕,这不仅愉悦了民众的生活,而且有助于他们形成积极向上的乐观精神,从而在保持傩的内蕴的前提下更好地适应民众的心理和精神层面的需求。进入现代社会以来,强势的现代文化无时无刻不在强烈地冲击着人们的乡土观念,这自然也使传统的傩事活动发生了史无前例的巨大变异,甚至变得面目全非,不伦不类。如果傩的最后一丝精髓消失,那么亘古相传的傩事活动也就彻底消亡了,因此新时代如何抢救和保护传统的傩文化成为摆在人们面前的一个亟待研究的课题。

三、贵州傩文化传承的世俗化和娱乐化倾向

傩早已突破时空界限,成为世界各地广泛分布的文化现象,它的传承史如同人类发展史一样久远。傩以其独树一帜的文化特色,成为世界璀璨文化中的一道亮丽风景线。在古代,它几乎渗透于社会成员的一切物质与精神生活之中,直到现在傩仍以多种形式扎根于人类的各种文化中。傩在保持旧的文化形态与价值的基础上,以与时俱进的通俗性与娱乐性促进了新的文化形式的产生,并以其宽宏大度、感人肺腑的情感魅力调剂着现代社会中人们难以排解的危机感与失落感,融释着理性科学的冰冷无情,缓解着人们在面对诸多不可知因素时的焦虑与迷茫。在新时代,虽然傩的外显形式比之古代有了很大变化,使人感到似曾相识,平添了几分陌生感,但傩的精髓永远不变,其仍是一种满足人类自我宣泄和抚慰需求的重要文化形态。由于贵州地区新旧傩形态的转换没有经历其他地区的渐变过程,其不同形态的对比鲜明,因而贵州成为在某些方面研究傩的进化演变机理的合适地域范围。

其一,在新时期,傩戏与傩仪逐渐改变混融杂糅的状态,二者呈泾渭分明之势。傩戏在很大程度上剔除了原有的酬神驱鬼的类宗教内容和情节,从傩的民间信仰体系中剥离出来,走上了一条世俗娱乐之路。首先,傩仪与傩戏同属傩文化体系,二者有着内在的相同的文化基础,因此一度呈混融状态,但是傩仪祭祀神鬼的神秘性和庄重性与傩戏的通俗性和娱乐性构成截然不同的两种外显形式的鲜明对比,如此一来,虽然在一定历史时期二者处于"你中有我,我中有你"的和谐状态,但是一旦相关历史条件出现,二者极易相互剥离。同时傩戏起源于并长期依附于傩仪,在演出风格和内容上长期受到傩仪的思维和行为定式限制,因而发展十分缓慢。随着傩戏逐渐扎根民间,其本身与时俱进的发展要求形成了一股冲破傩仪束缚的巨大力量。发展至现代社会,注重娱乐性和世俗性的傩戏表演逐渐脱离傩仪,走向完全独立,成为傩活动的主要方式,而以巫术仪式为主要内容的傩仪活动却由于脱离时代的要求呈萎缩之势。其次,傩戏在发展过程中,其戏剧要素的不断成熟与完善,促进了傩戏的娱乐化和世俗化。随着其他民间文艺和地方戏曲元素的不断输入,贵州傩戏在脱离傩仪之后,其剧目、唱

腔、动作等一系列戏剧的基本构成要素也日臻完善。就具体演出内容而言，傩戏在相当长的历史时期内，多为没有台本的条纲戏，传承主要依靠师徒间的口传心授，因而保留了较多的传统的鬼神色彩，现代文艺性相对较弱。现在，随着人们知识文化水平的提高，傩戏唱词更多地被记载于手抄剧本中，并且添加了较多的世俗化娱乐化情节，同时在很大程度上删减了施巫作法的内容。这样，傩戏的世俗性与娱乐性便以规范的文本形式相对固定地保存传承下去。从声腔来看，声腔是决定一个剧种成立与否的关键条件，是区分剧种的主要依据。正如当代著名作家何为所言："中国戏曲形成和发展的历史，也就是戏曲音乐形成和发展的历史。因为三百多个剧种之间的区别，主要在于音乐。而每个剧种的诞生、形成，也主要以音乐为其标志。当然，各剧种之间的区别并不限于音乐，但声腔上，亦即音乐上的差异，实在是一个主要因素。"①就贵州傩戏而言，虽然它也在积极接纳和吸收其他地方戏和大剧种的声腔，但是受种种现实条件所限，难免有囫囵吞枣和支离破碎之嫌，实际效果并不理想，其声腔相比其他省份的戏曲效果欠佳，这导致贵州傩戏难以为省外民众所广泛接纳与认可。在贵州本地，傩戏因地制宜地吸收民谣、山歌、神歌、说唱等民间艺术声腔特色，使自身在唱腔上具有了更多满足民间大众娱乐性和世俗性要求的艺术成分，而且随着傩戏中现代剧目、人物的愈加复杂与丰富，其唱腔也渐次完善和通俗化，因此傩戏在贵州至今仍广泛流行。随着艺术形式的不断成熟和知名度的不断提高，傩戏在不久的将来走出贵州，走向全国甚至世界，有着很大可能性。

其二，在现代社会主流文化世俗化、娱乐化的潮流中，贵州傩戏的组织方式、组织者、表演者及观众都发生了明显变化，一些地区出现了专演娱人剧目的戏班。

巫师历来是傩戏组织者和表演者的主体，在传统的傩事活动中，傩坛通常与傩戏班合二为一。随着傩戏娱乐功能的强化，巫师不再是傩戏的组织者和表演者，傩戏班也彻底从傩坛组织中剥离出来，这标志着傩戏不再受到傩坛组织的约束，成为通俗娱人的独立体。例如贵州湄潭县抄乐乡的傩戏班已经演变为走街串巷的专业戏剧演出团体，人员的组成也改变了以往以巫师为主的状况，已经上演过诸多为群众所喜闻乐见的通俗剧目。传

---

① 何为：《戏曲音乐研究》，北京：中国戏剧出版社，1985年版，第473页。

统剧目的演出最大限度地去除了面具和巫术仪礼,新剧目则更多地反映农村社会中乡民的日常生活,呈现出向世俗化方向发展的显著趋势。

四、贵州傩文化遗产传承中存在的问题

傩文化作为社会形态的反映和产物,其表现形式也必然受到具体社会形态的制约。贵州傩文化是在社会生产力极端低下的原始社会孕育产生的,历经漫长的演变过程在明清时期达到发展高峰,其在不同的历史时期均以灵活的外显形式适应着当时的社会状况。然而新时期以来,高速发展的社会生产力以前所未有的速度和力度改变着社会的整体面貌,影响着人们的思想观念,传统的傩文化被强势的现代文明挤压到少数民族聚居的山区等偏远之地,在民间主流社区几无立足之地,其传承再生能力受到严峻挑战,进入发展的低谷阶段。同时,新中国成立后相当长一段时期内,傩文化被斥为封建迷信的余孽,有关部门或者严加打击取缔,或者以阻碍现代文化发展为由加以诸多限制,任其自生自灭,导致人们对其认同感逐渐淡化,接受程度逐步降低。傩文化原有的艺术韵味发生了严重的变异,活动范围进一步缩小,难以重现其曾有的一枝独秀的辉煌局面。

(一)至上的物质主义与传统文化的衰微

改革开放以来,贵州人民的生活水平获得了显著提高,尽管城乡、地区之间仍存在较大差距。历史上长期贫穷落后的贵州,改革开放四十多年来,社会经济面貌发生了翻天覆地的变化。在物质至上主义理念的驱使下,人们所从事的各项工作的终极目标就是发家致富,改变一直以来的贫穷面貌。人们习惯了以物质上的富足与否作为衡量一切价值的根本标准。可以说,人们的物质追求顺应了社会发展规律,也与穷惯了、穷怕了的贵州人民的心理状态相契合。然而,完整健全人格的塑造和形成,仅靠物质上的充裕与富足是远远不够的,还必须要有相应的精神文化要素的支撑。当然,对物质的执着追求是人的固有本性,社会与人的可持续充分发展也必然是建立在必要的物质基础之上的,对贵州这样落后的地区来说尤为如此。问题在于物质功能被不断强化与放大,在一切工作唯物质论的社会风气下,经济与文化建设很难保持同步,二者发展容易脱节,以致违背了人的本性需求。人们在这种社会价值导向下对人与事的价值判断往往主要以货币为标准,物质价值的无限夸大伴随着文化价值被人为地压制与贬低,这种价值取向在经济欠发达的贵州表现得尤为明显。功利主义的社会氛

围使本身就处于弱势地位的傩文化遗产陷入愈加严峻的生存境地,在整个社会崇尚物质利益最大化的价值观背景下,人们无暇欣赏和品味传统文化的深厚意蕴,古老的傩文化更是备受冷落。这种物质文明与精神文明不对称的畸形发展,对非物质文化遗产的传承与社会的全面进步产生了严重的破坏作用。

(二)交通、通信手段的发展进步在某种程度上侵蚀了傩文化遗产的生存土壤

改革开放以来,全国范围大规模的经济建设蓬勃兴起,贵州亦进入了史无前例的经济大发展时期。由于历史和地理等客观因素的制约,贵州社会经济的发展在全国长期处于滞后的状态。尽管如此,人们仍可明显地感受到贵州社会各方面所发生的日新月异的变化。近年来,贵州的城镇建设、交通通信等事业均呈现出快速发展的良好势头,工业化进程明显加快,来自外部的影响已经深入边远的乡镇和村寨,原来十分闭塞的偏远山区与外界的联系日益密切。在贵州傩文化的主要分布区安顺一带,交通更是便捷,汽车站、高铁站、飞机场等现代交通设施一应俱全。从安顺市区坐汽车只需一个小时就可以到达展示地道的地戏面具与服饰的村寨。交通与通信状况的改善,打破了长期以来贵州"地无三尺平"的环境桎梏,使大量的现代信息得以顺畅地传入偏远村寨。"养在深闺"的古老傩文化由此具有了与外界甚至世界沟通交流的便利条件,开始直面来自现代文明的冲击与碰撞。更重要的是,人们的生活习俗和思想观念也随之产生了远甚于历史上任何时期的变化,这必然深刻地影响贵州傩文化遗产的现实状态和发展趋势。

交通状况的改善极大地带动了经济的发展,拉近了城乡距离,促进了不同文化的交流与融通,也加快了传统民间艺术的变异速度,对贵州傩文化遗产而言利弊兼有。一方面,傩文化工艺品得以与市场紧密结合,可观的经济效益对傩文化遗产的传承发展起到了积极的推动和促进作用;另一方面,现代社会经济文化的全方位介入和商品经济追逐利益最大化的现实需求都促使傩文化艺术产生了显著的异化,原生形态发生了严重蜕变,远离传统本质。同时,发达的现代通信技术彻底打破了时空局限,架构起全新的社会价值体系,以其巨大的影响力和渗透力从根本上影响和改变着人们的思维和行为方式,它足以摧毁人们千百年来所积淀形成的生活方式,扫荡所有的历史文化传统。这种改变将随着时间的推移而日益凸显,虽然

最终结果难以预料,但可以肯定的是如果不加强保护,傩文化还将进一步萎缩退化,全面让位于强势的现代文化体系。

先进的交通和通信方式是推进贵州经济和社会现代化进程的先行者和排头兵,它迅速冲破自然地理条件的壁垒,由中心城市向广大农村扩展,对经济欠发达的贵州所造成的影响和冲击是可以想见的。随之而来的是,越来越多的人尤其是新生代农民强烈意识到城市与乡村、东西部地区的天壤之别,由自卑走向思变。他们开始向往城市,渴望做一个城市人,享受现代都市生活,彻底摘掉"乡巴佬"的穷帽子,支撑传统文化价值理念的心理基础被严重削弱。原先人们习以为常甚至引以为豪的祖传文化习俗或文物遗迹,如今在他们看来土得掉渣,难以示人。傩文化的创造者和传承者,在快速发展的现代社会中,由于心理的失衡而逐渐失去自信,这在很大程度上造成了傩文化艺术后继乏人的严重局面。"面对强大的诱惑,年轻一代最先按捺不住,他们对过往的生活充满鄙夷,是现代生活方式热烈的响应者和追随者,对城市的向往使他们毫不犹豫地抛弃祖辈留下来的种种手艺,传统的生活习俗在他们这一代人中慢慢隐退,非物质文化遗产已就在交通与通信等基础设施不断发展中,逐渐失去了其赖以生存和发展的土壤。"①

(三)对城市生活的向往,外出打工的盛行加速了傩文化遗产传承的断裂

长期以来贵州社会经济呈底子薄、基础差、发展慢的状况,总体来说,目前仍处于发展相对滞后阶段,许多边远农村地区依旧处于贫穷落后状态,不少地区仍保持着传统的生活方式,农业生产仍是相当一部分农村地区主要的谋生手段。近年来,巨大的城乡反差促使农村的青壮年大量涌入城市,汹涌的打工潮以不可遏制的态势席卷整个贵州省的农村地区。在调查的村寨中,青壮年除小部分在本地经营个体产业外,大部分选择外出打工,并且近几年当地政府还有针对性地举办外出培训班和推荐会,积极倡导和鼓励民众外出务工,打工已成为贵州农村青年接触外界和增加收入的主要途径和手段。便捷的交通和通信方式带来的大规模人口流动,使世世代代土生土长的农民离开故乡突然变成城里人,成为游离于城乡间的庞大特殊群体。与他们的身份变得模糊的状况相对应的是傩文化的没落变得愈发清晰,这种脱离本乡本土原来生存环境的身份转变,从文化传承的角

---

① 杨晓辉:《贵州民间美术传承与发展》,贵阳:贵州人民出版社,2006年版,第37页。

度来看,将导致傩文化习俗承袭主体的严重缺失,由此影响到傩文化的传承发展。世代相传的古老技艺很有可能在这一代人的手中断层或消失。

傩文化工艺品在具有审美属性的同时,还具有较强的商品属性。自二十世纪八十年代以来,傩文化工艺品开始进入商品流通领域,成为农民家庭收入的重要来源。然而靠傩文化工艺品所获得的经济收益毕竟十分有限,无法成为解决人们现实生活问题的主要收入来源,傩文化工艺不足以吸引青年人学习和继承。旧时的农村青年除了农田劳作生产外,还必须学习继承先人的手工技艺,这种亘古不变的传统在今天随着社会环境的巨变越来越受到人们尤其是年轻人的强烈质疑与挑战。城乡间的差距在不断扩大,傩文化遗产及其传承人的社会地位难以得到肯定和认同,其潜在的文化与经济价值无法凸显出来,同时傩文化工艺品制作工艺复杂,学习传承难度大,付出和所得不成正比,传承人的生活状况没有得到显著改善。因此在讲究效益的时代,这种高投入、低回报的状况难以吸引年轻人学习和继承傩文化工艺。与之相应的是,农村青年越来越向往大城市,对传统文化遗产愈发丧失兴趣,打工成为他们融入城市最直接的捷径。今天的农村新生代更关心的是如何快速适应城市的生活方式,而过往的知识体系与生活经验限制了他们与城市的交流融通。他们通常会果断舍弃贫困的农村生活和传统的手工技艺,毫不犹豫地投入城市的怀抱。从目前来看,农村年轻人大量外流造成的很多传统文化技艺后继乏人的现象还将长期存在。

打工的经历使农村青年开阔了眼界,引起了思想观念和思维方式的变化,这种认识上的差异造成了他们对传统生活习俗认可程度的弱化。出生于二十世纪八十年代的这代人,与其父辈皆处农村,但他们成长的外部社会环境已发生了巨大变化,这一时期社会生产力飞速发展,整个社会充斥着巨量信息和诸多诱惑,他们接触和接受了现代社会带来的更多的提升发展契机。现在四十岁至五十岁年龄段的人,处于傩文化传承链上的中端位置,这代人比较认同传统生活习俗,思想观念相对保守,能够熟练地掌握各类祖传技艺,他们属于承上启下的一代。这代人的父辈年龄目前在六十岁与七十岁之间,处于传承链的上端位置,他们或者年老体弱,或者相继离世,一些传统技艺绝活也随他们而去,这代人将很快退出傩文化的艺术舞台。因此可以说,目前五十岁上下的中年人是当今傩文化技艺传承的主力军,他们承袭了上辈人的技艺与风格,仍然在本乡故土执着地坚守着已呈荒凉之势的傩文化遗产园地。他们的下一代现为二十岁左右的年轻人,处于傩文化传承链的下端。这些年轻人完全成长于与其父辈截然不同的社会环境中,日新月异的社会巨变以全新的方式塑造着他们的思想观念和思维方式,他们不屑于继承传统文化习俗与技艺。这一代年轻人正处于傩文化传承链上最关键的一环,如果不加以引导,这一环就很容易断开,傩文化遗产的传承链也就到此为止,无法延续。假定如此,那么十年、二十年后,傩文化遗产传统技艺可能真的会彻底消亡。很显然,当前诸多品类的非物质文化遗产面临消失的绝境,很大程度上是由于相比其他行业,其较低的经济效益无法吸引和挽留相关从业人员,造成原先的继承者及准继承者大量转移和流失。这种现象由来已久,不只是贵州一地的问题,也不限于某一品类的非物质文化遗产,在非物质文化遗产资源丰富的广大西部地区,这种状况普遍存在。如果有关部门不加以重视,数年之后,这些传承了千百年的宝贵文化遗产将彻底消亡,这绝不是危言耸听。

(四)来自经济发展和社会变迁的压力

当前,世界正经历着现代工业文明的迅速扩张和全球经济一体化的推进,这是一个强势文化无情吞噬弱势边缘文化的过程。现代经济成果蔓延到某个地域后,必然会带来该地物质消费方式和生存价值观念的急剧改变,导致许多本土文化传统发生流变,甚至走向消亡。整个世界似乎正朝着经济方式、物质消费方式、价值观念趋同的方向发展,人们多元化的生存价值观、宗教习俗、伦理情感越来越被单一强势的现代文明所裹挟。贵州傩文化正处于全新的社会背景之下,随着经济的快速发展,傩文化生态区人们的生活水平有了显著提高,传统的自给自足的小农经济模式被完全打破,商业经济的强大吸引力促使当地的年轻人到经济发达地区或城市打工,打工收入逐渐取代农业收入成为民族地区家庭主要的经济来源,只有中老年人留在村寨成为传统文化遗产的守护者。现今,傩文化赖以生存和发展的重要基础——原生态的农耕文明等社会环境在相当一部分地区被严重削弱乃至消失,"皮之不存,毛将焉附",这种状况成为傩文化遗产在贵州乡野民间难以维系的重要因素。从下面湄潭抄乐乡群星村傩戏会2015年度的收支表中,我们可以看出当地傩戏会的收入主要来自中老年人的自发捐助。微薄的资金来源难以支撑傩戏会的长期生存运转,如果没有相关部门的财力物力支持,傩戏会恐将很快解散,而其承载的傩文化也将随之消失。抄乐乡是贵州傩文化较为兴盛的乡镇,从该镇傩戏会和傩坛的现状可窥见当前贵州傩文化遗产传承所面临的突出困境。

表 9-1　2015 年湄潭县抄乐乡群星村傩戏会收支表

收入部分		支出部分				备注
姓名	金额(元)	姓名	事项	金额(元)	单据(张)	
何权济	120	王建秋	购买面具	450	1	
何权武	100	王建法	购买托福一扎	50	1	
何权林	80	张权德	购买猪肉 10 斤	120	1	
何权才	140	张权利	购买烟、酒、菜、油等	130	1	
何权旺	50	张依林	购买爆竹、墨、纸等	80	1	
何权术	90	张依法	购买大米 50 斤	100	1	
王会中	100	王会元	购买堂鼓一面	60	1	
王会元	90	王会杰	黑马褂 6 件	180	1	
王会森	40	王全有	香烛、冥币	20	1	
王会杰	100	王全才	鞭炮、火药	60	1	
王会义	70	何权术	修理傩面具	20	1	结余360元,用于下年傩戏会事务
张家有	80	何永利	购买菜籽油	30	1	
张家权	90	何权有	购买面粉 10 斤	20	1	
张家林	90	姚桂林	购买颜料	60	1	
张家才	120	姚桂德	购买蔬菜	20	1	
张家友	60	姚桂望	购买香烛	10	1	
张家喜	40	姚林喜	购买爆竹	40	1	
张家利	40	姚桂权	购买大米 10 斤	20	1	
姚桂珍	80		邀台①	30	1	
姚桂林	100					
姚桂权	60					
姚桂德	70					
姚桂望	50					
合计	1860			1500		

① 即深夜散戏后演员的宵夜。

表 9-2　2016 年湄潭县抄乐乡傩坛成员情况汇总表

姓名	性别	年龄	民族	职业	婚姻	文化程度	坛内分工
何守业	男	72 岁	仡佬	务农	已婚	小学	傩法师
何超旺	男	76 岁	仡佬	务农	已婚	小学	傩法师
何世梅	男	62 岁	仡佬	务农	已婚	文盲	鼓手
何永超	男	65 岁	仡佬	务农	未婚	文盲	锣手
张逢举	男	73 岁	汉	务农	已婚	小学	唢呐手
张迎天	男	78 岁	汉	务农	已婚	文盲	锣手
张法科	男	72 岁	汉	务农	已婚	文盲	锣手
黄友林	男	78 岁	苗	务农	未婚	小学	鼓手
黄友珍	男	68 岁	苗	务农	已婚	文盲	帮手
黄友森	男	77 岁	苗	务农	已婚	小学	锣手
叶天笑	男	68 岁	苗	务农	已婚	文盲	唢呐手
叶天法	男	72 岁	苗	务农	未婚	文盲	锣手
叶天森	男	76 岁	苗	务农	未婚	小学	鼓手
叶天傲	男	64 岁	苗	务农	未婚	文盲	唢呐手
叶天林	男	73 岁	苗	务农	已婚	文盲	唢呐手

（五）来自现代文明的冲击

外来主流文化的传入，引起民众生活方式和观念的剧烈嬗变，冲击了向来靠口传心授方式传承的傩文化。贵州民族地区的民众主要通过两种渠道接触到发达地区的现代文化：一是走出贵州直接到先进的东部城市打工；二是利用越来越便捷的交通和通信手段。这两种渠道在今天的贵州民族地区已经相当普遍。日益增多的私家车将山区和城镇联系起来，手机将外出务工者和留守亲人联结起来，互联网则将丰富多彩的外部世界直接呈现在毫无心理准备的各族民众面前。与此同时，在与先进城市越来越多的接触与交融中，贵州外出务工的年轻人强化了自身"农民"和"少数民族"的身份意识，这种意识使贵州乡民在中国当代各种传媒及主流语境中始终被固化为经济和文化上的双重落后群体，因此，他们的文化自卑感油然而生。年轻人羡慕并模仿城市人的生活方式，希冀以此尽快融入城市社会，乡村传统文化则被作为落后和土气的象征而逐渐被摒弃。城市打工者成为现代文化的直接传播者和代言人，他们带回家乡的现金、时髦新潮的穿着打扮、见多识广的谈吐成为促使更多民族地区年轻人走出去的直接动力,这又加重了现代文明对贵州传统文化的侵蚀力度。随着现代文明的强势传播侵染,贵州傩文化的发展颓势日益显现,保护和传承贵州傩文化遗产迫在眉睫。

(六)来自学校基础教育的压力

基础教育的普及对于贵州傩文化的传承来说是一把双刃剑:一方面,它开阔了民族地区人们的文化视野,提高了人们的文化素质;另一方面,基础教育以全新的知识体系与思维方式将民族地区的民众与本地传统文化分隔开来。在贵州广大民族地区的乡民社会,传统教育方式就是父母等长辈以言传身教的形式将少年儿童纳入当地的文化习俗体系中。与传统教育方式截然不同的是,现代意义上的学校教育通过一套被认为是适应现代社会的、权威的知识架构体系,使受教育者顺畅地获得现代公民的身份认同。但是对于贵州民族地区的中小学生来说,学校传授的知识已经脱离了地方文化传统和他们的现实生活体验,这种状况对非物质文化遗产的传承造成了消极影响:一方面是青少年难以接受没有经过亲身实践甚或是枯燥的学校知识;另一方面,学校教育与传统文化之间存在的落差与隔阂使民俗艺人无法向孩子们正常传授傩文化技艺。同时,在现代世俗文化的驱使下,家长们都会尽力支持学校文化教育,在他们看来,唯有如此,下一代才会摆脱世世代代的艰苦处境,拥有美好前程。家长对学校教育由衷的重视和期望赋予学校和教师至上的权威地位,这种尊师重教的风气在一定程度上造成了"当学校教育与传统文化相抵触之时,总是以传统文化的退却让步而告终"的局面,这大大限制了传统民俗事象多样性的呈现与传承。学校教育与傩文化传承最直接的冲突在于,学校教育挤占了学生的大部分时间,使他们鲜有机会接触到民间傩文化,更不消说培养对傩文化的兴趣、学习其技艺技法,一些学校甚至片面地将傩文化斥为封建迷信,进行负面宣传,这严重压缩了傩文化的生存空间,以至于现在傩文化在贵州许多民间社区只零星展示于几个重要的节日。此外,传统文化言传身教的传承方式与学校教育中的知识文化以背诵记忆为主的传播方式有较大差别,因而受到教师和学生的排斥和抵制。从小受传统文化浸染的家长难以与深受现代文化教育的孩子进行有效沟通交流,傩文化的古老根基与血脉,面临着随家长、学校和学生无意识的文化放弃而枯竭乃至消失的严峻境地。

总之,包括傩文化在内的贵州非物质文化遗产,在经济强势、文化式微的社会宏观背景下,其传承面临着严重威胁与挑战。诸多傩文化遗产艺术随着年老艺师的相继离世而成为绝响。非物质文化遗产的传承方式主要是言传身教和心领神会,很难以文字的形式准确地记录和表达,这就决定了其先天的脆弱性。当前傩文化绝技绝艺的传人要么离世,要么转行,而年轻人则忙于打工赚钱或者学习深造,无暇顾及传统文化艺术。在贵州,诸多宝贵的非物质文化遗产跟傩文化一样皆由于人文生态环境的巨变而面临着严重的生存传承危机,许多传统工艺绝技后继无人,陷入濒临失传的危险境地。

五、贵州傩文化遗产的传承措施

贵州的傩文化遗产以其浓厚的区域特色,具有重要的传承价值。在新形势下,为实现贵州傩文化产业的可持续发展,应着重对以下几个方面予以关注。

(一)建立贵州傩文化传承的经济机制

傩文化遗产具有显著的观赏性和娱乐性,将其打造成响亮的旅游品牌,不仅可以收到可观的经济效益,而且也可以反哺以傩文化为代表的贵州非物质文化遗产的保护与传承。旅游收入是贵州重要的收入来源,贵州的旅游特色除了优美的自然环境之外,更在于其玄妙深奥的非物质文化遗产。傩文化等非物质文化遗产是贵州旅游产业的重要组成部分。持续不断的经济投入是贵州傩文化可持续传承发展的基本动力和保障,藏品的征集和保护、艺人的扶持、研究的开展都需要较多的经济支持。傩文化遗产保护与传承的经济投入应主要来源于相关旅游产业,而不是政府的财政补贴,同时对一些社会长远效益高、短期经济收益低的傩文化项目,政府应给予必要的财政支持,这样才有利于使旅游开发的文化品位和其所秉持的原真性、完整性保持动态的平衡,最终促进傩文化的长远传承与发展。

(二)探索一条切实可行的规划机制

贵州的傩文化品类丰富多彩,散布于贵州的乡野民间,基本上处于放任自流、缺乏管理的状态,难以产生经济效益。通过长期的开发摸索,规划先行是非物质文化遗产保护与开发实践中的一条成功经验,这条经验也同样适用于傩文化的传承与保护。因地制宜统一规划为傩文化遗产的保护性传承开发提供了涵盖开发思路、总体目标、发展阶段、保障措施、成果价值评估等方面的行动指南。采取切实明确的行政约束,促使傩文化遗产的保护与传承有序进行,唯有如此,才能把傩文化打造成精品,使之成为贵州非物质文化遗产的特色品牌。

(二)建立具有针对性的教育科研机制

相比于原则性、公正性、权威性和稳定性的刚性机制,教育、科研属软性机制,但却是各类非物质文化遗产保护传承的基石。为此,要推进大众宣传教育,构建大、中、小学完整的非物质文化教育体系,结合傩文化遗产的地域、民俗特点将其纳入乡土教育。通过大众教育有效普及傩文化等非物质文化遗产的知识和保护观念,促使民众对傩文化遗产产生心灵上的敬畏、文化上的敬重,激发民族自豪感,真正悟得傩文化旅游产品的独有韵味,切实感受到博大精深的传统文化的独特魅力,而不仅仅是猎奇和肤浅地获得耳目之快。通过专业教育和科学研究培养傩文化遗产保护的高水准专业人才,为傩文化的传承以及长远发展提供深层次理论指导,做好人才保障。

(四)用好用活在世的傩文化艺术大师

贵州现有一大批傩文化艺术大师虽年事已高,但仍健在。在傩文化遗产的传承中,应对其加大经济上的补贴和给予更多生活上的照顾,鼓励他们积极招收徒弟,传授技艺,为傩文化的保护传承培养更多的后续人才。

(五)加大对外宣传推广的力度

在市场经济中,"酒香也怕巷子深",不能将发展目光局限于国内。"一带一路"倡议的提出,中外交通的便捷为贵州傩文化的对外宣传推广和走出国门创造了有利条件。贵州傩文化完全有资格和实力搭上这班便车,成为西方人了解感受中国传统民间文化的一扇窗。

(六)突出重点,高端传承

贵州傩文化品类众多,但由于受物力和财力等多种因素所限,主管部门很难使各个品类的傩文化遗产都得到全方位的保护和传承。与其将专项资金分散至各个傩文化品类,还不如汇聚有限的物力和财力集中打造几种典型的傩文化精品,这样更可能获得可观的经济效益。"高端传承,在发展状况良好的项目中是一个普遍的现象。而对于凝聚了历代众多从业者心血智慧、携带了各个历史时期文化基因的非物质文化遗产而言,在现代化的背景下,大部分项目是无法大规模普遍应用于现代社会生产生活的,而坚守少量传承、高端传承,反而是获得有效市场和受众的唯一捷径。"①

(七)积极培养大众在傩文化产业传承中的创新意识

在万众创新的新形势下,傩文化产业的传承发展也要与时俱进,在不失原真性、完整性的前提下,逐渐探索出一条更适合现代旅游经济的新模式,使傩文化更符合新时期民众的欣赏口味,这对其长期传承尤为必要。很难想象一种脱离社会发展需求和广大民众不断增长的实际需求的文化品类会获得长足发展。任何一种传统的非物质文化遗产如果不能与时俱进,终将失去存在的价值而消失于历史的长河中。创新并不是对傩文化原有形态和韵味做出质的改变,而是在保持原有内核精髓的基础上,进行枝节上的修补和改观,使之更适应新时期人们的审美情趣需求和社会形势发展需求,相对完好地传承具有悠久历史的精神内核。

随着工业化和城镇化进程的加快,经济全球化和文化标准化的日趋加强以及旅游业的发展,诸多品类的传统民间文化正在加速走向消亡,贵州的傩文化也不例外,与其相关的绝技绝活同样面临着失传的危险。在新形势下,贵州傩文化面临着史无前例的挑战,主要体现在:一些游客在傩活动现场不顾村民的感受和当地的习俗,纯粹是出于猎奇心理或者感觉好玩,随意破坏傩的仪式秩序,肆意践踏傩的神圣性,招致演员的反感和排斥,不利于傩文化产业的保护和发展;在商品经济的大潮下,农村人口大量外出打工使贵州傩文化处于后继乏人的境地;随着社会的发展和各种文娱活动的不断增多,傩戏的观众日益减少,愿学傩戏表演的年轻人更是少之又少,傩文化的群众基础日益削弱,在这种情况下,唯有加大推陈出新的力度,傩文化才能在当前的社会形势下立足生存;在傩文化产业的实际开发中,政府没有成立专业部门对傩文化主要的承载群体——巫师进行统一管理和集中调度,或者虽然成立了相关部门,但很多都流于形式,没有很好地发挥应有的作用,如此一来分散各地的巫师之间缺乏切磋交流、共同提升的渠道,仅凭巫师个人之力很难对长时期流传的傩戏剧目和情节做出符合现代观念和欣赏口味的创新之举,因此傩戏演出内容多年来一直呆板陈旧、千

---

① 王燕:《当下非物质文化遗产传承的主要危机与解决途径》,载苏州大学非物质文化遗产研究中心编:《东吴文化遗产》第五辑,上海:上海三联书店,2015年版,第57页。

篇一律、乏善可陈,难以吸引观众和游客,在很大程度上限制了傩文化产业的发展。同时,在傩文化旅游产业开发的过程中尤其是起步阶段,傩戏演出人员从中获取的收入十分有限,相关部门缺乏对其经济上的补助,这也造成相当一部分从业人员的流失。在现代文明的强力冲击、贵州傩文化倍显脆弱的状况下,唯有打造并强化由当地各级政府牵头的互动机制,充分调动从业人员的积极性,才能使贵州傩文化得到更好的保护和传承。

结　语

　　贵州古人对精神信仰的真正需求并不在于其高深玄妙的哲理体系和虚无缥缈的彼岸世界，他们认为念经成佛、修道成仙过于遥远，不切实际。中国民众的人生观是十分简单和淳朴的，在他们看来，正式的宗教境界玄奥，理性太强，难以理解，无法解决现实生活中的实际问题。为了求得神灵对现世平安生活的保佑或借助于神灵摆脱实际生活中的焦虑与无奈，他们通常采取急功近利的实用主义做法，来满足他们的世俗要求和心理需求，这种功利性的实用主义使他们在选择崇拜或供奉的信仰对象时，不受信仰门派的束缚，即不管哪路神仙，只要他们认为有益于自身，就会主动吸纳并虔诚地顶礼膜拜。从正规宗教的角度来看，傩不属于宗教，它既没有规范的宗教典籍，也没有精深的教义教条和超凡脱俗的信仰理念。巫师扮演傩神"现身说法"的效应，形象地迎合了傩信仰民众的心理需求。傩神似乎无所不知、无所不能：从生命的诞生到寿终正寝，从消灾驱邪到祈福纳吉，从五谷丰登到六畜兴旺，傩神总与民众的世俗生活保持着千丝万缕的联系，它无时无刻不在护佑着脆弱的人类。傩神特别宽容，不与凡人计较得失，民众有请必到，有求必应，深受民众的爱戴与敬仰，因此，傩神自古迄今在贵州为民众所广泛崇信，民间有"十里一傩庙，五里一傩神"的说法。傩神以民俗的艺术形式传承下来，傩能在乡野民间家喻户晓、深入人心，很大程度上得益于其依托于民俗的艺术魅力。巫师为了招徕更多虔诚的善男信女，对一些当地流行的民间艺术活动进行了有针对性的"傩化"处理，使原本呆板乏味、肃穆凝滞的法事仪式更通俗化，更具观赏性和吸引力。贵州傩文化在长期的演化进程中，尤其是明清以来，在与其他地域文化相磨合与碰撞的过程中，早已成为仪态万方、包容万象的文化体系，成为贵州诸多民俗活动的内在基因，深刻地影响着贵州民俗事象的艺术风格。

　　亿万年前的造山运动使贵州由沧海变成高原，适宜的气候条件和自然环境使贵州成为我国南方古人类重要的发祥地之一。贵州先民在漫长的原始石器时代，于制造石器的过程中，思维能力得到显著提升，萌生了朦胧美的观念，萌发了原始的审美意识，产生了拙朴的造型艺术思想。同时在原始社会,石头与贵州先民的生产生活息息相关。他们居住在石头洞穴内,生产工具和生活用具皆为石头制作。原始先民对石头崇拜有加,逐渐形成了原始宗教意识。由于生产力和认知水平的低下,原始人类在变化无常的大自然面前倍显弱小,无力抵御频发的各种灾难,只好求助于超自然的神鬼。因此,朦胧的审美意识和原始的宗教崇拜共同促成了贵州先民的傩文化意识。

牂牁国和夜郎国处于贵州古代史上的重要时期,不仅对贵州的经济发展起了重要的推动作用,而且也促进了傩文化在该时期的繁荣。在西南诸省中,贵州最为闭塞,较少受到外界的影响,这为保存境内的原生态文化提供了有利条件。如今的西南地区,贵州傩文化的保存最为原始、完整。傩戏是傩文化主要的表现形式和组成部分,贵州傩戏主要分为地戏和傩坛戏两大类。地戏在贵州傩戏中居重要地位,至今仍在以安顺为中心的地区盛行。安顺地戏是弋阳腔化的军傩,约在明洪武年间的"调北征南""调北填南"运动中随江南军民屯驻贵州而传入。地戏在贵州五百多年的发展进程中,除了仅在个别角色的更替和演出剧目的增减上有较小变化外,基本上保持了明初传入时的格局面貌,发展较为缓慢,颇具原始古朴风格,具有重要的民俗文化研究价值。

端公是傩坛活动中的掌坛法师,是整个"舡神"活动仪式的主持人。端公能够入乡随俗地迎合适应各地的文化风俗,因而他们主持的巫术活动也易被不同地区的人群广泛接受。端公在施巫作法时,深谙参与者的心理需求之道,完美融合多种富有感染力的表现手法,能够营造出即使在现代人看来也难以理解的玄妙氛围,在当时落后的科学文化知识束手无策之时,给饱受疾病摧残的患者及时地送去有效的治疗方案和温暖的人文关怀,助其摆脱疾病的困扰,恢复乐观的生活态度,还精神上的一方净土。端公的仪式活动通过一系列施巫作法作用于人的心理,产生一系列心理暗示,左右和改变着人们的思想和行为。剖析这种心理作用机制,有助于从本质上理解傩仪的作用原理,也有利于从心理层面深入分析其他民俗事象。

傩面具是傩文化的重要构成元素。贵州傩面具造型仪态万方,意蕴丰富深邃,数量相当庞大,在傩面具的大家族中颇具典型性,贵州傩面具在长期的传承演化中积淀了不同民族和时期的各种社会文化内容,融合了民间信仰、民俗民风和审美意识等文化形态,构成了一个丰富多彩的民间艺术体系,具有重要的文化人类学研究价值。任何古文化事象的形成和发展都离不开特定地域的自然环境,并受其影响和制约。通过分析傩面具的艺术风格和自然环境之间的关系,可得知自然环境对文化事象的影响主要体现在两个方面:首先,人们基于对自然环境属性的形象化感悟和理解,产生了相对固定的思维定式,这种思维定式影响和作用于艺术作品的整个创作过程;其次,传统艺术作品所体现的自然形态和自然条件定性了人们的审美格局。

鸡在贵州民众的心目中拥有无可替代的地位,它已在较深层面渗入贵州民间风俗的文化基因中,并且衍生出与贵州乡野民众的日常生活密切相关的文化事象,俗称"鸡文化"。在人们的潜意识里,鸡是神灵的化身或依附物,这种特性对于巫师创设傩仪的神秘氛围是十分必要的,因而鸡作为重要道具被广泛运用于巫师的道场作法仪式中,以致在贵州有"无鸡不仪"的说法。具有神性的鸡被用于傩仪,这使傩仪具有了更大的感染力和可信度,一定程度上提高了傩文化在贵州民俗中的地位和影响,成为贵州民俗文化体系中的重要一极。作为傩仪重要道具的鸡也以傩神代言者的身份以多种形式出现在贵州其他民俗活动中,为贵州的民俗事象增添了更多的傩文化因素。

傩是一种跨地域时空的泛文化体系,各种傩坛祭祀活动皆是由一系列巫术意识观念支配的程式化特殊行为方式,它们以独特的艺术魅力和深邃意蕴,成为傩的精神内核的物化形式。"傩的信仰中所保留的古代神道色彩,反映在傩坛的神学观念上,反映在种种禁忌、崇拜上既透露出一种认识能力的局限,又标明了思维方式和价值观念的情感走向。"[①]傩文化作为一个复杂的有机整体,不是傩祭、傩戏、傩仪等要素类别的简单机械叠加。在巫术仪式的氛围中,人们的心理状态、价值观念、思维和行为方式都会相应地产生与日常生活中的状况不同的变化,这绝非现代科学的纯粹逻辑所能解释得了的。人们的这种心理体验在傩文化的傩祭、傩戏、傩仪等表现形式中基本是相同的,由此可以将这些要素归结为一个整体,统称为"傩文化体系"。在贵州傩文化的感性世界里,透过种种看似荒诞无稽和无可理喻的场景程式,可以深切、直观地感受到贵州历代先人对自然和命运执着、顽强、朴素、乐观的抗争精神。"他们在自然崇拜下力图征服自然,在鬼神观念下力图操纵鬼神,在祖先崇拜下力图认识人自身的不懈努力与命运的不

[①] 钱荫愉:《苍茫集》,贵阳:贵州人民出版社,1993年版,第319页。

安分。这样一种对天、对地、对神、对鬼、对自然、对命运的崇拜中所包含的征服色彩,使傩在荒诞消极的形式之下保有人类积极向上的天性和追求真、善、美的文化心理。"[①]在今天,宽容而随和的傩文化仍通过人类的这种不求真伪、但寻慰藉的精神胜利法,以或迷信或科学、或唯心或唯物、或愚昧或理性的方式调适着现代人紧张生活中的焦虑与无奈,维系着安宁祥和的社会氛围。如果说,每个国家、每个民族都有自己的正统文化,那么中国传统的正统文化的核心当属儒学,但儒学在长期的历史演变中并没有建立起超越时空范围的广阔领地;而傩这种特殊的文化体系却以顽强的生命力自古迄今横跨多个国家,始终扎根于人们的内心深处,时刻呵护着脆弱的人类。在与强势的现代文明共处的过程中,虽然傩需要靠不断变换形态以或隐或现的形式主动适应新形势,甚至有时力不从心,但到目前为止,还没有哪种文化体系能够彻底取代和超越它,傩仍然有血有肉地扎根于广大的乡野民间,仍旧焕发着蓬勃的生命力。这就是傩的独有魅力,这就是永恒的傩文化。

[①] 钱荫愉:《永恒的傩》,载王恒富编:《傩·傩戏·傩文化》,北京:文化艺术出版社,1989年版,第144页。

参考文献

一、古代文献

[1] 周礼[M].北京:中华书局,2014.

[2] [东汉]崔寔.四民月令校注[M].石声汉校译,北京:中华书局,1965.

[3] [东汉]应劭.风俗通义[M].北京:中华书局,1981.

[4] [晋]干宝.搜神记[M].北京:中华书局,1979.

[5] [晋]葛洪.西京杂记[M].北京:中华书局,1985.

[6] [南北朝]佚名.洞神八帝元变经[M].北京:文物出版社,1992.

[7] [宋]高承.事物纪原[M].北京:中华书局,1989.

[8] [宋]孟元老.东京梦华录注[M].邓之诚注,北京:中华书局,1982.

[9] [南宋]吴自牧.梦粱录[M].北京:中国商业出版社,1982.

[10] [明]杨慎.升庵集[M].上海:上海古籍出版社,1993.

二、方志

中国地方志集成(贵州卷)[M].南京:江苏古籍出版社,上海:上海书店,成都:巴蜀书社,2006:

第1册:弘治贵州图经新志 嘉靖贵州通志

第2册:万历黔记(一)

第3册:万历黔记(二) 康熙黔书 嘉庆续黔书

第4册:乾隆贵州通志(一)

第5册:乾隆贵州通志(二) 乾隆黔南识略

第6册:民国贵州通志(一)

第7册:民国贵州通志(二)

第8册:民国贵州通志(三)

第9册:民国贵州通志(四)

第10册:民国贵州通志(五)

第11册:民国贵州通志(六) 民国今日之贵州

第 12 册:道光贵阳府志(一)

第 13 册:道光贵阳府志(二)

第 14 册:道光贵阳府志(三) 光绪普安直隶厅志 民国水城县志草稿

第 15 册:嘉靖普安州志 乾隆普安州志 光绪水城厅采访册 民国羊场分县访册 民国郎岱县访稿 葛咏谷等采访 康熙思州府志

第 16 册:乾隆镇远府志 民国思县志稿 民国炉山物产志稿

第 17 册:光绪黎平府志(一)

第 18 册:光绪黎平府志(二) 民国麻江县志 嘉庆古州杂记 民国榕江县乡土教材

第 19 册:乾隆开泰县志 民国八寨县志稿 光绪古州厅志 民国施秉县志 同治苗疆见闻录

第 20 册:嘉庆黄平州志 民国三合县志略 民国台拱县文献纪要

第 21 册:民国黄平志(一)

第 22 册:民国黄平县志(二) 康熙天柱县志 光绪续修天柱县志 民国天柱县五区团防志 乾隆清江志 民国剑河县志 康熙清浪卫志略 民国都匀府亲辖道里册

第 23 册:民国都匀县志稿 民国独山县志 民国独山县志文征志

第 24 册:乾隆独山州志 咸丰荔波县志稿 光绪荔波县志 嘉庆桑梓述

第 25 册:民国瓮安县志 民国荔波县志资料稿 民国惠水县乡土教材调查报告

第 26 册:光绪平越直隶州志

第 27 册:民国贵定县志稿 康熙定番州志 民国定番县乡土教材调查报告 道光广顺州志 乾隆南龙府志 民国册亨县乡土志略

第 28 册:咸丰兴义府志(一)

第 29 册:咸丰兴义府志(二) 光绪兴义府志续编 民国普安县志

第 30 册:民国兴义县志 雍正安南县志 光绪安南县乡土志

第 31 册:民国兴仁县志 民国兴仁县补志 民国兴仁县采访录 民国晴隆县志

第 32 册:道光遵义府志(一)

第 33 册:道光遵义府志(二) 光绪余庆县志 光绪都濡备乘 康熙湄潭县志

第 34 册:民国续遵义府志(一)

第 35 册:民国续遵义府志(二)

第 36 册:民国遵义新志 乾隆绥阳县志 民国绥阳县志 民国清镇县志稿 民国关岭县志访册

第 37 册:民国桐梓县志 民国桐梓县概况 民国紫云县社会调查

第 38 册:嘉庆仁怀县草志 光绪增修仁怀厅志 民国开阳县志稿 民国修文县志稿 康熙龙泉县草志

第 39 册:道光仁怀直隶厅志 光绪湄潭县志 民国婺川县备志

第 40 册:嘉庆正安州志 咸丰正安新志 光绪续修正安州志 道光永宁州志 咸丰永宁州志补遗

第 41 册:咸丰安顺府志(一)

第 42 册:咸丰安顺府志(二) 民国续修安顺府志

第 43 册:民国息烽县志 嘉靖思南府志 嘉靖思南县志稿

第 44 册:道光安平县志 光绪镇宁州志 民国镇宁县志

第 45 册:民国平坝县志 道光铜仁府志 民国沿河县志

第 46 册:道光思南府续志 道光松桃厅志

第 47 册:乾隆玉屏县志 民国玉屏县概况 民国玉屏县志资料 康熙平溪卫志书 民国德江县志 民国石阡县志 民国江口县志略

第 48 册:道光大定府志(一)

第 49 册:道光大定府志(二) 乾隆毕节县志 同治毕节县志稿 乾隆平远州志

第 50 册:乾隆黔西州志 嘉庆黔西州志 光绪黔西州续志 道光平远州志 民国威宁县志

三、近现代学术著作

[1] 高伦.贵州地戏简史[M].贵阳:贵州人民出版社,1985.

[2] 德江县民族事务委员会.傩戏论文选[M].贵阳:贵州民族出版社,1987.

[3] 高伦.贵州傩戏[M].贵阳:贵州人民出版社,1987.

[4] 贵州省民族事务委员会文教处.中国傩文化论文选[M].贵阳:贵州民族出版社,1989.

[5] 沈福鑫.安顺地戏[M].贵阳:贵州人民出版社,1989.

[6] 王恒富. 傩·傩戏·傩文化[M]. 北京：文化艺术出版社，1989.

[7] 李子和. 信仰·生命·艺术的交响[M]. 贵阳：贵州人民出版社，1991.

[8] 顾朴光. 中国傩戏调查报告[M]. 贵阳：贵州人民出版社，1992.

[9] 邓光华. 傩与艺术宗教[M]. 北京：中国文联出版公司 1993.

[10] 顾朴光. 中国面具史[M]. 贵阳：贵州民族出版社，1996.

[11] 张建建. 冲傩还愿——贵州傩仪的结构类型意义[M]. 贵阳：贵州人民出版社，1997.

[12] 冯俊杰. 戏剧与考古[M]. 北京：文化艺术出版社，2002.

[13] 贵州省德江县民族宗教事务局. 傩韵——贵州德江傩坛戏[M]. 贵阳：贵州民族出版社，2003.

[14] 贵州省德江县委宣传部. 傩魂——梵净山傩文化文选[M]. 贵阳：贵州民族出版社，2003.

[15] 白庚胜. 追根问傩——国际傩文化学术研讨会论文集[M]. 南昌：江西人民出版社，2007.

[16] 王兆乾. 中国傩文化[M]. 汕头：汕头大学出版社，2007.

[17] 陈跃红. 中国傩文化[M]. 北京：中央编译出版社，2008.

[18] 李岚. 信仰的再创造[M]. 昆明：云南人民出版社，2008.

[19] 顾朴光. 贵州少数民族面具文化[M]. 贵阳：贵州民族出版社，2009.

[20] 丁世良、赵放. 中国地方志民俗资料汇编[M]. 北京：国家图书馆出版社，2014.

四、外文著作

[1][德]马克斯·韦伯. 中国的宗教——宗教与世界[M]. 康乐、简美译，桂林：广西师范大学出版社，2004.

[2][法]列维-斯特劳斯. 面具的奥秘[M]. 知寒等译，上海：上海文艺出版社，1992.

[3][法]克洛德·莱维-斯特劳斯. 结构人类学[M]. 谢维扬、俞宣孟译，上海：上海译文出版社，1995.

[4][法]爱弥尔·涂尔干. 宗教生活的基本形式[M]. 渠东译，上海：上海人民出版社，1999.

[5][美]弗朗兹·伯厄斯.原始艺术[M].金辉译,贵阳:贵州人民出版社,2004.

[6][日]田仲一成.中国的宗教与戏剧[M].钱杭译,上海:上海古籍出版社,1992.

[7][日]渡边欣雄.汉族的民俗宗教——社会人类学的研究[M].周星译,天津:天津人民出版社,1998.

[8][日]田仲一成.明清的戏曲——江南宗族社会的表象[M].云贵彬、王文勋译,北京:北京广播学院出版社,2004.

[9][日]广田律子."鬼"之来路——中国的假面与祭仪[M].北京:中华书局,2005.

[10][日]酒井忠夫.民间信仰与社会生活[M].胡小伟译,上海:上海人民出版社,2011.

[11][瑞士]让·皮亚杰.发生认识论原理[M].北京:商务印书馆,1981.

[12][苏]格·阿·古列夫.关于灵魂不灭的信仰[M].汪裕荪译,武汉:湖北人民出版社,1959.

[13][以色列]爱德华·沃第尔·萨义德.东方学[M].王宇根译,上海:上海三联书店,1995.

[14][意]马里奥·佩尔尼奥拉.仪式思维[M].吕捷译,北京:商务印书馆,2006.

[15][意]埃马努埃尔·阿纳蒂.艺术的起源[M].刘建译,北京:中国人民大学出版社,2007.

[16][英]艾思林.戏剧剖析[M].罗婉华译,北京:中国戏剧出版社,1984.

[17][英]马林诺夫斯基.巫术·科学·宗教与神话[M].李安宅译,北京:中国民间文艺出版社,1986.

[18][英]弗雷泽.金枝[M].徐育新等译,北京:中国民间文艺出版社,1987.

[19][英]维克多·特纳.庆典[M].方永德等译,上海:上海文艺出版社,1993.

[20][英]爱德华·泰勒.原始文化[M].连树声译,桂林:广西师范大学出版社,2005.

五、硕博论文

[1] 刘冰清.沅陵傩文化的伦理分析[D].湖南师范大学 2003 年硕士学位论文.

[2] 阳贤.面具下的教育——贵州省安顺地区屯堡人地戏仪式的教育人类学分析[D].西南大学 2006 年硕士学位论文.

[3] 严玉.巫文化艺术的美学内涵[D].重庆大学 2007 年硕士学位论文.

[4] 王童.傩舞的形成、傩文化特征与历史价值[D].陕西师范大学 2008 年硕士学位论文.

[5] 尚娜.宗族性祭祀 婺源鬼舞的傩文化的研究[D].江西师范大学 2009 年硕士学位论文.

[6] 仟先.论尤金·奥尼尔的面具观和实践[D].湖南师范大学 2010 年硕士学位论文.

[7] 朱钰.土家族傩戏面具艺术研究[D].昆明理工大学 2011 年硕士学位论文.

[8] 张琴.中国古代的巫及巫术仪式研究[D].重庆大学 2012 年硕士学位论文.

[9] 刘思思.赣西傩面具造型及审美意蕴研究[D].湖南工业大学 2013 年硕士学位论文.

[10] 王丽.云南傩戏面具民俗文化及造型艺术研究[D].重庆大学 2014 年硕士学位论文.

[11] 王杏华.傩文化及其在景观中的应用研究[D].西北农林科技大学 2016 年硕士学位论文.

[12] 王义彬.池州傩戏艺术及其文化研究[D].福建师范大学 2004 年博士学位论文.

[13] 陆焱.村落社区的傩仪与象征——以贵池傩为中心[D].中央民族大学 2005 年博士学位论文.

[14] 孟凡玉.假面真情——安徽贵池荡里姚傩仪式音乐的人类学研究[D].中国艺术研究院 2007 年博士学位论文.

[15] 李秋丰.论先秦时期的巫术与教育[D].吉林大学 2008 年博士学位论文.

[16] 刘兴禄.愿傩回归——当代湘西用坪瓦乡人还傩愿重建研究[D].中央民族大学 2010 年博士学位论文.

[17] 杨亭.土家族审美文化研究[D].西南大学 2011 年博士学位论文.

[18] 曾澜.地方记忆与身份呈现——江西傩艺人身份问题的艺术人类学考察[D].复旦大学 2012 年博士学位论文.

[19] 董昌龙.列维-斯特劳斯艺术人类学思想研究[D].山东师范大学 2013 年博士学位论文.

[20] 曾华美.广东湛江傩仪的身体语言及文化研究[D].中国艺术研究院 2015 年博士学位论文.

[21] 张濯清.生态视野下的宋代绘画[D].华中师范大学 2016 年博士学位论文.

六、期刊论文

[1] 陈多.古傩略考[J].戏剧艺术,1989(3).

[2] 李云飞.布依族傩戏探秘[J].贵州民族研究,1990(1).

[3] 麻国钧.南北朝·唐傩汇考[J].戏剧,1991(1).

[4] 顾朴光.面具起源刍议[J].文艺研究,1992(12).

[5] 陈多.由"变相祭祀"到戏剧(论纲)[J].艺术百家,1995(3).

[6] 胡新生.周代傩礼研究[J].史学月刊,1996(4).

[7] 陈泳超.傩的本义及正误[J].民族艺术,1997(1).

[8] 黄竹三.中国戏剧的起源[J].古典文学知识,1998(5).

[9] 康保成.古剧角色"丑"与傩神方相氏[J].戏剧艺术,1999(4).

[10] 高玉.艺术起源"宗教说"检讨[J].西南民族学院学报,2002(11).

[11] 赵容俊.中国巫术对艺术方面的影响[J].艺术百家,2003(4).

[12] 黎羌.巫术神话与宗教秘仪中的原始戏剧[J].山西师范大学学报,2005(11).

[13] 陈鸿.论巫术仪式中的中国民间舞蹈[J].经济与社会发展,2007(6).

[14] 李再勇.原生态贵州如何保护与开发[J].贵州论坛,2009(22).

[15] 江林昌.诗的源起及其早期发展变化——兼论中国古代巫术与宗教有关问题[J].中国社会科学,2010(4).

[16] 蔺若.巫术文化与文艺起源[J].人民论坛,2011(34).

[17]李昌礼,颜建华.从屯堡家谱看屯堡乡民社会的历史变迁[J].贵州民族研究,2012(4).

[18]高洁,周箐.少数民族非物质文化遗产的保护与传承——以土家族傩戏为例[J].理论月刊,2013(6).

[19]袁琛.面具图像神性力量的观念基础[J].民俗研究,2014(1).

[20]龚德全.论黔域傩戏形态的嬗变[J].贵阳学院学报,2015(4).

后　记

　　2015年9月，我终于迈入华中师范大学历史文化学院，师从黄尚明教授攻读专门史博士。经过两年半的努力，2018年5月，我通过学位论文答辩，获得了梦寐以求的博士学位。2021年，我以博士论文为基础申报的国家社科基金后期资助项目获准立项。课题立项前后，几乎每个寒暑假，我都亲赴贵州做田野调查，搜集了大量的一手资料，为本项目的申报和完成做了大量工作。

　　应该说，本书的研究对象并非时下学界的关注热点，而是为诸多时人所鄙夷的巫鬼神灵，没能产生直接的社会效益。大部分世人最容易关注能够直接引起感官刺激的东西，而对其他之物容易忽略和无视，这是人性使然。但是总要有人对人类和人类社会的精神、思想、意念等深层次的东西有所发掘和研究，因为人们不能总是活在肤浅的感官享受之中。人是需要于精神层面答疑解惑的。随着对傩文化研究的深入，我越来越认可"文化就是一种和谐的状态和追求"的观点，即万物共生、人与自然的和谐、人与人之间的融洽。和谐的力量是巨大而稳定的，这也许是傩文化历经沧桑经久不衰的主要原因。

　　针对学界关于"泛傩论"的争议，有的学者认为当前傩文化的研究有一种不好的倾向，那就是研究领域过于宽泛，把很多不相关的民俗活动都纳入其中。我认为，不是傩被不正常地泛化了，傩本身就是很宽泛的概念，这种宽泛根源于傩的包容性。经过漫长的历史传承与演变，傩早已深入我国大江南北各种民俗活动的方方面面。如果视角仅局限于某一民俗中的傩文化要素，那么这样的研究是片面和不完整的。我倾向于杨志刚老师的观点：傩文化是一种祭祀文化，并不一定非要佩戴面具，它是很宽泛的。

　　值此书稿既成之时，我感慨颇深，唯有亲身经历，才能真正理解学术研究的艰辛和不易。回想一路走来的点点滴滴，我对"学术"二字愈发敬畏，愈加感念扶持过我的人，正是在他们搭建的根基上，我的努力才获得了回报。

首先，非常感谢我的导师黄尚明教授，进入华中师范大学历史文化学院拜入其门下攻读博士，是我学术生涯中极为重要的一笔。求学近三年，能够得到黄老师的亲自教诲，幸甚至哉。黄老师是一位治学严谨的学者，他的治学态度深深感染着我。黄老师的学术道德在我的心目中是永远值得仰视的典范。黄老师对我寄予厚望，给了我无穷的力量。每当我遇到学术或生活上的困惑时，黄老师的谆谆教诲与鼓励就会在耳边响起，让我顿时浑身充满力量，不再犹豫、不再彷徨，勇敢向前。我深知自己天性愚钝，与黄老师的期望还相去甚远，但我一定会尽力而为，以求不辱师门，不辜负老师的栽培之恩。这份珍贵的师恩是用金钱无法衡量的，我将永怀于心。

　　其次，我很庆幸自己来到了宜春学院马克思主义学院这样一个温暖的大家庭。在这里，我的论文写作获得了朱向华书记和范松仁院长的大力支持，他们对我的学术研究一直持鼓励、赞许的态度，而且非常关心我的生活，这使我有大量的时间和愉悦的心情专心于论文写作。对于他们的支持和关怀，我一直铭记在心。

　　最后，在我赴贵州湄潭田野调研期间，湄潭傩的传人杨志刚老先生给予了我真挚、全面的帮助，无私地提供了大量一手的珍贵图文资料，并与我分享了他多年来对傩的深刻理解，使我受益匪浅。在此也向杨老先生表示衷心的感谢。

李寿旭
2022 年 4 月于宜春学院图书馆